HEINZ FISCHER
EINER IM VORDERGRUND
TARAS BORODAJKEWYCZ

W0180381

Dokumente · Berichte · Analysen

Herausgegeben von Franz Richard Reiter

HEINZ FISCHER

Einer im Vordergrund
Taras Borodajkewycz

EPHELANT VERLAG

Dies ist der unveränderte Nachdruck des seit langem vergriffenes Buches mit demselben Titel, das 1966 im „Europaverlag Wien" erschienen ist.
Das Werk ist mit dem letztgültigen Erkenntnis der ministeriellen Disziplinaroberkommission für Hochschullehrer bereichert, in dem u. a. begründet wird, warum die Lehrpraxis von Borodajkewycz als Dienstvergehen zu werten ist (Seite 307 ff).

In der Ausgabe des Europaverlages war vermerkt:
„Österreichprofile, Zeitgeschichtliche Publikationen, herausgegeben von Fritz Klenner und Erich Pogats
Mitarbeit bei Sichtung und Kommentar der Dokumentation:
Hugo Pepper"

© EPHELANT Verlag, Dr. Franz Richard Reiter, Wien 2015
Alle Rechte vorbehalten

Mit Unterstützung der Kulturabteilung der Stadt Wien, Wissenschafts-
und Forschungsförderung
und des Zukunftsfonds der Republik Österreich

Druck: Buch.Bücher Theiss, www.theiss.at

ISBN: 978-3-900766-26-9

Inhalt

Vorwort

Eine Dokumentation, ein eigenes Buch über Taras Borodajkewycz — heißt das nicht, diesem Mann zu viel Ehre antun? So, oder so ähnlich wird mancher Leser denken, der diesen Band in die Hand nimmt.

Dieses Mißverständnis zu verhindern oder zumindest aufzuklären, ist eine der Aufgaben dieses Vorwortes; denn es geht nicht um die in keiner Richtung bedeutsame oder auch nur bemerkenswerte *Person* des Taras Borodajkewycz. Es geht vielmehr um den *Fall Taras Borodajkewycz* genauer gesagt um den *Testfall T. B.*, an dem nun allerdings — sehr zum Unterschied von der Person — eine ganze Menge bemerkenswert ist: das Gerichtsverfahren, die Reaktion der öffentlichen Meinung, das Verhalten des Unterrichtsministers, das Echo im Parlament, die Schreibweise der in- und ausländischen Zeitungen, das Verfahren an der Hochschule für Welthandel und nicht zuletzt der Spruch des Disziplinarsenates. Dies alles scheint einer zusammenfassenden, dokumentarischen Darstellung wohl wert zu sein.

Wieso aber — so könnte man fragen — konnte gerade Taras Borodajkewycz zu einem Testfall mit so weitreichenden Konsequenzen werden, der weit über Österreichs Grenzen hinaus Beachtung fand? Wohl deshalb, weil seine Person immer mehr zurücktrat hinter dem *Problem an sich*, nämlich dem Antisemitismus und dem Neonazismus, die sich hier in einer sehr subtilen, fast möchte man sagen: österreichischen Art, gemischt mit Opportunismus und trotziger Feigheit (die uns vom *Herrn Karl* so wohlvertraut sind) manifestierten.

Taras Borodajkewycz ist kein begeisterter Anhänger des Faschismus, kein glühender Antisemit und kein kompromißloser Gegner der Demokratie, weil es — jeder, der die nachstehenden Dokumente liest, wird dies bestätigen — nicht zu seinem Wesen paßt, »begeistert«, »glühend« oder »kompromißlos« zu sein, nachdem er seine Laufbahn als CVer begonnen hatte und Katholikentage organisierte, dann (oder genauer gesagt: gleichzeitig) illegaler und legaler Nazi wurde, in weiterer Folge für die sowjetische Besatzungsmacht Archivarbeit leistete und schließlich als Hochschulprofessor seinen Eid auf die demokratische Republik Österreich leistete. Wäre er nämlich ein glühender Neonazi und ein haßerfüllter Antisemit, dann hätte es — so paradox dies klingen mag — keinen *Fall Taras Borodajkewycz* gegeben. So weit haben nämlich die Österreicher aller politischen Lager (von ganz wenigen Ausnahmen abgesehen) ihre Lehren aus der Geschichte schon gezogen, daß für einen offen und ungeschminkt auftretenden Neofaschismus in unserem Land kein Platz mehr ist. Was dagegen manchen Schichten unseres Landes — daß dazu Teile der Akademikerschaft und der studierenden Jugend gehören, ist besonders traurig und alarmierend — noch zu schaffen macht, und diesen Fall solange unentschieden auf des Messers Schneide ruhen ließ, das ist jener subtile Antisemitismus, das sind die nuancierten Konzessionen an die NS-Ideologie und die unterschwelligen Ressentiments gegen ein selbständiges Österreich.

Hat Taras Borodajkewycz versucht, die Greueltaten Hitlers zu rechtfertigen? Keineswegs: »Rechtfertigung des Dritten Reiches unmöglich, da es mit einer Katastrophe geendet hat« erzählte er seinen Studenten an der Hochschule für Welthandel und ein großer Teil von diesen war damit zufrieden und manche sogar bereit, vor Gericht *für* T. B. auszusagen, obwohl sich aus diesem Satz geradezu physisch spürbar die unausgesprochene, aber logische Konsequenz ergibt, daß man über das NS-System sehr wohl reden könnte, wenn nicht alles — unter anderem durch »Verrat und Fahnenflucht« — schiefgegangen wäre.

Als Beispiel dafür, was wir als subtilen Antisemitismus bezeichnet haben, mag gelten, daß, je mehr das Gerichtsverfahren eine für T. B. ungünstige Wendung nahm, dieser seine Zunge um so mehr im Zaum hielt und um so öfter beteuerte, kein Antisemit zu sein. Aber umdenken lernen konnte er in der Schnelligkeit nicht mehr. Daher brachte es T. B. nicht einmal vor Gericht fertig, auf die klare Frage seines Anwaltes, ob er Antisemit sei, mit einem ebenso klaren (wenn auch unwahren) »Nein« zu antworten. Statt dessen erzählte er dem Gericht, daß er während des Krieges die ihm angebotene, arisierte Wohnung eines Juden *nicht* genommen habe.

Privatanklagevertreter Tassilo Broesigke: »Sind Sie Antisemit?«

Taras Borodajkewycz: »Es ist nicht meine Art gewesen, mich nach 1945 mit Lorbeeren zu schmücken. Ich habe nie ein Hehl daraus gemacht, daß ich der NSDAP angehörte ... In der Mollardgasse war die Wohnung eines Generaldirektors, der Jude war. Man teilte mir diese Wohnung zu. Ich habe sie mir angeschaut und gesagt, daß noch Leute drinnen sind und daß ich die Wohnung auf keinen Fall nehme. Der Besitzer mit seiner Familie ist dann am nächsten Tag auf der Straße gesessen. Ich habe diese Wohnung dann trotzdem nicht genommen. Der Einfluß der Juden war zu groß. Ich habe aber abgelehnt, was nach 1938 mit den Juden geschehen ist ...«

Großartig: T. B. hat also »abgelehnt«, daß Millionen Juden vergast wurden, was ihn allerdings nicht hinderte, gegen seinen Ausschluß aus der NSDAP, der 1943 erfolgte, weil er sich an einer Spinnstoffsammlung nicht beteiligen wollte, erfolgreich Berufung einzulegen.

Er teilte überdies — um ein weiteres Beispiel anzuführen — dem Gericht voll Stolz mit, daß einer seiner Studenten bei einer Prüfung an der Hochschule für Welthandel nicht sagte, daß Karl Marx Jude sei »und dennoch mit sehr gut beurteilt wurde«. In diesem *dennoch* liegt die Welt des T. B., und dennoch gingen Studenten auf die Straße, um für »ihren« Professor zu demonstrieren: Das ist ihr Antisemitismus.

Einer anderen wichtigen Frage müssen wir uns noch zuwenden: Der ÖVP-Abgeordnete Dr. Nemecz hat am 31. März 1965 im Parlament, in einer Rede, die man ebenso vom ersten bis zum letzten Satz unterschreiben konnte wie die Rede seines SPÖ-Kollegen Dr. Neugebauer, zum *Fall T. B.* ausgeführt: »Es wäre vielleicht gar nichts geschehen, wenn nicht der 23. März gekommen wäre ...« (jener 23. März 1965 nämlich, an dem T. B. seine im Fernsehen übertragene Hörerversammlung an der Hochschule für Welthandel abhielt). In der Tatsache, daß Abgeordneter Nemecz völlig recht hat, liegt das Beschämende dieses Falles: T. B. würde noch heute die studierende Jugend »erziehen« und Vorlesungen halten — so wie er es seit 1955 getan hat — wenn nicht an jenem 23. März Hunderttausende Österreicher — eigentlich zufällig — über das Fernsehen Zeugen dieser »Hörerversammlung« geworden wären, in der große Bekenntnisse (zu seiner NSDAP-Vergangenheit) mit Unwahrheiten abwechselten. (Die in diesem Band enthaltene Niederschrift der Tonbandaufnahme ist bei weitem nicht geeignet, den optischen und akustischen Eindruck der Fernsehsendung voll wiederzugeben, sondern sie wirkt eher peinlich). Und selbst danach dauerte es noch fast 14 Monate bis T. B. durch einen — immerhin anerkennens- und begrüßenswerten — Spruch der zuständigen Disziplinarkommission als Hochschullehrer entfernt und in Pension geschickt wurde. Antisemit zu sein genügt offensichtlich nicht, um eine Reaktion der Öffentlichkeit auszulösen. Man muß seinen Antisemitismus der Öffentlichkeit im Fernsehen demonstrieren oder — wie ein anderer Fall gezeigt hat — eine besonders »hochgestellte« Persönlichkeit beleidigen, damit »etwas geschieht«.

Man kann allerdings in diesem Zusammenhang dem Unterrichtsminister Dr. Piffl-Perčevic den Vorwurf nicht ersparen, daß er durch seine Weigerung, von dem ihm auf Grund der Gesetze, unter voller Wahrung der Verfassung und der Rechtsstaatlichkeit zustehenden Recht auf vorläufige Suspendierung des T. B. Gebrauch zu machen, ein zumindest sehr mißverständliches Beispiel gegeben und eine Verantwortung auf sich geladen hat, die er weder zu tragen in der Lage, noch zu tragen berechtigt war.

Der *Testfall T. B.* — bleiben wir bei dieser Charakterisierung — hat gezeigt und bestätigt, daß ein offenes, brutales Eintreten für irgendeine Art von Neofaschismus in Österreich glücklicherweise keinen aufnahmebereiten Boden vorfindet; daß aber ein subtiler Antisemitismus, ein verständnisvolles Blinzeln, wenn einschlägige Bemerkungen fallen, entweder als »Kavaliersdelikt« gilt oder überhaupt gar nicht wahrgenommen wird: Die Aussage von Hörern des T. B. vor Gericht, daß sie in seinen Vorlesungen nichts Bemerkenswertes wahrgenommen hätten, war — unter diesem Gesichtspunkt gesehen — durchaus glaubwürdig.

Man muß freilich hinzufügen, daß der Fall T. B. zwar zunächst in der Lage war, in Österreich »zwei Lager« zu schaffen, daß er aber dann doch mit einem vollen juristischen und moralischen Sieg, auch über *diese* Form des Antisemitismus abgeschlossen wurde, der von allen Autoritäten unseres Landes begrüßt, einer Rehabilitierung in bezug auf Pauschalverdächtigungen gleichkam.

Dieser moralische Erfolg und diese über alle Parteigrenzen hinwegreichende Koalition gegen jede Form des Antisemitismus ist gerade jetzt notwendig und begrüßenswert; denn die jüngste Vergangenheit hat uns unabhängig von dem hier behandelten Fall klargemacht — oder genauer gesagt: wieder in Erinnerung gerufen —, daß der Antisemitismus in Österreich viel älter, viel bodenständiger und viel tiefer verwurzelt ist als die importierte, kurzlebige NS-Ideologie, deren »Rechtfertigung unmöglich *(ist)*, weil sie mit einer Katastrophe endete.«

Diese Art des Antisemitismus auf lange Sicht erfolgreich zu bekämpfen, setzt allerdings voraus — und hier schließt sich der Kreis —, daß zumindest die Lehrer und Erzieher der Jugend einwandfreie Demokraten und aufrechte Österreicher sind und daß die öffentliche Meinung auf Antisemitismus und Rassenhaß ebenso empfindlich reagiert wie auf andere kriminelle Delikte —

auch wenn unser altes Strafgesetzbuch diesbezüglich noch eine Lücke aufweist.

Allen jenen aber, die glauben, dieses Problem durch Schweigen lösen zu können, sei gesagt: Es ist — wohl auch in den Augen des Auslands — besser, Symptome wie den *Fall T. B.* aufzuzeigen, um sie — noch dazu erfolgreich — bekämpfen zu können, als sie schamvoll zu verschweigen, um mit einer nur scheinbar weißen Weste dazustehen.

Zum Inhalt der nachstehend abgedruckten Dokumente, die mit einem Minimum an Fußnoten und verbindendem Text gesetzt wurden, um sie ganz für sich selbst sprechen zu lassen, ist zu sagen, daß es für die Lesbarkeit sehr von Vorteil gewesen wäre, in vielen Fällen Kürzungen vorzunehmen, um Wiederholungen oder langatmige juristische Darlegungen zu vermeiden. Damit wäre aber auch der dokumentarische Wert stark herabgesetzt worden, und gerade diesen sowie die bestmögliche Vollständigkeit des relevanten schriftlichen Materials galt es zu erhalten.

Das Endurteil eines in mehreren Instanzen so ausführlich verhandelten Prozesses kann als Präzedenzfall bezeichnet werden, der für künftige Prozesse dieser Art richtungweisend sein wird, weshalb es zweckmäßig erschien, den *Fall T. B.* auch in seinen rechtlichen Aspekten von allen Seiten zu beleuchten.

Diese Vorbemerkungen wären unvollständig, würde ich nicht an dieser Stelle erwähnen, daß Rechtsanwalt Dr. Wilhelm Rosenzweig die Prozesse gegen T. B. mit besonderer Umsicht und besonderem persönlichen Einsatz geführt hat. Er hat auch alle Schriftsätze der Prozeßgegner des T.B. verfaßt, wobei insbesondere seine Gegenäußerung zur Berufung, die T. B. gegen das Gerichtsurteil vom 22. Juni 1965 eingebracht hat, ein echtes Zeitdokument ist. Man wird nicht fehlgehen, verschiedene Angriffe, die in letzter Zeit gegen die Person Dr. Rosenzweigs gerichtet wurden, auch unter dem Aspekt seiner hervorragenden Rolle im Verfahren gegen T. B. zu sehen.

Gäbe es nicht den beklagenswerten und durch nichts wiedergutzumachenden Tod Ernst Kirchwegers, dann könnte man nun, nach dem endgültigen Gerichtsurteil vom 30. November 1965 und nach dem Disziplinarerkenntnis vom 14. Mai 1966, an dem auch die Berufung des T. B. kaum etwas ändern wird, sagen: Der *Fall T. B.* war — alles in allem — eine gute und heilsame Lehre.

Wien, im Juni 1966

Heinz Fischer

Zur Person

Geschäftszahl ___ Nr. 2128/65

Vernehmung des Beschuldigten

Landes -Gericht f.Strafs.Wien

am 27.Apr. 1965 ,Beginn   Uhr

Gegenwärtig:

Richter   OLGR.Dr.Röhricht

Schriftführer: VB.Popp

Strafsache gegen: Prof.Dr.Taras B o r o d a j k e w y c z

Der Beschuldigte wird ermahnt, die vorzulegenden Fragen bestimmt, deutlich und wahrheitsgemäß zu beantworten.

Er gibt über seine persönlichen Verhältnisse an:

Vor- und Zuname: (bei Frauen auch Mädchenname)	Prof.Dr.Taras B o r o d a j k e w y c s
Ruf- oder Hausname:	-
Familienstand:	verh.,
Namen der Eltern:	Wladimir und Henriette
Vorname des Gatten:	Krimhilde
Tag, Monat, Jahr der Geburt:	1.1o.19o2
Ort, Bezirk, Land der Geburt:	Wien
Staatszugehörigkeit:	österr.,
Glaubensbekenntnis:	rk.,
Beruf und Stellung im Beruf:	Prof. an der Hochschule für Welthandel in Wien
Letzter Wohn- (Aufenthalts-) ort, Bezirk, (Straße, Hausnummer):	Wien 1., Jakobergasse Nr. 4
Schulbildung:	5 Kl. VS., 8 Kl.Gymn., Dr.phil an der Universität Wien S 9ooo.- bis
Vermögen und Einkommen:	kein Vermögen, Eink.:/S 1o.ooo.- mtl.
Pflicht zu sorgen für:	Gattin und 2 Kinder (in Berufsausbildung)
Vorstrafen:	keine

Marksteine der Bewegung

DIE PARTEITAGE DER N·S·D·A·P

DR. TARAS BORODAJKEWICZ

1926

1923

Aus der Nacht und dem Chaos des größten Niederbruches der deutschen Geschichte erhebt sich das Morgenrot des Dritten Reiches, Großdeutschlands. Zum Verzweifeln klein ist der Anfang. Zehn Wochen nach der Unterzeichnung des Versailler Schanddiktates tritt der Weltkriegsgefreite Adolf Hitler als Mitglied Nr. 7 der „Deutschen Arbeiterpartei" in München bei. Er hatte das Ziel, diese Zwergpartei zum ganzen deutschen Volk, zum Deutschen Reich zu machen. Dies war am 16. September 1919. Am 24. Februar 1920 verkündet Hitler als Propagandaleiter in der ersten Münchner Massenversammlung die 25 Thesen des Parteiprogramms, gibt im August der kleinen Bewegung ihren geschichtlichen Namen „Nationalsozialistische Deutsche Arbeiterpartei" und ihr stolzes Symbol, das Hakenkreuzbanner, und spricht am 29. September zum erstenmal in Österreich. Am 29. Juli 1921 wird Hitler mit der Führung der ganzen Partei betraut. Im :zhen Ringen mit dem marxistischen Terror erweist die neue Bewegung ihren Willen zum Leben und zum Kampf – in diesem Kampf wird die SA. geboren – und trotz aller Widerstände kann vom 27. bis 29. Jänner 1923 der erste Reichsparteitag der NSDAP. in München durchgeführt werden.

Oben: REICHSPARTEITAG 1923
IN MÜNCHEN
Parade auf dem Marsfeld nach der Fahnenweihe — Aufnahme Scherls Bilderdienst

Mitte: REICHSPARTEITAG 1926
IN WEIMAR
Aufnahme Scherls Bilderdienst

Die Bewegung tritt in ihre und Deutschlands schwerste Zeit ein. Der Weg ist gekennzeichnet durch die schmachvolle Ruhrbesetzung und A. L. Schlageters Heldentod für sein Volk, durch die separatistischen Hochverratsversuche in den besetzten Gebieten, durch den völligen Zusammenbruch der deutschen Währung: Eine Billion Papiermark sind gleich eine Goldmark. In dieser Not ruft Hitler am 8. November 1923 in München die nationale Revolution aus, am nächsten Tag wird sie durch Verrat in einem Blutbad erstickt, Hitler verhaftet, die Partei im ganzen Reich verboten. Am 20. Dezember 1924 aus der Haft entlassen, beginnt Hitler sofort den Neubau der Bewegung, den das Redeverbot, das fast sämtliche deutsche Länderregierungen gegen ihn aussprechen, nicht hindern kann. Und während Deutschland durch Dawesund Locarno immer stärker in die Sklavenketten der westlichen Demokratien verstrickt wird, schenkt Hitler seinem Volk ein großes Selbstbekenntnis „Mein Kampf" und hält am 3. und 4. Juli 1926 den zweiten Reichsparteitag der NSDAP. in Weimar ab. Die Gründung der Hitler-Jugend ist das Geschehnis dieses Parteitages.

1923

Aus der Nacht und dem Chaos des größten Niederbruches der deutschen Geschichte erhebt sich das Morgenrot des Dritten Reiches, Großdeutschlands. Zum Verzweifeln klein ist der Anfang. Zehn Wochen nach der Unterzeichnung des Versailler Schanddiktates tritt der Weltkriegsgefreite Adolf Hitler als Mitglied Nr. 7 der »Deutschen Arbeiterpartei« in München bei. Er hatte das Ziel, diese Zwergpartei zum ganzen deutschen Volk, zum Deutschen Reich zu machen. Dies war am 16. September 1919. Am 24. Februar 1920 verkündet Hitler als Propagandaleiter in der ersten Münchner Massenversammlung die 25 Thesen des Parteiprogramms, gibt im August der kleinen Bewegung ihren geschichtlichen Namen »Nationalsozialistische Deutsche Arbeiterpartei« und ihr stolzes Symbol, das Hakenkreuzbanner, und spricht am 29. September zum erstenmal in Österreich. Am 29. Juli 1921 wird Hitler mit der Führung der ganzen Partei betraut. Im zähen Ringen mit dem marxistischen Terror erweist die neue Bewegung ihren Willen zum Leben und zum Kampf — in diesem Kampf wird die SA. geboren — und trotz aller Widerstände kann vom 27. bis 29. Jänner 1923 der erste Reichsparteitag der NSDAP. in München durchgeführt werden.

1926

Die Bewegung tritt in ihre und Deutschlands schwerste Zeit ein. Der Weg ist gekennzeichnet durch die schmachvolle Ruhrbesetzung und A. L. Schlageters Heldentod für sein Volk, durch die separatistischen Hochverratsversuche in den besetzten Gebieten, durch den völligen Zusammenbruch der deutschen Währung: Eine Billion Papiermark sind gleich eine Goldmark. In dieser Not ruft Hitler am 8. November 1923 in München die nationale Revolution aus, am nächsten Tag wird sie durch Verrat in einem Blutbad erstickt, Hitler verhaftet, die Partei im ganzen Reich verboten. Am 20. Dezember 1924 aus der Haft entlassen, beginnt Hitler sofort den Neubau der Bewegung, den das Redeverbot, das fast sämtliche deutsche Länderregierungen gegen ihn aussprechen, nicht hindern kann. Und während Deutschland durch Dawes-Gesetze und Locarno immer stärker in die Sklavenketten der westlichen Demokratien verstrickt wird, schenkt Hitler seinem Volk sein großes Selbstbekenntnis »Mein Kampf« und hält am 3. und 4. Juli 1926 den zweiten Reichsparteitag der NSDAP. in Weimar ab. Die Gründung der Hitler-Jugend ist das Geschenk dieses Parteitages.

1927

Die nächste Etappe ist ein zäher, mühsamer Stellungskrieg. Während sich die Systempolitiker in der Freude über die Aufnahme Deutschlands in den Völkerbund, die am 10. September 1926 erfolgte, sonnen, treibt Hitler seine Bewegung unerbittlich und kompromißlos vorwärts. Über den Ortsgruppen und Kreisen entstehen die ersten Gaue; in den politischen Vertretungskörpern tauchen die ersten Nationalsozialisten auf, der Parlamentarismus soll mit seinen eigenen Waffen aus dem Sattel gehoben werden. Am 1. Mai 1927 spricht Hitler zum erstenmal in einer geschlossenen Mitgliederversammlung in Berlin, vier Tage später wird die Partei in Berlin neuerlich verboten, aber allen Schwierigkeiten zum Trotz wird vom 19. bis 21. August 1927 der dritte Reichsparteitag—zum erstenmal—in Nürnberg abgehalten. Er bringt bereits den Aufmarsch von 30.000 Mann SA., die Weihe von zwölf Standarten und unter Pg. Rosenbergs Leitung die Gründung des »Kampfbundes für deutsche Kultur«.

1929

Noch aber scheint der Endsieg sehr weit zu sein. 25.000 Mitglieder ist in dieser Zeit der Zuwachs eines Jahres, es scheint ein Kampf von Jahrzehnten zu werden. Die Reichstagswahl des Mai 1928 sieht von 491 Abgeordneten zwölf Nationalsozialisten — eine verschwindende Minderheit. Während die Siegermächte das wehrlose Deutschland Antikriegspakte unterzeichnen lassen, während es offenkundig wird, daß der Dawesplan undurchführbar ist und in Paris eine Konferenz zusammentritt, um dem Reich in der Form des Youngplanes neue Sklavenketten anzulegen, führt Hitler den Kampf weiter um die innere Befreiung Deutschlands. Bei den Stadtratswahlen in Koburg im Juni 1929 erringt die NSDAP. zum erstenmal in einer deutschen Stadt die absolute Mehrheit. Im Zeichen des Kampfes gegen die durch den Youngplan drohende neue deutsche Versklavung geht vom 1. bis 4. August 1929 der vierte Reichsparteitag der NSDAP. in Nürnberg vor sich. In der Stärke von 60.000 Mann ist die braune Armee vor ihrem Führer aufmarschiert.

REICHSPARTEITAG
1927
IN NÜRNBERG
Aufn. Heinrich Hoffmann

1927

Die nächste Etappe ist ein zäher, mühsamer Stellungskrieg. Während sich die Systempolitiker in der Freude über die Aufnahme Deutschlands in den Völkerbund, die am 10. September 1926 erfolgte, sonnen, treibt Hitler seine Bewegung unerbittlich und kompromißlos vorwärts. Über den Ortsgruppen und Kreisen entstehen die ersten Gaue; in den politischen Vertretungskörpern tauchen die ersten Nationalsozialisten auf, der Parlamentarismus soll mit seinen eigenen Waffen aus dem Sattel gehoben werden. Am 1. Mai 1927 spricht Hitler zum erstenmal in einer geschlossenen Mitgliederversammlung in Berlin, oier Tage später wird die Partei in Berlin neuerlich verboten, aber allen Schwierigkeiten zum Trotz wird vom 19. bis 21. August 1927 der dritte Reichsparteitag – zum erstenmal – in Nürnberg abgehalten. Er bringt bereits den Aufmarsch von 30.000 Mann SA., die Weihe von zwölf Standarten und unter Pg. Rosenbergs Leitung die Gründung des „Kampfbundes für deutsche Kultur".

1929

Noch aber scheint der Enderfolg sehr weit zu sein. 25.000 Mitglieder ist in dieser Zeit der Zuwachs eines Jahres, es scheint ein Kampf von Jahrzehnten zu werden. Die Reichstagswahl des Mai 1928 sieht von den 491 Abgeordneten zwölf Nationalsozialisten als eine verschwindende Minderheit. Während die Siegermächte das wehrlose Deutschland Antikriegspakte unterzeichnen lassen, während es offenkundig wird, daß der Dawesplan undurchführbar ist und in Paris eine Konferenz zusammentritt, um dem Reich in der Form des Youngplanes neue Sklavenketten anzulegen, führt Hitler den Kampf weiter um die innere Befreiung Deutschlands. Bei der Stadtratswahlen in Koburg im Juni 1929 erringt die NSDAP. zum erstenmal in einer deutschen Stadt die absolute Mehrheit. Im Zeichen des Kampfes gegen die durch den Youngplan drohende neue deutsche Verschuldung geht vom 1. bis 4. August 1929 der vierte Reichsparteitag der NSDAP. in Nürnberg vor sich. In der Stärke von 60.000 Mann ist die braune Armee vor ihrem Führer aufmarschiert.

REICHSPARTEITAG 1929 IN NÜRNBERG
Aufnahme Heinrich Hoffmann

1933

Durch das Volksbegehren gegen den Youngplan nimmt der weitere Kampf gigantische Formen an. Zwar mißlingt der Volksentscheid, aber die Bewegung hat einen gewaltigen Auftrieb erhalten, das Volk ist weithin im Erwachen. Allerdings steigen mit dem Kampf auch die Leidenschaften zur Siedehitze. Am 14. Jänner 1930 wird Horst Wessel das Opfer eines kommunistischen Überfalls. Aber die Blutopfer können den Durchbruch der Bewegung nicht mehr hemmen. Am 23. Jänner übernimmt Pg. Dr. Frick als der erste

Durch das Volksbegehren gegen den Youngplan nimmt der weitere Kampf gigantische Formen an. Zwar mißlingt der Volksentscheid, aber die Bewegung hat einen gewaltigen Auftrieb erhalten, das Volk ist weiterhin im Erwachen. Allerdings steigen mit dem Kampf auch die Leidenschaften zur Siedehitze. Am 14. Jänner 1930 wird Horst Wessel das Opfer eines kommunistischen Überfalls. Aber die Blutopfer können den Durchbruch der Bewegung nicht mehr hemmen. Am 23. Jänner übernimmt Pg. Dr. Frick als der erste nationalsozialistische Minister das thüringische Innen- und Volksbildungsministerium und am 14. September 1930 hat die NSDAP. bei der Reichstagswahl statt der bisherigen zwölf Mandate 107 erobert und ist zur zweitstärksten Fraktion im Reichstag geworden! Noch aber sollte es über zwei volle Jahre dauern, bis der ganze deutsche Reichstag im Zeichen Adolf Hitlers stand. Alle Gegenkräfte ballten sich für den Endkampf zusammen und konnten doch den Bankrott nicht verschleiern, der das Ergebnis des Weimarischen Systems auf allen Gebieten war. Aber am Beginn des Jahres 1933 ist das Spiel der Gegenkräfte ausgespielt. Am 30. Jänner tritt Hitler als Reichskanzler an die Spitze des Deutschen Reiches – das Dritte Reich hat begonnen! In gewaltiger Symbolik tagt vom 1. bis 3. September 1933 in Nürnberg der fünfte Reichsparteitag. Es ist der Parteitag des Sieges!

PARTEITAG
DES SIEGES
Aufnahme
Friedrich Franz Bauer
(Mau'f.s)

nationalsozialistische Minister des thüringischen Innen- und Volksbildungsministerium, und am 14. September 1930 hat die NSDAP. bei der Reichstagswahl statt der bisherigen zwölf Mandate 107 erobert und ist zur zweitstärksten Fraktion im Reichstag geworden! Noch aber sollte es über zwei volle Jahre dauern, bis der ganze deutsche Reichstag im Zeichen Adolf Hitlers stand. Alle Gegenkräfte ballten sich für den Endkamf zusammen und konnten doch den Bankrott nicht verschleiern, der das Ergebnis des Weimarischen Systems auf allen Gebieten war. Aber am Beginn des Jahres 1933 ist das Spiel der Gegenkräfte ausgespielt, am 30. Jänner tritt Hitler als

1934

PARTEITAG DER MACHT
Aufnahme Heinrich Hoffmann

In gewaltigem Ausmaß geht der Neuaufbau des Reiches vor sich, der nationalsozialistische Einheitsstaat wird! Fest und sicher steuert Hitler das Reich durch eine Welt von Mißgunst und Neid. Am 14. Oktober 1933 erfolgt die Antwort auf das langjährige unehrliche Spiel der Versailler Machthaber: der Austritt Deutschlands aus dem Völkerbund und aus der Abrüstungskonferenz. Aber diese Politik der Ehre geht Hand in Hand mit einer Politik des Friedens. Ihr erster Erfolg, der die Welt aufhorchen läßt, ist die am 26. Jänner 1934 erzielte Verständigung mit Polen. Als der bisherige Reichspräsident von Hindenburg wenige Tage nach dem blutigen nationalsozialistischen Volksaufstand in Österreich stirbt, da kürt das Deutsche Volk am 19. August 1934 den Führer der Bewegung auch zum Oberhaupt des Reiches. „Der Kampf um die Staatsgewalt ist mit dem heutigen Tage beendet. Der Kampf aber um unser teures Volk nimmt seinen Fortgang. Das Ziel steht unverrückbar fest: es muß und wird der Tag kommen, an dem auch der letzte Deutsche das Symbol des Reiches als Bekenntnis in seinem Herzen trägt." Vom 4. bis 10. September 1934 beherbergt Nürnberg den sechsten Reichsparteitag in seinen Mauern. Zum erstenmal führt Oberst Hierl ein Heer von 52.000 Männern des Freiwilligen Arbeitsdienstes vor, eines der bewundernswertesten Instrumente des neuen Reiches.

Reichskanzler an die Spitze des Deutschen Reiches — das Dritte Reich hat begonnen! In gewaltiger Symbolik tagt vom 1. bis 3. September 1933 in Nürnberg der fünfte Reichsparteitag. Es ist der Parteitag des Sieges!

1934

In gewaltigem Ausmaß geht der Neuaufbau des Reiches vor sich, der nationalsozialistische Einheitsstaat wird! Fest und sicher steuert Hitler das Reich durch eine Welt von Mißgunst und Neid. Am 14. Oktober 1933 erfolgt die Antwort auf das langjährige und unehrliche Spiel der Versailler Machthaber: der Austritt Deutschlands aus dem Völkerbund und aus der Abrüstungskonferenz. Aber diese Politik der Ehre geht Hand in Hand mit einer Politik des Friedens. Ihr erster Erfolg, der die Welt aufhorchen läßt, ist die am 26. Jänner 1934 erzielte Verständigung mit Polen. Als der bisherige

19

Das Jahr 1935 beginnt mit einem begeisternden Auftakt: der Heimkehr des Saarlandes nach dem überwältigenden deutschen Abstimmungssieg am 13. Jänner. Der Größe dieses Auftaktes entspricht der weitere Verlauf des Jahres. Am 9. März gibt Göring
die Wiedererrichtung einer deutschen Militärluftfahrt bekannt und am 16. März vollzieht sich das große Ereignis, auf dem die
weitere deutsche Geltung beruht: durch die Tat des Führers nimmt sich das deutsche Volk die Wehrfreiheit zurück, unter dem
Jubel der ganzen Nation wird die allgemeine Wehrpflicht wieder eingeführt. Gegenstück und Ergänzung dazu ist die allgemeine
Arbeitsdienstpflicht, die im Juni beschlossen wird. Als neuer Beweis des deutschen Friedenswillens steht das am 18. Juni 1935
mit England geschlossene Flottenabkommen. Das Friedens- und Aufbauwerk des Führers schreitet auch im Innern weiter.
Zeugen dafür sind die rapid fallende Arbeitslosenziffer und die Schöpfung der herrlichen Reichsautobahnen. Am 19. Mai 1935
übergibt der Führer das erste fertige Teilstück der Reichsautobahn dem Verkehr, am selben Tag, an dem die Sudetendeutsche
Partei unter Konrad Henlein Führung durch ihren Wahlsieg zur stärksten Partei in der Tschecho-Slowakei aufsteigt. Der Glanz
des Dritten Reiches wird zum nationalen Impuls auch für das ganze übrige Deutschtum in aller Welt. Mit berechtigtem Stolz
wird vom 10. bis 17. September 1935 in Nürnberg der siebente Reichsparteitag abgehalten. Er ist der Reichsparteitag der Freiheit und er ist gleichzeitig deutscher Reichstag, der am 15. September die berühmten drei Nürnberger Gesetze
beschließt.

1935

PARTEITAG DER FREIHEIT
Aufnahme The Associated Press

Reichspräsident von Hindenburg wenige Tage nach dem blutigen nationalsozialistischen Volksaufstand in Österreich stirbt, da kürt das Deutsche Volk
am 19. August 1934 den Führer der Bewegung auch zum Oberhaupt des
Reiches. »Der Kampf um die Staatsgewalt ist mit dem heutigen Tage beendet. Der Kampf aber um unser teures Volk nimmt seinen Fortgang. Das
Ziel steht unverrückbar fest: es muß und wird der Tag kommen, an dem
auch der letzte Deutsche das Symbol des Reiches als Bekenntnis in seinem
Herzen trägt.« Vom 4. bis 10. September 1934 beherbergt Nürnberg den
sechsten Reichsparteitag in seinen Mauern. Zum erstenmal führt Oberst
Hierl ein Heer von 52.000 Männern des Freiwilligen Arbeitsdienstes vor,
eines der bewundernswertesten Instrumente des neuen Reiches.

1935

Das Jahr 1935 beginnt mit einem begeisternden Auftakt: der Heimkehr des Saarlandes nach dem überwältigenden Abstimmungssieg am 13. Jänner. Der Größe dieses Auftaktes entspricht der weitere Verlauf des Jahres. Am 9. März gibt Göring die Wiedererrichtung einer deutschen Militärluftfahrt bekannt und am 16. März vollzieht sich das große Ereignis, auf dem die weitere deutsche Geltung beruht: durch die Tat des Führers nimmt sich das deutsche Volk die Wehrfreiheit zurück, unter dem Jubel der ganzen Nation wird die allgemeine Wehrpflicht wieder eingeführt. Gegenstück und Ergänzung dazu ist die allgemeine Arbeitsdienstpflicht, die im Juni beschlossen wird. Als neuer Beweis des deutschen Friedenswillens steht das am 18. Juni 1935 mit England geschlossene Flottenabkommen. Das Friedens- und Aufbauwerk des Führers schreitet auch im Inneren weiter. Zeugen dafür sind die rapid fallende Arbeitslosenziffer und die Schöpfung der herrlichen Reichsautobahn. Am 19. Mai 1935 übergibt der Führer das erste fertige Teilstück der Reichsautobahn dem Verkehr, am selben Tag, an dem die Sudetendeutsche Partei unter Konrad Henleins Führung durch ihren Wahlsieg zur stärksten Partei in der Tschecho-Slowakei aufsteigt. Der Glanz des Dritten Reiches wird zum nationalen Impuls auch für das ganze übrige Deutschtum in aller Welt. Mit berechtigtem Stolz wird vom 10. bis 17. September 1935 in Nürnberg der siebente Reichsparteitag abgehalten. Er ist der Reichsparteitag der Freiheit und er ist gleichzeitig deutscher Reichstag, der am 15. September die berühmten drei Nürnberger Gesetze beschließt.

1936

Der 7. März 1936 zeigt der Welt die Kraft der neuen deutschen Großmacht. Nach der Wiederherstellung der deutschen Wehrhoheit erfolgt an diesem Tag die Wiederherstellung der deutschen Gebietshoheit, die bis dahin im Westen empfindlich beschränkt war: das Rheinland wird von den letzten Fesseln befreit und von deutschen Soldaten besetzt. Am 11. Juli bietet der Führer der österreichischen Regierung die Hand zu einem Freundschaftsvertrag und am 1. August eröffnet der Führer die IX. Olympischen Spiele in Berlin, die zu einer von der ganzen Welt bewunderten Glanzleistung des nationalsozialistischen Deutschlands werden. So wird der achte Reichsparteitag, der vom 8. bis 14. September in Nürnberg vor sich geht, zum Parteitag der Ehre. Er bringt die Verkündung des gigantischen Vierjahresplanes, mit dessen Durchführung Pg. Hermann Göring betraut wird.

1937

Nach der großen deutschen Schicksalswende ist der Führer entschlossen, die große europäische Schicksalswende heraufzuführen. Das politische Kräftefeld Europas beginnt sich neu zu gestalten, seine entscheidende Größe wird die Achse Berlin-Rom, die Freundschaft zwischen dem Dritten Reich und dem zum Imperium aufgestiegenen siegreichen faschistischen Italien. Im Inneren des Reiches wird gearbeitet, so gearbeitet, daß sich bereits ein Mangel an Arbeitskräften bemerkbar macht. Der neunte Reichsparteitag, der vom 6. bis 13. September 1937 in Nürnberg vor sich geht, hat darum auch den

1936

Der 7. März 1936 zeigt der Welt die Kraft der neuen deutschen Großmacht. Nach der Wiederherstellung der deutschen Wehrhoheit erfolgt an vielem Tage die Wiederherstellung der deutschen Gebietshoheit. Die bis dahin im Westen empfindlich beschränkt war: das Rheinland wird von den letzten Fesseln befreit und von deutschen Soldaten besetzt. Am 11. Juli bietet der Führer der österreichischen Regierung die Hand zu einem Freundschaftsvertrag und am 1. August eröffnet der Führer die IX. Olympischen Spiele in Berlin, die zu einer von der ganzen Welt bewunderten Glanzleistung des nationalsozialistischen Deutschlands werden. So wird der achte Reichsparteitag, der vom 8. bis 14. September in Nürnberg vor sich geht, zum Parteitag der Ehre. Er bringt die Verkündung des gigantischen Vierjahresplanes, mit dessen Durchführung Pg. Hermann Göring betraut wird.

1937

Nach der großen deutschen Schicksalswende ist der Führer entschlossen, die große europäische Schicksalswende herbeizuführen. Das politische Kräftefeld Europas beginnt sich neu zu gestalten, seine entscheidende Größe wird die Achse Berlin-Rom, die Freundschaft zwischen dem Dritten Reich und dem ... Italien. Im Innern des Reiches wird gearbeitet, ... sich daraus bereits ein Mangel an Arbeitskräften ... macht. Der neunte Reichsparteitag, der vom 6. bis 13. September 1937 in Nürnberg vor sich geht, hat darum auch den Ehrentitel Parteitag der Arbeit erhalten.

Ehrentitel »Parteitag der Arbeit« erhalten. — Es folgte die letzte und bisher größte Periode in der durch die Parteitage markierten Geschichte der Bewegung, des Volkes und des Reiches: 1938, das glückliche Jahr der Deutschen, das als unser aller stärkstes Erlebnis den Sieg der nationalsozialistischen Revolution in Österreich und die Befreiung Sudetendeutschlands brachte.

1942 schrieb T. B. in der Zeitschrift »Europa - Kontinent der Jugend«

NEUE WELT EUROPA
Die Revolutionen

DR. TARAS V. BORODAJKEWYCZ

Im April 1929 spielte sich zwischen Stresemann und dem englischen Publizisten Lockhart ein Gespräch ab, an dessen Schluß Stresemann die resignierte Feststellung machte: »Die Zukunft liegt in den Händen der jungen Generation und der Jugend Deutschlands, die wir ... hätten gewinnen können, *(nun)* haben wir beide verloren. Das ist meine Tragik und eure Schuld.« Der Außenminister der deutschen Demokratie sprach diese Worte, die einen müden Verzicht ausdrückten und den Bankrott seines Werkes anmeldeten, bereits im Schatten des Todes, der ihn ein halbes Jahr später zu sich nahm.

Nicht ganz vier Jahre nach diesem Gespräch ergreift die nationalsozialistische Bewegung in Deutschland die Zügel der Regierung. Die politische Machtergreifung ist auch ein Sieg der deutschen Jugend gewesen. Wer das nicht wahrhaben wollte, wer nach 1933 nicht begriff, daß die deutsche Revolution nicht nur ein neues politisches Programm bedeutet, sondern auch ein neues Menschentum heraufführte, der erhielt einen lebendigen Anschauungsunterricht fünf Jahre später, beim Sieg der nationalsozialistischen Revolution in Österreich, als das Bild der Straßen und Plätze bestimmt war von den glückstrahlenden, siegleuchtenden Scharen der deutschen Jugend dieses Landes. Es ist dieselbe deutsche Jugend, deren Kolonnen seit drei Jahren die Fahnen des deutschen Aufbruchs von Sieg zu Sieg durch ganz Europa tragen und den harten Boden dieses alten Kontinents zu einem neuen Leben aufpflügen.

Noch nie in der Weltgeschichte erfolgte das Stirb und Werde auf diesem Erdteil unter solchem Blitz und Donner. In gigantischem Ausmaß wiederholt sich in Europa der Kampf, in dessen Zeichen der Aufbruch des neuen Deutschlands im Innern des Reiches erfolgte, der Kampf gegen die Demokratie und gegen den Bolschewismus. Demokratie, das ist die Welt von gestern, die Welt des angelsächsischen Liberalismus, die Welt der französischen Ideen von 1789, die Welt des atlantischen Imperialismus unter Niederhaltung der Mitte Europas. Höhepunkt der Peripetie dieser Periode sind durch die Namen Versailles, Genf und Locarno gegeben. Sie machen deutlich, daß Demokratie und Deutschland zueinander in unvereinbarer Feindschaft stehen mußten. Daß diese Erkenntnis durch lange Jahre verdunkelt sein konnte, lag darin, daß die Demokratie den Geist der Zeit für sich hatte; er ließ die Menschen glauben, daß die Demokratie das Ziel der geschichtlichen Entwicklung sei, der Fortschritt schlechthin, besonders im Hinblick auf die monarchischen Staatsformen Mitteleuropas. Die Demokratie war das Ende einer abendländischen Entwicklung, die die Lösung des Individuums aus allen Bindungen zum Ziel hatte und mit dem Programm der Freiheit und Gleichheit die Verabsolutierung des einzelnen Menschen in politischer, sozialer und wirtschaftlicher Hinsicht erreichte. In dem Gang der europäischen Entfaltung mag diese Entwicklung eine Notwendigkeit gewesen sein, sicher ist, daß sie von Anbeginn in der Richtung gegen das Reich erfolgte. Mit der Lösung Europas vom Reich begann diese Entwicklung, mit der Lösung des einzelnen Menschen aus allen organischen Bindungen, von Familie, Volk und Staat endete sie: die Freiheit schien erlangt. Seinen grotesken Ausdruck für Deutschland fand dieser Weg in dem Wort, das Scheidemann, der erste Ministerpräsident des Weimarer demokratischen Deutschlands, am 9. November 1918 in Berlin den Massen zurief: »Das deutsche Volk hat auf der ganzen Linie gesiegt!« Zur selben Zeit, in der dieses Wort von einem Manne der neuen Verantwortung gesprochen wurde, versank Deutschland in das Chaos des Zusammenbruchs, wand sich die deutsche Waffenstillstandskommission im Wald von Compiègne unter den politischen Peitschenhieben der Sieger.

Dennoch setzte die Demokratie den Weg prahlerischer Verantwortungslosigkeit fort; er endete für sie mit dem Verlust der deutschen Jugend, mit dem Verlust Deutschlands. Die Demokratie war stolz auf die Errungenschaften von 1918 und hielt diese Revolte für eine Revolution. Sie ahnte nicht, daß das deutsche Volk seit 1918 wirklich in eine dauernde Revolution eingetreten war, deren Uhrzeiger allerdings in einer anderen Richtung lief, als sie Europa seit Jahrhunderten bei einer Revolution anzunehmen gewöhnt war. Während die Welt die Apotheose des Bürgertums feiert, birst in Deutschland der Boden, der das Bürgertum bisher getragen. Er wird aufgerollt durch die furchtbare Not, in die die siegreiche Welt der Demokratie das demokratische Deutschland hineinstieß, er wird zertrümmert von einem Deutschland, das aus dem Erlebnis der Front emporwuchs. Die Sieger stempelten das Fronterlebnis zu einem Triumph der Demokratie und damit zu einer Episode im Gang der europäischen Entwicklung, für Deutschland wurde es der Anstoß zu einer umfassenden Erneuerung und Umwälzung. Aus der Tiefe stiegen die in der liberalen Zeit versunkenen Werte Gemeinschaft und Kameradschaft leuchtend empor. Zum erstenmal in der Geschichte erlebte sich das ganze deutsche Volk in allen seinen Gliedern als unter einem Schicksal stehend und erlebte sich als Volk unter Völkern in der besonderen Einmaligkeit seiner Art. Es erkannte, daß die demokratische Maske, die ihm angelegt worden war, seinem Wesen nicht entsprach, es wurde sich klar, daß diese Maske die Züge des feindlichen Siegers trug. Es erstand ihm der Mann, der es mit der Überzeugung erfüllte, daß Deutschland nicht das ist, was es ist, sondern das, was es sein soll. Seine Persönlichkeit und sein Programm wurden der sichtbare Ausdruck der deutschen Reaktion gegen eine Art zu leben, zu fühlen und zu denken, die nicht mehr in die neue Zeit hineinpaßte. Er schweißte alle Elemente dieser Reaktion zusammen und formte sie zum Nationalsozialismus. Dieser Sozialismus hebt den Klassenkampf im Inneren der Nation auf, ist sich aber bewußt, daß die Politik der demokratischen Besitzerländer die Welt in eine Arena des Klassenkampfes verwandelt hat. Und er erzieht Deutschland für diesen Kampf. Der Reichtum mag es den Demokratien erlauben, liberal zu sein, die Not der deutschen Gegenwart verlangte vom Nationalsozialismus eine totale Zusammenfassung und autoritäre Führung der Nation, sie verlangt Intoleranz gegen alle Kräfte, die sich diesem Prozeß hindernd in den Weg stellen. Ging die liberal-demokratische Welt vom Individuum zum Staat, so waren für die deutsche Revolution Volk und Staat die Angelpunkte ihres Denkens und Wollens. Volk und Staat, das heißt aber im deutschen Schicksal: das Reich. Indem die nationalsozialistische Revolution diesen Auftrag der Vorsehung an das deutsche Volk auf ihre Fahne schreibt, eröffnet sie sich nicht nur den Zugang in das tiefste Innere des deutschen Menschen, zumal der deutschen Jugend, sondern erhebt sich auch von einem innerdeutschen Geschehen zu einem europäischen Aufbruch. Damit wird die Auseinandersetzung mit einem Europa unvermeidlich, das jahrhundertelang aus dem Verfall des Reiches die Säfte zu seinem eigenen Vorteil gesogen hatte.

In diesem Kampf gegen die begüterten Demokratien führt das Schicksal das faschistische Italien an die Seite Deutschlands. Ihm ist als erstem unter den europäischen Völkern die innere Neuordnung und Abwendung von der Demokratie zuteil geworden. Im Kriege lagen auch die Quellen seiner Revolution, im Kriege, der mit einem Sieg endigte und sich in der Seele der Nation doch in eine Niederlage zu verwandeln schien. Da war es die Stimme

Mussolinis, die den Glauben an den Sinn der gebrachten Opfer wieder aufrief, der die Brücke schlug von der Gegenwart zu den Traditionen des Risorgimento und die unvergängliche Idee der ewigen Roma beschwor. Mitten durch die drohende Anarchie des Bolschewismus und gegen den Bankrott der liberalen Demokratie führte er seine Revolution, auch sie nach einem Worte ihres Führers »eine herrliche Leidenschaft der besten italienischen Jugend«. Während die Demokratien sich im Gefühl ihrer Erfolge sonnten, gelang in Italien der Aufbau eines Staates, dessen Züge eine scharfe Absage an alle liberal-demokratischen Ideen bedeuteten. Die erste außenpolitische Feuertaufe des Faschismus, der Krieg um Abessinien, endigte mit einer Niederlage der Demokratien; hinter der bombastischen Fassade wurde der Riß eines Systems sichtbar, das es mit der geballten Kraft einer innervölkischen Erneuerung nicht aufnehmen konnte. Daher mußte diese Neuordnung, die gleichbedeutend geworden war mit der Lösung von der Demokratie, bei dem Volk verhindert werden, das gewillt war, dem Beispiel der Mitte Europas zu folgen, bei Spanien. Hier hatte die Demokratie zu einer völligen Auflösung des Staates geführt und die Sympathien der enttäuschten Jugend verloren. Aus ihren Reihen pflanzte Jose Antonio, der Sohn Primo de Riveras, die Fahne der Falange auf, auch sie zu einer nationalen und sozialen Erneuerung rufend. In Spanien erfolgt die Generalprobe in dem europäischen Kräftespiel, der Aufmarsch der Fronten vor dem großen Waffengang. Glaubte ein Teil Europas sich damals in einer selbstgefälligen Neutralität mit der Rolle des überlegenen Zuschauers begnügen zu dürfen, so zerriß der falsche Dunstschleier, der Europa umgab und das wahre Bild dieses Kontinents selbst für seine Bewohner verhüllte, als das Vorspiel der Pyrenäenhalbinsel sich mit furchtbarer Eindringlichkeit über Europa selbst senkte und Demokratie und Bolschewismus sich über der Mitte Europas die Hand reichten, um die neue Ordnung des nationalen Sozialismus zu verhindern. Unerbittlich schieden sich nun die Fronten, in dem Kampf gegen den Bolschewismus wird jedes Volk gezwungen, sein Visier zu öffnen. Neues Europa ist gleichbedeutend geworden mit dem Kreuzzug gegen die größte Barbarei, die Europa jemals bedrohte, der Kampf um das Reich, das sich als eine Wiederaufnahme der alten Aufgabe des Schutzes und der Ordnung erwies, erhielt damit einen geschichtsmetaphysischen Sinn. Die Völker Europas erkannten diesen Sinn und schlossen sich für eine neue Zukunft des Erdteiles zusammen um das Reich, um ihren Anteil an die Neugestaltung in der Riesenfront des Ostens zu erbringen, einer Front, in die sich auch mancher Gegner von gestern als willkommener Kampfgenosse hineinstellt, dem das angelsächsisch-russische Bündnis die Augen geöffnet.

Der Sieg gehört stets demjenigen, der die beherrschende Idee der Zeit an seine Fahnen heftet. Waren es vor 150 Jahren die Armeen der Französischen Revolution mit ihrem Schlachtruf von Freiheit, Gleichheit und Brüderlichkeit, so sind es heute die grauen Kolonnen des deutschen Heeres und seiner europäischen Waffengefährten. In ihren Reihen steht das Europa, das sich jung und neu fühlt und weiß, daß der nationale Sozialismus das Gesicht des Erdteiles bestimmen wird, mit ihnen streiten, wie einst die Walküren, alle guten Geister der großen abendländischen Vergangenheit für eine Zukunft, die nicht nur ein Europa der Macht bringt, sondern auch eine neues Europa des Geistes, das sich der großen Tradition dieses Erdteiles, die ihm die Führung der Welt gab, würdig erweist.

T. B. in Oberweis

Der Name Borodajkewycz wurde einer breiten Öffentlichkeit erstmals im Juni 1949 bekannt, als er an einer Besprechung ehemaliger Nationalsozialisten mit Funktionären der Österreichischen Volkspartei in Oberweis teilnahm.

Da dieses Ereignis — insbesondere Lesern der jüngeren Generation — heute kaum noch bekannt ist, soll darüber in Form einer Gegenüberstellung von Meldungen der Arbeiter-Zeitung und des Kleinen Volksblattes berichtet werden.

Arbeiter-Zeitung 11. Juni 49

Die Geheimkonferenz von Oberweis

Am 28. Mai fand in Oberweis bei Gmunden in Oberösterreich eine geheime Zusammenkunft zwischen den ÖVP.-Führern Nationalrat Julius Raab, Nationalrat Dr. Maleta und Nationalrat Brunner (dem Vertreter Gorbachs) und ehemaligen prominenten Naziführern statt. Die Naziführer, mit denen die ÖVP. bei dieser Gelegenheit verhandelte, sind nach dem österreichischen Nationalsozialistengesetz alle schwer belastet.

Unter ihnen befinden sich Dr. Wilhelm Höttl, der ehemalige Chef des Sicherheitsdienstes (SD.) Wien, der in der SS den Rang eines Majors innehatte, der frühere Mitarbeiter des SS-Generals und hingerichteten Kriegsverbrechers Kaltenbrunner, Theo Wührer, früher Chefredakteur eines NSDAP.-Blattes, der bekannte Nazirechtsanwalt Dr. Führer, der Herausgeber des verbotenen »Alpenländischen Heimatrufes« Dr. Manfred Jasser, der jetzt die wiederholt verwarnten »Freien Stimmen« leitet, ein Volksgenosse namens Dr. Taras Borodajkiewicz, auf den wir noch zurückkommen werden, und andere.

Bei diesen Verhandlungen soll unter anderem beschlossen worden sein, ein

Verbindungskomitee der ehemaligen Nazibonzen zur ÖVP.

einzusetzen, an dessen Spitze der SA.-General Viktor Band vom Reichsarbeitsdienst stehen soll. Die Naziführer versprachen, der ÖVP. ihre Anhänger unter den ehemaligen Nationalsozialisten zuzuführen.

Arbeiter-Zeitung   12. Juni 49

Die Teilnehmer an der Geheimkonferenz
Die volle Liste der Nazibonzen und ÖVP.-Packler

Die Enthüllungen über die Packelei der ÖVP. mit den Nazi haben berechtigtes Aufsehen erregt. Nach unseren Informationen haben an den Geheimverhandlungen in der Villa Thonet in Oberweis, die dem Schwiegervater des ÖVP.-Nationalrates Maleta gehört, folgende Personen teilgenommen:

Die Unterhändler der Volkspartei:

Nationalrat Ingenieur Julius Raab; Nationalrat Dr. Alfred Maleta; Nationalrat Karl Brunner als Vertreter Dr. Gorbachs; Doktor Schöpf, der Landesparteiobmann der ÖVP. Oberösterreichs; der Bezirkshauptmann von Gmunden, Hodl, sowie lokale Funktionäre.

Die Unterhändler der Nazi:

Dr. Wilhelm Höttl, SS-Sturmbannführer und ehemaliger Leiter des Sicherheitsdienstes (SD.) Wien; Theo Wührer, Adjutant des hingerichteten SS-Generals und Kriegsverbrechers Kaltenbrunner; Dr. Erich Führer, SS-Führer und Nazirechtsanwalt; Dr. Manfred Jasser, der Herausgeber des nach vielen Warnungen verbotenen Neonaziblattes »Alpenländischer Heimatruf«, der jetzt die ebenfalls wiederholt verwarnten neonazistischen »Freien Stimmen« leitet; Dr. Taras Borodajkiewicz, ein zu den Nazi übergelaufener CV.er, der gegenwärtig ein russisches Stipendium bezieht; Walter Polak, Wien, ehemaliger Führer der Hitler-Jugend; Dr. Strohschneider, Graz; Dr. Aletsch, Graz; Dr. Stadlbauer, Linz; Friedrich Heiß, Verleger, Linz; Professor Raschhofen, Braunau; Gesandter Theodor Hornbostel, der als ehemaliger hoher Funktionär des Bundeskanzleramtes (Auswärtiges Amt) im Prozeß gegen Guido Schmidt eine wenig rühmliche Rolle gespielt hat. Von ihm ist allerdings nicht bekannt, ob er an den Verhandlungen noch als ÖVP.ler oder mehr als Nazi teilnahm.

Der Naziunterhändler mit dem päpstlichen Orden und einem russischen Stipendium

Von besonderem Interesse ist der Fall des Dr. Taras Borodajkiewicz, der ebenfalls auf der Naziseite an der Konferenz beteiligt war. Dieser seltsame Volksgenosse entstammt streng katholischen Kreisen und gehörte auch dem CV. an.

Er war einer der Hauptorganisatoren des Katholikentages 1933, der zu einer Demonstration des zum Verfassungsbruch drängenden Austrofaschismus wurde. Als Anerkennung seiner Verdienste um diesen Katholikentag erhielt Herr Borodajkiewicz den päpstlichen Orden »Pro ecclesia et pontifice« (Für Kirche und Papst).

Als die Nazibewegung in Österreich erstarkte, lief der CV.er und päpstliche Ordensträger als einer der ersten zu den braunen Faschisten über. Dafür wurde er von ihnen mit einer Professur an der gleichgeschalteten Universität Prag belohnt. Der Organisator des Katholikentages und Ex-CV.er war dann auch bemüht, Anhänger für eine nazihörige »Deutsche Nationalkirche« zu gewinnen.

Gegenwärtig bezieht dieser vielseitige Herr jedoch ein Stipendium von — der russischen Akademie der Wissenschaften in Moskau für Studien über Osteuropa, die er mit einer Gruppe ehemaliger, als Nazi entlassener Archivbeamter betreibt.

Die Gruppe steht unter Leitung des früheren kommunistischen Universitätsdozenten Dr. Leo Stern, der bekanntlich im Mittelpunkt der Zwischenfälle stand, die sich 1947 im Anschluß an eine kommunistische Maifeier in Klein-Pöchlarn abspielten und bei denen zwei österreichische Arbeiter von russischen Soldaten erschossen wurden. Dieser Dr. Stern vermittelte an einige Personen, unter ihnen auch Borodajkiewicz, russische Stipendien für Studien im österreichischen Staatsarchiv, deren Ergebnisse den Russen übermittelt werden. Auch die Gesellschaft zur Förderung der kulturellen Beziehungen mit der Sowjetunion hat sich bei dieser Gelegenheit für Borodajkiewicz eingesetzt.

Man hätte wohl ebensogut den Informationsdienst des russischen Besatzungselements direkt zu den Besprechungen einladen können!

Bemerkenswert ist, daß Borodajkiewicz derjenige gewesen sein soll, der das Forderungsprogramm der Nazi an die ÖVP. ausgearbeitet hat, das der ganzen Geheimkonferenz zugrunde lag!

Das also ist der Mann, mit dem die ÖVP verhandelte; ein übergelaufener Katholik, der nun als russischer Stipendiat neonazistische Politik macht. Jeden anständigen Menschen in der Volkspartei muß es grausen vor diesem mehrfachen Überläufer, der den krummen Weg vom Kreuz des Papstes zum Kruckenkreuz, weiter zum Hakenkreuz und schließlich zum Sowjetstern ging, der allen dienstbar war — und alle verriet.

Durch Verhandlungen mit solchen Kreaturen mag die Volkspartei ein paar Nazistimmen gewinnen — sie wird sicher tausende Stimmen anständiger österreichischer Katholiken verlieren.

 11. Juni 1949

Wahlmanöver der beiden Linksparteien

In einer Konferenz von Vertrauensleuten der Wiener Landesparteileitung befaßte sich Staatssekretär *Graf* gestern mit den von sozialistischer Seite gemeinsam mit den Kommunisten gestarteten Angriffen in der NS-Frage gegen die Volkspartei und führte dabei aus:

»Da der Versuch der SPÖ, die Spaltung der nichtmarxistischen Front herbeizuführen, ebenso mißlungen ist wie ihr Versuch, in den letzten Monaten die ehemaligen Nazi für ihre Partei zu gewinnen, beginnt sie nun in der NS-Frage einen Kampf, dessen Taktik sich in nichts von den seinerzeitigen Angriffen in Ungarn gegen die Klein-Landwirte-Partei unterscheidet. Es ist aber ein Kampf, der für Österreich innen- und außenpolitisch sehr gefährlich werden könnte.

Über alle Staatsinteressen hinweg, getrieben von der Sucht nach Macht, versucht man die ÖVP dadurch in Mißkredit zu bringen, daß man ihr durch ihre Haltung in der NS-Frage die demokratische Verläßlichkeit absprechen möchte.

Innenminister *Helmer* hat in einer Rede am vergangenen Sonntag Behauptungen aufgestellt, die zu beweisen er nicht in der Lage sein wird. Daß Abgeordneter *Honner* in Wiener Neustadt in dasselbe Horn geblasen hat, bestätigt nur die Gemeinsamkeit beider Parteien im Kampf gegen Rechts. Der von den Sozialisten am Sonntag gestartete Versuch, die ÖVP in Mißkredit zu bringen, fand auch leichtfertigerweise seinen Niederschlag in der alliierten in- und ausländischen Presse. Es sind daher *einige Feststellungen* notwendig:

In Österreich gibt es *keine organisierten NS-Gruppen* oder NS-Organisationen, sondern nur ehemalige Mitglieder der NSDAP, deren größter Teil durch das NS-Amnestiegesetz zu *gleichwertigen* Staatsbürgern gemacht wurde. Das Recht, diese ehemaligen Nationalsozialisten für die demokratische Mitarbeit am Neuaufbau unserer Heimat zu gewinnen, steht *jeder* demokratischen Partei zu.

Beweis für die Notwendigkeit der Rechtsfront

In welcher Form die Volkspartei den Einbau ehemaliger Nationalsozialisten, die heute Bürger gleichen Rechtes sind, in das politische Leben vornimmt, ist *ausschließlich ihre Sache.* Wenn ich am Bundesparteitag erklärt habe, daß wir niemandem nachlaufen, wohl aber jeden überzeugen wollen, daß unser Weg der richtige ist, so möchte ich heute als klarstellenden Satz hinzufügen,

daß es uns bei dem Einbau ehemaliger Nationalsozialisten ausschließlich um all jene geht, die erkannt haben, daß ihr Weg
bis 1945 *falsch* gewesen ist,

das heißt, um solche Nationalsozialisten, die sich, gleichgültig,
welche Funktion sie früher inne gehabt haben, heute *bedingungs-
los* zum demokratischen Österreich und zur christlich-abendlän-
dischen Kultur bekennen.

Wir haben wiederholt vor der ganzen Welt eindeutig erklärt,
daß wir *keine Politik der Rache* betreiben wollen und daß wir
nur im inneren Frieden und in der gemeinsamen Arbeit die Zukunft Österreichs begründet sehen. Wir lehnen es ab, aus Gründen
der Opportunität eine andere Haltung einzunehmen, um vielleicht
dadurch den Beifall einiger in- und ausländischer Blätter zu finden.

Die führenden Funktionäre der ÖVP haben im Gegensatz zu
jenen der Linksparteien eines gelernt: daß nämlich die *Methoden
und Wege,* die in der Vergangenheit in den Abgrund geführt haben, auch aus der Gegenwart in keine bessere Zukunft führen.
Die ÖVP wird daher ihren bisher beschrittenen Weg der inneren
Befriedung *weitergehen,* sie wird sich durch provozierte Angriffe
von ihrem Ziel, ein befriedetes, nicht-marxistisches Österreich zu
schaffen, nicht abbringen lassen.

Gerade dieser letzte Angriff von sozialistischer Seite unter-
streicht die Notwendigkeit der von uns immer wieder geforderten
starken und einheitlichen Rechtsfront.

Die Praktiken unserer Gegner sind bekannt: Zuerst möchten sie
die starke Rechtsfront aufsplittern, um sie dann der demokratischen Unverläßlichkeit zu zeihen. Sind sie an der Macht, so verwandeln sie nach Willkür und Auslegung *Demokratie in Volks-
demokratie und Diktatur!«*

T. B. und die ÖVP

DER LANDESPARTEIOBMANN
DER ÖSTERREICHISCHEN VOLKSPARTEI
NIEDERÖSTERREICH
MINISTER a. D. NATIONALRAT ING. JULIUS RAAB

WIEN. 22.September 1949
1. LÖWELSTRASSE 26
Tel. Nr. U 27-5-47

0012

B e s t ä t i g u n g .

Ich kenne Herrn Dr. Taras B o r o d a j k e w y c z ,
Univ.Prof.a.D., wohnh. Wien I., Jakobergasse 4, aus monate-
langer loyaler Zusammenarbeit. Seine Bemühungen haben mit
Neonasismus nichts zu tun, sondern bewegen sich durchaus
im Rahmen der Gesetze und geschehen mit Wissen und Billigung
der Bundesparteileitung der Österreichischen Volkspartei.

Der Landesparteiobmann :

Rundstempel   Julius Raab e.h.

T. B. gegen die österreichische Nation

Geschichtsfälschung für die »österreichische Nation«
Taras Borodajkewycz in »Die Aktion«, August 1956

Zu den unerfreulichsten Überresten des an Gesinnungs- und
Würdelosigkeit reichen Jahres 1945 gehört das Geflunker von der
»österreichischen« Nation. Es entstammt derselben moralischen
und geistigen Haltung, die die Besatzungsmächte als Befreier feierte und die dauernde Erinnerung an ihr für unser Land so

segensreiches Erscheinen in der Umbenennung der Straßen und Plätze festhalten wollte, die Haltung, die den bisherigen Ehrenkodex der Menschheit umstülpte und Feigheit, Fahnenflucht und Verrat als die wahren Tugenden des österreichischen Mannes pries. Diese Sumpfblüten einer Zeit, der der Boden unter den Füßen entzogen war, gehören glücklicherweise wieder der Vergangenheit an...

Nur als tiefe Tragik, nicht als ein Segen für Österreich, für Deutschland und für Europa muß die Entwicklung bezeichnet werden, die unsere Verklammerung mit dem deutschen Volks- und Reichskörper lockerte und politisch schließlich ganz löste...

Aber wir wollen großzügig sein und ihnen gerne ihren Privatspaß mit der »österreichischen Nation« konzedieren. Nur muß ihnen klar sein, daß die Geschichte ihrer Nation erst 1945 beginnt und keine begeisternde Ahnenreihe aufweist — wir wollen sie höflicherweise mit den Namen verschonen — während uns deutschen Österreichern die ganze herrliche tausendjährige Vergangenheit gehört, in der es noch keine »österreichische Nation« gab!

Jugend und Geschichtsbewußtsein
Taras Borodajkewycz in »Beiträge des Witikobundes zu Fragen der Zeit«, Band 10*, 1962

Was bringen die Studenten aus den Schulen, die sie an die Hochschulen entlassen, und aus ihrem Elternhaus an Geschichtskenntnissen mit? Die Beantwortung dieser Fragen fällt, wenn ich an unsere österreichischen, zumal an die Wiener Zustände denke, unerfreulich und besorgniserregend aus. Wir haben in unserem Lande bei der Gestaltung des Geschichtsbildes mit einer besonderen Schwierigkeit zu kämpfen, von der die Bundesrepublik verschont geblieben ist. Hier brachten die Nachkriegsjahre das makabre Erlebnis der Umerziehung, bei uns in Österreich den charakterlosen Versuch der Entdeutschung seiner Geschichte, das Bemühen, in liebedienerischer Unterwürfigkeit gegenüber den Besatzungsmächten eine eigene »österreichische Nation« zu kreieren, die die Absage an die bisher selbstverständliche Zugehörigkeit zum deutschen Volk in sich schließen wollte. Die Auswirkungen dieser Sünde wider die Natur im Unterricht waren und sind verheerend. Was bleibt von der österreichischen Geschichte übrig, wenn man ihr die deutsche Grundlage entzieht? Für die Jugend wurde der leichenblasse und schwindsüchtige Torso, der sich

---

* Österr. Nationalbibliothek Signatur: 830.847—B. 10 S. 28 ff.

österreichische Geschichte nannte, unverständlich und uninteressant.

Das Urteil der Schüler über solche Lehrer und Prüfer können Sie sich vorstellen. Aber nicht alle Schüler sind in der Lage, diese Geschichtsfälschungen zu durchschauen.

Aus einem Vortrag im Rahmen des
»Rundgesprächs von Eberbach« (BRD).

Der Festtag des Reiches
*Taras Borodajkewycz in »Neue Ordnung«, Jahrgang 1962,
Heft 2/3, Seite 1*

...Die französische Revolution hat die Demokratie in einem Meer von Blut ertränkt, wie es Europa bis dahin noch nicht erlebt hat. Dennoch ist das Wort Demokratie in der Welt absolut salonfähig geworden.

Daß das Dritte Reich seinen Reichsgedanken mißbrauchte, entwürdigte und mit Untaten belud, darf das Urteil über die Erhabenheit des Ersten Reiches der Deutschen nicht trüben, soll uns die berechtigte Freude an dieser Hoch-Zeit im Werden Europas nicht mindern, kann unsere gemüthafte Verbundenheit mit einer langen Sternstunde im Leben unseres Volkes nicht lockern.

Wer an göttliche Aufträge in der Geschichte glaubt, mag die Hoffnung in sich hegen, daß sich Gott noch einmal wie vor 1000 Jahren unseres Reichsvolkes erinnert.

Vorlesungsmitschrift 1961/62

Taras Borodajkewycz: Zeitgeschichte

Deutschland: 1. 12. 1961

Versailler Friede — Nachkriegszeit — Grundlage des Nationalsozialismus. Sturz der Monarchie 1918, nicht nur Preußen, ebenso die vier Könige und die Fürsten, Hälfte der Deutschen, blieben der Monarchie treu. Sozialdemokratie von Patrioten (Friedrich Ebert — 1. Reichspräsident) geführt, stellt sich an die Spitze der Republik — die Arbeiterschaft war aber nicht imstande, die Gefahren von 1918—19 abzuwenden — daher Bündnis und Heer (Hindenburg, Körner). Aufstände in Berlin. 1917 — USPD — radikaler Flügel (*Liebknecht, Luxemburg, jüd. Mandatare)* — wollen Rätediktatur wie Rußland. Straßenkämpfe — Gus. Noske, Major Schleicher — Bündnis mit Ebert. Deutsche Freikorps (Freiwillige — gescheiterte Existenzen) — Einung der Truppen, Niederschlagung der Spartakus-Aufstände. Liebknecht, Luxemburg wurden umgebracht. *R. Luxemburg — an sich jüd. Suffragettin, Massenaufpeitscherin* — in ihren Briefen feinsinnig. Nationalversammlung in Weimar, Bekenntnis zum geistigen Deutschland. Februar 1919 — Sozialdemokraten, Zentrum (kath. — gute Organisation), Demokratische Partei — Friedr. Naumann, Max Weber — (bürgerl. intellektuell) — Koalition. Neue Verfassung von *jüd.* Staatsrechtslehrer Hugo Preuß. Föderativer Charakter Deutschlands Reichsrat — aus Vertretern der Länder. Sozialdemokraten verhindern die Aufteilung Preußens — allg. Wahlrecht — stärkste Partei SPD — daher Interesse der SPD am Bestehen des großen deutschen Preußens. Preußischer Ministerpräsident mußte aber nicht identisch mit Reichskanzler sein (nicht so wie bei Bismarck). Demokratische Republik kann nicht die Nationaleinheit schaffen. Viele Deutsche stehen ablehnend zum Staat (Deutschnationale, Deutsche Volkspartei, Heer und radikale Linke). *Österreichische und deutsche Verfassung von 1919 waren nicht berechtigt!* — waren nicht imstande, ihre Republiksidee in einer werbenden Form dazustellen, keine Begeisterung. *Alles, was sich sehen lassen konnte, stand in Opposition (Oswald Spengler, Moeller van den Bruck* — »Das Dritte Reich« — Selbstmord in Paris, *Ernst Jünger, August Winigg* — Gegner zur *jüd.* SPD (ehem. Sozialist) — »Vom Proletariat zum Arbeitertum«, »Der weite Weg«, »Heimkehr«). Absage an Demokratie, Parlamentarismus, Glaube, daß es dem Deutschen Volk bestimmt ist, zwischen Kommunismus und westl. Demokratie ein eigenes Bild zu schaffen. Selbst in Frankreichs scheiterte diese Verfassung. Max Weber, Friedr. Naumann, Ernst Tötsch — ja zur Republik, aber schon bald nach 1920 gestorben. Hungersnöte, Bürgerkrieg, Inflation, Reparationsschulden. 1923 Markaufwertung — Helfferich, Dr. Schacht — 1 Mark — 1 Billion alte Mark. Mittelschichten verarmten — Ablehnung des Staates. Freiwillige militärische Selbstschutzverbände, *herrliches deutsches Freikorps, das den Osten (Baltikum) von der bolschewistischen Gefahr bewahrt hat (Ritt auf Riga)*. Hans Fallada: »Wolf unter Wölfen«. Römerbriefkommentar von Karl Bar — aufstrebender evangelischer Glaube, radikale Absage an Liberalismus, an Kulturchristentum, an Schleiermacher — Rückkehr zu calvinischer Gläubigkeit (Kierkegaard) — dialektische Theologie (Friedr. Gogartner). Kathol. — Rückbesinnung auf liturgische Werte.

2. Weltkrieg, Drittes Reich
9. 3. 1962

Problem des NS: Rechtfertigung des Dritten Reiches unmöglich, da es mit einer Katastrophe geendet hat. »Ich war überzeugter Katholik und habe trotzdem Ja zu dieser Bewegung gesagt.«
Programm der NSDAP:
25 Punkte, 1920 (Ing. Gottfried Feder, Hitler)
Zeitprogramm:

1. Zusammenschluß aller Deutschen in Großdeutschland.
2. Gleichberechtigung des deutschen Volkes gegenüber den anderen Nationen. Aufhebung der Friedensverträge von Versailles und St. Germain.
3. Land und Boden (Kolonien) für Ernährung und Bevölkerungsüberschuß.
4. Staatsbürger nur deutschen Blutes (*Judenausschluß*).
5. Nicht-Staatsbürger nur Gäste in Deutschland, stehen unter Fremdengesetzgebung.
6. Recht über Führung und Gesetze des Staates nur für Staatsbürger, ebenso alle Ämter.
   Gegen Besetzung der Ämter durch Protektion (heute auch nicht unaktuell!)
7. Staat verpflichtet sich, Staatsbürger zu versorgen. Ausländer sind auszuweisen.
8. Keine Ausländer in Deutschland aufnehmen, Ausweisung der Ausländer, die nach 1914 kamen.
9. Alle Staatsbürger haben gleiche Rechte und Pflichten.
10. Jeder Staatsbürger muß körperlich und geistig schaffen.
11. Abschaffung der mühelosen Erwerber, Brechung der Zinsherrschaft. *Eisner: polnischer Kaffeehausjude!*

12. Persönliche Bereicherung am Krieg verboten, Einziehung aller Kriegsgewinne (*Judentum hat dabei nicht geringe Rolle gespielt*).

13. Verstaatlichung aller bisher vergesellschafteten Trusts (Betriebe).

14. Gewinnbeteiligung in Großbetrieben.

15. Großzügiger Ausbau der Altersversorgung.

16. Schaffung und Erhaltung des Mittelstandes, Kommunalisierung der großen Warenhäuser und Vermietung an kleine Gewerbetreibende, Berücksichtigung des Kleingewerbes bei Staatsaufträgen.

17. Den nationalen Bedürfnissen angepaßte Bodenreform, Unentgeltliche Enteignung von Grund und Boden für gemeinnützige Zwecke. Abschaffung der Bodenzinsen, Abschaffung der Bodenspekulation.

18. Rücksichtsloser Kampf gegen die, die gegen das Volksinteresse verstoßen (Tod für Wucherer, Schieber).

19. Ersatz für das der materialistischen Ordnung dienende römische Recht durch ein deutsches Nationalrecht.

20. Höhere Bildung für jeden Deutschen durch Förderung der Volksbildung, Staatsbürgerkunde, Ausbildung besonders veranlagter Kinder armer Eltern auf Staatskosten.

21. Staat hat für die Hebung der Volksgesundheit eine sog. Turn- und Sportpflicht, Schutz Mutter — Kind, Verbot von Jugendarbeit.

22. Abschaffung der Söldnertruppe, Bildung eines Volksheeres.

23. Gesetzlicher Kampf gegen bewußte politische Lüge und ihre Verbreitung durch die Presse (Alle deutschen Blätter müsser *Volksgenossen als Schriftleiter* haben, nicht-deutsche Blätter dürfen nicht deutsch erscheinen, Verbot der *entarteten Kunst (Literatur zersetzenden Inhalts — jüdische Schriftsteller haben große Rolle gespielt — Bekessy — Schmeißfliege, Sohn Hans Habe — wie er sich heute nennt, Literaturfatzkes,* Dadaismus).

24. Freiheit aller religösen Bekenntnisse im Staat, soweit sie nicht dessen Bestand gefährden und gegen die Gesetze verstoßen. Gegen *jüdischen* Materialismus, Gemeinnutz vor Eigennutz. NSDAP vertritt den Standpunkt eines praktischen Christentums, ohne sich an ein Bekenntnis zu binden.

25. Schaffung einer Zentralgewalt, Autorität des Zentralparlaments, Bildung von Ständen- und Berufskammern. Führer der Partei versprechen, wenn nötig, mit dem Einsatz ihres Lebens für die Durchführung des Programmes zu sorgen. 24. 2. 1920 verkündet.

NS-Bewegung eng mit der Persönlichkeit Hitlers verbunden. Mit dem Ableben dieser Persönlichkeit ist diese Bewegung unweigerlich vorbei. Die Persönlichkeit Hitlers:»Mein Kampf« voll unausgegorener Ideen. In Braunau am 20. April 1889 geboren. Stammte aus dem Waldviertel, kleinbürgerlicher Herkunft. Hans Frank:»Im Angesicht des Galgens« — geschrieben im Nürnberger Gefängnis (Leiter des Generalgouvernements):»Ende 1930 wurde er zu Hitler gerufen. Sohn des Stiefbruders wollte ihn erpressen — Hitler hätte Judenblut in den Adern. Vater Hitlers, Alois, war das uneheliche Kind einer Grazer Köchin namens Schickelgruber. Später Hidler, dann Hitler. Bis 14 Jahre Schickelgruber. Großmutter heiratete dann einen Hitler, der den Alois als legitimes Kind annahm. Schickelgruber war bei der jüdischen Familie Frankenberger beschäftigt. Der Sohn dieser Familie zahlte Alimente, ebenso Briefwechsel mit der Schickelgruber. Der Jude zahlte nur Alimente, weil er einen Prozeß oder dergl. fürchtete. Nicht ausgeschlossen war, daß Vater Hitlers ein Halbjude und er selbst ein Vierteljude war.«

Es ist aber die Frage, ob die Frankenberger selbst Juden waren, denn diese durften sich zu dieser Zeit nicht in Graz ansiedeln. Juden in der NSDAP: Robert Ley, Reinhard Heydrich (jüdische Großmutter, deren Grabstein entfernt wurde).

Familie zog nach Passau, nach Linz (Leonding). Besuch der Realschule. Erste Klasse wiederholt, dritte Klasse nur absolviert mit dem Versprechen, wegzugehen. 4. Klasse in Steyr. Viele ... widerlicher versoffener Kerl (Hitler). Kam nach Wien, Aufnahmsprüfung an der Akademie nicht bestanden, Einzelgänger, wurde zum Antisemiten, Slawenhasser. Einfluß Schönerers und Luegers, Haß gegen den Marxismus, Habsburger als antideutsches Geschlecht, sympathisierend mit den Slawen. Lanz von Liebenfels, Heiligenkreuzer Zisterzienserpater, aus dem Orden ausgeschieden, »Ostara«. Chamberlain:»Die Grundlage des 19. Jahrhunderts.«

Mutter starb, Hitler geht 1912 nach München, Ansichtskartenmaler, Hitler meldet sich als Österreicher bei einem bayrischen Regiment freiwillig, kommt an die Westfront, er war Meldegänger, war Gefreiter, kommt in einen englischen Giftgasangriff, Nervenschock und Erblindung, Lazarett Pasewalk, Zusammenbruch der Front.

Rückkehr aus dem Weltkrieg I mit EK I und EK II. Rückkehr nach München, Beitritt zur Deutschen Arbeiterpartei. 1922 an der Spitze dieser Partei, 50.000 Mitglieder zur Zeit des Putsches, Hitler verhaftet, März 1924 Prozeß, 5 Jahre Festungshaft verurteilt, Landsberg. Erster Teil von »Mein Kampf« — Rudolf Heß diktiert. *Zu Unrecht heute noch festgehalten, eher sympathischer Mensch.* Auflösung der Partei. 20. 12. 1924 bereits wieder entlassen (etwas über 1 Jahr im Gefängnis). Weg der Legalität, Aufhebung des Parteiverbots. *Glanzvollster Redner des 20. Jahrhunderts par excellence. Starker Eindruck der Augen Hitlers.* Eingeladen bei Verleger Bruckmann und Kunsthändler Hanfstaengel. Interesse der Industrie — Geldspenden. Bau des Braunen Hauses.

Weltwirtschaftskrise und innenpolitischer Kampf um den Young-Plan förderten die Machtergreifung Hitlers. Volksbegehren und Volksentscheid — beim Volksentscheid wurde der Young-Plan angenommen — Auftreten Hitlers im Bunde mit konservativem Nationalismus — besonders mit Hugenberg (UFA, Zeitungen), 1929, 3. 10. 1929. stirbt Stresemann. Koalition der Sozialdemokraten (Hermann Müller) bricht auseinander.

Zentrum-Regierung unter Brüning (29. 3. 1930) — auf Vorschlag von General Schleicher. Parlament regiert fast nicht mehr. Autorität des Reichspräsidenten, Einbrechen der Wirtschaftskrise, 1930 Wahlen, NSDAP steigt von 12 auf 107 Mandate, stärkste Partei, KPD steigt ebenfalls an, neues Parlament unfähig, Hermann Göring an der Spitze des Parlaments.

30. 3. 1962

Dr. Heinrich Brüning hatte zwei Probleme zu lösen: Überwindung der Wirtschaftskrise, Weiterverfolgung der Politik Stresemanns durch Außenminister Dr. Curtius. Regierung mit Notverordnungen — wird über SPD Antrag abgelehnt. Neuwahlen — Sieg der NSDAP. Verlierer sind die Konservativen und Mittelparteien, KPD gewinnt. Neue Notverordnungen, Kürzung der Beamtengehälter, Devisenbeschränkungen, 4,4 Millionen Arbeitslose, Rheinland von alliierten Truppen geräumt. März 1931: Deutsch-österr. Zollunionplan (D. Curtius — Ö. Schober) scheitert an der polit. Sturheit Frankreichs, Klage Frankreichs beim Haager Schiedsgericht, das gegen die Zollunion entscheidet. Okt. 1931 Gründung der Harzburger Front — Deutschnationale, NS, Stahlhelm, SA, SS. SPD — Gegenaktion: Dezember »Eiserne Front«, »Reichsbanner Schwarz—Rot—Gold« — Wehrorganisation der SPD. KPD — »Roter Frontkämpferbund«. Steigen der Arbeitslosen auf 5,5 Millionen. Erhaltung der RM auf Kosten der Vollbeschäftigung.

Hoover schlägt vor, daß 1931 keine Reparationen bezahlt werden.

Moratorium 1932 — Aufheben aller Reparationen.

Neuwahl des Reichspräsidenten durch das Volk, Frühjahr 1932, Hindenburg — unterstützt von Brüning und bejahenden Kräften, 18,7 Mio., A. Hitler — nationale Kräfte 11,3, daneben. 1. Wahlgang Duesterberg 2,5 (Stahlhelm). Thälmann — KPD 5.

1. Wahlgang: 18,7 : 11,3 : 2,5 : 5 Millionen

2. Wahlgang: Hindenburg Sieger 19,4, Hitler 13,4, Thälmann 3,7. Politische Morde, April 1932 Verbot der SA und SS.

Schleicher bereits gegen Brüning, Spitzen der Wehrmacht schnauben, 30. 5. 1932 Entlassung Brünings (Schleichers Einfluß bei Hindenburg, Einfluß der ost-elbischen Gutsbesitzer, die gegen die Bodenreform der Ostgebiete und die Osthilfe waren).

Neues Kabinett unter von Papen (Zentrum, rechter Flügel), Katholik, Patriot, konservativ, Kabinett der Barone, beruhte auf der Voraussetzung der Tolerierung durch die NSDAP. Aufhebung des Verbotes von SA und SS, neuerliche Neuwahlen Juli, da diese Unterstützung versagt. NS steigen von *102* auf 230, KPD auf *100*.

Papen enthebt die preuß. sozialistische Regierung und setzt Reichskommissar ein.

SPD-Braun macht keine Gegenaktionen.

Neuerliche Auflösung des Reichstages nach einer Tagung.

6. 11. 1932 Neuwahlen. NS verliert über 2 Millionen Stimmen. Innere Krise in der NSDAP. Gregor Strasser gegen Hitler. Hitler verlangte Reichskanzlerposten, Koalition ohne seine Führung lehnte er ab. Strasser wird ausgeschlossen und wieder aufgenommen, dann bedeutungslos. Zahl der Arbeitslosen über 6 Mio. Schleicher Reichswehrminister, Schleicher, Staatssekretär Meißner und Hindenburgs Sohn verhindern eine neue Reichtstagsauflösung bei Hindenburg.

Kanzler wird Schleicher, Kombination der Autorität des Reichspräsidenten, der Wehrmacht und gewünschtes Bündnis mit den Gewerkschaften (Zeitung »Die Tat«), Versuch der Einigung der nationalen und sozialistischen Kräfte. Neue Reichstagsauflösung verlangt. Jänner 1933 bei Kölner Bankier Schröder Begegnung Hitler-Papen, Sohn Hindenburgs. Hitler soll Regierung übernehmen, NS-Bündnis mit Stahlhelm und Deutschnationaler Partei. 30. 1. 1933: Hindenburg empfängt Hitler. Hitler wird Reichskanzler, 3 Minister NS, 6. Deutschnationale, Vizekanzler Franz von Papen, Hitler beherrschte mit einer staunenswerten Sicherheit das politische Parkett.

Österreichische Nation gab es 1918 nicht und gibt es heute noch nicht.

Bürgerliche Regierung — antimarxistischer Block (Einheitsliste). Zusammengehen von Christlich-Sozialen und Großdeutschen. Sozialisten in scharfer Opposition, an der Spitze Otto Bauer. November 1926 Auseinandersetzung über Programm (Max Adler). Diktatur des Proletariats verankert (Versuch des Kompromisses zwischen Revolution und Evolution). Radikalste Partei der Sozialdemokratie in Europa. Antikirchliche Propaganda.

15. 7. 1927 — Brand des Justizpalastes.

23. 1. 1927 — Schattendorf.

1918 Recht der Straße — *Terror der Sozialdemokraten. Volkswehr — Bande von Marodeuren,* eindeutig auf Seiten der Sozialisten. Bewaffneter Arbeiterselbstschutz.

1924 Republikanischer Schutzbund.

Heimwehr aus Kärnten, Steiermark und Tirol. Frontkämpfer in Schattendorf Kundgebung. Sozialdemokraten wollten die Versammlung sprengen, Frontkämpfer flüchteten in ein Haus. Haus wurde gestürmt, Frontkämpfer schießen aus den Fenstern (1927) (*Notwehr*), Opfer ein Kriegsinvalider und ein Kind. Die Frontkämpfer wurden freigesprochen. *Jude Austerlitz fordert in der AZ zum Bürgerkrieg und Putsch auf.* Massen von Arbeitern zogen auf der Ringstraße *(Abschaum und Mob)* mit Petroleum und Benzin. Die sozial. Führer (Seitz) versuchten die Massen zu beruhigen. Polizeipräsident Schober gab Gewehre und Munition an die Polizei aus. Mit Bewilligung des Bundeskanzlers Räumung des Platzes mit Gewehren und Maschinengewehren. Sozialdemokraten verlangen Rücktritt Seipels. Generalstreik und Verkehrsstreik. Von Tirol aus griff die Heimwehr ein und zwang die Bahnen zu fahren. Recht auf die Straße von Heimwehr beansprucht.

Dr. Steidle (CV — Austria Innsbruck) an der Spitze der Heimwehr.

Sympathie Seipels für die Heimwehr.

7. 10. 1928 — Kraftprobe in Wiener Neustadt.

Aufmarsch der Heimwehr und der Sozialdemokraten.

Ostern 1929 Rücktritt der Regierung Seipel.

Kirchenaustrittsbewegung der Sozialdemokraten.

Streeruwitz (Industrie) Kanzler, von der Heimwehr befehdet — Pabst militärischer Führer. *Starhemberg (prima Bursch, guter Kamerad).* September 1929 verlangt Heimwehr Regierungsrücktritt.

Schober — Kanzler eines Fachleute-Kabinetts, Innitzer Sozialminister. Reform der Bundesverfassung.

1929 — Rechte des durch das Volk gewählten Bundespräsidenten erweitert. Recht zu Auflösung des Parlaments. Bestellung und Entlassung der Regierung, Notverordnungsrecht. »Antiterrorgesetze« gegen Gewerkschaften.

1930 Tagung der Heimwehr in Korneuburg. Gegen Demokratie und Parlament, »Korneuburger Eid«. *Prof. Walter Heinrich konzipierte den Korneuburger Eid.* Strafella trotz einer Verurteilung wegen Korruption Direktor der Bundesbahnen.

Vaugoin wird Kanzler

10. 11. 1930 Wahlen.

Christlich-Soziale (—7), Heimat*bund** (5 Mand.), Schober-Block (19 Mand.), Sozialdemokraten (+ 1).

Seipel Kanzler, Starhemberg als Innenminister, Hueber Justizminister.

1931 Sturz der Regierung. Dr. Otto Ender (Vorarlberg) Kanzler, Schober Außenminister, Landwirtschaftsminister Dollfuß (Wiener CV). Zollunionsplan mit Deutschland, vor dem Genfer Völkerbund noch die Opposition Frankreichs. Haager Schiedsgericht entscheidet (8 : 7), daß der Plan den Genfer Protokollen widerspricht. Krach der Creditanstalt. Hilfe des Auslands nur durch Verzicht auf Zollunion. Bank von England kreditierte 300 (150) Millionen S**.

*In einem Seminar wurden von Borodajkewycz zur gleichen Zeit unter anderem folgende Äußerungen gemacht****

Es ist notwendig einen Kommentar zum Film »Mein Kampf« zu geben, da dieser Film die Dinge verzerrt und einseitig sieht ...

Die zwei größten Tage in meinem Leben: Hitlers Rede auf dem Heldenplatz, in der er bekannt gibt, daß die Anschlußparagraphen des Versailler-Vertrages und des Vertrages von Saint Germain null und nichtig sind und der Anschluß vollzogen sei ... und die Krönung Pius des XII ...

Heydrichs Großmutter war Jüdin — und das war in der SS bekannt, *obwohl* er persönlich ein ausgezeichnet aussehender blonder, intelligenter und sympathischer Mann war ...

---

* Richtig: Heimat*block*, *8.* (Auch die Angabe der KPD-Mandatezahl mit *100*, auf Seite 41 ist falsch; richtig: 89, NSDAP 107.)
** Die Vorlesung wurde von dem Studenten Ferdinand Lacina in Schlagworten zu einer Zeit mitgeschrieben, als der Name Borodajkewycz relativ unbekannt und von einem Prozeß noch keine Rede war.
*** Über die Stellungnahme Borodajkewyczs zu diesen Äußerungen siehe die Gerichtsdokumente auf den Seiten 68ff.

Der erste Prozeß

*Im Februar 1962 veranstaltete die Monatszeitschrift »Die Zu-
kunft« eine Artikeldiskussion über das Thema »Gibt es Neonazismus?« Daran beteiligten sich auch der Bundesminister für Justiz,
Dr. Christian Broda, und der inzwischen verstorbene Bundesminister für Inneres, Josef Afritsch;*

Minister Afritsch schrieb unter anderem:

Was soll also geschehen, um den Neonazismus abzuwehren?
Vor allem muß die Demokratie in unserem Lande gestärkt
werden. Denn Demokratie bedeutet Freiheit, Rechtsstaatlichkeit, Frieden und das Streben nach sozialer Gerechtigkeit. Alle
Menschen — vor allem die Jugend — von den sittlichen Werten
und fortschrittlichen Prinzipien der Demokratie zu überzeugen
und sie dafür zu gewinnen, ist die vornehmste Aufgabe. Die
Vorzüge unserer Staatsform müssen überall aufgezeigt und
betont werden. Der Einfluß des Elternhauses ist für die Entwicklung der Kinder und Jugendlichen von entscheidender Bedeutung. Deshalb ist es eine hohe Aufgabe der Eltern, ihre Kinder in demokratischem und sozial fortschrittlichem Geist zu
erziehen und ihnen die katastrophalen Folgen politischer Ex-
perimente vor Augen zu führen. Die Schulen und Universitäten,
und zwar sowohl die Lehrer als auch die Lehrmittel, müssen
von demokratischem Geist durchdrungen sein.

*Daraufhin erschien in der »Zukunft«, Heft 4, 1962, ein weiterer
Diskussionsbeitrag von Heinz Fischer, unter dem Titel »Die Situation an Österreichs Hochschulen«:*

Selbstverständlich kommt von allen Diskussionsbeiträgen der
Meinung der Minister Afritsch und Dr. Broda die größte Bedeutung zu. Und doch kann man ihren in der *Zukunft* geäußer-
ten Ansichten nicht ganz zustimmen. »Es gibt immer wieder

kleine Gruppen, die sich neonazistisch betätigen«, schreibt Dr. Broda, und Afritsch erklärt dies damit, daß eine überwundene Ideologie in der Geschichte »niemals mit einem Schlag vollständig und spurlos verschwunden ist«. Daraus könnte man den Eindruck gewinnen, daß wir es heute nur noch mit einigen unverbesserlichen, unbelehrbaren »Altnazi« zu tun haben. Dies trifft aber keineswegs zu. Im Gegenteil: Bei den Neonazi handelt es sich um durchwegs junge Menschen, deren Zahl — und das ist besonders tragisch — im Steigen begriffen ist. Als Beispiel und Beweis soll die Situation an Österreichs Hochschulen herangezogen werden, also jene 40.000 jungen Menschen, die morgen zu der führenden Schichte des Landes gehören werden.

Als 1951 die ersten deutschnationalen Gruppen an unseren Hochschulen wieder auftauchten und bei den Hochschulwahlen kandidierten — zwischen 1945 und 1951 waren sie gänzlich von der Bildfläche verschwunden —, da erhielten sie nicht einmal 12 Prozent aller abgegebenen Stimmen. 1961, sechzehn Jahre nach Kriegsende, als bereits jene Generation an die Hochschulen kam, die beim Einmarsch Hitlers in Österreich noch gar nicht geboren und beim Zusammenbruch des Faschismus im Jahre 1945 kaum drei Jahre alt war, erhielt der »Ring Freiheitlicher Studenten« (RFS) bereits 28 Prozent aller Wählerstimmen. In diesen elf Jahren hat sich also die Zahl der nationalen Studenten prozentuell verdoppelt, in absoluten Zahlen sogar vervierfacht: Während 1951 auf jeden Studenten, der deutschnational wählte, zwei Studenten entfielen, die sich für den demokratischen Sozialismus entschieden, ist es heute genau umgekehrt: Den rund 2900 sozialistischen Studenten stehen 5900 Wähler des RFS gegenüber — um 2180 mehr als 1959 und um 3312 mehr als 1957.

Daraus geht wohl einwandfrei hervor, daß die These, es handle sich bei den Neonazi nur um einige »Ewiggestrige«, die sich »anfänglich scheuten ... ihre Gesinnung offen zum Ausdruck zu bringen« und die erst jetzt wieder aus ihren Schlupflöchern zu kriechen beginnen, nicht stimmt. Denn die verhafteten Friedhofschänder, Bombenwerfer, Parlamentschützen, Hakenkreuzschmierer und so weiter und der noch viel größere Kreis ihrer Gesinnungsgenossen sind keine »Ehemaligen«, sondern junge Menschen, die erst jetzt, in der Zweiten Republik, politisch vergiftet wurden und die weiter vergiftet werden, wenn man nicht energische Maßnahmen dagegen ergreift.

Es ist vollkommen richtig, daß diese 5900 Studenten nicht alle fanatische Nationalsozialisten sind. Umgekehrt hieße es aber, sich einer sehr gefährlichen Illusion hingeben, würde man versuchen, den ganzen Komplex als die Aktionen von »etwa einem Dutzend Jugendlicher« darzustellen.

In Hochschulkreisen weiß man sehr genau, daß es im RFS einen liberalen Flügel gibt, der versucht, sich vom Faschismus zu distanzieren; daß aber der zweite, stärkere Flügel ausgesprochen neonazistisch eingestellt ist und in mündlichen Diskussionen daraus gar kein Geheimnis macht.

Einen wichtigen Bestandteil dieses Flügels bildet der Großteil der etwa dreißig schlagenden Verbindungen, die im vergangenen Semester symbolischerweise unter dem Vorsitz der endlich aufgelösten »Olympia« standen, die inzwischen traurige Berühmtheit erreicht hat. Es ist auch kein Zufall, daß Dr. Norbert Burger lange Zeit Fraktionsobmann des RFS war, daß der Chefredakteur der RFS-Zeitung sowie mehrere RFS-Funktionäre und Hochschulmandatare von der Polizei verhaftet wurden und zum Teil Kerkerstrafen erhielten.

Nicht zuletzt ist der RFS dem RVV (Ring Volkstreuer Verbände) angeschlossen, wo er sich in eindeutiger Gesellschaft befindet: Von der »Kameradschaft 4« über den »Turnerbund« bis zum inzwischen aufgelösten »Bund heimattreuer Jugend« (BHJ) gehört oder gehörte dem RVV alles an, was unter deutschnationalen und neonazistischen Organisationen Rang und Namen hat. Im RVV tummeln sich der frühere VdU–Abgeordnete Stüber, der Herausgeber der Zeitschrift *Kunst und Volk*, Strobl, der Herausgeber der *Wegwarte*, Wagner, der schon erwähnte Dr. Burger, der polizeibekannte Neonazi Fred Bort und viele andere. Diese Leute und ihre Helfershelfer sind es auch, die mit Zeitungen, wie dem *Europaruf*, dem *Angriff*, *Die Sturmjugend*, *Die junge Grenzwacht*, *Die Wegwarte*, *Der Kamerad* und anderen, die Gehirne junger Menschen zu vergiften suchen.

Was soll nun dagegen geschehen? Übereinstimmend stellen die Minister Afritsch und Dr. Broda fest, daß die Bekämpfung des Neonazismus »bei der Erziehung im Elternhaus und in der Schule« beginnen muß. »Die Schulen und Universitäten, und zwar sowohl die Lehrer als auch die Lehrmittel, müssen von demokratischem Geist durchdrungen sein.« Sehr richtig! Aber wie sieht das in der Praxis aus? An der Hochschule für Welthandel wird die demokratische Gesinnung den Studenten unter anderen von Prof. Taras Borodajkewycz beigebracht, der unter Schuschnigg Katholikentage organisiert hat, aber 1938 sofort zum Naziregime überging und der jetzt — akademischer Lehrer und Vorbild sein soll.

Wenige Wochen später erschien in der »Arbeiter-Zeitung« vom 27. Juni 1962 ein Artikel über den »Fall Topitsch«.* In diesem Zusammenhang wurde neuerlich wie folgt auf Borodajkewycz Bezug genommen:

> Liberale oder gar sozialistisch eingestellte Wissenschaftler haben also im österreichischen Kulturgetto keine Chance. Dagegen ist eine handfeste Nazivergangenheit kein großes Hindernis, falls es der Betreffende versteht, zumindest äußerlich auf die derzeit erwünschte Ideologie einzuschwenken. Besonders krasse Beispiele dafür sind die Fälle Borodajkewycz und . . . Borodajkewycz war ein eifriger Verfechter des Ständestaates und trat unter Schuschnigg als Organisator von Katholikentagen in Erscheinung; nach 1938 rühmte sich Borodajkewycz hingegen, schon lange Mitglied des illegalen Blocks gewesen zu sein, was durch die NSDAP-Mitgliedsnummer 6,124.741 bewiesen wurde . . . Heute mutet man den Studenten zu, sich an der Hochschule für Welthandel von Herrn Dr. Borodajkewycz ausgerechnet in Geschichte unterrichten zu lassen.

Borodajkewycz ging zu Gericht und klagte wegen beider Artikel.

Die Privatanklagen

**Privatanklage wegen eines Artikels
in der Zeitschrift »Die Zukunft«**

RA. Dr. Tassilo Broesigke   2 U 545/62 — 2 U 62/65
Wien 1., Nibelungengasse 1—3
An das Strafbezirksgericht Wien   Wien, am 8. Mai 1962
Privatankläger: Dr. Taras Borodajkewycz, Hochschulprofessor
Wien 1., Jakobergasse 4
vertreten durch Dr. Tassilo Broesigke, RA., Wien 1.,
Nibelungengasse 3
Vollmacht vom 7. 5. 1962 beigelegt.
Beschuldigte: 1 Dr. Oscar Pollak, Wien 5., Rechte Wienzeile 97
           2 Heinz Fischer, Anschrift unbekannt
wegen Ehrenbeleidigung, begangen durch die Presse.
einfach, 2 Beilagen

---

* Anlaß zu diesem Artikel war die Tatsache, daß sich dieser hervorragende Philosoph und Gelehrte gezwungen sah, Österreich zu verlassen und seine wissenschaftliche Tätigkeit an der Universität Heidelberg fortzusetzen.

Privatanklage:

1.) Der Erstbeschuldigte ist verantwortlicher Redakteur der periodischen Druckschrift »Die Zukunft«.

Beweis: »Die Zukunft« vom April 1962, Beilage B (Impressum Seite 127).

2.) In der erwähnten Nummer erschienen verschiedene Diskussionsbeiträge unter der Überschrift »Gibt es Neonazismus?« Unter diesen Diskussionsbeiträgen findet sich ein vom Zweitbeschuldigten verfaßter Artikel mit der Überschrift »Die Situation an Österreichischen Hochschulen« (Seite 109/110).

In diesem Artikel werden verschiedene Behauptungen aufgestellt, aus denen nach Meinung des Artikelverfassers die Existenz eines Neonazismus sich ergeben soll. Der Artikelverfasser zitiert dann eine Meinungsäußerung der Minister Afritsch und Dr. Broda und stellt dieser Meinungsäußerung die seiner Meinung nach damit nicht vereinbare Wirklichkeit gegenüber. In diesem Zusammenhang sagt er wörtlich:

»An der Hochschule für Welthandel wird die demokratische Gesinnung der Studenten unter anderen von Prof. Taras Borodajkewycz beigebracht, der unter Schuschnigg Katholikentage organisierte, aber 1938 sofort zum Naziregime überging und der jetzt — akademischer Lehrer und Vorbild sein soll.«

Nach Angriffen gegen die Professoren Kindermann und Pfeiffer heißt es wörtlich weiter:

»Sind das etwa die Leute, die die studierende Jugend ›von den sittlichen Werten und fortschrittlichen Prinzipien der Demokratie‹ überzeugen sollen?«

Es unterliegt keinem Zweifel, daß die beiden zitierten Stellen, die mit der vorliegenden Privatklage inkriminiert werden, mir gegenüber schwere Beleidigungen darstellen, weil damit gesagt werden soll, daß ich als Hochschullehrer nicht geeignet bin, die studierende Jugend im demokratischen Sinne zu erziehen und ihr Vorbild zu sein.

Beweis: »Zukunft« vom April 1962, Beilage ./B.

Ich beantrage

1.) Anberaumung einer Hauptverhandlung.

2.) strenge Bestrafung der Beschuldigten, wobei der Erstbeschuldigte zumindestens wegen Vernachlässigung der pflichtgemäßen Obsorge gemäß § 30 Pr. Ges. haftet.

3.) Zuspruch einer angemessenen Geldbuße.

4.) Urteilsveröffentlichung in der periodischen Druckschrift »Die Zukunft«.

5.) Verfall der Aprilnummer der periodischen Druckschrift »Die Zukunft«. *Dr. Taras Borodajkewycz.*

Privatanklage wegen eines Artikels
in der »Arbeiter-Zeitung«

Rechtsanwalt Dr. Tassilo Broesigke   2 U 806/62 — 2 U 62/65
                                                              Wien, am 28. Juni 1962
An das Strafbezirksgericht Wien
Privatankläger: Dr. Taras Borodajkewicz, Hochschulprofessor,
Wien 1., Jakobergasse 4
vertreten durch Dr. Tassilo Broesigke
Vollmacht ausgewiesen zu 2 U 545/62
Beschuldigte: 1.) Dr. Heinz Fischer, Wien 13.,
                            Lainzer Straße 126
                     2.) Alois Brunnthaler, Redakteur,
                            Wien 5., Rechte Wienzeile 97
wegen Ehrenbeleidigung, begangen durch die Presse
einfach, 1 Beilage
Privatanklage:
1.) Der Zweitbeschuldigte ist verantwortlicher Redakteur der
periodischen Druckschrift »Arbeiter-Zeitung«.
Beweis: »Arbeiter-Zeitung« vom 27. Juni 1962, Beilage A.
2.) In der oben erwähnten Nummer veröffentlichte der Erstbeschuldigte einen Artikel mit der Überschrift »Der Philosoph
staubte die Bücher ab.« In diesem Artikel wird die Abwanderung
von Lehrkräften ins Ausland beklagt und ausgeführt, daß liberale
oder gar sozialistisch eingestellte Wissenschaftler im Österreichischen Kulturgetto keine Chance hätten. Darauf heißt es wörtlich:
»Dagegen ist eine handfeste Nazivergangenheit kein großes Hindernis, falls es der Betreffende versteht, zumindest äußerlich auf
die derzeit erwünschte Ideologie einzuschwenken.
Besonders krasse Beispiele dafür sind die Fälle Borodajkewycz ...
Borodajkewycz war ein eifriger Verfechter des Ständestaates ...
Später stellte sich sogar heraus, daß dieser feine Herr seit Anfang
1935 Mitglied des berüchtigten deutschen NS-Nachrichtendienstes
war. Heute mutet man den Studenten zu, sich an der Hochschule
für Welthandel von Herrn Dr. Borodajkewycz ausgerechnet in
Geschichte unterrichten zu lassen.«
Mit diesen Ausführungen, die mit der vorliegenden Privatanklage
inkriminiert werden, wird mir vorgeworfen »zumindest äußerlich auf die derzeit erwünschte Ideologie eingeschwenkt zu sein,
wobei zur Unterstützung dieses Vorwurfes der Charakterlosigkeit
die unrichtige Behauptung aufgestellt wird, ich sei ein eifriger
Verfechter des Ständestaates gewesen, um auf diese Weise einen
Gegensatz zu meiner Mitgliedschaft bei der NSDAP zu schaffen. Es wird weiter behauptet, ich sei Mitglied des berüchtigten

deutschen NS-Nachrichtendienstes gewesen, den es überhaupt nicht gegeben hat. Schließlich wird noch erklärt, es sei eine Zumutung für die Studenten, sich von mir unterrichten zu lassen, was ebenfalls in dem Zusammenhang des Artikels eine Beleidigung darstellt.

Beweis: Arbeiter-Zeitung vom 27. Juni 1962, Beilage A.

3.) Der Erstbeschuldigte hat als Verfasser des Artikels mir gegenüber die Übertretung gegen die Sicherheit der Ehre begangen, der Zweitbeschuldigte als verantwortlicher Redakteur haftet zumindestens für Verletzung der pflichtgemäßen Obsorge.

Ich beantrage:

1.) Bestrafung der Beschuldigten nach dem Gesetz.

2.) Verfall der Nummer der Arbeiter-Zeitung vom 27. Juni 1962

3.) Urteilsveröffentlichung in der »Arbeiter-Zeitung«.

4.) Zuspruch einer angemessenen Geldbuße.

Dr. Taras Borodajkewycz

Die Beweisanträge

An das Strafbezirksgericht Wien
Wien VIII., Hernalsergürtel 6—12

2 U 806/62

Privatankläger:
Dr. Taras Borodajkewycz, Professor,
Wien I., Jakobergasse 4/21.
vertreten durch:
Dr. Tassilo Broesigke, Rechtsanwalt,
Wien I., Nibelungengasse 1,
Beschuldigte:
1. Dr. Heinz Fischer, Redakteur,
2. Alois Brunnthaler, Redakteur,
   beide Wien V., Rechte Wienzeile 97,
vertreten durch:
Rechtsanwalt Dr. Wilhelm Rosenzweig,
Wien 1, Operngasse 6
wegen Presse-Ehrenbeleidigung

Beweisantrag

einfach

8/D

In umstehend bezeichneter Privatklagesache haben wir uns auf den Gauakt berufen, um damit darzutun, daß der Privatkläger schon zufolge seiner politischen Vergangenheit nicht geeignet erscheint, die studierende Jugend im demokratischen Sinn zu erziehen und ihr *Vorbild* zu sein und daß seine Tätigkeit als Lehrer für »Geschichte« eine Zumutung für die Studenten darstelle. Dabei ist auf die *heutige* politische Einstellung des Privatanklägers noch gar nicht Bezug genommen. Die objektive Vergangenheit läßt ihn nicht als Lehrer für das Fach »Geschichte« geeignet erscheinen, weil der Geschichtsunterricht in der Republik Österreich eine demokratische Betrachtungsweise verlangt und jede derartige Aussage im Mund des Privatanklägers zufolge seiner politischen Vergangenheit jede Überzeugungskraft verliert. Aus dem gleichen Grund kann er der studierenden Jugend nicht Vorbild im Sinne demokratischer Haltung sein. Es sei ein Beispiel erlaubt: Wer jahrelang den Beruf des Henkers ausgeübt hat, aus dessen Mund wird der Ruf nach Abschaffung der Todesstrafe nicht überzeugend klingen, wobei die Frage, was der Betreffende heute denkt, ganz außer Betracht bleibt. Ein *Vorbild* kann daher der Privatankläger der studierenden Jugend nicht sein, denn es ist nicht vorbildhaft und beispielhaft, sich, wenn auch in früheren Jahren, als prominenter Vertreter faschistischer Ideen zu betätigen. Das Auftreten des Privatanklägers als Geschichtslehrer bedeutet für die studierende demokratische Jugend eine Zumutung.

Aus dem beigeschafften Gauakt ist folgendes zu entnehmen:

Seite 10: In seinem Fragebogen vom 12. 6. 1938 erklärt der Privatankläger wörtlich:

»Meine wissenschaftlichen Arbeiten und Vorträge dienten der Idee des Nationalsozialismus und wurden deshalb in der Systempresse, sogar in französischen Zeitschriften, häufig angegriffen.«

Seite 12, 53—55: Im Gegensatz zu seiner Behauptung auf Seite 4 seines Beweisantrages vom 17. 9. d. J. geht aus den bezogenen Stellen hervor, daß der Privatankläger weder aus politischen Gründen noch überhaupt aus der NSDAP ausgeschlossen wurde, daß er vielmehr deshalb einem Parteigerichtsverfahren unterworfen wurde, weil er aus persönlicher Verärgerung darüber, daß er einen gewünschten Bezugschein nicht oder nicht sogleich erhielt (im Jahre 1943 war dies auch für prominente Nazi schwierig), abfällige Bemerkungen über die Spinnstoffsammlung gemacht hatte, daß er sich gegen den vom Parteigericht erster Instanz ausgesprochenen Ausschluß heftig und mit Erfolg zur Wehr setzte.

Seite 13: Der Privatankläger wurde als besonders förderungswürdig im Sinne des »Erlasses über Förderung verdienter Nationalsozialisten in der Ostmark« angesehen und ihm hiebei besonders eine Tätigkeit als Mitarbeiter (Vertrauensmann) im SS-Nachrichtendienst vom 1. 2. 1935 bis März 1938 angerechnet.

Seite 40 v. 41, 47: Aus diesen Stellen geht hervor, daß sich der Privatankläger als Schulungsleiter der Ortsgruppe Sandwirt betätigt hat. Im Beurteilungsbogen des Gauschulungsamtes wird als »jetzige Tätigkeit« vermerkt: Schulungsleiter der Ortsgruppe.

Seite 47, 48 v: Aus diesen Stellen geht hervor, daß der Privatankläger vor der Machtergreifung des Nationalsozialismus eine zweideutige Rolle spielte. Es wird dort vermerkt, daß der Privatankläger im Gegensatz zu seiner Angabe, er habe nach dem Katholikentag seine Beziehungen zu klerikalen Persönlichkeiten aufgegeben, weiterhin eine maßgebliche Person in politisch-katholischen Kreisen blieb; dafür spräche eine geplante Berufung (1934) an die projektierte Universität Salzburg, seine Würdigung durch die österreichische Regierung im Jahrbuch »Die geistige Elite Österreich« und sein Referat, das er am Universitätssonntag der katholischen Aktion noch im Jahre 1935 hielt.

Diese Zweideutigkeit war der Grund, warum gleich nach dem Umbruch durch die Staatspolizei beim Privatankläger eine Hausdurchsuchung vorgenommen wurde.

Seite 49: Hier befindet sich der Vermerk, daß der Privatankläger in den letzten Jahren der Systemzeit auch nachrichtendienstlich für die Partei gearbeitet habe. Es heißt dann weiter:

»Borodajkewycz arbeitete auch noch einige Zeit nach dem Umbruch nachrichtendienstlich für den SD. Es kam bei dieser Arbeit nie etwas Besonderes heraus.«

Seite 60: Im Gutachten des Prof. Dr. Ernst Berger vom 21. 6. 1944 wird ein Werk des Privatklägers wie folgt gerühmt:

»Hier wird dargestellt, daß und warum die Welt der Demokratie mit ihrem alten und veralteten Gedankengut einer zukunftsgläubigen, zur Neugestaltung ihres Schicksals aufgebrochenen europäischen Jugend nichts mehr zu bieten hat.«

Seite 67: Hier findet sich ein vertraulicher Aktenvermerk vom 24. 6. 1942:

»Bei Borodajkewycz scheinen weniger idealistische Gründe die Triebkräfte seiner weltanschaulich-politischen Tätigkeit zu sein, sondern vielmehr ein starkes persönliches Streben, bekannt zu werden.«

Wenn es daher in der dem Akt vorgehefteten Entscheidung der Beschwerdekommission heißt, es habe nicht festgestellt werden können, daß der Privatankläger politischer Leiter war, so ist dies richtig. Er war nur Schulungsleiter. Wenn hingegen gesagt wird, daß es sich bei den Angaben über seine nachrichtendienstliche Tätigkeit um bloße Gefälligkeitsbestätigungen gehandelt habe, deren er zur Förderung bedurfte, so ist diese Beweiswürdigung bedenklich. Im Akt wird ein höherer SS-Führer erwähnt, der über

Borodajkewycz fernmündlich Auskunft geben könne. Auch ist die Beweiswürdigung nicht in Einklang zu bringen mit der negativen Beurteilung, die seine, nunmehr von ihm geleugnete Tätigkeit für den Nachrichtendienst der SS durch die Parteibehörden erfuhr. Auch eine negative Beurteilung setzt eine tatsächliche Tätigkeit voraus. Bloße Gefälligkeitsbestätigungen wären aber nicht mit einer negativen Beurteilung einhergegangen.

Der beigeschaffte Gauakt beweist also:

Der Privatankläger war illegaler Nazi und ist zugleich als Vertreter des politischen Katholizismus aufgetreten (Dollfuß benützte nicht nur den Katholikentag, um seine staatlichen Ideen zu propagieren, sondern die »katholische Aktion« war das eigentliche Instrument des politischen Katholizismus). Der Privatankläger war nicht nur illegaler Nazi, er war auch Helfer des SS-Nachrichtendienstes. Er war aktiver Repräsentant des Gedankengutes des Nationalsozialismus. Mag seine Tätigkeit als Schulungsleiter der Ortsgruppe auch nur vorübergehend und untergeordnet gewesen sein, so sprechen seine schriftlichen Auslassungen deutlich genug. Wenn der Privatankläger daher erklärt, er habe in der NSDAP keine Funktion bekleidet, so ist dies weder richtig (denn auch der Schulungsleiter einer Ortsgruppe bekleidet eine Funktion) noch wesentlich, weil er auch ohne »Dienststellung« als prominenter Propagandist tätig war. Hochschullehrer, die öffentlich den Standpunkt bekundet haben, *die Welt der Demokratie habe der europäischen Jugend nichts mehr zu bieten,* sind nicht geeignet, heute als Lehrer vor der *demokratischen* studierenden Jugend zu stehen und ihr als Vorbild zu dienen. Solche Personen mögen ungehindert und erfolgreich als Lehrer für Hochfrequenztechnik oder Biochemie tätig sein; in einem weltanschaulich determinierten Lehrgegenstand bedeutet ihr Auftreten eine Zumutung. Dies ist eine objektive Frage der Vergangenheit. Mit den Gedanken und Vorstellungen, die der Privatankläger heute haben mag, hat dies gar nichts zu tun.

Wien, am 25. September 1962

Dr. Heinz Fischer
Alois Brunnthaler

An das Strafbezirksgericht Wien
Wien VIII., Hernalsergürtel 6—12

Privatankläger:
Dr. Taras Borodajkewycz, Professor,
Wien I., Jakobergasse 4/21,
vertreten durch:
Dr. Tassilo Broesigke, Rechtsanwalt,
Wien I., Nibelungengasse 1,
Beschuldigte:
1. Dr. Heinz Fischer, Redakteur,
2. Alois Brunnthaler, Redakteur,
   beide Wien V., Rechte Wienzeile 97,
vertreten durch:
Rechtsanwalt Dr. Wilhelm Rosenzweig,
Wien I, Operngasse 6
wegen Presseehrenbeleidigung

Beweisantrag
5/S   einfach
In außen rubrizierter Privatanklagesache stellen wir folgendes
unter Beweis:

1. Im Oktober 1962 erfuhren wir, daß ein Student von manchen
Vorlesungen des Privatanklägers eine Vorlesungsmitschrift angefertigt hat. Wir übergaben diese Vorlesungsmitschrift unserem
Verteidiger und brachten auch zur Erteilung von Informationen
den Studenten, der die Vorlesungsmitschrift verfaßt hat, in die
Kanzlei unseres Verteidigers. Dort wurde von der handgeschrie-
benen Vorlesungsmitschrift eine maschinschriftliche Abschrift angefertigt, die wir hiermit vorlegen. Der Student bestätigte gegenüber unserem Verteidiger, daß er die Mitschrift angefertigt habe,
sie auf Richtigkeit beruhe und er bereit sei, die Richtigkeit dieser
Mitschrift auch als Zeuge zu bestätigen.

Am 9. November 1962 erschien dieser Student gegen 1 Uhr in
der Kanzlei unseres Verteidigers und teilte mit, daß er am gleichen Tage zwischen 11 und 12 Uhr im Saal 3 der Universität Wien
eine Vorlesung des Privatanklägers über Probleme der Weltpoli-
tik seit 1945 besucht habe. In dieser Vorlesung habe der Privatankläger mitgeteilt, daß er einen Presseprozeß gegen Oscar Pollak
und die sozialistische Presse führe, in welchem die Gegenseite von
Dr. Rosenzweig vertreten sei. Dr. Rosenzweig habe Äußerungen,
die er bei Vorlesungen gemacht habe, vorgelegt. Das lasse darauf
schließen, daß Spitzel in der Vorlesung gewesen seien. Dr. Rosenzweig habe gesagt, daß er seine Mitteilung von Schülern des

Privatanklägers habe. Er sei neugierig auf die nächste Verhandlung, weil Dr. Rosenzweig gesagt habe, daß er diese Studenten persönlich vorstellen werde. Der Privatankläger erklärte, er würde nicht zögern, diese Studenten von der Hochschule relegieren zu lassen, weil sie die Pflichten, die sie bei der Immatrikulation auf sich genommen haben, gröblich verletzt hätten.

Der Privatankläger erklärte weiters, er erinnere sich an einen Vorfall im Jahre 1943, als er eine Lehrkanzel in Prag hatte und zum Dekan gerufen worden sei, weil er in seiner Vorlesung klerikale Propaganda betreibe. Er habe damals gefragt, worin diese klerikale Propaganda bestehe. Hierauf sei ihm gesagt worden, daß er die Kenntnis der Bibel von den Studenten verlange. Er habe gesagt, es sei klar, daß die Kenntnis der Bibel verlangt werden müsse, weil dies ein notwendiger Bestandteil der Kirchengeschichte sei. Er habe sich damals davon nicht einschüchtern lassen. Aus diesem Beispiel ersehe man, wie oft sich ähnliche Vorgänge in einer Demokratie und einer Diktatur ereignen.

Der Student erklärte, daß er auf Grund dieser Äußerungen des Privatanklägers in der Vorlesung eine Benachteiligung bei der Fortsetzung seines Studiums befürchten müsse, möge diese Benachteiligung nun vom Privatankläger selbst oder auf Grund seines Einflusses von anderen an der Hochschule tätigen Personen bewirkt werden. Er ersuchte daher, ihn entweder nicht als Zeugen zu führen oder die Befragung so vorzunehmen, daß nicht erkennbar sei, daß er die Vorlesungsmitschrift zur Verfügung gestellt habe.

Beweis: Dr. Wilhelm Rosenzweig, Rechtsanwalt, Wien I., Operngasse 6.

2. Der Privatankläger hat bei seiner Vernehmung eine Reihe von Äußerungen, die in der Vorlesungsmitschrift enthalten sind, als richtig zugegeben, eine Reihe weiterer Äußerungen als möglich erklärt. In denjenigen Fällen, in denen der Privatankläger Äußerungen als möglich erklärt hat, gibt er damit zumindest zu, daß diese Äußerungen eine richtige Wiedergabe seiner Auffassungen sind; ansonsten müßte er ja Äußerungen dieser Art als ausgeschlossen bezeichnen.

Die folgenden Äußerungen der Vorlesungsmitschrift werden daher vom Privatankläger direkt oder indirekt zugegeben:

a) Er hat erklärt, daß der Film »Mein Kampf« die Tatsachen verzerrt darstellt.

b) Der Privatankläger gibt zu, in der Vorlesung erklärt zu haben, daß einer der zwei größten Tage in seinem Leben Hitlers Rede auf dem Heldenplatz am 15. März 1938 gewesen sei.

c) Er erklärt, daß er Stellen aus »Mein Kampf« vorgelesen

habe, fügt jedoch hinzu, »Äußerungen wie sozialdemokratischer Antiterror und stinkende Juden habe ich nicht gemacht«. Hiezu bringen wir vor, daß nach den Informationen, die der oben erwähnte Student unserem Verteidiger gegeben hat, aus Seite 42 ff aus Hitlers »Mein Kampf« die Stelle über »Der erste Terror« und »Die sozialdemokratische Presse« vorgelesen wurde sowie auf Seite 59—61 das Kapitel »Wandlung zum Antisemiten«. In diesem Kapitel befindet sich auf Seite 61 folgende Stelle: »Überhaupt war die sittliche und sonstige Reinlichkeit dieses Volkes ein Punkt für sich. Daß es sich hier um keine Wasserliebhaber handelte, konnte man ihnen ja schon am Äußeren ansehen, leider sehr oft sogar bei geschlossenem Auge. Mir wurde bei dem Geruche dieser Kaftanträger später manchmal übel. Dazu kamen noch die unsaubere Kleidung und die wenig heldische Erscheinung.

Dies alles konnte schon nicht sehr anziehend wirken; abgestoßen mußte man aber werden, wenn man über die körperliche Unsauberkeit hinaus plötzlich die moralischen Schmutzflecken des auserwählten Volkes entdeckte.«

d) Der Privatankläger gibt es als möglich zu, daß er Karl Liebknecht und Rosa Luxemburg als Juden bezeichnet hat.

e) Er gibt als möglich zu, darauf hingewiesen zu haben, daß die Weimarer Verfassung vom »jüdischen Staatsrechtslehrer Hugo Preuß« stammt, und fügte bei dieser Gelegenheit hinzu, daß die österreichische Verfassung vom Juden Kelsen, der früher Kohn geheißen habe, stamme.

f) Der Privatankläger gibt zu, erklärt zu haben, daß Winigg gegen »gewisse jüdische Führer der SPD« gewesen sei.

g) Er bestreitet, den ermordeten bayrischen Ministerpräsidenten Eisner als »polnischen Kaffeehausjuden« bezeichnet zu haben, hält jedoch den Ausdruck »polnische Kaffeehausliteraten« für möglich.

g) Der Privatankläger gibt als möglich zu, daß er bei der Besprechung des Parteiprogramms der NSDAP beim Punkt »Persönliche Bereicherung am Krieg verboten, Einziehung aller Kriegsgewinne« darauf hingewiesen habe, daß das jüdische Vermögen dabei eine große Rolle gespielt habe. (Nach der Vorlesungsmitschrift hat die Äußerung gelautet »Judentum hat dabei nicht geringe Rolle gespielt.«) Der Privatankläger verteidigt seine Äußerung jedoch in der Weise, daß er erklärt, daß dies den Tatsachen entspreche.

h) Der Privatankläger gibt zu, bei der Besprechung des Programmpunktes der NSDAP betreffend die zersetzende jüdische Literatur Bekessy als Beispiel angeführt zu haben.

i) Er gibt als möglich zu, daß er bei der Besprechung der Ereignisse des 15. Juli 1927 erklärt habe,»der Jude Austerlitz fordert in der AZ zum Bürgerkrieg und Putsch auf.«

3. Der Privatankläger führt in seiner ergänzenden Zeugenvernehmung aus, daß er es für seine Aufgabe als Historiker ansehe, in seinen Vorlesungen bei Personen,»die dem jüdischen Volke angehören«, auf diese Tatsache hinzuweisen. Diese Auffassung des Privatanklägers entspricht nationalsozialistischem Ideengut und nationalsozialistischen Gepflogenheiten. Nach der NS-Machtergreifung ergingen Erlässe in der Richtung, daß bei der Erwähnung oder Zitierung von Juden auf die Tatsache, daß es sich um Juden handle, hingewiesen werden müsse. Für den Privatankläger sind Karl Liebknecht, Rosa Luxemburg und Hugo Preuß keine Deutschen, Hans Kelsen und Franz Austerlitz* keine Österreicher, sondern Juden. Die Betrachtungsweise des Privatanklägers ist eine rassische und völkische. Er setzt die nationalsozialistische Tradition der Bezeichnung von Juden fort und weist bei der Besprechung der antisemitischen Punkte des Programms der NSDAP wie Bereicherung der Juden am Krieg und zersetzende jüdische Literatur auf ihre Berechtigung hin. Sicherlich ist Bekessy, dessen Name als übler und erpresserischer Journalist in die österreichische Geschichte unrühmlich eingegangen ist, ein Beispiel zersetzender Literatur. Ihn aber deswegen, weil er zufällig Jude war, bei der Besprechung des Programmpunktes der NSDAP über die zersetzende jüdische Literatur zu erwähnen, kann nur als Hinweis auf die Richtigkeit dieses Programmpunktes gewertet werden. Auch wenn der Privatankläger in diesem Zusammenhang ein Zitat von Karl Kraus über Bekessy vorgelesen hat, so ändert dies nichts an der Tatsache der Erwähnung Bekessys als Beispiel der »zersetzenden jüdischen Literatur«. Daß die Unterrichtsmethode des Privatanklägers nicht ohne Einfluß auf seine Studenten war, geht daraus hervor, daß sie nichts daran finden, wenn der Privatankläger bei einzelnen Personen darauf hinweist, daß sie »Angehörigen des jüdischen Volkes« sind.

4. Der Privatankläger erklärt, daß die Wahl von 1938 (gemeint ist die Volksabstimmung über den Anschluß, die nach der gewaltsamen Besetzung Österreichs am 10. April 1938 durchgeführt wurde) eine echte Wahl war. Er bezeichnete die Rede Adolf Hitlers am Heldenplatz vom 15. März 1938 über den »Anschluß« als einen der zwei größten Tage seines Lebens. Auch 16 Jahre nach dem Zusammenbruch des NS-Regimes betrachtet er diesen Tag nicht als traurigen Tag, an dem nach der Beseitigung der Unab-

* richtig: *Friedrich* Austerlitz

hängigkeit Österreichs und der Errichtung einer grausamen Gewaltherrschaft seine Gefühle sowie die Gefühle Hunderttausender Menschen von einem verbrecherischen Demagogen irregeleitet wurden, sondern als einen der größten Tage seines Lebens.

Es ist der gleiche Geist, in welchem der Privatankläger im Jahre 1942 in der Zeitschrift »Europa« (Seite 53) schrieb:

»Die politische Machtergreifung ist auch ein Sieg der deutschen Jugend gewesen. Wer dies nicht wahrhaben wollte, wer nach 1933 nicht begriff, daß die deutsche Revolution nicht nur ein neues politisches Programm bedeutete, sondern auch ein neues Menschentum heraufführte, der erhielt einen lebendigen Anschauungsunterricht fünf Jahre später beim Sieg der nationalsozialistischen Revolution in Österreich, als das Bild der Straßen und Plätze bestimmt war von den glückstrahlenden, siegleuchtenden Scharen der deutschen Jugend des Landes.«

In diesem Artikel verherrlichte der Privatankläger auch den Krieg und bekannte sich als Gegner der Demokratie und Toleranz. So heißt es in diesem Artikel:

»Es ist dieselbe deutsche Jugend deren Kolonnen seit drei Jahren die Fahnen des deutschen Aufbruchs von Sieg zu Sieg durch ganz Europa tragen und den harten Boden dieses alten Kontinents zu einem neuen Leben aufpflügen ...

Denn das ist die Welt von gestern, die Welt des angelsächsischen Liberalismus, die Welt der französischen Ideen von 1789, die Welt des atlantischen Imperialismus unter Niederhaltung der Mitte Europas. Höhepunkt und Peripetie dieser Periode sind durch die Namen Versailles, Genf und Locarno gegeben. Sie machen deutlich, daß Demokratie und Deutschland zueinander in unvereinbarer Feindschaft stehen müssen. ... Dennoch setzt die Demokratie den Weg prahlerischer Verantwortungslosigkeit fort ...

Es (das deutsche Volk) erkannte, daß die demokratische Maske, die ihm angelegt worden war, seinem Wesen nicht entsprach.

Der Reichtum mag es den Demokratien erlauben liberal zu sein. Die Not der deutschen Gegenwart verlangte vom Nationalsozialismus eine totale Zusammenfassung und autoritäre Führung der Nationen, sie verlangt *Intoleranz* gegen alle Kräfte, die sich diesem Prozeß hindernd in den Weg stellen ...

Der Sieg gehört stets demjenigen, der die beherrschende Idee der Zeit an seine Fahnen heftet. Waren es vor 150 Jahren die Armeen der französischen Revolution mit ihrem Schlachtruf von Freiheit, Gleichheit und Brüderlichkeit, so sind es heute die grauen Kolonnen des deutschen Heeres und seiner europäischen Waffengefährten.«

Der vom Privatankläger verherrlichte Krieg gegen die angelsächsischen Demokratien, in dessen Verlauf die meisten europäischen Völker ihre Freiheit und Millionen von Menschen ihr Leben einbüßten, ging nicht nach den Erwartungen des Privatanklägers aus. Die militärische Niederlage Deutschlands brachte den europäischen Völkern, darunter auch Österreich, wieder die Unabhängigkeit und Freiheit, mag sie für Österreich auch in den Anfangsjahren die unangenehme Begleiterscheinung der Besatzungsmacht gebracht haben. Aus den Publikationen des Privatanklägers ist erkennbar, daß er diese Entwicklung bedauert. Aus dem Artikel in der Zeitschrift »Die Aktion« vom August 1956, den wir vorgelegt haben, ist erkennbar, daß er die Haltung derjenigen, die dem NS-Eroberungskrieg ablehnend gegenüberstanden und nur in der militärischen Niederlage Deutschlands die Möglichkeit der Wiedererrichtung von Unabhängigkeit, Freiheit und Demokratie sahen, als »Feigheit, Fahnenflucht und Verrat« bezeichnet.

Man merkt es den Schriften des Privatanklägers an, daß er die Wiederherstellung der Freiheit und Unabhängigkeit Österreichs durch seine Loslösung vom Deutschen Reich als eine bedauerliche Entwicklung ansieht und daß er die Hoffnung hegt, daß sich »Gott noch einmal wie vor 1000 Jahren unseres Reichsvolkes erinnert« und das »erste Reich der Deutschen« wiederherstellt.

Filme wie »Mein Kampf«, die die wahre Natur der NS-Herrschaft darstellen, passen nicht in sein Konzept. Er bezeichnete diesen Film gegenüber seinen Studenten als entstellt und verzerrt.

5. Aus dem Gauakt des Privatanklägers geht hervor, daß er Mitglied der NSDAP vom Jänner 1934 bis 27. 4. 1945 mit der Nummer 6,124.741 gewesen ist. In dem von ihm eigenhändig unterfertigten Fragebogen vom 12. 6. 1938 weist er auf seine ununterbrochene Beitragszahlung seit Jänner 1934 hin sowie, daß er seine Privatwohnung der Stabsführung der SA für Sitzungen zur Verfügung gestellt hat, daß er Gutachten für die illegale Landesleitung erstattete, Organisationspläne der SA verwahrte, seine Wohnung ein Absteigquartier für PGs aus dem Altreich gewesen ist und er Arbeiten für das Kulturreferat der SA macht. Dann heißt es im Fragebogen:

»Meine wissenschaftlichen Arbeiten und Vorträge dienten der Idee des Nationalsozialismus und wurden deshalb in der Systempresse, sogar in französischen Zeitschriften, heftig angegriffen.«

Wenn auch der Privatankläger wegen einer Äußerung im Juni 1943 in erster Instanz aus der NSDAP ausgeschlossen wurde, so gelang es ihm doch, erfolgreich dagegen zu berufen und die Umwandlung des Ausschlusses in einen strengen Verweis zu erreichen. Aus Blattzahl 13 und 15 des Gauaktes geht hervor, daß der Privatankläger Mitarbeiter und Vertrauensmann im SS-Nachrichtendienst gewesen ist, für den Sicherheitsdienst der SS tätig war und eine Zeit lang als Schulungsleiter fungierte. Aus Blattzahl 40 geht hervor, daß er laut eigenen Angaben zwischen 1936 und 1938 Blockleiter gewesen ist.

Wenn die Registrierungskommission in ihrem Bescheid vom 18. 1. 1950, Bk 3575/48, auch angenommen hat, daß der Privatankläger nicht Mitglied der SS war und er seinerzeit nur Gefälligkeits- bestätigungen vorlegte, die er aus beruflichen Gründen benötigte, so ist dies doch für die Persönlichkeit des Privatanklägers charakteristisch und beweist die richtige Würdigung seiner Persönlichkeit im inkriminierten Artikel. Seine Tätigkeit für den NS-Nachrichtendienst geht jedenfalls eindeutig aus dem Gauakt hervor.

6. Wir stellen noch nachstehende

Beweisanträge:

a) Vernehmung der Zeugen:

Dkfm. Adolf Aigner, Wien X., Pernerstorferg. 60/III/6,

Dkfm. Edwin Schuster, Wien XIX., Zahnradbahnstr. 21,

Dr. Alfred Kanitz, Wien IX., Altmütterg. 4/14,

über den Inhalt und die Ausrichtung der Vorlesungen, welche der Privatankläger an der Hochschule hält.

b) Beischaffung seines Personalaktes vom Bundesministerium für Unterricht.

c) Vernehmung von Sachverständigen aus dem Gebiet der Psychologie und der Geschichte, daß die Darstellungen des Privatanklägers geeignet sind zumindest als unterschwellige antisemitische Propaganda seine Studenten zu beeinflussen und weder seine Persönlichkeit noch die Art seiner Geschichtsdarstellung geeignet sind, die studierende Jugend von den sittlichen Werten und fortschrittlichen Prinzipien der Demokratie zu überzeugen.

Wien, den 22. Februar 1963

Dr. Heinz Fischer
Alois Brunnthaler

An das Strafbezirksgericht Wien
Wien VIII., Hernalsergürtel 6—12

2 U 545/62
10. Juli 1963

Privatankläger:
Dr. Taras Borodajkewycz, Professor,
Jakobergasse 4/21, Wien I.,
vertreten durch:
Dr. Tassilo Broesigke, Rechtsanwalt,
Wien I., Nibelungengasse 1—3
Vollmacht ausgewiesen
Beschuldigte:
Dr. Heinz Fischer und
Alois Brunnthaler, beide Redakteure,
beide Wien V., Rechte Wienzeile 27,
vertreten durch:
Dr. Franz Gugg, Rechtsanwalt,
Wien I., Operngasse 6,
wegen Presseehrenbeleidigung

einfach

Beweisantrag

6 Beilagen

Zu dem Beweisantrag der Beschuldigten vom 22. 2. 1963 erstatte ich unter Vorlage von Beweismitteln nachstehende

Äußerung

um umfangreiches Vorbringen in der Hauptverhandlung zu vermeiden.

1. Die Verteidigung führt aus, das vorgelegte Elaborat, das mit »Vorlesungsmitschrift« überschrieben ist, sei von einem Studenten verfaßt, der aber seinen Namen nicht nennen will, weil er von meiner Seite eine Benachteiligung befürchten müsse.

Ich gebe zunächst die Erklärung ab, daß ich in keiner Weise die Absicht habe, einen Hörer meiner Vorlesung, der eine Mitschrift angefertigt hat und diese den Beschuldigten zur Verfügung stellt, in irgendeiner Weise zu benachteiligen. Meine Äußerung bezog sich nur auf Personen, die in meiner Vorlesung nicht des Studiums halber, sondern zum Zwecke anwesend waren, irgendwelche Handhaben gegen mich zu sammeln. Es braucht nicht näher ausgeführt zu werden, daß ein derartiges Betragen den akademischen Gesetzen widerspricht, wie denn auch die Vorlesung an den Hochschulen bekanntlich nicht öffentlich, sondern nur für die inskribierten Studenten bestimmt sind. Auf dies sei im Hinblick auf die Aussage des Zweitbeschuldigten und die von diesem vorgelegte Beilage ausdrücklich hingewiesen.

Im übrigen ergibt sich jedoch bereits aus dem Manuskript selbst, daß es sich nicht oder doch nur teilweise um eine Vorlesungsmitschrift handelt:

Es werden zunächst nicht datierte und nicht zusammengehörige angebliche Äußerungen zusammengestellt. Schon die vorgesetzten Daten zeigen, daß es sich um eine Auswahl handelt, die zudem nicht auf einer authentischen Vorlesungsmitschrift beruhen kann. Die vorgelegte »Vorlesungsmitschrift« hat daher keinerlei Beweiswert.

Beweis: Die von den Beschuldigten vorgelegte »Vorlesungsmitschrift«.

2. Die Beschuldigten zitieren eine ganze Anzahl von Äußerungen, die ich zum Teil gemacht, zum Teil nicht gemacht habe.

Zu diesen Zitaten sei gesagt, daß lit. b in der Form, wie sie der Beweisantrag der Beschuldigten verwendet, irreführend ist. Ich habe bei meiner Einvernahme ausgesagt, daß es sich bei der Kundgebung auf dem Heldenplatz, ebenso wie bei der Papstkrönung Pius' XII. um die eindrucksvollsten Ereignisse handelte, denen ich beigewohnt habe. Die Formulierung »größter Tag in meinem Leben« ist absolut irreführend.

Die Punkte e — h sind aktenwidrig.

Während der Informant der Beschuldigten in seinem Vorlesungsverzeichnis ausdrücklich die Formulierung »stinkende Juden« anführt, tritt bereits der Beweisantrag der Beschuldigten den Rückzug an, indem eine Stelle aus dem Buch »Mein Kampf« zitiert wird, der zwar diese Formulierung nicht enthält, aber von den Beschuldigten in diesem Sinne gewertet ist. Auch diese Formulierung wurde aber von mir gar nicht verlesen.

3. Die Beschuldigten führen aus, daß ich es nach meiner Angabe für meine Aufgabe als Historiker ansehe, in meinen Vorlesungen bei Personen, die dem jüdischen Volk angehören, auf diese Tatsache hinzuweisen.

Eine derartige Formulierung ist zwar dem Verhandlungsprotokoll nicht zu entnehmen. Es entspricht aber den Tatsachen, daß ich verschiedentlich bei Personen, bei denen mir dies als wichtig erschien, auf die Herkunft hingewiesen habe.

Dies ist bei einer wissenschaftlichen Arbeitsweise eine notwendige Voraussetzung objektiver Geschichtsforschung und keineswegs nationalsozialistisch.

Die Beschuldigten zitieren in diesem Zusammenhang zwei Erlässe über die Pflicht, jüdische Autoren, wenn sie zitiert werden, als solche zu kennzeichnen.

Diese Erlässe haben mit der vorliegenden Frage, ob bei einer historischen Persönlichkeit die jüdische Abkunft erwähnt werden müsse, solle oder dürfe, gar nichts zu tun. Tatsache ist, daß schon lange vor der Zeit des Nationalsozialismus, oder überhaupt vor dem Großwerden antisemitischer Bestrebungen in Europa in wissenschaftlichen Publikationen die jüdische Abkunft ohne weiters erwähnt zu werden pflegte.

Da sich die Beschuldigten besonders darüber erregen, daß die jüdische Abkunft von Karl Marx von mir erwähnt wurde, soll hiefür eine Anzahl von Beispielen gebracht werden, die einerseits dartun, daß die Darlegungen von Karl Marx, wenn sie heute erfolgen würden, wahrscheinlich von den Beschuldigten als neonazistisch gewertet werden würden und andererseits, daß Gelehrte, und zwar auch solche, die selbst jüdischer Abkunft sind, entsprechende Formulierungen für notwendig erachten:

a) Ich lege vor eine Abschrift eines Artikels von Karl Marx »Zur Judenfrage«, 1843.

b) Ich lege weiters vor die Auswahl aus den Schriften von Karl Marx, redigiert von Franz Borkenau, erschienen 1956 und verweise auf Seite 8, wo es ausdrücklich heißt, daß Karl Marx der Sohn eines Rechtsanwaltes jüdischer Abkunft war.

c) In der Monographie »Karl Marx«, Rowohlts Verlag, von Werner Blumenberg wird auf den Seiten 11 ff ausdrücklich ausgeführt, daß die rabbinische Abkunft des Karl Marx' nicht unbeachtet bleiben dürfe. Ich verweise auf die angestrichenen Äußerungen auf Seite 11 bis Seite 15 des Werkes, sowie auf das Urteil von Engels über Lasalle auf Seite 127.

d) In der »Geschichte des Judentums im Abendland« von Edmund Schopen, Dalp Taschenbücher, die ebenfalls vorgelegt wird, wird auf Seite 106/107 hervorgehoben, welche Personen jüdischer Abstammung sich besondere Verdienste wissenschaftlicher Form erworben haben, und es werden weiters Ferdinand Lassalle, Karl Marx und Albert Einstein besonders hervorgehoben.

e) Weiters wird eine Photokopie aus dem Werk »Erlebte Judenfrage« von Kurt Blumenfeld vorgelegt, aus dem sich die Einstellung von Albert Einstein ergibt, die nach der Auffassung der Beschuldigten als neonazistisch und abwegig gewertet werden müßte.

f) Schließlich wird noch eine Abschrift aus dem Werk von Gustav Noske, einem prominenten Führer der Sozialdemokraten »Aufstieg und Niedergang der deutschen Sozialdemokratie« vorgelegt, in dem der Tod von Hugo Haase geschildert wird. Auch Noske scheut sich in keiner Weise, auf die jüdische Abstammung Hugo Haases hinzuweisen.

Es ist in dem vorliegenden Rechtsstreit nicht zu erörtern, welche Bedeutung im einzelnen der Abstammung oder der religiösen Zugehörigkeit, oder sonstigen Umständen eingeräumt werden muß, als sicher steht jedoch fest, daß die Erwähnung, daß eine Person jüdischer Abstammung oder mosaischen Bekenntnisses ist, an sich mit dem Nationalsozialismus nicht das Mindeste zu tun hat. Schriftsteller aller politischen Richtungen und aller möglichen Zeitalter haben in dieser Weise geschrieben, ohne daß die von den Beschuldigten abgeleiteten Folgerungen gezogen worden wären.

4. Die hier von den Beschuldigten eingangs zitierten Äußerungen sind dem Protokoll nicht zu entnehmen, bzw. sind sie, wie oben ausgeführt, irreführend formuliert.

Im übrigen habe ich meine politische Haltung in der Vergangenheit offen dargelegt und denke nicht daran, irgendetwas zu beschönigen oder abzuschwächen. Genauso aber, wie dem Staatskanzler Dr. Karl Renner, der 1918 den Anschluß proklamiert hatte und sich 1938 dazu bekannt hat, zugebilligt werden muß, daß er unter dem Eindruck der politischen Entwicklung seine Meinung in vielen Fragen geändert hat, so muß dies auch anderen österreichischen Staatsbürgern eingeräumt werden, und zwar diesen, da sie politisch nicht an führenden Stellen standen, umso mehr. Die Beweisführung der Beschuldigten ist eine Vereinfachung dergestalt, daß sie davon ausgeht, daß alles, was nicht in ihre Auffassung und besonders in ihr Geschichtskonzept paßt, als neonazistisch angesprochen werden muß. Die Beschuldigten zitieren einfach Formulierungen aus dem Artikel der Zeitschrift »Die Aktion«, sie vergessen aber, anzuführen, was im Satz vorher gesagt wird, der lautet:

»Daß das Dritte Reich seinen Reichsgedanken mißbrauchte, entwürdigte und mit Unrat belud, darf das Urteil über die Erhabenheit des ersten Reiches der Deutschen nicht trüben, soll uns die berechtigte Freude an dieser Hoch-Zeit im Werden Europas nicht mindern, kann unsere gemüthafte Verbundenheit mit einer langen Sternstunde im Leben unseres Volkes nicht lockern.«

Beweis: Zeitschrift »Die Aktion«, im Akt erliegend.

5. Aus dem Gauakt geht, soweit meine eigenen dort ersichtlichen Erklärungen in Rede stehen, nichts anderes hervor, als ich in meiner Zeugenaussage erwähnt habe. Es ist richtig, daß sich dort Beurteilungen unterschiedlicher Art befinden, aus denen sich die Beschuldigten jenen Teil ausgesucht haben, der ihnen zum Beweis geeignet zu sein schien. Es braucht nicht näher ausgeführt zu werden, daß Äußerungen von anderer Seite noch nicht den Beweis der Richtigkeit darstellen. Überhaupt ist aber die Frage der nationalsozialistischen Zeit von untergeordneter Bedeutung, da

nach dem Inhalt des inkriminierten Artikels nicht für die Vergangenheit, sondern für die Gegenwart ein Wahrheitsbeweis zu liefern ist, was auch von den Beschuldigten versucht wurde.

Dies habe ich schon seinerzeit in meiner Äußerung beim Beweisantrag ausgeführt.

Dr. Taras Borodajkewycz

Vernehmung als Zeuge vor dem Strafbezirksgericht Wien, am 29. Oktober 1962

Zeuge Dr. Taras Borodajkewycz
gibt nach WE unbeeidet vernommen an: 1. 10. 1902 in Wien geb., rk., verh., Hochschulprofessor, österr. Stbg., Wien I., Jakobergasse 4, fremd.

Ich habe zuerst Theologie studiert, später Philosophie. Im Jahre 1932 promovierte ich und wurde Stipendiat am Institut für neuere Geschichte Österreichs. 1932 hatte ich eine Sekretärstelle beim Allgemeinen Deutschen Katholikentag inne. Ich hatte die propagandistischen und publizistischen Angelegenheiten zu besorgen. 1934 kam ich als Aspirant in das Staats-, Hof- und Hausarchiv. 1937 wurde ich Dozent an der Wiener Universität.

Nach dem Anschluß blieb ich in der Stellung eines Staatsarchivars. 1941 avancierte ich zum Archivrat. 1942 erhielt ich die Berufung an die Universität Prag als außerordentlicher Professor für allgemeine neuere Geschichte.

Im Herbst 1942 wurde ich zum Militär eingezogen, aber nach einigen Wochen an die Prager Universität zurückgeholt. Anfang 1943 nahm ich meine Lehrtätigkeit auf. In Prag war ich bis März 1945 tätig. Nach Kriegsende kam ich dann über Bayern im Jahre 1946 nach Wien. Hier wurde ich als Belasteter registriert, 1950 als Minderbelasteter eingestuft. Bis 1950 war ich als Lektor im Verlag Otto Müller in Salzburg tätig und wissenschaftlicher Mitarbeiter des Institutes für Wissenschaft und Kunst. Seit 1955 bin ich an der Hochschule für Welthandel als außerordentlicher Professor für Sozialgeschichte tätig.

Ich bin überzeugungsmäßig Katholik, daher studierte ich zuerst Theologie, fühlte mich jedoch zum Priesterberuf nicht berufen.

Ich war Mitglied des CV und zwar der Studentenverbindung Norica. Meiner Einstellung nach als Historiker war ich großdeutsch gesinnt. Die Studentenverbindung Norica hatte 1924 auch eine großdeutsche Einstellung.

1933 war ich erstmals mit nationalsozialistischem Gedankengut in Berührung gekommen. Im Mai 1934 trat ich der Partei bei. Ich war gegen den damaligen Ständestaat und trat illegal der NSDAP bei. Die Februar-Revolution, insbesondere das Vorgehen der Heimwehr unter Dollfuß war das auslösende Ereignis für meinen Beitritt. Der sozialistischen Partei, die im Auflösen begriffen war, beizutreten ist mir damals nicht sinnvoll erschienen. Ich hatte ab 1934 mit Seyß-Inquart näheren Kontakt, der der katholischen Runde angehörte.

Für das NS-Regime war ich insofern tätig, als ich eine Privatwohnung für eine Besprechung zur Verfügung stellte. Ich war aber persönlich nicht anwesend. Einmal wurde mir eine Abrechnung der Wiener SA anvertraut, die ich nach 1938 weitergab.

Ende 1937 schied ich aus der Korporation Norica aus, weil sie von ihrer früheren großdeutschen Einstellung abrückte. Ich schied aus, weil ich nicht Mitglied bleiben konnte, solange dieses Prinzip nicht wieder aufgenommen wurde, da ich seinerzeit meinen Eid darauf abgelegt hatte.

Die Hausdurchsuchung von der Gestapo, eine Woche nach der Machtübernahme war offenbar auf Grund einer Denunziation erfolgt. Die Gestapo kam dann nochmals, nahm meine Korrespondenz mit, brachte sie mir aber wieder.

Dr. Höttl, ein Historiker, kam eines Tages bei mir vorbei und bat mich, da er das Kirchenreferat übernehmen sollte, ihn zu beraten. Ich gab ihm mehrere Gutachten ab.

Im Herbst 1938 wurde ich vorgeschlagen, das Amt eines Schulungsleiters (politische Schulung) zu übernehmen. Ich machte den Schulungskurs in Schwechat mit, hatte aber dort bereits Krach wegen der geschichtlichen Darstellung, die dort gegeben wurde. Man sagte, ich sei katholisch zu gebunden, daher nicht der richtige Mann. Ich war tatsächlich nie Schulungsleiter.

Meine katholische Bindung war mir dann später sehr hinderlich, insbesondere auch beim beruflichen Aufstieg. Es wurde mir nahegelegt, aus der Kirche auszutreten. Das habe ich aber abgelehnt.

Am 7. 7. 1943 wurde ich aus der NSDAP ausgeschlossen mit der Begründung, kein richtiger Nationalsozialist zu sein. Ich habe dagegen remonstriert. Baldur von Schirach intervenierte für mich. Es kam zu einem großen Prozeß im Parlament, *der Ausschluß wurde rückgängig gemacht und ich kam mit einem Verweis davon**.

---

* Siehe dazu die Erklärung auf der Pressekonferenz vom 23. 3. 1965 (Seite 114).

Vor 1938 habe ich kaum etwas in der Presse geschrieben. In Prag durfte ich wohl lehren, nicht aber publizieren. *1944* veröffentlichte ich einen Artikel auf Grund dessen mir dann vorgeworfen wurde, ich sei kein guter Nationalsozialist.

PAV legt diesen Artikel vor. Er ist veröffentlicht in der Zeitschrift »Die Pause«, 9. Jahrgang, Heft 8/9, 1944 auf Seite 37 ff mit der Überschrift »Die überstaatlichen Lebensformen in Wirklichkeit und Sehnsucht«. Der Artikel wird verlesen und die Zeitschrift als Beilage E zum Akt genommen.

Ich wurde auf den Artikel im »Forum« von Ernst Hoor aufmerksam gemacht. Ich habe ihn durchgelesen und fühlte mich veranlaßt, darauf zu antworten. Dies habe ich in der Zeitschrift »Die Aktion« getan. Ich stehe heute nach wie vor zu diesem Artikel.

Ernst Hoor wendet sich gegen die Historiker, welche die Existenz einer eigenen österreichischen Nation ablehnen. Ich stehe auf folgendem Standpunkt: Es gibt einen österr. Staat, nicht aber eine österreichische Nation. Kein wirklicher Historiker vertritt die Auffassung von der Existenz einer österreichischen Nation. Das ist eine rein politische Auffassung.

Ich habe nach 1945 keine einzige neonazistische Äußerung fallen gelassen.

Ich stehe auf dem Boden der Demokratie. Ich sage nicht, daß die österreichische Demokratie, wie sie in der heutigen Form besteht, die beste ist, da ich als Historiker den Begriff der besten Staatsform ablehne. Sie ist mir aber von allen Staatsformen die liebste.

Auf Befragen des Vert.:

Ich bejahe die heutige Selbständigkeit Österreichs. Der Weg, der zum heutigen österreichischen Staat geführt hat, ist aber ein tragischer und zwar schon vom 19. Jahrhundert an.

Auf die Frage, ob der Zeuge noch zum Eid stehe, den er bei der Korporation Norica geleistet hat:

Das ist schwer zu beantworten, da das Reich, wie es mir sympathisch war, nicht mehr existiert. Dieses endete bereits im Jahre 1806. Der Eid ist durch die geschichtliche Entwicklung hinfällig geworden. Der großdeutsche Gedanke wird nicht mehr zu verwirklichen sein.

Auf die Frage, wie der Zeuge zum Begriff der österreichischen Nation eingestellt ist:

Wir befinden uns der Tendenz nach auf dem Weg zu einer Einigung in Europa und nicht zu einer Desintegration. Letztere würde den Trend zum Provinziellen verstärken.

Goethe steht mir doch noch näher als Shakespeare und Plato, da er ein Angehöriger meines Volkes ist. Das heißt aber nicht, daß das deutsche Volk in einem Staat vereinigt sein muß. Es gibt ja viele historische Beispiele, wie z. B. die Schweiz oder Österreich vor 1918, wo mehrere Völker zusammen in einem Staat lebten. Die Wahl von 1938 war eine echte Wahl.

Vert.: Behaupten Sie, daß die Österreicher nach 1938 gegenüber dem Deutschen Reich und seiner Regierung in dem von den nationalsozialistischen* geführten Krieg zur Loyalität verpflichtet waren?

Zeuge: Im Prinzip ja. In meinem Artikel meinte ich, daß es nicht richtig war, daß bei den verschiedensten Angelegenheiten (z. B. bei der Inskription auf den Hochschulen) Fragen gestellt wurden, ob man bei der NSDAP war.

Verteidiger: Was haben sie darunter verstanden, als sie schrieben: »Die Haltung, die den bisherigen Ehrenkodex der Menschheit umstülpte und Feigheit, Fahnenflucht und Verrat als die wahren Tugenden des österreichischen Volkes pries?«

Zeuge: Die Jahre unmittelbar nach dem Krieg haben eine Fülle von Äußerungen gebracht, von denen ich nicht behaupten kann, daß sie ein Gehirn im Laufe der Entwicklung behalten kann.

Verteidiger: Sind Sie der Auffassung, daß einer der von der Deutschen Armee desertiert ist, Fahnenflucht und Verrat begangen hat?

Zeuge: Das kommt darauf an. Fahnenflucht auf jeden Fall. Ich gehörte nicht der österreichischen Widerstandsbewegung an, mir geht aber manchmal der Hut hoch, wenn ich höre, was da verzapft wird. Ich hatte Beziehungen zu maßgebenden Persönlichkeiten der Widerstandsbewegung gegen Hitler in Deutschland. Ich hatte in Wien mehrmals mit Ulrich v. Hassell Kontakte. Ich habe auch mehrere Personen, die aus diesen Gründen hingerichtet wurden, gekannt. Ich war also innerlich auf der Seite dieser wohl ehrenhaften Männer.

Verteidiger: Damit ist meine Frage noch nicht beantwortet. Was verstehen Sie unter den Worten »das kommt darauf an«?

Zeuge: Auf diese Frage will ich nicht antworten. Ich habe dazu schon genug gesagt. Es müßte jeder einzelne Fall entschieden werden und nicht generell.

Ich halte auch Vorlesungen über die Geschichte der neueren Zeit. Ich spreche bei Vorlesungen frei. Ich benütze nur Steno-

---

* Fehler im Original, richtig: *Nationalsozialisten*

gramme, keine Skripten. Ich habe meinen Studenten *die beiden größten Tage in meinem Leben geschildert.* Damit meinte ich, was die gewaltige Szenerie anlangte, die Wahl- und Krönung des Papstes Pius XII. und *die Kundgebung am Heldenplatz am 15. 3. 1938.* Es war damals Frühling und eine große Menge Leute auf einem Platz. Die Kundgebung war ganz groß aufgezogen. *Sie war sehr eindrucksvoll.*

Verteidiger: Haben Sie in Vorlesungen zum Film »Mein Kampf« Stellung genommen?

Zeuge: Es ist möglich, weil mich meine Studenten danach gefragt haben. Ich habe erklärt, daß der Film die Tatsachen verzerrt. Doch habe ich das nicht in der Vorlesung gesagt, sondern nachher, genau weiß ich es aber nicht mehr.

Verteidiger: Haben Sie gesagt, Heydrichs Großmutter war Jüdin — das war in der SS bekannt — obwohl er persönlich ein ausgezeichnet aussehender, blonder, intelligenter und sympathischer Mann war?

Zeuge: Die Äußerung betreffend die Großmutter Heydrichs habe ich gemacht, aber er selbst war mir eine der widerlichsten Figuren der NS-Zeit. Ich habe auch Stellen aus »Mein Kampf« verlesen.

Äußerungen wie sozialistischer Antiterror und die stinkenden Juden habe ich nicht gemacht.

Verteidiger: Haben Sie gesagt, unser Außenminister fährt oft in den Norden, aber sicher nicht wegen seiner nordischen Abstammung?

Zeuge: Das habe ich sicher nicht gesagt.

Verteidiger: Haben Sie bei der Darstellung der Aufstände der unabhängigen sozialdemokratischen Partei im Jahre 1917 darauf hingewiesen, daß Liebknecht und Rosa Luxemburg Juden waren?

Zeuge: Das ist möglich.

Verteidiger: Haben Sie darauf hingewiesen, daß die Weimarer Verfassung vom jüdischen Staatslehrer Hugo Preuss stammt?

Zeuge: Das ist möglich.

Verteidiger: Haben Sie bei der Schilderung der Entstehung der deutschen Republik darauf hingewiesen, daß alles, was sich sehen lassen konnte, in Opposition stand, wie Oswald Spengler, Ernst Jünger, Moeller van den Bruck, und es eine besondere Schwierigkeit für die Jugend war, ein inneres Verhältnis zur Weimarer Republik zu finden?

Zeuge: Tragisch war, daß die damals führenden Männer frühzeitig starben und daß die Weimarer Republik keine fähigen Nachfolger herausgebracht hat, die der Oppositionsgruppe wie Oswald Spengler und so weiter gleich kam.

Verteidiger: Was meinten Sie mit dem Ausdruck, »alles was sich sehen lassen kann?«

Zeuge: Das ist ein Ausdruck, den ich in der Vorlesung nicht gebraucht habe. Dieser Spitzel muß nicht sehr geschickt gewesen sein.

Verteidiger: Haben Sie erklärt, daß Winigg ehemaliger Sozialist war, dann aber ein Gegner, der zur jüdischen SPD in Opposition stand?

Zeuge: Nein, ich habe lediglich gesagt, daß er gegen gewisse jüdische Führer der SPD war. Das ergibt sich eindeutig aus seinen Werken.

Verteidiger: Haben Sie in der Vorlesung gesagt, das herrliche deutsche Freikorps, das den Osten vor der bolschewistischen Gefahr bewahrt hat?

Zeuge: Den Ausdruck »das herrliche deutsche Freikorps« halte ich für unwahrscheinlich, das übrige ist möglich, da es sich um ein geschichtliches Ereignis handelt.

Verteidiger: Haben Sie in der Vorlesung die 25 Punkte des NS-Parteiprogrammes durchbesprochen?

Zeuge: Ja, ich habe sie verlesen, da es zum Thema gehörte.

Verteidiger: Haben Sie den bayrischen Ministerpräsidenten Eisner als polnischen Kaffeehausjuden bezeichnet?

Zeuge: Den Ausdruck »polnischen Kaffeehausliteraten« halte ich für möglich.

Verteidiger: Haben Sie bei der Besprechung des Programmes der NSDAP bezüglich der persönlichen Bereicherung am Krieg, der Einziehung des Kriegsgewinnes darauf hingewiesen, daß das jüdische Vermögen eine große Rolle gespielt hat?

Zeuge: Das ist durchaus möglich, es entspricht auch den Tatsachen.

Verteidiger: Haben Sie bei der Darstellung der Programmpunkte der NSDAP, nach welcher die entartete Kunst verboten werden sollte, auf die Literatur, bei der jüdische Schriftsteller eine große Rolle gespielt haben, hingewiesen? Wurde dabei Bekessy zitiert?

Zeuge: Ich glaube, ich habe nur einen kurzen Artikel von Karl Kraus vorgelesen.

Verteidiger: Haben Sie in diesem Zusammenhang den Ausdruck Literaturfatzkes verwendet?

Zeuge: Das halte ich nicht für wahrscheinlich.

Verteidiger: Haben Sie in der Vorlesung erwähnt, daß Hitlerdeutschland 6 Mill. Juden vernichtet hat?

Zeuge: Nein, weil ich in meiner Vorlesung noch nicht so weit bin. In einer früheren Vorlesung habe ich aber die Hinrichtung von 6 Mill. Juden erwähnt, ein ungeheures Unrecht, das ich scharf verurteile.

Verteidiger: Haben Sie, als sie über die Ereignisse des Jahres 1927 in Österreich sprachen, gesagt: »Der Jude Austerlitz forderte in der Arbeiter-Zeitung zum Bürgerkrieg und zum Putsch auf?

Zeuge: Ja, das ist möglich.

Verteidiger: Haben Sie in der Vorlesung die Bemerkung gemacht, Österreich war damals ein Polizeistaat, wie man es sich kaum vorstellen kann. Vielleicht kann man es sich vorstellen, wenn der Afritsch so weiter tut?

Zeuge: Nein.

Vernehmung als Zeuge vor dem Strafbezirksgericht Wien, am 17. Januar 1963

Zeuge Dr. Taras Borodajkewycz,
Generalien S. 61 überprüft, gibt nach WE. unbeeidet fortgesetzt vernommen an:

Über Befragen des Richters nach Vorhalt des Artikels mit der Überschrift »Neue Welt Europa: Die Revolutionen«, veröffentlicht vom Privatankläger auf Seite 53 und 54 der Zeitschrift »Europa, Festliche Veröffentlichung zur Begründung des europäischen Jugendverbandes in Wien 1942«, Beilage I.:

»Wieso sind Sie damals zu der negativen Stellungnahme gekommen? Entsprach Sie Ihrer damaligen Überzeugung, und sind Sie derzeit noch immer dieser Auffassung?«

Zeuge Dr. Borodajkewycz: Ich war damals nicht Anhänger des Liberalismus westlicher Prägung. Damals entsprach diese Auffassung meiner Überzeugung. Heute habe ich nicht mehr diese Auffassung über die Demokratie.

Über Befragen des Verteidigers: »War es die Kundgebung am Heldenplatz am 15. 3. 1938, die Sie das letzte Mal erwähnten und bei der Hitler gesprochen hat, wobei Sie behaupteten, dieser Tag zähle zu den schönsten Ihres Lebens?«

Zeuge: Bei der damaligen Kundgebung am Heldenplatz hat Hitler gesprochen und zwar aus Anlaß des Anschlusses Österreichs an Deutschland. Es hat auch noch Seyß-Inquart damals gesprochen.

Vert.: Haben Sie in Ihren Vorlesungen gesagt, daß die österreichische Verfassung von Hans Kelsen stammt?

Zeuge: Er hat daran mitgearbeitet.

Vert.: Haben Sie bei Hans Kelsen auf dessen jüdische Abstammung hingewiesen?

Zeuge: Ich habe entweder gesagt: Hans Kelsen, der eigentlich Kohn hieß, oder ich habe gesagt, der Jude Hans Kelsen.

Vert.: Haben Sie in einer Vorlesung am 9. 11. 1962 über die Hauptverhandlung am 29. Oktober 1962 gesprochen?

Zeuge: Ja.

Vert.: Haben Sie bei dieser Vorlesung gesagt, daß ich meine Mitteilungen von Ihren Schülern hätte und daß Sie schon neugierig auf die nächste Verhandlung seien, wo ich Ihnen die Studenten als Zeugen bringen werde, ferner daß diese Studenten zur Verantwortung gezogen werden?[1]

Zeuge: Ich habe in meiner Vorlesung darauf hingewiesen, daß ich gegen jene Zeugen vorgehen werde, die falsche Behauptungen über mich aufstellen. Sie verstoßen dadurch gegen das akademische Gesetz. Mir wurden in der Hauptverhandlung am 29. 10. 1962 Äußerungen vorgehalten, die ich nicht gemacht habe.

Vert.: Wollten Sie dadurch einen unzulässigen Druck auf die Studenten ausüben?

Zeuge: Es ist mein gutes Recht, darauf hinzuweisen.

Vert.: Haben Sie in Ihrer Vorlesung darauf hingewiesen, daß sich die beiden Systeme Demokratie und Diktatur ähnlich sind?

Zeuge: Ich habe gesagt, ich sei überrascht, wie sich Demokratie und Diktatur in diesen Methoden nahe stehen. Ich hatte nämlich Grund anzunehmen, daß ich bei meinen Vorlesungen bespitzelt werde. Meine Vorlesungen sind allerdings nicht vertraulich.

Vert.: Haben Sie sich im Jahre 1934 um einen Posten als Hochschullehrer an der katholischen Universität in Salzburg beworben?

Zeuge: Ja, das stimmt. Aber ich wurde nie aufgenommen, weil keine Stelle frei war. Außerdem gab es dort keine öffentliche Universität.

Vert.: Haben Sie im Jahre 1935 ein Referat an der Universität im Rahmen der katholischen Aktion gehalten?

Zeuge: Ob das Referat so gelautet hat, weiß ich nicht mehr. Ich habe bei einer Feier im Nö. Landhaus gesprochen. Es war eine Veranstaltung, an der Kardinal Innitzer teilgenommen hat. Ich war als letzter Redner an der Reihe. Es war keine Veranstaltung der katholischen Aktion sondern des Universitätsvereines.

Vert.: Haben Sie in einem Artikel in der »Neuen Ordnung«

---

1 Beilage 1

1962 folgenden Satz geschrieben?: »Wer an göttliche Aufträge in der Geschichte glaubt, mag die Hoffnung in sich hegen, daß sich Gott noch einmal wie vor 1000 Jahren unseres Reichsvolkes erinnert.«

Zeuge: Diesen Satz habe ich geschrieben. Ich wurde von verschiedenen Organen gebeten, einen Artikel zu schreiben. Der Artikel ist im »Eckartboten« erschienen. Er wurde dann von der »Neuen Ordnung« übernommen. Es war ein Gedenkartikel anläßlich des tausendsten Gedenktages der Krönung des Kaisers Otto des Ersten.

Vert.: Kommt nicht aus diesem Artikel die Hoffnung und der Wunsch zum Ausdruck, daß noch einmal eine Vereinigung zwischen Österreich und Deutschland zustande komme?

Zeuge: Ich bin der Auffassung, daß dieser Artikel in der »Neuen Ordnung« aus dem Jahre 1962 im Zusammenhang mit einem großen Ereignis der Geschichte steht. Es besteht aber heute keine Hoffnung mehr, daß das Deutsche Reich, wie es vor 1000 Jahren bestanden hat, jemals wiedererstehen wird.

Vert. legt vor einen Auszug der Beiträge des Witikobundes zu Fragen der Zeit, Band 10, und zwar: Dr. Heinz Lange: »Deutschland unser Vaterland«, »Prof. Dr. Taras Borodajkewycz: »Jugend und Geschichtsbewußtsein, das Rundgespräch von Eberbach«.

Dieser Auszug wird verlesen und als Beilage ./1 zum Akt genommen.

Nach Vorhalt der Beilage ./1 gibt der Zeuge an: Der Inhalt dieses Auszuges stammt von mir und wurde von mir verfaßt.

Über Befragen des PAV.: Warum bezeichnen Sie darin die Entdeutschung der österreichischen Geschichte und die Prägung des Begriffes der »österreichischen Nation« als charakterlos?

Zeuge: Dieser Vorwurf richtet sich nicht gegen die Hochschulen sondern gegen die Jugendausbildung allgemein und gegen die Mittelschulprofessoren. Ich kenne keinen Hochschullehrer und Historiker, der die Zugehörigkeit des österreichischen Volkes zum deutschen Volk ableugnet. Weil diese Darstellung mit der geschichtlichen Wahrheit in Widerspruch steht, bezeichne ich sie als charakterlos, zumal diese Leute vor 20 Jahren noch anders gesprochen haben.

PAV. Dr. Tassilo Broesigke legt vor einen Artikel mit der Überschrift »Der Kulturkampf«, veröffentlicht auf Seite 1 der sozialistischen Zeitung »Heute« vom 10. 6. 1961 mit dem Hinweis, daß dieser Artikel eine Kritik gegenüber dem Unterrichtsministerium wegen des Versuches, eine österreichische Nation zu begründen, enthält.

Zeuge Dr. Taras Borodajkewycz gibt ergänzend vernommen an:
Über Befragen des PAV.: Sind Sie Antisemit?
Zeuge: Es ist nicht meine Art gewesen, mich nach 1945 mit Loorbeeren zu schmücken. Ich habe nie einen Hehl daraus gemacht, daß ich der NSDAP angehörte. Ich habe eine Woche nach dem Anschluß einen Anruf des Dr. Heinrich Rittermann erhalten, der Jude war. Er fragte mich, ob er nicht zu mir kommen könnte, was ich natürlich bejahte. Er kam zu mir ins Haus und teilte mir mit, daß sein Bruder verhaftet worden sei. Ich habe ihm zugesagt, daß ich intervenieren werde. Er bat mich dann jedoch, nicht zu intervenieren, sein Bruder sei nicht aus politischen Gründen verhaftet worden sondern wegen Homosexualität. In der Mollardgasse war die Wohnung eines Generaldirektors, der Jude war. Man teilte mir diese Wohnung zu. Ich habe sie mir angeschaut und gesagt, daß noch Leute drinnen sind und daß ich die Wohnung auf keinen Fall nehme. Der Besitzer mit seiner Familie ist dann am nächsten Tag auf der Straße gesessen. Ich habe diese Wohnung dann trotzdem nicht genommen. Der Einfluß der Juden war zu groß. Ich habe aber abgelehnt, was nach 1938 mit den Juden geschehen ist. Wenn ich die jüdische Abstammung bestimmter Personen hervorhob, so ist das nichts Besonderes. Ich sage auch, daß Napoleon ein Korse war.

Vert. legt vor Zeitungskritiken über den Film »Mein Kampf«, und zwar einen Artikel der Arbeiter-Zeitung vom 21. 8. 1960, Seite 3, mit der Überschrift »Wie war das möglich? Ein Dokumentarfilm über eine Menschheitskatastrophe« in Fotokopie, der verlesen und als Beilage ./2 zum Akt genommen wird, ferner die Kritik zum Film »Mein Kampf«, veröffentlicht im »Neuen Österreich« in Abschrift sowie des »Kleinen Volksblattes« vom 21. 8. 1960 und der »Neuen Wiener Tageszeitung« vom 20. 8. 1960 in Fotokopie. Diese Kritiken werden verlesen und als Beilage ./3 zum Akt genommen.

Ferner wird ein Leitartikel von Heribert Husinsky, veröffentlicht in der Zeitung »Neues Österreich« vom 16. 2. 1958, vorgelegt, der verlesen und als Beilage ./4 zum Akt genommen wird.

Vernehmung als Zeuge vor dem Strafbezirksgericht Wien, am 25. November 1963

Zeuge Prof. Dr. Taras Borodajkewycz,
Generalien S. 61 des Aktes überprüft, fremd, gibt ergänzend vernommen nach WE. an:

Ich war immer überzeugter Katholik und bin es auch heute noch. Im Jahre 1932 hatte ich eine Sekretärstelle beim Allgemeinen Deutschen Katholikentag inne.

Im Jahre 1934 trat ich illegal der NSDAP bei.

Nach Kriegsende (1946) kam ich nach Wien und wurde als Belasteter registriert, 1950 als Minderbelasteter eingestuft. Bis 1950 war ich Lektor im Verlag Otto Müller in Salzburg. Seit 1955 bin ich als außerordentlicher Professor an der Hochschule für Welthandel tätig, und zwar als Professor für Wirtschafts- und Sozialgeschichte.

Über Befragen des Richters:

Ich bin im Jahre 1934 deshalb der NSDAP beigetreten, weil ich damals der Meinung war, der großdeutsche Gedanke sei der richtige. Meine Meinung hat sich aber dann später geändert.

Über Befragen des Verteidigers:

Während des Krieges habe ich Artikel veröffentlicht.

Ich bekenne mich heute zu der Staatsform, die wir in Österreich haben. Zur Demokratie möchte ich sagen, daß ich diese nicht unbedingt als beste Staatsform bezeichne; ich lehne nämlich als Historiker den Begriff der besten Staatsform ab. Nach den Erfahrungen ist jedoch die Demokratie die angenehmste Staatsform.

Oftmals wurden Studenten nach 1945 von den zuständigen akademischen Behörden gefragt: »Warum haben Sie nicht Verrat begangen, warum sind Sie nicht desertiert?« Wenn sie diese Frage nicht beantworten konnten, wurden sie abgelehnt.

Vert.: Sind Sie der Auffassung, daß jemand, der von der Deutschen Armee desertiert ist, Verrat begangen hat?«

Zeuge: Darauf ist eine eindeutige Antwort nicht möglich; ich lehne es ab, diese Frage zu beantworten. Ich nenne es nicht Verrat.

Über Befragen des Vert.: »Bis zu welchem Zeitpunkt sind Sie für den Sieg der Deutschen eingetreten?«

Zeuge: Es war vielleicht bis zum Jahre 1940 oder 1941.

Vert.: Betrachten Sie die Niederlage Deutschlands als ein historisches Unglück oder als etwas, das begrüßenswerterweise die Unabhängigkeit Österreichs hergestellt hat?«

Zeuge: Ich halte die Niederlage Deutschlands für ein geschichtliches Ereignis.

Über Befragen des Verteidigers:

Heine ist für mich ein deutsch schreibender Dichter, jüdischer Herkunft. Daß Kelsen früher Kohn hieß, war mir bereits in meiner Jugendzeit bekannt.

Ich möchte noch betonen, daß es niemals meine Art war z. B. »Der Jude ... « zu sagen, sondern machte ich die Hörer aufmerksam, daß diese oder jene Persönlichkeiten jüdischer Abstammung waren.

Verlesen werden die Strafkarte der beiden Beschuldigten, ON. 26 und 27.

Schluß des Beweisverfahrens.

PAV. Dr. Broesigke beantragt Schuldspruch, Bestrafung, Zuspruch einer Geldbuße und Urteilsveröffentlichung.

Vert. Dr. Rosenzweig beantragt Freispruch seiner Mandaten.

Schluß der Verhandlung.

Sohin verkündet der Richter das

Urteil

samt den wesentlichen Entscheidungsgründen (Dr. Fischer: S 4.000,— im NEF. 20 Tage Arrest, Brunnthaler: S 3.000,— im NEF. 15 Tage Arrest; Verfall, Veröffentlichung, Mithaftung).

Vert.: Berufung punkto Nichtigkeit und Strafe.

PAV.: Dr. Broesigke keine Erklärung.

Richter: gez. *Dr. Hana*

Schriftf.: *Christa Böhm*

Das Urteil vom 25. November 1963

2 U 545/62

Im Namen der Republik!

Das Strafbezirksgericht Wien hat über die von Prof. Dr. Taras Borodajkewycz als Privatankläger gegen

1. Dr. Heinz Fischer, geb. am 9. 10. 1938, ledig, Sekretär, und
2. Alois Brunnthaler, geboren am 22. 1. 1924, verheiratet, Redakteur,

wegen Übertretung gegen die Sicherheit der Ehre durch öffentliche Schmähung nach § 491 StG. bzw. wegen Übertretung der Vernachlässigung der pflichtgemäßen Sorgfalt als verantwortlicher Redakteur gem. § 30 Pressegesetz erhobene Anklage nach der am 25. November 1963

in Gegenwart des Privatklägers Prof. Dr. Taras Borodajkewycz, des Privatanklagevertreters Dr. Tassilo Broesigke,

in Abwesenheit der beiden Beschuldigten Dr. Heinz Fischer und Alois Brunnthaler,

sowie eines Vertreters der Haftungsbeteiligten

Sozialistische Partei Österreichs und

Sozialistischer Verlag Ges. m. b. H. und

in Gegenwart des Verteidigers Dr. Wilhelm Rosenzweig durchgeführten Hauptverhandlung am 25. November 1963 zu Recht erkannt:

I.

Dr. Heinz Fischer und Alois Brunnthaler werden schuldig erkannt:
sie haben im April bzw. Juni 1962 in Wien
1. Dr. Heinz Fischer in Veröffentlichungsabsicht nachfolgende Artikel verfaßt:

a) Den in der Nummer 4 der periodischen Druckschrift »Die Zukunft« vom April 1962 unter dem Übertitel »Gibt es Neonazismus?« mit der Überschrift »Die Situation an Österreichs Hochschulen« auf Seite 109 f erschienenen Artikel, in welchem der Privatankläger Prof. Dr. Taras Borodajkewycz durch die Textstellen
»An der Hochschule für Welthandel wird die demokratische Gesinnung den Studenten unter anderem von Prof. Dr. Taras Borodajkewycz beigebracht, der unter Schuschnigg Katholikentage organisierte, aber 1938 sofort zum Naziregime überging und der jetzt — akademischer Lehrer und Vorbild sein soll.«
sowie
»Sind das etwa jene Leute, die die studierende Jugend »von den sittlichen Werten und fortschrittlichen Prinzipien der Demokratie« überzeugen sollen?«
und

b) den in der Nummer 145 der periodischen Druckschrift »Arbeiter-Zeitung« vom 27. Juni 1962 unter dem Titel »Der Philosoph staubte die Bücher ab« auf Seite 3 erschienenen Artikel, in welchem der Privatankläger Prof. Dr. Taras Borodajkewycz durch die Textstellen
»Dagegen ist eine handfeste Nazivergangenheit kein großes Hindernis, falls es der Betreffende versteht, zumindest äußerlich auf die derzeit erwünschte Ideologie einzuschwenken.«
sowie
»Borodajkewycz war ein eifriger Verfechter des Ständestaates und trat unter Schuschnigg als Organisator von Katholikentagen in Erscheinung; ... Später stellte sich sogar heraus, daß dieser feine Herr seit Anfang 1935 Mitglied des berüchtigten deutschen NS-Nachrichtendienstes war. Heute mutet man den Studenten zu, sich an der Hochschule für

Welthandel von Herrn Dr. Borodajkewycz ausgerechnet in Geschichte unterrichten zu lassen.«

namentlich verächtlicher Eigenschaften und Gesinnungen geziehen wurde;

2. Alois Brunnthaler als verantwortlicher Redakteur der periodischen Druckschrift »Arbeiter-Zeitung« jene Sorgfalt vernachlässigt, bei deren pflichtgemäßer Anwendung die Aufnahme des oben unter 1. b) genannten Artikels in der Nummer 145 der »Arbeiter-Zeitung« vom 27. Juni 1962 unterblieben wäre.

Es haben hiedurch

1. Dr. Heinz Fischer die Übertretung gegen die Sicherheit der Ehre durch öffentliche Schmähung nach § 491 StG., 1. Fall, und

2. Alois Brunnthaler die Übertretung der Vernachlässigung der pflichtgemäßen Sorgfalt als verantwortlicher Redakteur nach § 30 Abs. 1 Pressegesetz begangen

und es werden hiefür

1. Dr. Heinz Fischer nach § 493 StG., 2. Strafsatz, unter Anwendung der §§ 261 und 266 StG. zu einer Geldstrafe in der Höhe von

S 4.000,— (Schilling viertausend), im Nichteinbringungsfalle 20 (zwanzig) Tage Arrest,

und

2. Alois Brunnthaler nach § 30 Abs. 4 Pressegesetz zu einer Geldstrafe in der Höhe von

S 3.000,— (Schilling dreitausend), im Nichteinbringungsfalle 15 (fünfzehn) Tg. Arrest,

sowie beide Beschuldigte gemäß § 389 StPO. zum Ersatz der Kosten des Strafverfahrens verurteilt.

II.

Über Antrag des Privatanklägers werden die Nummer 4 der periodischen Druckschrift »Die Zukunft« vom April 1962 und die Nummer 145 der periodischen Druckschrift »Arbeiter-Zeitung« vom 27. Juni 1962 gemäß § 41 Abs. 1 Pressegesetz für verfallen erklärt.

III.

Über Antrag des Privatanklägers wird gemäß § 43 Abs. 1 Pressegesetz auf Veröffentlichung des schuldigsprechenden Teiles des Spruches dieses Erkenntnisses (Pkt. I bis IV) in der ersten oder zweiten nach Rechtskraft dieses Urteiles erscheinenden

Nummer der periodischen Druckschrift »Die Zukunft« und der periodischen Druckschrift »Arbeiter-Zeitung« in der im § 23 Abs. 1 Pressegesetz vorgeschriebenen Weise unter der Sanktion des § 24 Abs. 6 Pressegesetz erkannt.

IV.

Für die verhängten Geldstrafen und die Kosten dieses Strafverfahrens haften gemäß § 5 Abs. 2 Pressegesetz die Sozialistische Partei Österreichs, Wien I., Löwelstr. 18, und der Sozialistische Verlag Ges. m. b. H., Wien 5., Rechte Wienzeile 97, als Eigentümer bzw. Herausgeber der periodischen Druckschriften »Die Zukunft« und »Arbeiter-Zeitung« zur ungeteilten Hand mit den Verurteilten Dr. Heinz Fischer und Alois Brunnthaler.

V.

Der Antrag des Privatanklägers auf Zuerkennung einer Geldbuße gemäß §§ 29 Abs. 2, 30 Abs. 4 Pressegesetz wird abgewiesen.

Entscheidungsgründe:

Das Gericht hat auf Grund der Verantwortungen der beiden Beschuldigten, der Aussagen der Zeugen Dr. Albert Massizek, Gerhard Axamit, Fritz Bock, Richard Bock, Franz Kalwach, Ferdinand Lacina, Erich Pramböck, Dipl.-Kfm. Oskar Grünwald, Dipl.-Kfm. Adolf Aigner, Dipl.-Kfm. Edwin Schuster, Dr. Karl Appel, Dr. Alfred Kanitz, Martin Donner, Dr. Egon Matzner, Dipl.-Kfm. Peter Zinell und Dr. Taras Borodajkewycz, ferner nach Einsichtnahme in die beiden inkriminierten Artikel in der »Zukunft« und in der »Arbeiter-Zeitung« und in das Impressum der »Arbeiter-Zeitung« sowie nach Einsichtnahme in die dem Gericht vorgelegten Beilagen und unter Bedachtnahme auf die die beiden Beschuldigten betreffenden Strafregisterauskünfte, folgenden Sachverhalt festgestellt und als erwiesen angenommen:

In der periodischen Druckschrift »Die Zukunft« wurden im Heft 4 vom April 1962 unter dem Übertitel »Gibt es Neonazismus?« auf den Seiten 109 ff mehrere dieses Thema betreffende Beiträge veröffentlicht, von denen einer mit der Überschrift »Die Situation an Österreichs Hochschulen« vom Beschuldigten Doktor Heinz Fischer stammt, welcher die im Anklagetenor unter I. 1. a) angeführten, inkriminierten Textstellen enthält.

In der periodischen Druckschrift »Arbeiter-Zeitung« wurde in der Nummer 145 vom 27. Juni 1962 unter dem Titel »Der Philosoph staubte die Bücher ab« auf Seite 3 ein ebenfalls vom Beschuldigten Dr. Heinz Fischer verfaßter Artikel veröffentlicht, der sich auch mit der Situation an den österreichischen Hochschulen beschäftigt und der die im Anklagetenor unter Pkt. I. 1. b) angeführten, inkriminierten Textstellen enthält.

Der Beschuldigte Dr. Heinz Fischer gibt zu, beide Artikel in Veröffentlichungsabsicht verfaßt zu haben. Alois Brunnthaler, der verantwortliche Redakteur für die Nummer 145 der »Arbeiter-Zeitung« vom 27. 6. 1962, verantwortet sich — unwiderlegbar — dahin, er habe den Artikel nicht gelesen und ihn auch nicht zum Druck befördert.

Die Beschuldigten haben für die inkriminierten Textstellen den Wahrheitsbeweis angeboten und auch ausgeführt.

Der Wahrheitsbeweis ist jedoch nicht gelungen.

Vor näherem Eingehen auf den Wahrheitsbeweis muß zunächst festgestellt werden, welche Vorwürfe — mit den Augen des Durchschnittslesers — in den beiden Artikeln gegen den Privatankläger Prof. Dr. Borodajkewycz erhoben wurden und in welcher Richtung daher der Wahrheitsbeweis zu führen war.

In dem Artikel in der »Zukunft« wird ausgeführt, daß der Privatankläger seinerzeit Katholikentage organisiert habe, aber 1938 sofort zum Naziregime übergegangen sei. In der Folge wird die rhetorische Frage gestellt, ob der Privatankläger etwa zu jenen Leuten gehöre, die die studierende Jugend von den sittlichen Werten und fortschrittlichen Prinzipien der Demokratie überzeugen sollen. Aus der Art der Fragestellung ist deutlich erkennbar, daß der Artikelverfasser eine derartige Fähigkeit des Privatanklägers verneint; dies auf Grund der nazistischen Vergangenheit des Prof. Dr. Borodajkewycz. Für den Durchschnittsleser ist auf Grund der Formulierung der beiden Textstellen und deren Zusammenhang mit dem übrigen Inhalt des Artikels und der anderen unter dem Übertitel »Gibt es Neonazismus?« veröffentlichten Beiträge klar erkennbar, daß dem Privatankläger — obwohl dies nicht offen ausgesprochen wird — der Vorwurf gemacht wird, er sei nicht von demokratischem Geist durchdrungen, also noch immer Nationalsozialist. Dies ergibt sich auch eindeutig aus der den inkriminierten Sätzen unmittelbar vorangehenden Textstelle, wonach die Lehrer von demokratischem Geist durchdrungen sein sollen, aber wie sähe das in der Praxis aus?. Es wird gegen den Privatankläger in der »Zukunft« also der Vorwurf erhoben, er sei nicht von demokratischem Geist durchdrungen und daher als Universitätsprofessor nicht geeignet, die Jugend im demokratischen Sinne zu erziehen (also der Vorwurf einer bestimmten Charaktereigenschaft).

Denselben Sinn haben die in der »Arbeiter-Zeitung« vom

Beschuldigten Dr. Heinz Fischer gegen den Privatankläger erhobenen Vorwürfe. Auch dort beschäftigt sich Dr. Fischer mit der Situation an Österreichs Hochschulen, wobei er zunächst ausführt, daß eine handfeste Nazi-Vergangenheit kein großes Hindernis sei, falls es der Betreffende verstehe, *zumindest äußerlich* auf die derzeit erwünschte Ideologie einzuschwenken. Sofort nach diesem Satz heißt es, daß besonders krasse Beispiele dafür die Fälle Borodajkewycz und Pfeiffer seien. Sodann wird, ähnlich wie in der »Zukunft«, die Tätigkeit des Privatanklägers als Organisator von Katholikentagen hervorgehoben, gleichzeitig aber ausgeführt, daß der Privatankläger schon vor 1938 illegales Mitglied der NSDAP und des »berüchtigten deutschen NS-Nachrichtendienstes« gewesen sei. Schließlich heißt es, daß man heute den Studenten an der Hochschule für Welthandel zumute, sich ausgerechnet vom Privatankläger in Geschichte unterrichten zu lassen.

Es wird also auch hier dem Privatankläger in eindeutig erkennbarer Form vorgeworfen, allenfalls nur äußerlich auf die derzeit erwünschte Ideologie eingeschwenkt zu sein, wobei die »Zumutung« an die Studenten, sich vom Privatankläger in Geschichte unterrichten zu lassen, nur so verstanden werden kann, daß der Privatankläger, der nur äußerlich auf die »derzeit erwünschte Ideologie« eingeschwenkt sei, als Universitätsprofessor seinen Studenten gegenüber nach wie vor nationalsozialistisches Gedankengut verbreite (also ebenfalls der Vorwurf einer charakterlichen Eigenschaft).

Der Schwerpunkt, der gegen den Privatankläger Prof. Dr. Borodajkewycz erhobenen Vorwürfe, liegt also nicht in seiner Vergangenheit und seinem Vorleben, welches nach seiner eigenen Aussage ja im wesentlichen so war, wie es in den Artikeln dargestellt worden ist, sondern darin, daß er heute als Professor an der Hochschule für Welthandel — nachdem er nur äußerlich zu einer Bejahung der demokratischen Einrichtungen gelangt sei — innerlich Nationalsozialist geblieben sei und dies auch in seiner Lehrtätigkeit in einer für die Erziehung der Studentenschaft zur Demokratie abträglichen Form zum Ausdruck komme.

In dieser Richtung war der Wahrheitsbeweis vor allem zu führen, ist jedoch gerade in diesem Punkt mißlungen.

Es wurden zahlreiche derzeitige und ehemalige Studenten der Hochschule für Welthandel, die Vorlesungen des Privatanklägers und Seminare bei ihm mitgemacht haben, als Zeugen vernommen. Der überwiegende Teil dieser Zeugen gab an, daß ihnen bei den Vorlesungen des Privatanklägers nichts Besonders aufgefallen sei. Der Zeuge Dipl.-Kfm. Aigner gab sogar an, daß die Äußerungen des Privatanklägers in den Vorlesungen von ihm in einer leidenschaftslosen Art gemacht und in wissenschaftlicher Strenge vorgetragen worden seien. Die Zeugen Dipl.-Kfm. Aigner und Dipl.-Kfm. Grünwald hatten allerdings auch den Eindruck, daß sich der Privatankläger als Geschichtsprofessor nicht in genügendem Maße vom nationalsozialistischen Regime distanziert habe, wobei diese Zeugen allerdings ihre Meinung nicht näher begründen konnten.

Das Beweisverfahren hat mit Sicherheit nur folgende Äußerungen des Privatanklägers in seinen Vorlesungen ergeben, die unter Umständen von manchen Personen in dem Sinn gedeutet werden könnten, wie die Vorwürfe des Beschuldigten Dr. Fischer gegen den Privatankläger lauten:

Der Privatankläger hat einmal in einer Vorlesung gesagt, die beiden größten (oder eindrucksvollsten) Ereignisse seines Lebens seien die Kundgebung auf dem Heldenplatz am 15. 3. 1938 und die Krönung des Papstes Pius XII. gewesen. Der Privatankläger hat diese Äußerungen so erklärt, daß er damit die gewaltige Szenerie gemeint habe. Die Anführung der Kundgebung auf dem Heldenplatz verliert jedoch durch ihre gleichzeitige Nennung mit der Krönung Papst Pius XII jede politische Tendenz.

Weiters pflegte der Privatankläger im Rahmen seiner Vorlesungen des öfteren bei historischen Persönlichkeiten jüdischer Abstammung deren Abstammung hervorzuheben. Die meisten Zeugen, die dies bekundeten, fügten jedoch hinzu, daß der Privatankläger in dieser Beziehung keine abfälligen Bemerkungen oder antisemitischen Äußerungen gemacht habe, er habe dies vielmehr in einem sachlichen Ton gesagt (Zeuge Dipl.-Kfm. Aigner). Aus der kommentarlosen Hervorhebung der Tatsache, daß eine bestimmte historische Persönlichkeit jüdischer Abstammung war, was der Privatankläger in seiner Eigenschaft als Historiker und im Rahmen der akademischen Lehrfreiheit ohne weiters tun konnte, kann jedoch auf eine bestimmte politische Tendenz, die etwa mit einer derartigen Hervorhebung verbunden sein sollte, nicht ernstlich geschlossen werden.

Ein verläßlicher Nachweis dafür, daß der Privatankläger innerlich Nationalsozialist geblieben ist und dies auch in seiner Lehrtätigkeit in einer für die Erziehung der Studentenschaft zur Demokratie abträglichen Form zum Ausdruck kommt, ist also auf Grund der Aussagen der als Zeugen vernommenen Studenten nicht erbracht worden. Die übrigen Äußerungen, die der Privatankläger nach den Behauptungen der Verteidigung in seinen Vorlesungen gemacht haben soll, konnte die Verteidigung nicht beweisen.

Der Antrag auf Vernehmung des Verteidigers Dr. Rosenzweig

als Zeuge darüber, daß er den Privatankläger betreffende Informationen in seiner Eigenschaft als Rechtsanwalt und Verteidiger erhalten habe, jedoch insofern von seiner Verschwiegenheitspflicht als Rechtsanwalt nicht entbunden sei, als er den Namen seines Informanten nicht nennen dürfe, war abzuweisen. Das Gericht ist nämlich der Auffassung, daß eine teilweise Entbindung von einer gesetzlich anerkannten Verschwiegenheitspflicht nicht zulässig ist. Wenn ein Zeuge der ihm gesetzlich auferlegten Verschwiegenheitspflicht entbunden wird, hat er auf alle Fragen des Gerichtes Antwort zu geben; eine teilweise Entbindung von der Verschwiegenheitspflicht ist jedoch nicht statthaft.

Ebenso war der Antrag der Verteidigung auf Beiziehung von Sachverständigen aus dem Gebiet der Psychologie und Geschichte abzuweisen, da der Umstand, ob der Privatankläger auf Grund bestimmter Äußerungen oder Publikationen auch heute noch nationalsozialistisches Gedankengut vertritt, zunächst eine Frage der Beweiswürdigung und in weiterer Folge eine Frage der rechtlichen Beurteilung darstellt, welche vom Gericht und nicht von einem Sachverständigen zu lösen ist. Dieselben Erwägungen gelten für die Beiziehung eines Sachverständigen zur Frage, ob die historischen Darstellungen des Privatanklägers geeignet sind, zumindest als unterschwellige antisemitische Propaganda die Studenten zu beeinflussen und daß weder die Persönlichkeit des Privatanklägers noch die Art seiner Geschichtsdarstellung geeignet sei, die studierende Jugend von den sittlichen Werten und fortschrittlichen Prinzipien der Demokratie zu überzeugen.

Die Beurteilung dieser Umstände fällt, wie gesagt, in die Beweiswürdigung des Gerichtes, welches die Äußerungen des Privatanklägers in seinen Vorlesungen, soweit diese im Beweisverfahren ihre Bestätigung gefunden haben, bereits oben einer Beweiswürdigung unterzogen hat.

Im übrigen hat die Verteidigung in Ausführung des Wahrheitsbeweises etliche Publikationen des Privatanklägers vorgelegt. Aus diesen läßt sich jedoch lediglich mit Sicherheit entnehmen, daß der Privatankläger — was er gar nicht bestreitet — seinerzeit überzeugter Nationalsozialist war und daß im Jahre 1945 anläßlich des Sturzes des nationalsozialistischen Regimes nach Ansicht des Privatanklägers eine Umkehr aller Werte eingetreten ist. So legte die Verteidigung auch ein Exemplar der Zeitschrift »Die Aktion« vom August 1956 vor, in welcher der Privatankläger in einem Artikel heftig gegen den Begriff der »österreichischen Nation« zu Felde zog.

Aus den vorgelegten Beilagen ist kein eindeutiger Hinweis auf den — von den Beschuldigten zu beweisenden — Umstand zu entnehmen, daß der Privatankläger, der angibt, nicht mehr Nationalsozialist zu sein und dem österreichischen Staat und der Demokratie positiv gegenüber zu stehen, etwa heute noch Nationalsozialist sei und diesbezügliches Gedankengut (vor allem in seiner Eigenschaft als Hochschullehrer) vertrete. Der Wahrheitsbeweis ist daher, da ein derartiger Nachweis nicht gelungen ist — es wurde schon eingangs ausgeführt, — warum der Wahrheitsbeweis in dieser Richtung zu führen war —, als mißlungen anzusehen.

Da in beiden inkriminierten Zeitungsartikeln also zu Unrecht der Vorwurf einer verächtlichen Charaktereigenschaft (nämlich des nur äußerlichen Einschwenkens auf die derzeit erwünschte Ideologie und die Nichteignung zur Erziehung der Jugend zur Demokratie) gegen den Privatankläger erhoben worden ist, ist der Tatbestand der Übertretung gegen die Sicherheit der Ehre durch öffentliche Schmähung nach § 491 StG., 1. Fall, gegeben.

Der Beschuldigte Dr. Heinz Fischer war daher in diesem Sinne schuldig zu erkennen. Der Beschuldigte Alois Brunnthaler, der den bezughabenden Artikel in der »Arbeiter-Zeitung« nicht gelesen und auch nicht zum Druck befördert hat, war der Übertretung nach § 30 Pressegesetz wegen Vernachlässigung der pflichtgemäßen Sorgfalt als verantwortlicher Redakteur schuldig zu sprechen.

Bezüglich Dr. Heinz Fischer wertete das Gericht bei der Strafbemessung

als mildernd: Das Tatsachengeständnis und den bisher untadeligen Wandel;

als erschwerend: Die Wiederholung der strafbaren Handlung in zwei Druckschriften.

Bezüglich Alois Brunnthaler erachtet das Gericht

als mildernd: Das Tatsachengeständnis,

als erschwerend jedoch die einschlägigen Vorstrafen.

Mit Rücksicht auf diese Strafzumessungsgründe hat das Gericht beim Beschuldigten Dr. Heinz Fischer das außerordentliche Milderungsrecht und das Strafumwandlungsrecht zur Anwendung gebracht. Die über die beiden Beschuldigten verhängten Geldstrafen erscheinen daher auch unter Berücksichtigung der StG.-Novelle 1963, BGBl. Nr. 175, sowie der bei beiden Beschuldigten jeweils unterschiedlichen Strafzumessungsgründe schuldangemessen.

Die Entscheidungen über den Kostenersatz, den Verfall, die Veröffentlichung und die Mithaftung gründen sich auf die bezogenen Gesetzesstellen.

Den Antrag des Privatanklägers auf Zuerkennung einer Geldbuße hat das Gericht jedoch abgewiesen, da es als erwiesen angenommen hat, daß der Beschuldigte Dr. Heinz Fischer bei Abfassung der beiden Zeitungsartikel im guten Glauben gehandelt hat; dies auf Grund der recht bewegten Vergangenheit des Privatanklägers sowie des Umstandes, daß einige der Äußerungen des Privatanklägers in seinen Vorlesungen und in seinen Publikationen unter Umständen von manchen Personen in dem Sinn gedeutet werden könnten, den ihnen der Beschuldigte in seinen Zeitungsartikeln — ohne dies beweisen zu können — gegeben hat.

Strafbezirksgericht Wien,
8., Hernalser Gürtel 6—12
Abt. 2, am 25. Nov. 1963

Gegen dieses vollinhaltlich wiedergegebene Urteil der ersten Instanz legten die beiden Beschuldigten am 17. 12. 1963 Berufung ein.

In der Berufungsverhandlung ließ der Berufungssenat erkennen, daß er sich im Wesentlichen der Rechtsauffassung des Erstgerichtes anschließe.

Da die Verteidigung den Verfasser der Vorlesungsmitschrift, der sein Studium noch nicht abgeschlossen hatte, nach wie vor nicht nennen und damit dieses entscheidende Beweismittel nicht voll einsetzen konnte, endete die Berufungsverhandlung mit folgendem Vergleich: Die Verteidigung zog die Berufung zurück, der Privatkläger verzichtete auf die Urteilsveröffentlichung.

Der Fall T. B. wird akut

Wenige Monate nachdem der erste Borodajkewycz-Prozeß beendet war, erschien in der deutschen Zeitschrift »Aus Politik und Zeitgeschichte« (Beilage zur Wochenzeitung »Das Parlament«) ein Beitrag aus der Feder Borodajkewyczs unter dem Titel »Gedanken zum 1. September 1939 und seinen Folgen« der eine ganze Kettenreaktion weiterer Ereignisse auslöste.

In diesem Artikel schrieb Borodajkewycz unter anderem*:

Überblicken wir unsere durch die Niederlage geschaffene nationale Lage, so muß uns noch heute und immer wieder der Atem stocken. Sie kann mit keiner früheren Situation unserer tausendjährigen Geschichte verglichen werden, was Tiefe des Sturzes und Ausmaß der Verluste an deutschem Boden und deutschen Menschen anlangt. Es ist nur ein Teil der gesamtdeutschen Katastrophe, daß wir deutschen Österreicher zum zweiten Male innerhalb einer Generation das größere Vaterland verloren haben. Schmerzlicher noch wirkt der Verlust alten deutschen Volks- und Kulturbodens, wie er uns in den Namen Königsberg, Danzig, Breslau und Karlsbad gegenübertritt. Von den drei politischen Gebilden, der Bundesrepublik, der Zone und Österreich, die — mit fremder Hilfe — aus Schutt und Trümmern erstanden, gehören zwei den gegensätzlichen Weltmachtblöcken an, das dritte wurde zu immerwährenden Neutralität verpflichtet; dem entspricht daß das eine der EWG angeschlossen ist, das zweite in das COMECON gepreßt wurde das dritte — noch — im Kielwasser der EFTA dahintreibt.

Dieser Aufsatz bildete den unmittelbaren — wenn auch nicht einzigen — Anlaß zu der im folgenden wiedergegebenen Parlamentsanfrage mit allen weiteren Folgen.

---

* Auf die volle Wiedergabe des Artikels an dieser Stelle wird verzichtet, da ihn Borodajkewycz in seiner Pressekonferenz vom 23. 3. 1965 vollinhaltlich zur Verlesung gebracht hat (siehe Seite 96 ff.).

Eine parlamentarische Anfrage

Anfrage 204/J 20. 1. 1965

der Abgeordneten Mark, Dr. Stella Klein-Löw und Genossen an den Bundesminister für Unterricht, betreffend Professor Dr. Taras Borodajkewycz.

Die offiziöse deutsche Wochenzeitschrift *Das Parlament* hat kürzlich mehrere Beiträge in- und ausländischer Wissenschafter zum Thema »Der zweite Weltkrieg« gebracht. Als Beitrag Österreichs wurde ein völlig unrepräsentativer, unqualifizierbarer Artikel von Prof. Dr. Taras Borodajkewycz gebracht, der das Thema in unverhüllt großdeutscher und antiösterreichischer Weise behandelte.

Die unterzeichneten Abgeordneten sind der Meinung, daß sich ein aktiver Hochschulprofessor selbst disqualifiziert, wenn er zum Beispiel schreibt: »Es ist nur ein Teil der gesamtdeutschen Katastrophe, daß wir deutschen Österreicher zum zweitenmale innerhalb einer Generation das größere Vaterland verloren haben«.

Die gewaltsame Besetzung Österreichs im Jahre 1938 durch die Truppen Hitlers wird als Liquidierung des von den Siegermächten nach dem Ersten Weltkrieg gesetzten Unrechts verharmlost. Wie schon ausgeführt, genügt dieser Artikel und die durch ihn ausgedrückte Geisteshaltung, Dr. Borodajkewycz als aktiven Hochschullehrer untragbar zu machen. Leider muß aber festgestellt werden, daß zahlreiche andere Äußerungen von Dr. Borodajkewycz sowohl aus der Zeit vor 1945 als auch aus der Zweiten Republik vorliegen, die — vom Anlaßfall abgesehen — unter Beweis stellen, daß es sich hier um ein antidemokratisches, großdeutsches und nazifreundliches Element im Lehrkörper der österreichischen Hochschulen handelt.

Da es sich somit um eine Angelegenheit von grundsätzlicher Bedeutung handelt, soll diese Behauptung im folgenden detailliert belegt werden:

Zunächst über die Einstellung von Dr. Borodajkewycz vor 1945: Er war vom Jänner 1934 bis 27. April 1945 unter der Nummer 6,124.741 Mitglied der NSDAP.

In einem von ihm eigenhändig unterfertigten Fragebogen vom 12. 6. 1938 weist er auf seine ununterbrochene Beitragszahlung seit Jänner 1934 hin, sowie darauf, daß er seine Privatwohnung der Stabsführung der SA für Sitzungen zur Verfügung gestellt hat, daß er Gutachten für die illegale Landesleitung erstattete, Organisationspläne der SA verwahrte, seine Wohnung Absteigquartier für die PGs aus dem Altreich gewesen ist und er Arbeiten für das Kulturreferat der SA macht. Dann heißt es im Fragebogen:

>Meine wissenschaftlichen Arbeiten und Vorträge dienten der Idee des Nationalsozialismus und wurden deshalb in der Systempresse, sogar in französischen Zeitschriften, heftig angegriffen.«

Weiters geht aus einem Akt des Strafbezirksgerichtes Wien (Zahl 3 U 545/63) hervor, daß er nicht nur NSDAP-Mitglied, sondern Mitarbeiter im SS-Nachrichtendienst gewesen ist, für den Sicherheitsdienst der SS arbeitete und eine Zeitlang auch als Schulungsleiter fungierte. Zwischen 1936 und 1938 war er Blockleiter.

Über seine damalige politische Einstellung mögen folgende Ausschnitte aus einem Artikel des derzeitigen Hochschullehrers Dr. Borodajkewycz Auskunft geben, der im Jahre 1942 in der Zeitschrift *Europa* (Seite 53) erschienen ist:

>Die politische Machtergreifung ist auch ein Sieg der deutschen Jugend gewesen. Wer dies nicht wahrhaben wollte, wer nach 1933 nicht begriff, daß die deutsche Revolution nicht nur ein neues politisches Programm bedeutete, sondern auch ein neues Menschentum heraufführte, der erhielt einen lebendigen Anschauungsunterricht fünf Jahre später bei dem Sieg der nationalsozialistischen Revolution in Österreich, als das Bild der Straßen und Plätze bestimmt war von den glückstrahlenden, siegleuchtenden Scharen der deutschen Jugend des Landes.«

In diesem Artikel verherrlichte Dr. Borodajkewycz auch den Krieg und bekannte sich als Gegner der Demokratie und der Toleranz. Es heißt dort:

>Es ist dieselbe deutsche Jugend, deren Kolonnen seit drei Jahren die Fahnen des deutschen Aufbruchs von Sieg zu Sieg durch ganz Europa tragen und den harten Boden dieses alten Kontinents zu einem neuen Leben aufpflügen. ... Denn das ist die Welt von gestern, die Welt des angelsächsischen Liberalismus, die Welt der französischen Ideen von 1789, die Welt des atlantischen Imperialismus unter Niederhaltung der Mitte Europas. Höhepunkt und Peripetie dieser Periode sind durch die Namen Versailles, Genf und Lausanne gegeben. Sie machen deutlich, daß Demokratie und Deutschland zueinander in unvereinbarer Feindschaft stehen müssen. ... Dennoch setzt die Demokratie den Weg prahlerischer Verantwortungslosigkeit fort. ... Es (das deutsche Volk) erkannte, daß die demokratische Maske, die ihm angelegt worden war, seinem Wesen nicht entsprach. Der Reichtum mag es den Demokratien erlauben, liberal zu sein. Die Not der deutschen Gegenwart verlangte vom

Nationalsozialismus eine totale Zusammenfassung und autoritäre Führung der Nation, sie verlangt Intoleranz gegen alle Kräfte, die sich diesem Prozeß hindernd in den Weg stellen. ...Der Sieg gehört stets demjenigen, der die beherrschende Idee der Zeit an seine Fahnen heftet. Waren es vor 150 Jahren die Armeen der französischen Revolution mit ihrem Schlachtruf von Freiheit, Gleichheit und Brüderlichkeit, so sind es heute die grauen Kolonnen des deutschen Heeres und seiner europäischen Waffengefährten.«

Für unsere demokratische Republik besonders unerträglich ist die Tatsache, daß auch für die Zeit nach 1945 bis in die unmittelbare Gegenwart hinein Äußerungen von Dr. Borodajkewycz vorliegen, aus denen hervorgeht, daß er seine Einstellung in Wahrheit nicht grundlegend geändert hat, auch wenn er von Zeit zu Zeit aus sehr durchsichtigen Gründen Lippenbekenntnisse für die demokratische Republik und gegen den Hitlerfaschismus ablegt. Um auch dies zu beweisen, mögen folgende Unterlagen dienen:

In einem Artikel in der Zeitschrift *Die Aktion* vom August 1956 schreibt Dr. Borodajkewycz unter vollem Namen und Titel als aktiver österreichischer Hochschullehrer:

»Zu den unerfreulichsten Überresten des an Gesinnungs- und Würdelosigkeit reichen Jahres 1945 gehört das Geflunker von der ›österreichischen‹ Nation. Es entstammt derselben moralischen und geistigen Haltung, die die Besatzungsmächte als Befreier feierte und die dauernde Erinnerung an ihr für unser Land so segensreiches Erscheinen in der Umbenennung der Straßen und Plätze festhalten wollte, der Haltung, die den bisherigen Ehrenkodex der Menschheit umstülpte und Feigheit, Fahnenflucht und Verrat als die wahren Tugenden des österreichischen Mannes pries. Diese Sumpfblüten einer Zeit, der der Boden unter den Füßen entzogen war, gehören glücklicherweise wieder der Vergangenheit an.«

In einer deutschen Publikation (*Beiträge des Witikobundes zu Fragen der Zeit*, Band 10., Nat.-Bibl. Signatur: 830.847-B. 10, Seite 28 f) schreibt Dr. Borodajkewycz wörtlich:

»Hier brachten die Nachkriegsjahre das makabre Erlebnis der Umerziehung, bei uns in Österreich den charakterlosen Versuch der Entdeutschung seiner Geschichte, das Bemühen, in liebedienerischer Unterwürfigkeit gegenüber den Besatzungsmächten eine eigene ›österreichische Nation‹ zu kreieren, die die Absage an die bisher selbstverständliche Zugehörigkeit zum deutschen Volk in sich schließen sollte. Die Auswirkungen dieser Sünde wider die Natur im Unterricht waren und sind verheerend. Was bleibt von der österreichischen Geschichte übrig, wenn man ihr die deutsche Grundlage entzieht? Für die Jugend wurde der leichenblasse und schwindsüchtige Torso, der sich österreichische Geschichte nannte, unverständlich und uninteressant. . . . Das Urteil der Schüler über solche Lehrer und Prüfer können Sie sich vorstellen. Aber nicht alle Schüler sind in der Lage, diese Geschichtsfälschungen zu durchschauen.«

In einem Gerichtsverfahren (Strafbezirksgericht Wien 3 U 545/63) wurde eine detaillierte Vorlesungsmitschrift über Vorlesungen von Universitätsprofessor Dr. Borodajkewycz in der Zeit vom 1. 12. 1961 bis 18. 5. 1962 vorgelegt. Vor Gericht hat Prof. Borodajkewycz einzelne Äußerungen dieser Vorlesungsmitschrift bestritten, andere aber zugegeben. Unter den Äußerungen, von denen er zugab, sie in einer Vorlesung an der Hochschule für Welthandel in seiner Eigenschaft als österreichischer Hochschullehrer im Jahre 1961/62 gemacht zu haben, befinden sich folgende:

a) Er gab zu, in einer Vorlesung (1961 !) erklärt zu haben, daß einer der zwei größten Tage in seinem Leben Hitlers Rede auf dem Heldenplatz im März 1938 gewesen sei.

b) Er gab zu, darauf hingewiesen zu haben, daß die Weimarer Verfassung vom »jüdischen Staatsrechtslehrer Hugo Preuß« stammt, und fügte bei dieser Gelegenheit hinzu, daß die österreichische Verfassung vom Juden Kelsen, der vorher Kohn geheißen habe, stamme.

c) Er gab zu, bei der Besprechung des Programmpunktes der NSDAP über die zersetzende jüdische Literatur, Bekessy als Beispiel angeführt zu haben.

d) Er gab zu, bei der Besprechung des Brandes des Justizpalastes am 15. Juli 1927 erklärt zu haben, der »Jude Austerlitz forderte in der AZ zum Bürgerkrieg und Putsch auf«.

Alle diese Äußerungen stammen — wohlgemerkt! — aus der allerjüngsten Vergangenheit und fielen nicht irgendwo im privaten Kreis, sondern in einer Vorlesung in einer österreichischen Hochschule. In dieser Vorlesungsmitschrift ist weiters die Rede vom »herrlichen deutschen Freikorps«, das den Osten vor der bolschewistischen Gefahr bewahrt hat.

Rudolf Hess wird als »eher sympathischer Mensch«, der »zu Unrecht heute noch festgehalten« wird, Hitler als »glanzvollster Redner des 20. Jahrhunderts par excellence« bezeichnet, und so weiter und so fort.

Die Reihe derartiger Äußerungen könnte noch beliebig lange ausgedehnt werden, obwohl Professor Borodajkewycz es wagte, in einer Vorlesung jenen seiner Hörer zu drohen, die ihn vor Gericht »verleumden«.

Die unterzeichneten Abgeordneten sind, wie schon erwähnt, der

Meinung, daß raschest Maßnahmen getroffen werden müssen, zu verhindern, daß ein Mann, der sich selbst derart disqualifiziert hat und — wie sein jüngster eingangs zitierter Artikel beweist — laufend weiter disqualifiziert, als Lehrer und Erzieher an einer österreichischen Hochschule tätig ist und damit unsere demokratische Republik im allgemeinen und unsere Hochschulen im besonderen schwer in Mißkredit bringt.

Die unterzeichneten Abgeordneten richten daher an den Herrn Bundesminister für Unterricht die nachstehende

Anfrage:

Sind Sie bereit, sich unverzüglich für die Eröffnung eines Disziplinarverfahrens gegen Professor Dr. Borodajkewycz einzusetzen?

T. B. schreibt an seinen Rektor

1. Februar 1965

Euere Magnifizenz!

Zu der Anfrage der Abgeordneten Mark, Dr. Stella Klein-Löw und Genossen an den Bundesminister für Unterricht betreffend meine Person in der Sitzung des Nationalrates vom 20. 1. 1965 habe ich folgendes zu sagen:

Was an dieser Anfragestellung auffällt, ist ihre Unsachlichkeit und ihre leichtfertige Beschäftigung mit einer Materie, für die die Anfragesteller nicht zuständig und in ihrer Urteilsfähigkeit offensichtlich überfordert sind. Sie scheinen vor allem meinen von ihnen inkriminierten Beitrag (der nicht in der Wochenzeitschrift *Das Parlament,* sondern in der Beilage *Aus Politik und Zeitgeschichte* erschienen ist!) nicht gelesen zu haben, sonst könnten sie ihn nicht als »unrepräsentativ, unqualifizierbar und antiösterreichisch« bezeichnen. Ich halte den Inhalt dieses Artikels voll und ganz aufrecht, auch den von den Anfragestellern besonders herausgegriffenen Satz: »Es ist nur ein Teil der gesamtdeutschen Katastrophe, daß wir deutschen Österreicher zum zweiten Male innerhalb einer Generation das größere Vaterland verloren haben.«

Ich kann und darf mich als Lehrer und Forscher der Geschichte nicht nach Tagesmeinungen richten, die einmal die Habsburgermonarchie nicht als unser ehemaliges Vaterland anerkennen wollen, weil sie ein Völkerkerker gewesen sei, ein anderes Mal dem großdeutschen Reich diese Qualität absprechen. Der erste Bundespräsident des wiedererstandenen Österreich hatte in seinem Interview vom 2. April 1938 sagen können:»Ich müßte meine ganze Vergangenheit als theoretischer Vorkämpfer des Selbstbestimmungsrechtes der Nationen wie als deutschösterreichischer Staatsmann verleugnen, wenn ich die große geschichtliche Tat des Wiederzusammenschlusses der deutschen Nation nicht freudigen Herzens begrüßte ... Nun ist diese zwanzigjährige Irrfahrt des österreichischen Volkes beendigt, es kehrt geschlossen zum Ausgangspunkt, zu seiner feierlichen Willenserklärung vom 12. November zurück.

Das traurige Zwischenspiel des halben Jahrhunderts 1866 bis 1918 geht hiemit in unserer tausendjährigen gemeinsamen Geschichte unter«. Und noch am 4. Juni 1947 erklärte Bundespräsident Dr. Renner gegenüber dem Schweizer Geschichtsprofessor Dr. J. R. von Salis:»Die Dinge lagen so, daß vom 13. März 1938 (Invasion Österreichs durch Hitler) bis zum Kriegsausbruch am 1. September 1939 während anderthalb Jahren Österreich auf vollkommen legalem Wege und ohne irgendeinen Einspruch der Westmächte Deutschland eingegliedert wurde ... Die meisten glaubten eben, die Entwicklung gehe nun diesen Weg, und manche wurden deutsche Patrioten« (J. R. von Salis, Im Lauf der Jahre, Zürich 1962, S. 242). Nichts anderes beinhaltet mein oben angeführter Satz, den ich als österreichischer Historiker deutscher Volkszugehörigkeit geschrieben habe! Daß das Hitlerregime sich im weiteren Verlauf als ein System der Rechtlosigkeit und der Willkür disqualifizierte, weiß ich ebenso wie die Anfragesteller und sah früher als andere einen Sieg Hitlers als eine Katastrophe für das deutsche Volk und für die Welt an. Dennoch haben Hunderttausende Österreicher mit der Waffe in der Hand das großdeutsche Vaterland verteidigt, darunter nicht wenige prominente Parteigenossen der Anfragesteller, die darauf verzichteten, Widerstand zu leisten.

Ich lehne es ab, auf den Teil der Anfragestellung einzugehen, der sich mit meiner von mir nie verleugneten nationalsozialistischen Vergangenheit befaßt, da mich als amnestierten Minderbelasteten der anachronistische Unfug mit den Gauakten nicht mehr interessiert. Daß sie auch in meinem Fall wieder nur einseitig und ohne Wahrheitsliebe benützt wurden, geht daraus hervor, daß man meinen am 7. Juni 1943 aus politischen Gründen erfolgten

Ausschluß aus der NSDAP einfach unter den Tisch fallen ließ, in dem mir vorgehalten wurde, ich hätte nie versucht, Nationalsozialist zu werden.

Die Ausschnitte aus meinem Artikel vom Jahre 1942 in der Zeitschrift *Europa* kann ich übergehen. Ihr Inhalt gibt meine damaligen Auffassungen wieder. Wäre ich in jungen Jahren ein überzeugter Demokrat gewesen, wäre ich wohl kaum freiwillig der NSDAP beigetreten.

Wer hat die Anfragesteller übrigens legitimiert, über die Qualität der Gesinnungen der österreichischen Staatsbürger zu urteilen, wenn sie sagen, »daß er seine Einstellung nicht grundlegend in Wahrheit geändert hat, auch wenn er von Zeit zu Zeit aus sehr durchsichtigen Gründen Lippenbekenntnisse für die demokratische Republik und gegen den Hitlerfaschismus ablegt«. Sie können mir nicht zumuten, ihre Anmaßung ernst zu nehmen. Wenn aber sogar in ihren Kreisen meine Bekenntnisse zur demokratischen Republik und gegen den Hitlerfaschismus bekannt geworden sind, worin besteht dann mein angeblicher »Neonazismus«? Die von den Anfragestellern angeführten Beweise zeigen nur, daß ihnen die gehässige Parteibrille jeden Blick für die Wirklichkeit genommen hat: Die von mir in der Zeitschrift »Die Aktion« und in den »Beiträgen des Witikobundes« angeführten Tatsachen können und müssen von jedem vorurteilslosen Zeitgenossen bestätigt werden.

Den Boden des Rechtsstaates verlassen die Anfragesteller mit ihrer Berufung auf mein Gerichtsverfahren (Strafbezirksgericht Wien 2 U 545/62). Es ist ungeheuerlich, daß sich österreichische Abgeordnete im Schutze der parlamentarischen Immunität zur Verbreitung von Lügen und Verleumdungen entwürdigen! Es wäre die Pflicht der Anfragesteller gewesen, sich über den Ablauf des von ihnen angeführten Gerichtsverfahrens und seinen Ausgang zu informieren. Das hätten sie unschwer im Parlament selbst bewerkstelligen können, da ihr Kollege Abgeordneter Dr. Tassilo Broesigke mein Anwalt in diesem sich über 8 öffentliche Hauptverhandlungen hinziehenden Prozeß war. Dann hätten sie erfahren, daß die »Arbeiter-Zeitung« und »Die Zukunft« ob der gegen mich erhobenen gleichen verleumderischen Beschuldigungen am 25. November 1963 verurteilt wurden; die von ihrem Anwalt Dr. Wilhelm Rosenzweig angemeldete Berufung war so aussichtslos, daß sie in der Verhandlung vor dem Landesgericht für Strafsachen Wien am 21. April 1964 zurückgezogen wurde, womit das Urteil der ersten Instanz rechtskräftig wurde. Sie hätten weiters erfahren, daß die von ihnen zitierte »detaillierte Vorlesungsnachschrift« als anonymes Machwerk vom Gericht als Beweismaterial abgelehnt wurde. Abgeordnete des Nationalrats setzen sich somit über den Spruch eines ordentlichen Gerichts hinweg und machen sich zu Anwälten von im Gerichtssaal widerlegten Verleumdungen! Damit wird die Axt an die Wurzeln unserer Demokratie gelegt, nicht durch meine Vorlesungen, die der geschichtlichen Wahrheit dienen!

Die Behauptung der Anfragesteller, ich hätte in einer Vorlesung erklärt, einer der zwei größten Tage in meinem Leben sei Hitlers Rede auf dem Heldenplatz im März 1938 gewesen, wurde bereits vor Gericht als Lüge entlarvt; ähnlich verhält es sich mit den übrigen Behauptungen, auf die ich nicht näher eingehe, aber jederzeit die entsprechende Aufklärung geben kann. Wären meine Äußerungen in dem von den Anfragestellern ihnen unterlegten Sinne gefallen, hätte wohl kaum ein ordentliches Gericht in Österreich mir recht gegeben und die Beklagten verurteilt! Oder haben die Anfragesteller eine so geringe Meinung von einem ordentlichen österr. Gericht? Dann müßten sie ihre Anfrage nicht an den Unterrichtsminister, sondern an den Justizminister richten!

Ich komme zum Schlusse. Die Anfragesteller sind das Opfer falscher Informationen geworden. Aber der durch ihren Schritt angerichtete Schaden an meiner Stellung als akademischer Lehrer und an dem Ansehen der Hochschule, der ich angehöre, ist so groß, daß ich eine volle Genugtuung und Rehabilitierung verlangen muß! Der Fall hat über die Grenzen Österreichs hinaus Aufsehen erregt, auch seine Bereinigung muß der Öffentlichkeit zur Kenntnis gebracht werden, das erwartet auch die akademische Jugend unserer Hochschule, die mir geschlossen, auch die sozialistischen Studenten, ihr Vertrauen ausgesprochen hat, da sie meine Lehrtätigkeit kennt und weiß, welches Unrecht mir durch die Verleumdungen und Intrigen angetan wird.

Ich muß daher auch das Bundesministerium für Unterricht als die für die Verteidigung der Rechte und Freiheiten der Hochschulen zuständige Behörde ersuchen, diesmal entscheidend gegen das mir seit Jahr und Tag angetane Unrecht einzuschreiten.

Ich beging in meinem Leben offensichtlich den Fehler, mich nach 1945 nicht dem BSA angeschlossen zu haben; dann wäre mein Dasein wohl ungestört und ich längst zum Ordinarius ernannt worden. Die politische Seite Österreichs, für die ich mich 1949 aus Überzeugung entschied, hat mir seit dem Ausscheiden der starken Persönlichkeit Julius Raabs, die mir immer wieder Beweise ihres Vertrauens und ihrer Wertschätzung gab, nur gelegentlich freundliche Worte und Trost gespendet, aber eine Tat vermissen lassen. Jetzt ist es so weit, daß ich diese Tat erwarte, soll das Vertrauen in die Rechtstaatlichkeit unseres Landes und in seine Funktion als eine Stätte der Freiheit nicht illusorisch werden.

Ich bitte Euere Magnifizenz, den Ausdruck meiner aufrichtigen Wertschätzung und freundschaftlichen Verbundenheit entgegenzunehmen.

Taras Borodajkewycz

Beilagen:

Oberösterreichische Nachrichten Nr. 17 vom 22. Jänner 1965
Oberösterreichische Nachrichten Nr. 18 vom 23. Jänner 1965
Wiener Montag, Jg. 19/Nr. 4 vom 25. Jänner 1965.

Der Ressortminister antwortet den Abgeordneten

Anfragebeantwortung   218/A.B. zu 204/J, 19. 2. 1965

des Bundesministers für Unterricht Dr. Piffl-Perčevic, auf die Anfrage der Abgeordneten Mark und Genossen, betreffend Professor Dr. Taras Borodajkewycz.

Die Abgeordneten Mark, Dr. Stella Klein-Löw und Genossen richteten an mich unter Zl. 204/J (II-564 der Beilagen zu den stenographischen Protokollen des Nationalrates, X. Gesetzgebungsperiode) die Anfrage:»Sind Sie bereit, sich unverzüglich für die Eröffnung eines Disziplinarverfahrens gegen Professor Dr. Borodajkewycz einzusetzen?«

Ich beehre mich, diese Anfrage wie folgt zu beantworten:

Zur Vertretung der dienstlichen Interessen ist der bei der Disziplinarkammer gem. § 5 des Bundesgesetzes vom 26. Oktober 1934, BGBl. II Nr. 334, betreffend die Handhabung der Disziplinargewalt über die Bundeslehrer an den Hochschulen, bestellte Disziplinaranwalt berufen. Ich habe daher dem Disziplinaranwalt der Disziplinarkammer für Hochschullehrer an der Hochschule für Welthandel die Ausführungen der Anfrage mitgeteilt und gebeten, mir seine Auffassung bekanntzugeben, bzw. die ihm richtig erscheinenden Schritte einzuleiten.

Die Pressekonferenz

Am 23. März 1965 hielt Borodajkewycz in den Räumen der Österreichischen Hochschülerschaft an der Wiener Hochschule für Welthandel eine Pressekonferenz ab. Die Niederschrift gibt die Tonbandaufnahme von dieser Veranstaltung wieder:

Borodajkewycz: Meine Damen und Herren, meine lieben jungen Freunde. Den Hörern dieser Hochschule ist es bekannt, daß ich immer als akademischer Lehrer die Meinung vertreten habe, daß das Wesen der Hochschulen die Gemeinschaft der Professoren, der Lehrer und der Studierenden ist, so wie es in den Gründungstagen der Universitäten im Mittelalter gehandhabt worden ist. Ich habe mich infolgedessen auch gerne bereit erklärt, mit Hörern meiner Hochschule diskutieren. Sie wissen es, daß jeder Hörer das Recht hat, sich mit Fragen an mich zu wenden, sei es im Seminar, sei es in den Vorlesungen. Nun es ist Ihnen ja bekannt, daß in den letzten, in den abgelaufenen Wochen und Monaten meine Person im Mittelpunkt heftiger und wie ich sagen muß, unsachlicher Angriffe stand. Wieso ist es dazu gekommen, meine Damen und Herren? Das darf ich Ihnen vielleicht jetzt doch noch einmal kurz rekapitulieren. Ich bin vor, es ist jetzt schon drei Jahre her, gezwungen gewesen, eine Klage gegen die *Arbeiter-Zeitung* und gegen die *Zukunft* einzureichen, die mich in zwei Artikeln persönlich angegriffen hatten, und des Neonazismus geziehen hatten. Der Prozeß zog sich dann durch acht große öffentliche Hauptverhandlungen hin und endete am 25. November 1963 mit der Verurteilung der *Arbeiter-Zeitung* und mit der Verurteilung der *Zukunft.* Der Gegenanwalt Dr. Wilhelm Rosenzweig (*Gelächter*) hat versucht, alle Minen gegen mich springen zu lassen und hat zu dem Prozeß auch eine große Zahl von Hörern dieser Hochschule als Zeugen vorgeladen. Ich muß sagen, daß die Zeugenaussagen dieser Hörer so gewesen sind, daß sie für mich waren und nicht für die Gegenseite, und dann hat Herr Dr. Rosenzweig dem Gericht eine anonyme Nachschrift meiner Vorlesungen vorgelegt, die trotz meiner Zusicherung, daß ich dem Autor eine absolute Garantie gab, daß ihm hier an der Hochschule nichts geschieht, war also der Betreffende nicht bereit, seine Anonymität zu lüften*. Das Gericht hatte den Eindruck, daß diese Nachschrift überhaupt nicht von einem Hörer dieser Hochschule veranstaltet war, sondern von irgend jemanden, der aus sehr durchsichtigen Gründen hier hergeschickt wurde und gewisse Dinge also aufgenommen hat. Diese Nachschrift ist vom Gericht als Beweismaterial abgelehnt worden. Sehen Sie, und nun ist das Interessante, daß dieses anonyme Machwerk, das also bereits gerichtlich verurteilt wurde, abgelehnt worden ist, nun dauernd in der Geschichte weiter herumgeistert, die Grundlagen gebildet hat, auch mit für eine Anfrage sozialistischer Abgeordneten am

---

* Siehe dazu die Zeugenaussage Borodajkewyczs am 17. Jänner **1963** (Seite **73** ff.).

20. Jänner 1965 im Parlament gegen mich und auch die Grundlage gebildet hat für die Sätze, die mir bei dem letzten Fernsehskandal im *Zeitventil* als Originalzitat in den Mund geschoben worden sind. Es hat sich vor allem um zwei Sätze gehandelt. Der eine Satz geht dahin, ich hätte also gesagt, daß der größte oder schönste Tag meines Lebens war, Hitlers Einmarsch in Österreich gewesen sei, beziehungsweise die Kundgebung am Heldenplatz. Das ist eine impertinente Lüge. Meine Damen und Herren, ich habe niemals an dieser Hochschule einen solchen Satz gebraucht. Wohl habe ich aber gesagt, und zwar nicht einmal in einer Vorlesung, sondern im Seminar, daß die beiden größten Massenszenen, die ich in meinem Leben erlebt habe, die Kundgebung auf dem Heldenplatz gewesen ist, vom 15. März 1938, und die Wahl Papst Pius XII., die in Rom war am 3. oder 4. März des Jahres 1939, die ich selbst erlebt habe, bei der ich dabei war und wo der Petersplatz also schwarz von Menschen gewesen ist. Ja schon die Verbindung dieser beiden Fakten schließt ja eine politische Beurteilung völlig aus, ich hab's ja in einem ganz anderen Zusammenhang gebracht. Sehen Sie, meine Damen und Herren, ein zweiter Vorwurf, der mir gemacht wurde und der also im Fernsehen auch wieder auftauchte, der Vorwurf, daß ich Persönlichkeiten der Geschichte die jüdischer Herkunft gewesen sind, als solche bezeichne. Konkret wurde der Schöpfer der österreichischen Verfassung genannt, ja, was halten Sie davon, es ist der Jude Kelsen gewesen, der in Wirklichkeit Kohn hieß, so wurde mir das unterschoben*. Nun kennen Sie meine Vorlesungen und Sie wissen, daß ich tatsächlich Persönlichkeiten der Geschichte, die aus dem Judentum stammen, als solche deklariere und ich werde das auch weiter tun, weil es meine Pflicht als Historiker ist. Und ich sehe nicht ein, warum darüber jemand beleidigt sein soll. Wenn zu mir jemand sagt, Herr Borodajkewycz, Sie sind ein Deutscher, oder Sie sind slawischer Abstammung, was mein Name eindeutig sagt, bin ich ja nicht beleidigt darüber. Ich sehe also nicht ein, warum die Gegenseite, ich kann nicht sagen, daß Herr Kelsen Israeli war, weil damals der Staat Israel (*Gelächter*) noch nicht existiert hat. Aber ich halte mich an die Prinzipien der jüdischen, israelischen Wissenschafter, die uns neuerdings massiv den Vorwurf machen, daß wir es unterlassen, Angehörige des jüdischen Volkes als solche zu deklarieren und uns gewissermaßen den Hut mit fremden Federn

---

* Siehe dazu die Zeugenaussage Borodajkewyczs am 17. Januar 1963 (Seite 73): »Ich habe entweder gesagt: Hans Kelsen, der eigentlich Kohn hieß, oder ich habe gesagt, der Jude Hans Kohn.« Siehe auch die Zeugenaussage vom 25. November 1963 (Seite 76): Daß Kelsen früher Kohn hieß, war mir bereits in meiner Jugendzeit bekannt.«

zu schmücken*. Das ist nicht meine Absicht. Es ist jetzt eine Kommission des Staates Israel in Mitteleuropa gewesen und hat die Lehrbücher untersucht (*Gelächter*) und da wurde, das ist ja recht, sie sind dazu eingeladen gewesen, meine Damen und Herren, und da wurde der Vorwurf gemacht, ja, die Lehrbücher seien also durchaus entsprechend, aber es sei ein Mangel, daß Persönlichkeiten des Judentums, wie etwa Marx, Heine oder Liebermann oder Einstein, als solche nie charakterisiert sind, sondern es könnte der Eindruck entstehen, daß es Deutsche waren oder jeweils Angehörige des Staates. Sehen Sie, wenn die jüdische Wissenschaft, weil sie solche Forderungen stellt, dann habe ich die Pflicht als Historiker, nicht wahr, dieser Forderung auch nachzukommen, nicht wahr, und in einer objektiven sachlichen Weise diese Feststellung zu treffen, abgesehen davon, daß ja vieles von den Lehren Marx' nicht verständlich ist, wenn seine jüdische Herkunft, seine Herkunft aus dem Rabbinertum nicht berücksichtigt wird. Sehen Sie, das sind die Vorwürfe, die mir gemacht werden. Ich nehme sie ruhig hin, nicht wahr, weil sie unsachlich sind, sie sind unsachlich. Und noch ein Vorwurf wurde mir gemacht. Es war der erste, die Einleitung in der parlamentarischen Anfrage, da wurde ein Aufsatz, den ich geschrieben habe, über den Kriegsbeginn vor 25 Jahren, der wurde mir als antidemokratisch, nicht wahr, als antiösterreichisch und unrepräsentativ dargelegt. Der Aufsatz ist gar nicht umfangreich gewesen, und Sie erlauben mir vielleicht, daß ich Ihnen die Sätze vorlese, die also besonders inkriminiert waren, urteilen Sie selbst, ob dieser Aufsatz antiösterreichisch war. Er erschien in der deutschen Zeitschrift *Aus Politik und Zeitgeschichte,* die in Österreich überhaupt nicht bekannt ist, Beilage zu der Wochenzeitung *Das Parlament,* und hatte folgenden Wortlaut:

»Gedanken zum 1. September 1939 und seinen Folgen. Blickt man heute nach 25 Jahren auf den 1. September 1939 zurück, so mag das Gewicht dieses Tages in unserer Erinnerung gegenüber der Bedeutung zurücktreten, die die Epochenjahre 1914 und 1945 in unserem Weltbild gewonnen haben. Der Erste Weltkrieg und sein Ausgang konfrontierten uns mit einem Europa, in dem wir die vertrauten Züge unseres Kontinents nicht mehr wiederfanden. Entscheidende Elemente der alteuropäischen Struktur, wie die Monarchie im Osten, in Mitteleuropa und am Bosporus waren beseitigt, alte Reiche von der Landkarte gelöscht oder bis zur

---

* Vergleiche damit den Erlaß des NS Reichswissenschaftsministers vom 20. 10. 1939 (W. A. 2036) wonach ein Zitieren jüdischer Autoren niemals erfolgen darf, ohne diese Autoren ausdrücklich als Juden zu kennzeichnen. Im Register sind Juden von deutschen Autoren getrennt anzuführen.

Unkenntlichkeit verändert, an ihre Stellen zahlreiche neue Staaten getreten, von denen einige noch nie eine staatliche Souveränität besessen hatten. Die Zauberformel, mit der die neue Wirklichkeit hingestellt wurde, bildete das feierlich proklamierte Selbstbestimmungsrecht der Völker, das als Ergebnis des ›größten und letzten aller Kriege für menschliche Freiheit‹ — das Zitat stammt von dem amerikanischen Präsidenten Wilson — ein neues Zeitalter der Gerechtigkeit heraufführen sollte. Die Ideen Herders und der Französischen Revolution schienen zu einem neuen Weltprinzip erhoben zu sein. Es war die tragische Schuld der Siegermächte, daß der angekündigte Weltfrieden keine Blüten treiben konnte. Europa und die übrige Welt blieben weiterhin friedlos, anstelle der versprochenen Gerechtigkeit verharrte die Macht auf ihrem Thron, nicht nur in Europa, sondern auch in der außereuropäischen Welt. Versailles schien die Tatsache zu bestätigen, daß das Schicksal der farbigen Welt auch weiterhin in Europa entschieden wird: Das britische Weltreich stand als Sieger Nr. 1 da. Lenins aufpeitschende Diagnose vom ›Imperialismus als höchstem Stadium des Kapitalismus‹ wurde nicht zur Kenntnis genommen. Der Hauptleidtragende der neuen Ordnung von 1919 waren Deutschland und die Deutschen in Österreich, in der Tschechoslowakischen Republik, in Polen und in Italien. Ihnen war das Selbstbestimmungsrecht und die mit ihm verbundene nationale Gerechtigkeit versagt, sie waren moralisch durch den Kriegsschuldparagraphen vor der ganzen Welt diffamiert worden. Es war daher nach allen Regeln menschlichen und politischen Verhaltens anzunehmen, daß die nächste Ursache von Deutschland ausgehen würde. Das hatte sogar der sonst nicht von Skrupeln belastete britische Friedensmacher Lloyd George in seinem berühmten Exposé von Fontainebleau, vom 26. März 1919, hellsichtig prophezeit. Es ist kein Zweifel, daß die internationale Deklassierung alles Deutschen einen wesentlichen Impuls für die Ausbildung einer europafremden antidemokratischen Einstellung im gesamten deutschen Lebensraum bildete. Die Forderungen die Deutschland mit Danzig und mit dem Korridor vorzubringen hatte, waren moralisch und völkerrechtlich vertretbar. Sie rechtfertigten gewiß nicht einen Krieg. Die Lösung der Österreich- und der Studentenfrage hat im Gegenteil überraschend und deutlich gezeigt, daß die ehemaligen Siegermächte nach 20 Jahren bereit waren, die Liquidierung des von ihnen gesetzten Unrechts hinzunehmen oder dabei sogar mitzuwirken. Es blieb Hitlers herostratischer Maßlosigkeit und Verblendung vorbehalten, diese für einen deutschen Staatsmann einmalige Chance brutal beiseitezuschieben, ein an sich gerechtes und diskutierbares Anliegen zu einem leichtfertigen Kriegsanlaß umzuformen und damit den zweiten großen Weltbrand zu entzünden. Wer sich an den Sommer 1939 zurückerinnert, wird zugeben müssen, daß ein Grund für einen Krieg in Europa nicht vorhanden war. Deutschland zumal war von keiner Seite bedroht oder in seinen vitalen Interessen gefährdet, es sei denn, man verstieg sich zu der Behauptung, diese Interessen im Osten bis zum Ural finden zu wollen. Es hatte die Fesseln von Versailles abgestreift, den kleindeutschen Nationalstaat Bismarcks durch die Eingliederung Österreichs und der Sudetendeutschen mit Duldung und Zustimmung der Welt zum großdeutschen erweitert und das politische Vakuum Mitteleuropas beseitigt. Mit der Einverleibung des Reststaats der Tschechen hatte Hitler wohl die Grenze des außenpolitisch Zumutbaren überschritten, aber auch dieser Übergriff hat im Frühjahr 1939 keinen Krieg ausgelöst. Begnügte sich Hitler mit dem Erreichten, war ein Anlaß zu einem bewaffneten Konflikt in Europa trotz den lautstarken italienischen Demonstrationen gegen Frankreich nicht vorhanden, zumal auch in der spanischen Arena die Entscheidung gefallen war, nämlich für Franco. Die Abneigung gegen den Krieg war 1939, von unerfahrenen Jugendlichen abgesehen, eine allgemeine. Die Geschlechter die den Ersten Weltkrieg mitkämpfend oder mitleidend durchgestanden hatten, empfanden dunkel die Schwere des hereinbrechenden Schicksals, gegen das der einzelne machtlos war. Die Wirklichkeit der folgenden Kriegsjahre übertraf die düsteren Vorahnungen. Sie verwandelten die Erde in ein noch nie dagewesenes Inferno. Nur mit Schaudern kann man an das Kriegsende und an seine Folgen zurückdenken, mit Schaudern, aber auch mit tiefer Dankbarkeit. Denn wer hätte damals auch nur im leisesten zu hoffen gewagt, daß uns noch einmal ein lebenswertes Leben beschieden sein könnte, auf einem Erdreich, das von dem Blut von Millionen Opfern durchtränkt ist. Überblicken wir unsere, durch die Niederlage geschaffene nationale Lage, so muß uns noch heute und immer wieder der Atem stocken, sie kann mit keiner früheren Situation unserer 1000jährigen Geschichte verglichen werden, was Sturz, was Tiefe des Sturzes und Ausmaß der Verluste an deutschem Boden und deutschen Menschen anlangt. Es ist nur ein Teil der gesamtdeutschen Katastrophe, daß wir deutschen Österreicher zum zweiten Mal innerhalb einer Generation das größere Vaterland verloren haben. Schmerzlicher noch wirkt der Verlust alten deutschen Volks- und Kulturbodens, wie er uns in den Namen Königsberg, Danzig, Breslau und Karlsbad gegenübertritt. Von den drei politischen Gebilden der Bundesrepublik, der Zone und Österreich die — mit fremder Hilfe — aus Schutt und Trümmern erstanden, gehören zwei den gegensätzlichen Weltmachtblöcken an, der dritte wurde zu immerwährender Neutralität verpflichtet. Dem entspricht, daß das eine der EWG angeschlossen, das zweite in das COMECON gepreßt wurde, das dritte — noch — im Kielwasser der EFTA dahintreibt. In all dem Unglück ist dem größeren Teil der deutschen Menschen ohne Verdienst das Glück widerfahren, in Freiheit leben, arbeiten und denken zu dürfen, in der Bundesrepublik ebenso wie in Österreich. Nichts Höheres und Wertvolleres konnte uns anvertraut werden. Erst, und nur im Schatten der Freiheit konnte jener Reichtum und Wohlstand des äußeren Lebens erreicht werden, von dem keiner von uns vor 20 Jahren zu träumen gewagt hätte. Schon heute können wir sogar mit Vorsicht sagen, daß die pessimistischen Prognosen der Zeit nach Kriegsende von der endgültigen Verweisung Europas in eine unbedeutende Statistenrolle durch die Entwicklung nicht bestätigt worden sind. Der freie Teil unseres alten geschichtsträchtigen Kontinents entwickelte im Gegenteil auf der Grundlage einer großherzigen und großzügigen amerikanischen Hilfe Energien aller Art, die für die Zukunft ein Unterpfand zu einer unverwüstlichen Vitalität sind. Die großen Weltentscheidungen fallen allerdings nicht mehr in den europäischen Hauptstädten, und auch die Herrschaft über die Welt ist von Europas Schultern genommen worden, mit ein Hauptergebnis der durch den Zweiten Weltkrieg ausgelösten Entwicklung. Geblieben ist die Mitverantwortung einer völlig gewandelten und sich fast täglich neu veränderten Welt gegenüber, für die sich auch die zweite Nachkriegsthese von der monolitischen Geschlossenheit des kommunistischen Herrschaftsbereiches als nicht mehr haltbar erwiesen hat. Die Anzeichen mehren sich, daß auch in den europäischen Volksdemokratien die starre Einheitlichkeit des Systems ins Wanken gerät, von den hervorbrechenden Kräften zur nationalen Absonderung und Individualisierung, den Grundtendenzen europäischen Wesens, erschüttert und durchbrochen wird. Diese Tendenzen tragen ein dialektisches Gesicht, auf ihnen beruhen Größe und Vielfalt Europas, sie umschließen aber auch Europas Tragik, wenn sie egoistisch überspannt werden. Daß es gelungen ist, zwei so bedeutende und ausgeprägte Völker Europas wie Franzosen und Deutsche von der Vorstellung einer unabwendbaren Erbfeindschaft zu befreien und zu Freunden und politischen Weggenossen zu machen, steht als eine der hoffnungsvollsten Tatsachen der jüngsten Weltgeschichte vor uns, die beweist, daß nicht nur der Glaube, sondern auch eine verantwortungsbewußte Politik Berge versetzen kann. Dem September, ich bin gleich fertig, meine Freunde, dem Septemberbeginn des Jahres 1939 fehlen jede Größe und Helle. Er war mit dem Schatten Stalins als wohlwollendem und interessiertem Zuschauer im Hintergrund ein makabrer Ritt durch das, durch den Moskauer Vertrag geöffnete Höllentor. Er hat unermeßliches Leid über unser Volk, über Europa und über die Welt gebracht. Es gehört zum Wesen der Geschichte, daß aus dem qualvollsten Sterben ein neues Leben erstehen kann. Das durften wir beglückend erleben und daran wollen wir uns halten und gläubig weiterschreiten.«

Das ist der Aufsatz, der also im Parlament also als antiösterreichisch, antidemokratisch und unrepräsentativ bezeichnet wurde, ich kann nur sagen, ich habe festgestellt, daß er nicht gelesen worden ist von den Betreffenden. Ich kann nur sagen, sie haben ihn entweder nicht verstanden oder sind geistig überfordert gewesen (*Beifall*). Der Inhalt der parlamentarischen Anfrage ging dahin, meine Damen und Herren, daß der Herr Unterrichtsminister ein Disziplinarverfahren über mich verhängen soll. Es ist den Abgeordneten entgangen, daß das nicht möglich ist (*Gelächter*). Ja, und zwar deshalb, weil es gesetzlich verankert ist, daß die Hochschule autonom ist, ich bin also verantwortlich nur dem Kollegium meiner Hochschule. Und das Kollegium der Hochschule hat ein Einschreiten gegen mich als jeder Begründung entbehrend, abgelehnt, nicht wahr. Diese Antwort ... (*Beifall*). Aber nun, meine lieben Freunde, wir sind ja zu einem Gespräch zusammen gekommen und das soll nicht einseitig sein, verzeihen Sie, daß meine Ausführungen länger sein mußten, aber ich wollte Sie informieren. Ich bin bereit, jetzt auf Anfragen zu antworten.

Vorsitzender: Sehr geehrter Herr Professor, ich danke Ihnen also für Ihre Ausführungen und möchte also jetzt die Kolleginnen und Kollegen beziehungsweise die Vertreter der Presse fragen, ob sie Fragen an den Herrn Professor zu stellen haben, hinsichtlich der Vorfälle, die vorgekommen sind.

Borodajkewycz: Es muß immer einer, einer muß anfangen.

Frage: Ich möchte fragen, ob es richtig ist, was von der Austria-Presseagentur über die Anfrage im Parlament unter anderem berichtet wird, daß Herr Professor Borodajkewycz in einem Fragebogen auf seine ununterbrochene Beitragszahlung für die NSDAP seit 1934 hingewiesen hat und angegeben hat, daß er seine Privatwohnung der Stabsführung der SA zur Sitzung zur Verfügung gestellt hat ...

Borodajkewycz: Richtig.

Frage: ... und Gutachten für die illegale Landesleitung erstattet, Organisationspläne der SA verwahrt, seine Wohnung Parteigenossen aus dem Altreich als Absteigquartier überlassen ...

Borodajkewycz: Richtig, alles wahr.

Frage: ... und im Kulturreferat der SA mitgearbeitet hat. Und wörtlich schreibt der Herr Professor: ›Meine wissenschaftlichen Arbeiten und Vorträge dienten der Idee des Nationalsozialismus und wurden deshalb in der Systempresse, sogar in französischen Zeitschriften, heftig angegriffen ...

Borodajkewycz: Stimmt auch.

Frage: Ferner ist in dieser Anfrage enthalten, daß die Abgeordneten aus verschiedenen Publikationen des Herrn Professors, nicht nur aus einer, die der Herr Prof. Brorodajkewycz jetzt erwähnt hat, zitieren, und zwar wörtlich unter anderem: ›Zu den unerfreulichsten Überresten des an Gesinnungs- und Würdelosigkeit reichen Jahres 1945 gehört das Geflunker von der österreichischen Nation ...‹.

Borodajkewycz: Richtig.

Frage: ... In der deutschen Zeitschrift *Beiträge des Witikobundes* hat Herr Prof. Borodajkewycz geschrieben: ›Hier brachten die Nachkriegsjahre das makabre Erlebnis der Umerziehung bei uns in Österreich, den charakterlosen Versuch der Entdeutschung seiner Geschichte, das Bemühen um liebedienerische Unterwürfigkeit gegenüber den Besatzungsmächten, eine eigene österreichische Nation zu kreieren, die die Absage an die bisher selbstverständliche Zugehörigkeit zum deutschen Volk in sich schließen sollte. Was bleibt von der österreichischen Geschichte übrig, wenn man ihr die deutsche Grundlage entzieht?‹

Borodajkewycz: Richtig.

Frage: Bitte, an den Herrn Vorsitzenden möchte ich noch persönlich eine Frage richten, und zwar, wieso er es eigentlich nicht, nicht einmal eines Ordnungsrufes wert befunden hat, wenn hier jedesmal vom ganzen Auditorium bei der Erwähnung des Namens eines Juden oder überhaupt des Judentums hellauf gelacht wurde? *(Gelächter)*

Vorsitzender: Silentium, bitte. Ich habe also erstens, das Auditorium, wie Sie es bezeichnet haben, leider nur ein einziges Mal lachen gehört, das andere Mal war es nur ein Klatschen.

Zwischenruf: Das andere Mal war es nur ein Klatschen, nicht? Es waren drei Lacher! *(Gelächter)*

Vorsitzender: Silentium! Zweitens soll es hier eine Diskussion sein zwischen den Studenten, zwischen dem Professor, und ich glaube, daß, wenn die Studenten sich zu Beifallskundgebungen für irgendeine Sache aussprechen wollen ...

Frage: Haben Sie das für Beifallskundgebungen gehalten? In welcher Hinsicht meinen Sie Beifallskundgebungen?

Vorsitzender: Ich meine, die Beifallskundgebungen, ich glaube nicht, daß das wiederum auf das Judentum führen soll. *(Mehrere Zwischenrufe)*

Vorsitzender: Silentium. Ich glaube also nicht, darüber weiter reden zu müssen, nur weil Sie schon wieder den Namen Judentum und so weiter gebrauchen. Ich glaube, daß wir darüber an sich nicht diskutieren.

Frage: Darf ich eine Frage an den Herrn Professor richten?

Borodajkewycz: Bitte, gern, ja. Dazu bin ich ja da.

Frage: Sie haben in einer Ihren Veröffentlichungen, die hier zitiert sind, und Sie bekennen sich ja ausdrücklich dankenswerter Weise zu diesen Veröffentlichungen ...

Borodajkewycz: Ja, immer getan.

Frage: ... haben Sie die Liebedienerei vor den Besatzungsmächten als besonders verwerflich hingestellt. Ich erinnere mich an einen Prozeßbericht aus den Jahren 1947 oder 1948, wo aus den Aussagen des Herrn Professors Borodajkewycz hervorgegangen ist, daß er in den Jahren 1945 und 1946, ich weiß nicht, war es noch im Jahre 1947, bestimmte Arbeiten für die sowjetische Besatzungsmacht durchgeführt hat.

Borodajkewycz: Darf ich dazu antworten. Ich möchte also vielleicht beide Fragen zusammennehmen. Der erste Anfragesteller hat also verschiedene Dinge aus meinen Gauakten zitiert. Die stimmen. Sie wissen, ich habe sie nie abgeleugnet, nicht wahr, ich finde es nur langweilig, nicht wahr, nach zwanzig Jahren, ich bin amnestierter Minderbelasteter, weiters mit dem Unfug der Gauakten zu kommen, nicht wahr. Ich antworte darauf nicht. Ich habe niemals meine Mitgliedschaft bei der NSDAP verleugnet, ich bin auch freiwillig beigetreten, zum Unterschied von manchen Zeitgenossen, die dann behaupten, sie sind gezwungen worden. Ich bin freiwillig beigetreten! (*Beifall*) Ich müßte mich ja schämen, wenn ich mich nicht zu der Vergangenheit bekenne. Wäre ich so ein guter Demokrat gewesen, na damals, nicht wahr, so hätte ich ja wahrscheinlich einen Beitritt zu einer antidemokratischen Partei nicht vollzogen. Nun, das ist das eine. Zu ihrer Anfrage: Ich bin, Sie wissen ja, an der deutschen Universität in Prag bis zum Jahre 1945 tätig gewesen und bin dann im Sommer 1946 über die bayerische Oberpfalz nach Wien zurückgekehrt. Hier bin ich natürlich gleich in die Maschinerie des NS-Gesetzes gekommen, begreiflicherweise: Ich war ja aller meiner Posten enthoben. Und ich stand mit meiner Familie vor dem Nichts. Sehen Sie und als damals, an dem österreichischen Institut für Wissenschaft und Kunst, das ja heute noch existiert und das hinter dem Volkstheater ist, nicht wahr, ist damals eine Arbeitgemeinschaft eingerichtet worden, und ich wurde, eine Arbeitsgemeinschaft, an deren Spitze der spätere Stadtschulratpräsident, oder vielleicht war er es damals schon, Dr. Zechner stand, nicht wahr, der zweite war mein Prager Kollege und Freund Professor Eduard Winter, der heute Professor an der Ost-Universität in Berlin ist und der dritte war Professor Dr. Leo Stern, der heute das Institut für Geschichte der Arbeiterbewegung in Halle leitet. Diese Herren, und vor allem war es Eduard Winter, der mein Prager Freund und Kollege war und meine bedrängte Situation kannte, trat an mich mit der Frage heran, ob ich also bereit wäre, dort mitzuarbeiten, damit ein bißerl was zu verdienen. Ich erklärte mich prinzipiell bereit; ich war bei Professor Stern eingeladen und er hat mich aufgefordert, nicht wahr, eine Geschichte Österreichs zu schreiben, die frei ist von Habsburg und frei ist von Deutschland. Und da sage ich, Herr Kollege Stern, nachdem, was sie von meiner Vergangenheit wissen, müßte ich mir ja selbst ins Gesicht spucken, wenn ich einem solchen Antrag stattgeben würde, abgesehen davon, daß ich erst Geschichte wieder frisch lernen müßte, denn ich kann mir nicht vorstellen, wie man die Geschichte Österreichs schreiben soll ohne Deutschland, ohne Habsburg. Wir trennten uns in Freundschaft, und wenige Wochen später kam dieser selbe Professor Stern, dem ich zeitlebens, ich sage es offen, nicht wahr, ein dankbares Andenken bewahren werde, an mich wiederum mit der Frage heran: Würden sie bereit sein, Quellenmaterial zur Geschichte, zur russischen Geschichte, soweit es im Wiener Haus-, Hof- und Staatsarchiv daliegt, für uns zu bearbeiten, angefangen von Peter dem Großen? Das hat mich persönlich interessiert, nicht wahr, und ich habe ja gesagt, und wir sind also dann eine ganze Reihe abgesetzter Wiener Hochschullehrer in diese Institutsarbeit eingetreten, hat eigentlich klaglos funktioniert, etwa bis zu der Zeit, na, wo Professor Stern dann den Wiener Boden verließ und die Berufung in Halle angenommen hat. Ich würde sagen, das war vielleicht im Jahre 1949. Etwa vier Jahre hat es funktioniert. Es war nicht sehr viel, aber es war so, die Arbeit war auch nicht sehr umfangreich, für mich interessant, ich habe also nichts zu tun gehabt, als die Akten anzusehen und eine kurze Inhaltsangabe des jeweiligen Akts, der im Haus-, Hof- und Staatsarchiv liegt, schriftlich niederzulegen. Ein Teil dieser Arbeiten ging nach Moskau an das Marx-Lenin-Institut und eine zweite, eine Kopie an das Institut nach Leningrad, nicht wahr. Richtig, ich habe es niemals als unehrenhaft empfunden, mit der internationalen Wissenschaft zusammenzuarbeiten, auch wenn es damals die sowjetische war, ich darf Professor Stern und dem ganzen Staat das Zeugnis ausstellen, daß sie niemals mit einer, meine Gesinnung oder Charakter herabwürdigenden Forderung an mich herangetreten sind. Stimmt also vollkommen, was Sie gesagt haben, ich bekenne mich dazu.

Vorsitzender: Ich danke Ihnen vielmals. Herr Professor, bitte, sind weitere Anfragen? Herr Kollege.

Frage: Herr Professor, ich glaube, daß morgen in der bekannt objektiven Presse stehen wird, daß 150 oder 200 Studenten, und zwar in Wien, eine neonazistische Veranstaltung abgehalten haben ...

Borodajkewycz: Das weiß ich nicht.

Frage: ... Ich glaube kaum, daß der Vorsitzende zur Ordnung zu rufen ist, weil er einige Lacher nicht zur Ordnung gerufen hat. Aber ich möchte Sie persönlich fragen, ob Sie wissen, ob ein sozialistischer Professor irgendwo ist, der Ihren Posten einnehmen könnte? Man kann die Sozialisten nicht fragen, da sie, obwohl sie diese Veranstaltung beantragt haben, nicht bereitgefunden haben, hierher zu kommen, da sie annahmen, es laufe ein Verfahren, obwohl sie wissen müssen, daß kein Verfahren laufen kann. Ich möchte daher die Frage an Sie richten, ob es einen Professor, einen sozialistischen Professor, gibt, der Ihren Posten einnehmen wollte oder könnte.

Vorsitzender: Herr Professor, ich weiß nicht, wollen Sie dazu Stellung nehmen?

Borodajkewycz: Na ja, ich finde die Anfrage nicht gerade sehr glücklich. Ja, schauen Sie, ich habe in meiner Vorlesung schon einmal erklärt, daß ich bei meinen Schülern und meinen Hörern, das können Sie mir wohl ausstellen, die Sie hier im Saal versammelt sind, nie frage, wie sein politisches Gesicht ist. Mich interessiert die Qualität, mich interessiert die Leistung, und ich erkläre auch hier noch einmal feierlich, ich bin natürlich sofort bereit, einen sozialistischen Studenten, nicht wahr, zu habilitieren für Wirtschafts- und Sozialgeschichte, der das entsprechende Substrat vorlegt und entsprechende Qualifikationen hat, nicht wahr. Es wird ja nicht nur von mir, sondern auch von anderen Kollegen in der Hochschule nicht gefragt: Woher kommt der? Na, das wissen sie. Mir ist augenblicklich kein Herr bekannt, nicht wahr, von dieser Seite, der sich mit Wirtschafts- und Sozialgeschichte beschäftigt. Sie wissen, daß in der nächsten Zeit mehrere Lehrstühle zur Besetzung kommen, mit der neuen Hochschule in Linz, vielleicht kommt auch eine in Graz und in Salzburg. Also wir sind zu wenig. Und es sind auch sonst wenig Wirtschaftshistoriker da, aber das ist also die Beantwortung der Frage, ich kenne keinen Herren, dem ich also es in die Schuhe schieben könnte, daß er hier auf meinen Lehrstuhl kommen möchte. Mir ist keiner bekannt, ich weiß nicht, nicht wahr.

Vorsitzender: Ich danke Ihnen vielmals Herr Professor.

Frage: Redakteur Heinlein, Wiener Montag: Herr Professor,

bitte, haben Sie etwas gegen das Fernsehen unternommen beziehungsweise gegen die Autoren dieser beleidigenden Sendungen, Bronner und Wehle?

Borodajkewycz: Ja, natürlich. Gestern die Klage eingebracht. Ich finde das also wohl besonders skandalös und schamlos, nicht wahr. Seit wann also sind akademische Lehrer in Österreich dazu da, um in einem Sketch verulkt zu werden? Ich hab selbst kein Fernsehen, ich hab es nicht gesehen, ich bin also nur angewiesen auf die Berichte darüber, nicht wahr, aber, was also besonders gravierend ist, ist ja die Tatsache, daß immer wieder unten eingeblendet wurde, »Originalzitate« von mir, das waren die Zitate aus diesem anonymen Pamphlet, nicht wahr. Ich weiß nicht, was man sich davon verspricht, ich hab viel über für Humor. Wer mich kennt, kann es bestätigen, aber er hat wohl seine Grenzen. Ich weiß nicht, ob es dem Ansehen der Hochschulen und schließlich auch dem Verhältnis Lehrer—akademische Jugend dient, nicht wahr, wenn man einen Professor gewissermaßen als alten Trottel hinstellt, nicht wahr, der noch immer ein Neonazi oder ein Nazi ist. Auf das geht ja das ganze hinaus im Fernsehen. Aber der zweite Akt dieser ganzen Szene wird sich im Gericht abspielen.

Vorsitzender: Ich danke vielmals, Herr Professor. Bitte hat noch jemand eine Frage?

Frage: Herr Professor, Sie haben früher bei der Erwähnung des Zitats, das aus dem Jahre 1956, von den unerfreulichen Überresten des an Gesinnungs- und Würdelosigkeit reichen Jahres 1945 gesprochen und vom Geflunker von der »österreichischen« Nation ...

Borodajkewycz: Ja, habe ich geschrieben.

Frage: Haben Sie in den letzten achteinhalb Jahren diese Meinung geändert oder nicht?

Borodajkewycz: Habe ich nicht geändert, nein, wie sollte ich?

Frage: ... Sie sind also nach wie vor der Meinung, daß man auch der österreichischen studierenden Jugend beibringen müßte, daß der österreichische Staat ein Geflunker ist? (*Schallendes Gelächter*)

Borodajkewycz: Sehen Sie, meine Freunde, das ist ein typisches Beispiel für die Art und Weise wie agiert wird, nicht wahr. Lesen sie noch einmal den Satz. (*Beifall*) Ich möchte nur sagen, es ist unerhört, daß Sie hier in diesem Hörsaal es wagen, mir diesen Satz in den Mund zu legen.

Zwischenruf: Herr Professor Borodajkewycz, ich bin ein Vertreter der Presse und der Öffentlichkeit (*Gelächter*) und ich brauch mich von Ihnen nicht anpöbeln zu lassen, nicht auf diese Art und Weise, ich bin kein Student von Ihnen.

Borodajkewycz: Ja, aber Sie haben nicht zu lügen, Sie haben keine Lügen zu sagen. Ich habe nie gesagt, der österreichische Staat...

Zwischenruf: Ich stelle fest, daß Sie mich der Lügnerei bezichtigt haben! Ich habe Zeugen dafür ... *(Mehrere erregte Zwischenrufe)*

Vorsitzender: Silentium, bitte den Herrn hinauszulassen!

Borodajkewycz: Es ist eine Lüge, mir in die Schuhe zu schieben, daß ich den österreichischen Staat ablehne, nicht wahr. Der Satz kommt nicht vor. Und das machen nämlich die Herrschaften dauernd, und einmal hat's bei mir geschlagen.

Vorsitzender: Ich glaube, daß diese Frage erledigt ist, und bitte um weitere Anfragen.

Borodajkewycz: Die Frage ist insoweit nicht erledigt, als ich ja mit dem Satz folgendes sagen wollte, meine Freunde. Wer die Jahre 1945, 1946 und 1947 in Österreich erlebt hat, und zwar auf der Hochschule, nicht wahr, der weiß, daß damals die aus dem Feld zurückkommenden Soldaten gefragt worden sind: Warum haben sie nicht desertiert? Warum haben sie nicht Fahnenflucht begangen et cetera. Das ist vielleicht unter dem Druck der Besatzungsmächte geschehen, ich gebe zu. Man kann aber nicht sagen, daß das eine Haltung ist, die gerade für junge Leute sehr ehrenhaft war. Ich habe immer wieder unterschieden, ich lehne den Begriff der neuartigen »österreichischen Nation« ab, was aber nichts mit dem österreichischen Staat zu tun hat. Das ist doch etwas anderes, um Gottes willen. Die österreichische, es hat eine österreichische Nation nicht gegeben, aber in langer Geschichte immer einen österreichischen Staat oder ein österreichisches Reich, die alte Habsburgermonarchie. Auch die hatte keine österreichische Nation, die gabs nicht in der Habsburgermonarchie, deswegen hatte der Kaiser seine Manifeste immer an »Meine Völker« gerichtet, weil es ein österreichisches Staatsvolk nicht gab, nicht wahr. Es ist nun eine neue Erfindung zu sagen, daß der Österreicher also einer eigenen Nation, nämlich der österreichischen, angehört. Schauen Sie, natürlich gibt es das, was man eine Staatsnation nennt. Wenn ich das gesamte österreichische Volk als staatsbildendes Volk nehme, da kann ich sagen, das österreichische Staatsvolk, nicht wahr. Ich stimme aber nicht zu, wenn es dazu benützt wird, um gewissermaßen einen Trennungsstrich zum deutschen Volk zu ziehen. Ich kann sagen, wir sind eine österreichische Staatsnation, aber wir sind Angehörige des deutschen Volkes in Österreich. Das war eh und je die Auffassung der Besten dieses Landes, eine Selbstverständlichkeit, zu der sich Seipel ebenso bekannt hat wie die großen, von mir verehrten Führer der

Sozialistischen Partei, ob das nun Renner war, ob das Otto Bauer war, ob das Breitner war et cetera, et cetera. Sie werden kaum einen anderen finden, der anderer Meinung gewesen ist, bitte.

Vorsitzender: Danke, Herr Professor.

Frage: Aus dem Artikel, den Herr Professor vorgelesen haben, geht hervor, daß Sie von drei deutschen Staaten sprechen, das heißt, daß sie ein Gleichheitszeichen zwischen Österreich und den beiden Deutschlandstaaten setzen, obwohl ja geschichtlich gesehen diese gemeinsame Geschichte dieser drei Länder schon lange zurückliegt. Und überdies findet sich in Ihrem Artikel eine Rechtfertigung für die Besetzung Österreichs und für die Annexion des Sudetenlandes. Ich habe ihn ja nur gehört, und ich glaube, daß sich dies im Widerspruch zu den Grundsätzen der österreichischen Unabhängigkeit befindet.

Borodajkewycz: Nein, da sind Sie, da darf ich sagen, bitte, ich respektiere andere Meinungen, aber ich halte meine eigene Auffassung völlig aufrecht, nicht wahr. Die Neutralität hat an sich nichts zu tun mit dem Volkscharakter eines Landes. Und auch wenn wir noch so lang neutral bleiben werden, so bleibt die Substanz dieses Landes völkisch gesehen die deutsche, nicht wahr. Da ist kein Zweifel. Sehen Sie, wenn also, wir haben ein gutes Minderheitengesetz, wenn ich mich also als Österreicher slowenischer Nationalität bekennen darf oder kroatischer Nationalität oder meinetwegen auch magyarischer, das ist erlaubt, dann sehe ich nicht ein, warum ich nicht das Recht haben soll, mich als Österreicher deutscher Volkszugehörigkeit zu bekennen. Das werde ich tun, weil es der Geschichte und der Wirklichkeit entspricht, nicht wahr. Es ist noch immer meine Meinung, daß die Begründung für eine eigene österreichische Nation nach wie vor ein Privileg der Haltung Ungebildeter ist, aber nicht der historisch Gebildeten.

Vorsitzender: Ich danke Ihnen vielmals. Wenn wir vielleicht jetzt einen Studenten zu Wort kommen lassen.

Borodajkewycz: Eben, damit meine jungen Freunde auch ...

Frage: Ich möchte den Herrn Professor bitten, daß er eindeutig nach seiner Meinung die Begriffe Staat, Volk und Nation erklärt.

Borodajkewycz: Na ja, bitte, das wäre fast eine eigene Vorlesung.

Vorsitzender: Ich weiß nicht, soll man diese ...

Borodajkewycz: Na ich glaub, daß wir doch das Thema jetzt nicht berühren, weil es ja ...

Vorsitzender: Einzelne Begriffe sind ja nach der Reihe sowieso aufgetaucht. Ich glaube, daß wir das ...

Zuruf: ... Aufgetaucht, aber nicht erklärt worden!

Vorsitzender: Bitte, die einzelnen Begriffe sind erklärt worden.

Borodajkewycz: Ich stehe zur Verfügung, in einem anderen Zusammenhang die Frage zu erläutern.

Vorsitzender: Bitte, wenn Sie bei einer Vorlesung an den Herrn Professor herantreten würden, Herr Kollege, bitte ...

Frage: Herr Professor, man sollte wenigstens beweisen, daß in Westeuropa der Begriff Nation ein anderer ist. Sie vertreten einen Begriff, der für uns typisch ist, während in Westeuropa, in England und so weiter unter Nation doch der Staat verstanden wird.

Borodajkewycz: Na, das ist richtig, aber diese westeuropäische Auffassung identifiziert den Staat mit der Nation und umgekehrt, obwohl bei Frankreich es doch nicht so klar liegt. Denken Sie doch bloß an das Verhältnis der in Kanada lebenden Franzosen zu dem europäischen Muttervolk oder denken Sie an die Situation etwa der Wallonen, nicht wahr. Es gibt, auch hier greift ja das französische Volk über die Grenzen hinaus, aber es ist richtig, daß Westeuropa, das ja politisch eine andere Entwicklung hatte, zum Teil einen anderen Volks- und Nationbegriff hatte als wir. Unser Begriff geht ja vor allem auf die Formulierung durch Herder zurück und auf die deutsche Klassik, Gebrüder Grimm, Fichte und so weiter und entspricht der Schwierigkeit, in der Verzahnung der Völker im mitteleuropäischen, vor allem im ostmitteleuropäischen Raum, zu einer scharfen Trennung der Staats- und Volksgrenzen zu kommen. Es gibt ja bei uns immer wieder Völker, deren staatliches Dasein sogar ausgelöscht gewesen ist und die dennoch durch 150 Jahre ihr Volkstum, ihr Volksein bewahrt haben und dann wiederum zu einem Staat emporgestiegen sind. Denken Sie etwa an das Beispiel Polens. Polen hat ja aufgehört, als selbständiger Staat zu bestehen, durch 150 Jahre, und ist erst wieder im Frieden von Versailles als neuer selbständiger Staat etabliert worden.

Vorsitzender: Herr Professor, ich danke Ihnen vielmals. Bitte, Herr Kollege.

Frage: Herr Professor bitte, wie weit sind neue Anschuldigungen bei der parlamentarischen Anfrage gegen Sie erhoben worden. Waren es genau dieselben wie bei dem Prozeß im 63erjahr?

Borodajkewycz: Ja, im Prinzip waren es eigentlich dieselben Anschuldigungen, die mir schon damals vorgehalten worden sind. Neu hinzugekommen ist also bloß dieser Aufsatz vom 2. September 1964 über den Kriegsbeginn. Da wurde also gesagt, daß dieser Aufsatz ein völlig unrepräsentativer, unqualifizierter Artikel war, der das Thema in unverhüllt großdeutscher, antiösterreichischer Weise behandelt.

Vorsitzender: Ich glaube dieser Artikel ist im Vergangenen schon näher behandelt worden.

Borodajkewycz: Ja, eben, ist ja behandelt worden, Sie haben...

Vorsitzender: Darum möchte ich zur Frage des Herrn Kollegen übergehen.

Frage: Herr Professor, ich möchte nur fragen, und zwar: In dieser Fernsehsendung war erwähnt worden, Sie hätten gesagt, auf die Frage...

Borodajkewycz: Ja, ja.

Frage: ... inwieweit Sie sich zu diesen Feiern stellen, die jetzt stattfinden werden*. Da haben Sie darauf geantwortet, ja und man soll, gewissermaßen in dieser Art, diesen Leuten ruhig ihre Freude lassen. Ist das ungefähr richtig?

Borodajkewycz: Es wird behauptet. Mich hat noch nie ein Mensch gefragt, wie ich zu den Feiern stehe, ... denn kein Mensch ist an mich herangetreten, wahrscheinlich wird auch künftig niemand herantreten. Das ist ja meine private Meinung, wie ich zu den Feiern stehe, ich bin gar nicht so eingebildet, daß ich also das Wesen der Feiern mitbestimmen werde, zumal ja noch immer fraglich ist, welcher Tag also der Haupttag der Feiern sein wird, das ist ja immer noch nicht klar. Sie wissen, Sie sind ja informiert über die Diskussion, wie das geht, nicht wahr. Ich habe kein Urteil. Ich beuge mich als Staatsbürger dem, was beschlossen wird. Wenn die Feier ist, wenn ich da bin, werde ich sie mitmachen.

Frage: Ich dachte, es sei Ihre private Meinung. Finden Sie, daß die Angriffe gegen Ihre private Meinung sind oder gegen die Lehrmeinung, die Sie auf der Hochschule vertreten. Ich glaube, das ist das Problem der Lehrfreiheit.

Borodajkewycz: Richtig, damit berühren Sie ein sehr entscheidendes Problem. Die Dinge, die mir, also abgesehen von dieser Frage, wie ich zu den kommenden Feiern stehe, das ist eine Privatangelegenheit, aber was sonst mir vorgehalten wird, ist ja ein Angriff auf meine akademische Lehrmeinung und auf das, was ich hier auf der Hochschule sage, nicht wahr, und da kann ich also nur einen Appell an meine Hörer richten, ob sie also wirklich den Eindruck haben, daß ich in dieser, wenn es wahr wäre, leichtfertigen Weise über geschichtliche Dinge urteile, oder ob Ihr nicht selbst das Gefühl habt, daß ich mich bemühe, ein großes Maß von Objektivität in den Vorlesungen darzulegen. Jedenfalls ist es meine Absicht, meinen akademischen Beruf so auszufüllen. Ich habe den Eindruck gehabt, daß meine Hörer es verstehen.

Frage: Herr Professor wissen Sie, daß in einer sozialistischen Zeitung erst vor zwei oder drei Monaten behauptet worden ist, es ist eine Wochenzeitung, daß es keinem österreichischen Studen-

---

* Gemeint ist die Feier des 20jährigen Bestehens der Zweiten Republik

ten möglich ist, in ganz Österreich eine Vorlesung über den Sozialismus, geschweige denn über Karl Marx zu hören? (*Gelächter*)
Borodajkewycz: Eben, ja, ganz richtig. Ich bin einer der wenigen akademischen Lehrer, die sich mit diesem Thema ernst bemühen, weil ich es für entscheidend halte, aus vielen, vielen Gründen, das sage ich Euch immer wiederum, net wahr, und Ihr wißt, das ist ja vielleicht die einzige Situation bei der Prüfung, wo ich leicht zwider werde, wenn einer das nicht kann, weil ich verlange also, daß man also über Sozialismus und Marx und die ganze Nachgeschichte gut informiert ist, weil ich es für wichtig halte. Man kann mir wohl auch nicht den Vorwurf machen, daß ich es parteipolitisch behandle, sondern sachlich objektiv bin.
Frage: Ich habe bei der ganzen Diskussion um die Person des Herrn Professor Borodajkewycz den Eindruck bekommen, man hat eine große Angst, daß die österreichischen Studenten hier beeinflußt werden, im Sinne des Nationalsozialismus. Liebe Kolleginnen und Kollegen, sind wir wirklich so unmündige Kinder, daß wir uns keine eigene Meinung erlauben können und daß wir parlamentarische Anfragen brauchen, die uns davor schützen, daß wir falsch beeinflußt werden? (*Beifall*)
Vorsitzender: Herr Kollege, bitte!
Frage: Herr Professor, es wird Ihnen immer wieder vorgeworfen, daß Sie zum Beispiel bei Karl Marx erwähnen, daß er ein Jude gewesen wäre. (*Gelächter*) Sie haben das selbst in der Einleitung gebracht. Ich selbst habe zu jener Zeit nicht bewußt gelebt. Nun habe ich gehört, daß während des Dritten Reiches es Pflicht für Professoren und für Vortragende gewesen wäre, Schriftsteller und Ideologen, die jüdischer Abstammung gewesen sind, als Juden zu bezeichnen. Haben Sie das damals auch gemacht?
Borodajkewycz: Ich darf also sagen, zur Ehre der Wiener Schule, der ich angehörte, daß keiner von uns dieser Weisung gefolgt ist. Sie können die Publikationen, die ich im Dritten Reich geschrieben habe, nachschauen. Es steht bei keinem einzigen Autor, der jüdischer Herkunft war, daß er Jude war. Das hat mein verehrter Lehrer, Professor von Srbik, so gehalten, das habe ich gehalten, das haben meine anderen Kollegen hier schon früher so gehalten, da haben wir uns geweigert, das mitzumachen. Aber etwas anderes ist es, prominente Persönlichkeiten der Geschichte, die Juden gewesen sind, als solche nicht zu deklarieren, das halte ich für falsch und dem Wesen der Geschichte widersprechend.
Frage: Haben Sie deshalb das abgelehnt, weil damals mit dem Wort Jude ein Werturteil verbunden war?
Borodajkewycz: Ja, wir haben also erklärt, das sei wissenschaft-

lich nicht Brauch gewesen, weil es ist ja früher auch nicht der Fall gewesen. Wir haben gesagt, wir halten uns an die guten alten Prinzipien der Wissenschaft und machen so einen neuen Unfug nicht mit, nicht wahr. Abgesehen davon, daß damit, ja das waren ja zum großen Teil schon verstorbene Autoren, die da zitiert worden sind. Aber Sie wissen ja, in welcher Weise die Stimmung in Österreich umgeschlagen war. Damals hieß es, wieviel Juden gibt es in Österreich? 6 Millionen. Wieso? Weil jeder Österreicher einen anständigen Juden kennt, für den er eintritt. Das war der Fall. Die Stimmung hat sich ja völlig gewandelt gehabt, das Volk als Ganzes ist ja an diesen Judenexzessen glücklicherweise nicht beteiligt gewesen, die also einem kleinen Klüngel des Systems vorbehalten gewesen sind. Viele Leute haben bis zuletzt keine Ahnung von den Ereignissen gehabt. Ich muß sagen, ich habe leider davon gewußt und erfahren und war entsetzt darüber.

Vorsitzender: Hat jemand der Kollegen noch eine Anfrage an den Herrn Professor. Wenn das nicht der Fall ist, so möchte ich nun Herrn Professor nochmals herzlichst danken, daß er sich bereit gefunden hat, hier eine Diskussion über dieses gestellte Problem zu zeigen. Ich wollte abschließend noch sagen, ich glaube, daß durch diese Angriffe gegen Professor Borodajkewycz schon im gewissen Sinne die Lehrfreiheit beeinträchtigt ist, denn ich glaube nicht, daß — zumindest wurde noch keine Klage darüber laut — daß Professor Borodajkewycz neonazistisch irgendwie tätig sei oder dergleichen. Ich möchte Ihnen, sehr geehrten Kolleginnen und Kollegen herzlichst noch danken für Ihr Erscheinen, ich hoffe, daß Sie auch aufgeklärt weggehen.

Borodajkewycz: Darf ich noch etwas am Schluß sagen. Wissen Sie, die berühmten Benützer der Gauakten, nicht wahr, die also immer wieder herumspukten: Wenn man sie schon benützt, dann sollte man doch auch glauben, daß sie objektiv benützt werden, auch das ist nicht der Fall, denn in meinem Gauakt steht drinnen, ist enthalten, daß ich am 7. Juli 1943 aus politischen Gründen aus der NSDAP ausgeschlossen worden bin, weil ich damals auch nicht den Mund gehalten hab und über verschiedene Dinge mich mokiert habe und sie verurteilt habe. Sehen Sie, davon wird in der parlamentarischen Anfrage kein Wort erwähnt, obwohl es drinnen steht im Gauakt. Also wenn man schon aus der Partei ausgetreten ist, aus politischen Gründen*, nicht wahr, da wol-

---

* Siehe dazu die Zeugenaussage Borodajkewyczs in der Verhandlung vom 29. Oktober 1962 (Seite 67) in der er wörtlich erklärte: »Am 7. Juli 1943 wurde ich aus der NSDAP ausgeschlossen. Ich habe dagegen remonstriert ... der Ausschluß wurde rückgängig gemacht und ich kam mit einem Verweis davon.«

len sie also nachher nach zehn Jahren, nachdem Hitler tot ist, auf einmal wiederum darauf kommen, daß man eine neonazistische Gesinnung etablieren soll. So verbrecherisch und dumm bin ich nicht, meine Freunde.

Vorsitzender: Also danke.

Frage: In dieser Fernsehsendung ist erwähnt worden, daß Sie im April 1945 Mitglied der NSDAP waren, Professor Borodajkewycz...

Borodajkewycz: Nein, das ist falsch.

Frage: ... Weiter ist erwähnt worden, daß Sie von einem österreichischen Gericht von der Anklage neonazistischer Betätigung freigesprochen wurden, und der Richter ist auch irgendwie...

Borodajkewycz: Ja, und der Richter ist auch angegangen worden.

Frage: ... Na, also, das Gericht hat auch schon sich dem Einschreiten angeschlossen. (*Gelächter*)

Vorsitzender: Silentium! Sind irgendwelche Anfragen noch? Ansonsten möchte ich jetzt schließen. Ich danke Ihnen vielmals, also nochmals, für Ihr Erscheinen.

Borodajkewycz: Ich danke meinerseits.

(*Längerer Beifall*)

T. B. gibt zu Protokoll ...

Bundespolizeidirektion Wien,
Abteilung I,

29. 3. 1965

Betr.: Prof. Dr. Taras Borodajkewycz, Einvernahme.
Beginn 14.35 Uhr
Anwesend: Dr. Heckl, Kr. Rev. Insp. Johann Baluch, VB. Schmidt.

Niederschrift

aufgenommen mit Prof. Dr. Taras Borodajkewycz, Professor an der Hochschule für Welthandel, geb. am 1. 10. 1902 in Wien, österr. Stbg., r. k., verh., Wien I., Jakobergasse 4/21 wohnhaft, welcher ha. über Vorladung erscheint, mit dem Gegenstande der Einvernahme vertraut gemacht und als Beschuldigter einvernommen, folgendes angibt:

Ich nehme vorweg, daß über die Diskussion am 23. 3. 1965 in den Räumen der Hochschule für Welthandel eine Tonbandaufnahme existiert, von der auch mein Rechtsanwalt Dr. Ernst Strachwitz, Wien I., Mahlerstraße 11 eine Kopie besitzt. Das Original ist im Besitze des Vorsitzenden der Hochschülerschaft *(an)* der Hochschule für Welthandel, Herrn Günther Puttinger. Das Tonband geht über einen Zeitraum von etwa 5 Viertelstunden und gibt den gesamten Ablauf der Diskussion wieder. Es wird sich sicher möglich machen lassen, eventuell eine weitere Kopie der Polizei und somit der Staatsanwaltschaft zur Verfügung zu stellen. Darüber hinaus habe ich die Vorgänge während der besagten Diskussion schriftlich festgehalten, werde das Manuskript vervielfältigen lassen und ein Exemplar davon auch der Polizeidirektion Wien übermitteln. Außerdem wird jeder Nationalratsabgeordnete ein Exemplar zugestellt bekommen.

Am Donnerstag, dem 25. 3. 1965 begaben sich mit dem erwähnten Tonband die Herren Heinzpeter Thiel und Günther Puttinger zum Herrn Unterrichtsminister in das Unterrichtsministerium, wo das Tonband abgespielt wurde. Der Herr Minister machte die Äußerung, daß er einen Anlaß zur Einleitung eines Disziplinarverfahrens gegen mich nicht sehe. Die Herren Thiel und Puttinger haben mich von dieser Äußerung des Herrn Ministers benachrichtigt.

Zu der besagten Pressekonferenz kam es dadurch, daß Herr Puttinger am 18. 3. 1965 an mich herantrat und mich bat, ich möge den sozialistischen Studenten der Hochschule für Welthandel ein Gespräch gewähren. An diesem Gespräch sollten etwa 10 bis 15 Personen teilnehmen; welche Fragen mir zu stellen beabsichtigt waren, wußte ich natürlich nicht. Ich vereinbarte mit Herrn Puttinger als Zeitpunkt dem 23. 3. 1965 und als Ort die Räumlichkeiten der Hochschülerschaft in der Hochschule für Welthandel. Eine Viertelstunde vor Beginn der Diskussion (letztere war für 11.00 Uhr festgesetzt), kam Herr Puttinger in mein Arbeitszimmer und machte mir davon Mitteilung, daß der Saal, in dem die Diskussion stattfinden sollte, gesteckt voll sei (er sprach von etwa 250 bis 300 Personen) und auch Presse, Rundfunk und Fernsehen vertreten seien. Ich könnte im Moment nicht genau sagen, ob auch Vertreter des Rundfunks anwesend waren. Unter diesen Umständen weigerte ich mich, die Diskussion abzuführen und forderte den Vorsitzenden auf, die Vertreter des Fernsehens zum Verlassen der Hochschule aufzufordern. Schließlich ließ ich mich aber über Ersuchen des Vertreters des Fernsehens dazu überreden, mich doch der Diskussion zu stellen, obwohl ich gleich zu Beginn des Zusammentreffens mit dem Vertreter des Fernsehens diesem gegenüber klar zum Ausdruck brachte, daß mich die Fernsehsendung das »Zeitventil« sehr verstimmt habe, da man in dieser Sendung meine Person in vollkommen unsachlicher Weise und in herabsetzender Art verspottete. Beim Verlassen des Zimmers erhielt ich dann die Nachricht, daß die soz. Studenten, die, wie bereits dargestellt, die Initiatoren der bevorstehenden Diskussion waren, ihre Teilnahme mit der Begründung telefonisch abgesagt hatten, daß sie in kein schwebendes Verfahren eingreifen wollten. Zu der veränderten Situation dürfte es dadurch gekommen sein, daß über die bevorstehende Diskussion ohne mein Wissen eine APA-Aussendung erfolgt ist.

Nach einleitenden Worten erteilte mir Günther Puttinger in seiner Funktion als Vorsitzender das Wort und ich begann mit einer Erklärung, wieso es seit Wochen zu den unsachlichen Angriffen gegen meine Person komme. Ich berichtete über den Ausgang des Prozesses, den ich gegen die *Arbeiter-Zeitung* und die *Zukunft* zu führen gezwungen war. In diesem Zusammenhang fiel der Name des Rechtsanwaltes Dr. Wilhelm Rosenzweig und die Zuhörer reagierten darauf aus mir völlig unerklärlichen Gründen mit Gelächter. Ich habe mich noch nach Beendigung der Diskussion bei einigen Studenten danach erkundigt, warum eigentlich gelacht worden war, als ich den Namen Rosenzweig aussprach. Ich bekam dann u. a. zu hören, daß es die Freude mancher Studenten darüber gewesen sei, daß ich gegen einen Kronanwalt einen Prozeß gewonnen hätte. Ich las dann den Artikel »Gedanken zum 1. Sept. 1939 und seinen Folgen«, der in der Zeitschrift *Aus Politik und Zeitgeschichte* (Beilage zur Wochenzeitung *Das Parlament*) am 2. 9. 1964 erschienen war (Erscheinungsort: Bonn), vor, da dieser Artikel als erster Punkt bei der parlamentarischen Anfrage am 20. 1. 1965 behandelt wurde. Ich stellte es dann dem Urteil des Auditoriums anheim, ob dieser Artikel tatsächlich unrepräsentativ, unqualifizierbar und antiösterreichisch sei. Als ich nun die Bemerkung machte, daß die Abgeordneten wohl diesen Artikel kaum gelesen haben können oder offensichtlich geistig überfordert gewesen sind, kam es abermals zu einem Gelächter. Ich hatte auch hier mit keinem Heiterkeitserfolg gerechnet und bezeichne meine Ausdrucksweise in diesem Sinne als leger.

Der erste Herr, der sich zu Wort meldete und glaublich von der amtlichen *Wiener Zeitung* war, begann aus meinem Gauakt vorzulesen, worüber ich erstaunt und verstimmt war. Ich stellte die darin angeführten Tatsachen natürlich nicht in Abrede, sondern bekannte mich dazu, was meines Erachtens die einzig richtige charakterliche Haltung war. In diesem Zusammenhang erachtete ich es als mein gutes Recht, mich über den Unfug mit den Gauakten entsprechend zu äußern. Als derselbe Mann sodann auf den Artikel in der Zeitschrift *Die Aktion* einging, wo u. a. von einem Geflunker von der »Österr. Nation« die Rede ist (1956 erschienen) und als ich mich zu diesem Artikel bekannte, mir dann die Frage stellte, ich stelle richtig, die Behauptung aufstellte, daß ich damit gegen den österr. Staat sei und die Jugend im staatsfeindlichen Sinne erzogen werde, geriet ich wohl berechtigter Weise in Zorn und habe mir eine solche Verdrehung scharf verbeten. Der Mann mußte dann unter Mißfallenskundgebungen den Saal verlassen.

Ich habe dann in weiterer Folge erklärt, daß ich die Worte »der Jude Kelsen« niemals in der geschmacklosen Form ausgespochen habe und wies darauf hin, daß ich wahrscheinlich »von dem jüdischen Gelehrten Kelsen« gesprochen habe, womit ich nur dem Verlangen der israelischen und gegenwärtigen jüdischen Forschung Rechnung trug, Persönlichkeiten des geistigen und kulturellen Lebens in Europa ihrer Abstammung nach zu bezeichnen. Die von mir aufgezeigten Stellen während der Diskussion waren wohl die markantesten, wobei ich noch hinzufüge, daß ich die Judengreuel des 3. Reiches anprangerte und außerdem über meine Entlassung aus der NSDAP am 7. 6. 1943 berichtete.

Ich stelle also entschieden in Abrede, mich auch nur in irgendeiner Form neonazistisch betätigt zu haben bzw. nationalsozialistisches Gedankengut unter meiner Zuhörerschaft zu propagieren. Ich fühle mich in keiner Weise schuldig, in irgend einer Form gegen die Bestimmungen des Verbotsgesetzes verstoßen zu haben. Ich stehe der Polizei zur Klärung weiterer Fragen jederzeit zur Verfügung.

Erwähnen möchte ich noch, daß ich heute über Bitte meines Kollegiums mich bereit erklärte, die Vorlesungen der laufenden Woche abzusagen, um zur Beruhigung der Atmosphäre beizutragen.

Ende: 16.30 Uhr.   *Borodajkewycz*

Offener Brief Dr. Korefs

Altbürgermeister Hofrat Dr. Ernst Koref

Linz, am 30. März 1965
Römerstraße 17

Offener Brief an Herrn Univ.-Prof. Dr. Borodajkewycz der Hochschule für Welthandel in Wien!

Herr Professor!

Sie wissen genau so gut wie ich, daß der aller Ehren werte Titel »Professor« von dem lateinischen Worte profiteri, d. h. »bekennen« kommt. Ein ehrliches und mutiges Bekenntnis ist immer Zeichen eines ganzen Mannes gewesen. Reklamieren Sie aber die sprachliche Deutung dieses Wortes nicht für sich! Sie haben kein Recht dazu! Denn es kommt doch darauf an, wozu und wofür man sich bekennt. Ihr in verschiedenen Formen wiederkehrendes Bekenntnis zum Nationalsozialismus ist, darüber ist sich heute die ganze gesittete Welt einig, ein Bekenntnis zur Unduldsamkeit und Unmenschlichkeit.

ALTBÜRGERMEISTER
HOFRAT DR. ERNST KOREF

LINZ, am 30. März, im 5.
Römerstraße 17

Off**ener** B r i e f
an Herrn U_niv.Pro**f**.Dr.Beredajkewie**zt**
der Hochschule für Welthandel
in W i e n!

Herr Professor!

Sie wissen genau so wie ich, daß der aller Ehren werte
Titel "Professor" von dem lateinischen Worte profiteri, d,h. "bekennen" kommt. **E**in ehrliches und mutiges Bekenntnis ist immer Zeichen eines ganzen Ma_nnes gewesen. Reklamieren Sie aber die sprac**h**-
sliche Deutung dieses Wortes nicht für sich! Sie haben kein Recht
dazu! Denn es ko**mm**t doch darauf an, wozu und wofür man sich bekennt. Ihr in verschidenen Formen wiederkehrendes Bekenntnis zum
Nationalsozialismus ist, darüber ist sich heute die ganze gesittete
Welt einig, ein Bekenntnis zur Unduldsamkeit und Unm**e**schlichkeit.
Ein solches Bekenntnis hat mit Mannesmut und Menschenwürde nichts
mehr zu tun, das möchte ich Ihnen in aller Offenheit sagen. Ich
füge hinzu, daß ich mich für Sie schäme! Denn als Professor haben
Sie - Ihrem Gelöbnis gemäß - auf die Ihnen anvertraute Jugend sitt-
lich- erzieherisch einzuwirken. Mir tut die Jugend aufrichtig leid,
die in Ihre "geistige" Sphäre und Atmosphär**e** gerät, weferne das Wort
"geistig" in diesem Falle überhaupt angebracht ist. Es ist in Wahrheit der UNGEIST des exzessi**v**en Nationalismus, des ungebändigten
Chauvinismus, den Sie vertreten und verbreiten, jenes verhängnisvolle Gift, das die Seelen der Jugend verdirbt und für jenen kritischen
Maßstab unempfindlich macht, der notwendig ist, um die Schandtaten
des n. s. Regimes richtig be-und verurteilen zu lernen.

Sie werden ja wahrscheinlich mit "wissenschaftlicher Akribie"
Ihre Äußerungen umzudeuteln und zu bestreiten versuchen, aber ein Bekenntnis eines Universitätsprofessors müßte meines Erachtens eindeutig sein, wenn es um schlichte moralische Begriffe und um erzieherische, pfichtgemäße Beeinflußung jugendlicher Gemüter geht. Ich würde
mich schämen, mich von einem Staate bezahlen zu lassen, gegen den
ich - trotz des abgelegten Treuegelöbnisses - direkt und indirekt
arbeite! Das ist eines deutschen Mannes, noch dazu eines b**e**ont deutschen Mannes, meines Erachtens durchaus unwürdig!

Ich habe heute vormittag der Beisetzung von 87 vor etwa 20
Jahren im Bereiche von Lorch (ENNS) mit unbarmherziger Kälte und
Seelenlosigkeit////gemordeten und eingescharrten,meist ungarisch-jüdi
schen Zwangsarbeitern im jüdischen Friedhof von Linz beigewohnt.

Ein solches Bekenntnis hat mit Mannesmut und Menschenwürde nichts mehr
zu tun, das möchte ich Ihnen in aller Offenheit sagen. Ich füge hinzu, daß
ich mich für Sie schäme! Denn als Professor haben Sie — Ihrem Gelöbnis
gemäß — auf die Ihnen anvertraute Jugend sittlich-erzieherisch einzuwirken. Mir tut die Jugend aufrichtig leid, die in Ihre »geistige« Sphäre und
Atmosphäre gerät, woferne das Wort »geistig« in diesem Falle überhaupt
angebracht ist. Es ist in Wahrheit der UNGEIST des exzessiven Nationalismus, des ungebändigten Chauvinismus, den Sie vertreten und verbreiten,
jenes verhängnisvolle Gift, das die Seelen der Jugend verdirbt und für
jenen kritischen Maßstab unempfindlich macht, der notwendig ist, um die
Schandtaten des n. s. Regimes richtig be- und verurteilen zu lernen.

Die Spitzen der o.ö. und Linzer Behörden waren vertreten und zu tiefst ergriffene Zeugen dieses erschütternden Trauerakttes. Sollten Sie es nicht wissen: 6 Millionen Menschen sind dem unverstellbar- barbarischen Regime, dem Sie nachtrauern und zu dem Sie sich noch immer mit verwegenem Stolz bekennen, zum Opfer gefallen, weil sie anderer Rasse und anderen Bekenntnisses gewesen sind?! Die Worte des Oberrabbiners von Wien und des katholischen Dechants von Enns, die anklagenden Worte der zwei Verteter des ungarischen Judentums sind allen Anwesenden tief ins Herz gedrungen. Ich vermag es einfach nicht zu fassen, daß ein vom österreichischen Staate berufener und auf den österreichischen Treueid verpflichteter akademischer Lehrer nicht von Ekel und Grausen erfüllt ist, wenn er an all die Barbarei denkt, die in der Geschichte der Menschheit ihresgleichen nicht kennt. Jeder anständige Mensch, der diesen Namen verdient, müßte sich mit Entsetzen von jedermann abwenden, der mit solchem System noch immer in irgendeiner Weise paktiert oder sympathisiert.

Ich möchte in diesem Zusammenhange doch noch sagen, daß ich persönlich nach 1945 in meiner Eigenschaft als Bürgermeister und Mitglied des Nationalrates vielen Hunderten ehemaligen Nationalsozialisten in ihrer damaligen Bedrängnis beigestanden bin, wenn ich die Überzeugung hatte, daß es sich um ehrenwerte Mitbürger handelte, die unter unrichtigen Vorstellungen und anderen Voraussetzungen in den Sog dieser Bewegung geraten sind, ohne sich dann eines Vergehens gegen die Gebote der Menschlichkeit vergangen zu haben. Ich fühle mich also nicht bloß verpflichtet, sondern auch berechtigt, die Stimme gegen Sie als Österreicher zu erheben und Ihnen zuzurufen: Räumen Sie das Feld, wohin Sie offenkundig nicht gehören! Mögen Sie auch Vorlesungen über FICHTE halten; wenn Sie den Samen der Intoleranz und der Brutalität in die Herzen der akademischen Jugend legen, dann haben Sie die Berechtigung verloren, ein österreichischer, aber auch ein deutscher Professor zu sein. Sie sind in Wirklichkeit vom Geiste Goethes, Schillers, Lessings, Kants und wie die Geistesheroen des deutschen Volkes alle heißen, unberührt geblieben. Die Hochschule, an der Sie lehren, bedaure ich. Möge sie bei Zeiten den Trennungsstrich von Ihnen ziehen!

Fast bringe ich es nicht über mich, die einfachste Briefschlußformel hieher zu setzen:

Achtungsvoll

Ernst Koref

zwar nur Mittelschulprofessor, aber Humanist.

Sie werden ja wahrscheinlich mit »wissenschaftlicher Akribie« Ihre Äußerungen umzudeuteln und zu bestreiten versuchen, aber ein Bekenntnis eines Universitätsprofessors müßte meines Erachtens *eindeutig* sein, wenn es um schlichte moralische Begriffe und um erzieherische, pflichtgemäße Beeinflussung jugendlicher Gemüter geht. *Ich* würde mich schämen, mich von einem Staate bezahlen zu lassen, gegen den ich — trotz abgelegten Treuegelöbnisses — direkt und indirekt arbeite! Das ist eines deutschen Mannes, noch dazu eines *betont* deutschen Mannes, meines Erachtens durchaus unwürdig!

Ich habe heute vormittag der Beisetzung von 87 vor etwa 20 Jahren im Bereiche von Lorch (Enns) mit unbarmherziger Kälte und Seelenlosigkeit gemordeten und eingescharrten, meist ungarisch-jüdischen Zwangsarbeitern im jüdischen Friedhof von Linz beigewohnt.

Die Spitzen der oö. und Linzer Behörden waren vertreten und zutiefst ergriffene Zeugen dieses erschütternden Traueraktes geworden. Sollten Sie es nicht wissen: 6 Millionen Menschen sind dem unvorstellbar—barbarischen Regime, dem Sie nachtrauern und zu dem Sie sich noch immer mit verwegenem Stolz bekennen, zum Opfer gefallen, weil sie anderer Rasse und anderen Bekenntnisses gewesen sind?! Die Worte des Oberrabiners von Wien und des katholischen Dechants von Enns, die anklagenden Worte der zwei Vertreter des ungarischen Judentums sind allen Anwesenden tief ins Herz gedrungen. Ich vermag es einfach nicht zu fassen, daß ein vom österreichischen Staate berufener und auf den österreichischen Treueid verpflichteter akademischer Lehrer nicht von Ekel und Grausen erfüllt ist, wenn er an all die Barbarei denkt, wie sie die Geschichte der Menschheit ihresgleichen nicht kennt. Jeder anständige Mensch, der diesen Namen verdient, müßte sich mit Entsetzen von jedermann abwenden, der mit solchem System noch immer in irgendeiner Weise paktiert oder sympathisiert.

Ich möchte in diesem Zusammenhange doch noch sagen, daß ich persönlich nach 1945 in meiner Eigenschaft als Bürgermeister und Mitglied des Nationalrates vielen Hunderten ehemaligen Nationalsozialisten in ihrer damaligen Bedrängnis beigestanden bin, wenn ich die Überzeugung hatte, daß es sich um ehrenwerte Mitbürger handelte, die unter unrichtigen Vorstellungen und anderen Voraussetzungen in den Sog dieser Bewegung geraten sind, ohne sich dann eines Vergehens gegen die Gebote der Menschlichkeit vergangen zu haben. Ich fühle mich also nicht bloß verpflichtet, sondern auch berechtigt, als Österreicher die Stimme gegen Sie zu erheben und Ihnen zuzurufen: Räumen Sie das Feld, wohin Sie offenkundig nicht gehören! Mögen Sie auch Vorlesungen über FICHTE halten; wenn Sie den Samen der Intoleranz und der Brutalität in die Herzen der akademischen Jugend legen, dann haben Sie die Berechtigung verloren, ein österreichischer, aber auch ein deutscher Professor zu sein. Sie sind in Wirklichkeit vom Geiste Goethes, Schillers, Lessings, Kants und wie die Geistesheroen des deutschen Volkes alle heißen, unberührt geblieben. Die Hochschule, an der Sie lehren, bedaure ich. Möge sie bei Zeiten den Trennungsstrich von Ihnen ziehen!

Fast bringe ich es nicht über mich, die einfachste Briefschlußformel hieher zu setzen:

Achtungsvoll
Dr. Ernst Koref,
zwar nur Mittelschulprofessor, aber Humanist

Der Fall T. B. im Parlament

Der 31. März 1965 war ein in dreifacher Hinsicht bemerkenswerter, ja schicksalsschwerer Tag.

An diesem Tag fand eine von der österreichischen Widerstandsbewegung organisierte Demonstration gegen Borodajkewycz beziehungsweise für dessen Suspendierung statt, in deren Verlauf ein Demonstrant von Anhängern des Professors niedergeschlagen und tödlich verletzt wurde.

Am selben Tag erklärte der Bundesminister für Unterricht Dr. Piffl-Perčevic in der parlamentarischen Fragestunde, daß er nicht bereit sei, Prof. Borodajkewycz vom Dienst als Hochschullehrer zu suspendieren*.

---

* Siehe Seite 227 f.

Schließlich faßte der Nationalrat an diesem Tag mit den Stimmen der beiden Regierungsparteien folgende, die Regierung verpflichtende Entschließung:

Anläßlich der Beschlußfassung über das Strafrechtsänderungsgesetz 1965 fordert der Nationalrat die Bundesregierung auf, alle radikalen Strömungen in der österreichischen Innenpolitik, die zu einer Gefährdung der Eigenstaatlichkeit Österreichs führen könnten, insbesondere aber antiösterreichische oder antisemitische Tendenzen genau zu beobachten und im Rahmen der bestehenden Rechtsordnung alle Schritte zu unternehmen, die zur Abwendung solcher Gefahren sowie zur Wahrung des Ansehens der Republik Österreich erforderlich sind.

Im Zuge der Debatte über diesen Tagesordnungspunkt (das Strafrechtsänderungsgesetz 1965 sicherte unter anderem die Unverjährbarkeit nationalsozialistischer Kriegsverbrechen) kam es auch zu einer Aussprache über den Fall Borodajkewycz. Die Ausführungen der Abgeordneten Dr. Neugebauer (SPÖ) und Dr. Nemetz (ÖVP) werden im folgenden vollinhaltlich wiedergegeben:

Abgeordneter Dr. *Neugebauer* (SPÖ): Hohes Haus! Zu diesem Punkt der Tagesordnung liegt ein Entschließungsantrag vor, der sich gegen antiösterreichische und antisemitische Tendenzen wendet und fordert, daß alle Schritte unternommen werden, um solche Gefahren für den Staat abzuwehren.

Unmittelbarer Anlaß zu dieser gemeinsamen Entschließung waren die Vorfälle an der Hochschule für Welthandel. Schon am 20. Jänner dieses Jahres wurde über diese Vorfälle im Nationalrat eine Anfrage eingebracht. Kurze Zeit darauf ist diese Anfrage beantwortet worden, und es ist der Disziplinarsenat an der Hochschule für Welthandel verständigt worden. Der Disziplinarsenat hat jedoch nichts unternommen, die Zeit ist verstrichen, und die Schwierigkeiten sind gewachsen.

Durch die Anfrage der Abgeordneten wurden zum erstenmal im Parlament die antiösterreichischen und antisemitischen Vorgänge an der Hochschule für Welthandel bekannt. Der Urheber dieser Vorfälle, Professor Dr. Taras Borodajkewycz, hat inzwischen dafür gesorgt, daß seine Ansichten über Österreich und über die staatsbürgerliche Erziehung der Hochschuljugend der gesamten Öffentlichkeit bekanntgeworden sind.

Was das Fernsehen den Österreichern dargeboten hat, war aufwühlend und erschreckend. Man glaubte sich in das Jahr 1938 zurückversetzt und teilzunehmen an einer Schulungsstunde der nationalsozialistischen Partei. (*Abg. Zeillinger: Das gehört zu Punkt 2!*)

Vorher hatte der Bundesminister für Unterricht in einem Interview über seine Reise nach Polen Auskunft gegeben und erwähnt, daß er auch das Vernichtungslager Auschwitz besucht habe. Er fügte in seinen Ausführungen hinzu, daß denen, die bei Nennung eines Namens, dessen Träger jüdischer Abkunft ist, lachen, das Lachen vergehen würde, wenn sie Auschwitz gesehen hätten, die Stätte menschlicher Schande. (*Abg. Populorum: Nur hat der Herr Unterrichtsminister das jetzt vergessen!*)

Dann kam die Sendung über die Pressekonferenz des Professors Borodajkewycz. Er nannte den Namen eines Österreichers, dessen Angehörige vielleicht — ich weiß es nicht, aber es ist sehr naheliegend — in Auschwitz oder anderswo gemordet worden sind. Und das Auditorium junger Menschen, österreichische Hochschüler, Menschen, die die Humanitas kennen sollten, lachte, quittierte die Nennung des Namens mit Heiterkeit, als ob es niemals ein Auschwitz oder ein Mauthausen oder ein anderes Konzentrationslager gegeben hätte, in denen Menschen ohne Zahl hingemordet worden sind.

Hunderttausende Österreicher haben diese Sendung gesehen und zum erstenmal Einblick gewonnen, was alles möglich ist, was ein Hochschullehrer vermag, der Beamter Österreichs ist, der Österreich ablehnt, diffamiert, lächerlich macht vor der Jugend, die er zu guten Staatsbürgern erziehen soll. Hiefür gibt es keine Entschuldigung und keine Berufung auf die Lehrfreiheit der Hochschulen.

Ich habe vor kurzer Zeit in einem Buch Richard Meisters, der sich mit den Hochschulfragen intensiv befaßt hat, über seine Auffassung der Lehrfreiheit gelesen. Er legt sie sehr weit aus und lehnt auch eine kritische Stellungnahme zu bestehenden Staaten nicht ab. »Aber«, schreibt er, »jede solche Kritik des Staates als Institution und jedes konkret geschichtlichen Staates mußte in oberster Instanz von der Warte der sittlichen Idee der Menschenwürde her geschehen, aus der auch die allgemeinen Menschenrechte erfließen, die demnach primär sittliche Gebote, insofern sie aber einen Rechtsanspruch jeder menschlichen Person begründen, auch Rechtsnormen sind.«

Nun frage ich Sie, meine Damen und Herren: Wenn ein Hochschullehrer Bevölkerungsteile, Bevölkerungsgruppen diskriminiert, wenn er von ihnen so spricht, daß er sie abwertet, verachtet — respektiert ein solcher Hochschullehrer noch die Menschenwürde und die Menschenrechte? Wenn er von Kelsen, dem ehemaligen bedeutenden Staatsrechtler der Wiener Universität, spricht, fügt er hinzu »Jude«; doch in der Absicht, ihn herabzusetzen, ihn so wie in der verflossenen Zeit vor 1945 als Menschen minderer Art zu qualifizieren. So geschah es auch bei Hugo Preuß, dem Schöpfer der Weimarer Verfassung.

Meine Damen und Herren! Wo leben wir? In welcher Zeit leben wir? Ist das die demokratische Republik Österreich oder ein Teil des Dritten Reiches? Haben wir 20 Jahre des Wiederaufbaues und des Neubaues unseres Vaterlandes hinter uns, oder stehen wir im Jahre 1939, kurz vor Ausbruch des Zweiten Weltkrieges? Ist denn alles Grauen, aller Schrecken spurlos an solchen Bildnern der Jugend vorübergegangen? Hat nichts auf sie Eindruck gemacht, das sie geändert hätte? Wo bleibt bei dieser Saat des Hasses der Gedanke der Toleranz, von dem wir immer sprechen, des Ausgleichs der Gegensätze, des Zusammenwirkens, der Eintracht?

Sicherlich, die Jugend, die dem Professor zuhörte und zujubelte, ist nur ein kleiner Teil der Jugend Österreichs, aber es sind Akademiker, aus deren Reihen einmal die künftigen Wirtschaftsführer hervorgehen sollen.

Zur Zeit, als sich das in Wien ereignete, wurde eine Ausstellung über Auschwitz dargeboten, die aus Deutschland stammt. Die Ausstellung zeigte einen glänzenden Besuch, vornehmlich von jungen Menschen. Es war eine Ausstellung, in der fast niemand sprach, keiner ein Wort wagte, weil alle ergriffen waren von der Not der Opfer, erschüttert davon, daß die NS-Schergen einer solchen Bestialität fähig waren, und niedergedrückt von der Schande, die auf die Menschheit gekommen war.

Als vor mehreren Jahren häufig darüber Klage geführt wurde, daß unsere Jugend, unsere Schuljugend vor allem, zuwenig Kenntnis von der Zeit habe, die hinter uns liegt, von der jüngsten Vergangenheit, berief das Bundesministerium für Unterricht für Ende 1960 eine Expertentagung nach Reichenau, an der Historiker wie Hantsch, Lhotsky, Jedlička, Politiker, hohe Beamte der Schulverwaltung, Pädagogen, Lehrbuchverfasser, der Präsident der Akademie der Wissenschaften Dr. Meister und der Bundesminister selbst teilnahmen, um sich über das Wesen der Zeitgeschichte ein Bild zu machen. Schließlich ist die Geschichte da, um aus ihr zu lernen, aber nicht erst zu lernen, wenn 50 Jahre verflossen sind, sondern möglichst bald, um zu verhindern, daß sich Irrtümer und Irrwege der jüngsten Vergangenheit wiederholen. Es war eine überaus eindrucksvolle und wertvolle Tagung.

Die Schulen, die Lehrer und insbesondere die Geschichtslehrer bemühen sich um die staatsbürgerliche und politische Erziehung der Jugend. In den Schulgesetzen aus dem Jahre 1962 wird besonders darauf verwiesen, daß unsere Jugend dem politischen und weltanschaulichen Denken anderer aufgeschlossen sein soll. Die Toleranz ist ein Hauptziel der Erziehung. Aus der Vergangenheit soll man lernen. Die Völker des alten Donaustaates gingen 1918 auseinander, weil man keinen Weg zueinander fand. Die Demokratie der Ersten Republik endete auf den Barrikaden, weil die politischen Gegner nicht danach strebten, Partner zu sein, sondern Feinde wurden. Das soll sich nicht wiederholen. Die Schule soll ihren Teil zu einer guten staatsbürgerlichen Erziehung beitragen, und sie tut es und wird es weiter tun. Dem gleichen Geiste dienen die Jungbürgerfeiern. Aber Demokratie und demokratische Lebensform sind nichts Selbstverständliches. Man muß sie lernen, lernen durch Lehrer, Vorbilder und durch Selbsterziehung. Demokrat zu sein, ist nicht leicht, aber es wird, es muß gelingen, zu erreichen, daß Demokratie in Österreich nicht nur ein leeres Wort bleibe. Jeder, der sich der Jugenderziehung im Geiste der Demokratie entgegenstellt, jeder dieser Art, ist ein Feind Österreichs.

Ich will mich nicht mit dem politischen Wirken des genannten Professors vor 1945 befassen. Das war eine andere Zeit. Nur eine Tatsache möchte ich erwähnen. Ich möchte nur erwähnen, daß er keinesfalls ein Widerstandskämpfer war, wie es oft scheint, weil er angibt, im Jahre 1943 aus der NSDAP ausgetreten zu sein. Er ist ausgeschlossen worden, hat sich aber eifrig bemüht, wieder Mitglied zu werden; sein Ausschluß ist am 7. Oktober des gleichen Jahres rückgängig gemacht worden. Nach 1945 hatte er, wie ja bekannt ist, sehr gute Beziehungen zur östlichen Besatzungsmacht, und dann wurde er österreichischer Hochschullehrer. Was nach 1945 geschah, das betrifft das wiedererstandene Österreich, dessen Geburtstag wir als einen glücklichen Tag seiner Geschichte bezeichnen und den wir am 27. April dieses Jahres, da der Staat 20 Jahre besteht, in festlicher Weise begehen werden.

Anders Professor Borodajkewycz. Für ihn ist das Jahr 1945 ein Jahr, das reich ist an Gesinnungs- und Würdelosigkeit. Er verwendete diese Charakterisierung in einem Aufsatz aus dem Jahre 1956, als aktiver österreichischer Hochschullehrer. Von den Bemühungen, zu einem Begriff zu kommen, der alle Österreicher umfaßt, spricht er als von dem »Geflunker um die österreichische Nation«. Sicherlich sind Begriffe vielseitig wandelbar. Wir haben heute die Institution der Vereinten Nationen, das heißt, jedes einzelne Land, jedes Glied ist eine Nation. Wenn jemand andere Ansichten hat, so ist das seine Sache. Aber ein Hochschullehrer hat die Bestrebungen österreichischer Demokraten und Patrioten nicht lächerlich zu machen *(Abg. Weikhart: Sehr richtig!)* und vor seinen

Hörern das Vaterland, dem er und sie angehören, nicht zu verunglimpfen.

In der Schweiz erscheint eine »Nationalzeitung«. Ich nehme nicht an, daß das eine deutschnationale Nationalzeitung ist *(Abg. Mark: Sicher nicht!)*, sondern das ist eine Zeitung der Schweizer Nation, zu der alle die gehören, die die deutsche, französische, italienische oder rätoromanische Sprache sprechen. Niemand will die freundschaftlichen Beziehungen zu Deutschland trüben, aber ein Österreicher, der fest auf dem Boden seines Staates, seines Vaterlandes, steht und nicht immer nach Deutschland schielt, wird mehr Anerkennung im Ausland finden. Bismarck hat seinerzeit den Alldeutschen empfohlen und sie belehrt, sie sollen sich bemühen, gute Österreicher zu sein, es wäre nützlicher und besser.

Sicherlich, die gleiche Sprache hat eine starke staatsbildende Kraft, aber es gibt auch andere Faktoren, die bisweilen viel stärker sind. Die Österreicher sind österreichische Patrioten geworden, als es kein Östereich mehr gab! *(Beifall bei der SPÖ.)*

Die Formel »ein Volk — ein Reich« ist einfach und billig. Professor Borodajkewycz, von dem ich annehme, daß der die ost- und südosteuropäische Geschichte gut kennt, wird sicherlich von den Pomaken des südlichen Balkan wissen, daß sie den Islam angenommen haben, keineswegs Türkisch konnten und lieber in die Türkei auswanderten, als daß sie in Bulgarien blieben. Das heißt, die Religion war für sie ein starker staatsbildender Faktor.

Professor Borodajkewycz urteilt sehr abfällig über den österreichischen Geschichtsunterricht. Er spricht davon, daß dieser österreichische Geschichtsunterricht aus Geschichtsfälschungen bestehe. Ich bin überzeugt, er hat niemals ein Lehrbuch einer höheren Schule über Geschichte gelesen, er hat auch niemals den Lehrplan durchgesehen, denn sonst könnte er sich nicht so ausdrücken. Was er aber ausgesprochen hat, ist eine üble Verleumdung, die man scharf zurückweisen muß.

Jeder Schulmann wird wissen, daß man Geschichte nicht so unterrichten kann, als hörte die Welt an den Grenzen des Staates auf. Immer sind die Staaten miteinander verbunden. Es wäre sicherlich interessant, wenn dieser Professor wüßte, daß zum Beispiel in einem Geschichtsbuch, das ich zufälligerweise aufgeschlagen habe, Namen wie der Reichsfreiherr vom Stein, der große Reformator in Preußen, Yorck, Gneisenau, aber auch Kutusow und Wellington zu finden sind. Man kann leicht etwas behaupten, wenn man weiß, daß Lehrpläne und Lehrbücher sowieso nicht bekannt sind.

Das oberste Gebot für jede historische Darstellung ist Wahrheit, und von diesen Grundsätzen wird in der österreichischen Geschichte und in den österreichischen Geschichtsbüchern nicht abgewichen. Geschichtslehrer, ob sie an einer Hochschule Vorlesungen halten oder an höheren Schulen unterrichten, tragen eine große erzieherische Verantwortung. Natürlich sucht die Jugend nach einem eigenen politischen Bild, nach Maßstäben, mit denen sie die Ereignisse, die Geschehnisse messen kann. Die Jugend neigt zu Kritik und Skeptizismus; begreiflich, sie übernimmt die Kultur, wählt aus, schafft Neues, trägt es weiter; sie muß sich in der kommenden Zeit behaupten, in ihr bestehen; ihre Zeit ist die Zukunft. Wir verstehen das.

Aber eines fehlt der Jugend: Sie ist nicht fest gegen politische Verführer. Wie sollte sie es auch sein? Gerade bei Historikern ist es notwendig, mit einer gewissen Behutsamkeit zu Werke zu gehen. Der junge Mensch soll seinen Weg selbst finden. Natürlich genießt jeder Lehrer, der des Wortes kundig ist, ein großes Maß an Autorität. Dies verpflichtet ihn aber zu Maßstäben, die der Jugend Raum für die eigene Entfaltung lassen.

An der Hochschule für Welthandel unterrichtet der Professor Wirtschaftsgeschichte. Ein wichtiges Fach! Das ist für den Professor Anlaß, sich um so häufiger mit Zeitgeschichte und Philosophie zu befassen. Das, was er hier bietet und geboten hat, ließe sich aus seinen Vorlesungen immer wieder ergänzen, wenn er über die entscheidenden Jahre 1918, 1927, 1934, 1938 spricht. Man hat, wenn man diese Tatsachen, die er anführt, liest, den Eindruck, daß seine geschichtlichen Darstellungen so sind, wie man sie in der Zeit vor 1945 geboten hat. Heute aber schreiben wir das Jahr 1965, in dem wir drei große historische Gedenktage feiern werden: den Tag der Befreiung Österreichs, den Tag des Staatsvertrages und das 600jährige Jubiläum des Bestehens der Wiener Universität.

In den Vorwochen zu diesen Festtagen marschieren Hochschüler durch Wien. Die einen demonstrieren für Österreich, die anderen schreien: »Hoch Borodajkewycz!« Man muß sich die Frage stellen: Wie war es möglich, daß sich so etwas entwickelt hat? Die Äußerungen des Professors sind doch nicht erst gestern erfolgt, sondern schon seit vielen Jahren! Hat sich denn niemand an der Hochschule gefunden, der dies bemerkt hat? Und wenn — warum ist man nicht dagegen eingeschritten? Mußte erst ganz Österreich durch das Fernsehen Zeuge dieser Art von Jugendbildung werden? Wie soll das weitergehen? Die Angelegenheit ist doch keine österreichische Sache allein! Wir, die wir Europa-Gespräche veranstalten — erst vor wenigen Tagen hat Innsbruck eine Auszeichnung für europäisches Verhalten bekommen —, bieten der Welt ein Schauspiel, das in der Lage ist, unser Ansehen in der ganzen Welt schwerstens zu schädigen! *(Zustimmung bei der SPÖ.)* Wie lange noch stellen wir den inneren Frieden und unser Ansehen im Ausland aufs Spiel? Wie lange noch? Es ist wichtig, daß endlich alles geschehe, um diesen ungesunden und gefährlichen Zustand an der Hochschule für Welthandel zu überwinden.

Wir erinnern uns noch sehr gut an die Vorgänge an den österreichischen Hochschulen in der Zeit der Ersten Republik. Daß die Hochschulen nicht lebensfremde Institutionen sein sollen, ist selbstverständlich. Sie sollen dem Leben sehr nahestehen. Natürlich, für die Studenten ist das Studium das erste, aber niemand wird dagegen sein, wenn sie am Zeitgeschehen Anteil nehmen. Aus einem solchen Verhalten wird keine Schwierigkeit entstehen, wenn Lehrer und Studenten von einer guten Gesinnung für den Staat erfüllt sind. Wenn aber der Ungeist der Staatsfeindlichkeit bei den Professoren und Studenten Eingang findet, dann ist Gefahr im Verzug. Wie war es in der Ersten Republik? Die Studenten hetzten gegen den Staat, und einzelne Professoren deckten dies.

Wir sind zum Glück empfindlicher geworden und nicht gewillt, den Anfang einer solchen Entwicklung zu dulden. Man muß den Funken austreten, bevor ein Brand entsteht. Wir wissen auch, daß der Kreis der Unbelehrbaren nicht übermäßig groß ist; wir wollen nicht verallgemeinern, aber auch nichts übersehen. Wir haben genug erlebt, um zu wissen, daß man sich nicht treiben lassen darf. So fing es seinerzeit an: Zuerst sah man zu, dann schloß man Verträge, um den Frieden zu retten, und ließ sich als Friedensbringer feiern, und dann begann der Krieg. Heute wissen wir, daß man mit dem Unrecht nicht paktieren kann, daß Saumseligkeit gefährlich ist, daß man zur rechten Zeit aktiv werden muß, wenn man nicht überrollt werden will.

Es ist genug gewarnt worden! Ganz Österreich ist empört. Wir warten nun auf Entscheidungen. Die Entschließung, die wir heute hier beschließen werden, ist nicht ein Schlußpunkt, um zu bestimmten Ereignissen auch Stellung zu beziehen; sie ist ein Anfang, ein Beginnen, eine Mahnung an die Verantwortlichen, an die Verantwortlichen in der Regierung und an die Verantwortlichen an der Hochschule, alle Schritte zu unternehmen, die zur Abwendung dieser Gefahren für Österreich führen und zur Wahrung des Ansehens Österreichs in der Welt erforderlich sind. *(Starker anhaltender Beifall bei SPÖ und ÖVP.)*

Abgeordneter Dr. *Nemecz* (ÖVP): Herr Präsident! Hohes Haus! Meine sehr geehrten Damen und Herren! ... Ich darf nun im Sinne der Geschäftsordnung noch einmal das Wort nehmen und zur Resolution und zum Fall Borodajkewycz Stellung beziehen.

Vorausgeschickt sei, daß ich bis zum 20. Jänner 1965 von der Existenz des Herrn Dr. Taras Borodajkewycz, Professor für Wirtschaftsgeschichte an der Hochschule für Welthandel in Wien — ich darf ihn in der Folge kurz Professor nennen —, keine Ahnung hatte. Ich bin also vollkommen unbefangen.

Am 20. Jänner dieses Jahres brachten sozialistische Abgeordnete eine Anfrage an den Unterrichtsminister ein, die sich auf den Professor bezog. Ich darf den Inhalt dieser Anfrage kurz skizzieren. Dies ist notwendig, denn die Debatte wird ja nicht nur hier gehört, sondern vielleicht auch im Rundfunk. Es ist daher erforderlich, daß der Zusammenhang bekannt wird.

In dieser Anfrage beziehen sich die Anfragesteller auf einen Artikel im *Parlament,* das ist eine deutsche Wochenzeitschrift, in der der genannte Professor zum Zweiten Weltkrieg einen Beitrag gebracht hat. Die Abgeordneten waren der Meinung, »daß sich ein aktiver Hochschulprofessor selbst disqualifiziert, wenn er zum Beispiel schreibt: ›Es ist nur ein Teil der gesamtdeutschen Katastrophe, daß wir deutschen Österreicher zum zweiten Male innerhalb einer Generation das größere Vaterland verloren haben‹ «. Es wird dann die politische Vergangenheit des Professors näher ausgeführt, die ich jetzt nicht wiederholen möchte. Schließlich wird noch auf eine Dokumentation in der Zeitschrift *Die Aktion* vom August 1956 verwiesen, wo der genannte Professor unter anderem von dem »Geflunker von der ›österreichischen‹ Nation« schrieb.

Es ist in diesem Zusammenhang vielleicht wichtig, zu bemerken, daß mein Parteifreund Kummer schon am 6. Dezember 1957 in der 44. Sitzung der VIII. Gesetzgebungsperiode diesen Artikel in der Debatte zum Kapitel Unterricht gebracht hat, aber ohne Namensnennung. Der Herr Unterrichtsminister hat dann diese Anfrage dahin beantwortet, daß er jene Stellen, denen die Handhabung der Disziplinargewalt obliegt, benachrichtigt habe. Ich habe eigentlich erst heute aus den Ausführungen des Herrn Dr. Neugebauer gehört, was weiter geschehen ist.

Soweit die Vorgeschichte der Anfrage und deren Beantwortung.

Es wäre vielleicht gar nichts geschehen, wenn nicht der 23. März dieses Jahres gekommen wäre, an dem nicht nur bei der Post und bei der Eisenbahn gestreikt wurde, sondern an dem auch auf akademischem Boden eine Veranstaltung stattfand, von der ich persönlich bis zur Stunde nicht weiß, welcher Art sie war und von wem sie einberufen oder veranstaltet wurde. War sie eine Diskussion, war sie eine Pressekonferenz oder war sie eine Fernsehshow? Ich weiß es nicht. Festzustehen scheint allerdings, daß diese Veranstaltung dazu dienen sollte, dem Herrn Professor Gelegenheit zu geben, zu den gegen ihn erhobenen Anwürfen Stellung zu nehmen.

Der Professor war schlecht beraten, als er zu dieser Veranstaltung ging oder dieselbe gar veranlaßte; denn die Ereignisse bei dieser Veranstaltung haben dazu geführt, daß wir uns überhaupt heute mit diesem Fall zu beschäftigen haben. Die Vorkommnisse bei dieser Veranstaltung waren der Anlaß, daß eine Welle der Empörung über das ganze Land ging und daß wir heute so weit sind, daß schon wieder, und zwar nicht nur im Inland, sondern auch im Ausland, von der Bedrohung unserer Demokratie gesprochen wird.

Was ist nun bei dieser sogenannten Pressekonferenz geschehen? Ich habe Teile derselben persönlich am Fernsehschirm gesehen und gehört. Ich möchte nicht verschweigen, daß ich gehört habe, die Fernsehsendung sei zugeschnitten worden.

Der Professor sprach von seiner nationalsozialistischen Vergangenheit und bekannte sich zu der Tatsache, daß er freiwillig der NSDAP schon im Jahre 1934 beigetreten ist. Dieses Bekenntnis des freiwilligen Beitrittes zur NSDAP wurde von einem Teil der Zuhörerschaft mit großem, starkem, ja fast frenetischem Beifall quittiert. Der Professor sprach vom »Juden Kelsen«, worauf ein schallendes Gelächter erscholl. Das gleiche Gelächter erscholl, als der Professor den Namen eines jüdischen Rechtsanwaltes nannte. Auf die Anfrage eines Journalisten bekräftigte der Professor seine Meinung, daß es keine österreichische Nation gebe, sondern nur einen österreichischen Staat. *(Hört! Hört!-Rufe bei der SPÖ.)* Er gab in diesem Zusammenhang zu, daß er in einer Zeitschrift von dem »Geflunker von der ›österreichischen‹ Nation« geschrieben habe. Das sind Tatsachen, das sind die Äußerungen und Vorkommnisse, die von mir persönlich wahrgenommen wurden.

Was nun die übrigen dem Professor zur Last gelegten Äußerungen oder sonstigen Tathandlungen anbelangt *(Abg. Populorum: Das alles ist dem Herrn Unterrichtsminister zuwenig!)*, so muß ich als Jurist und vor allem auch auf Grund meines Berufes als Anwalt und Verteidiger in Strafsachen sagen, daß ich hiezu nicht Stellung nehmen kann, weil für mich auch in diesem Fall der Grundsatz »Audiatur et altera pars!«, also der Grundsatz des beiderseitigen Gehörs, gilt. Ich möchte daher auch keine persönlichen Angriffe vorbringen, zumal gegen eine Person, die nicht hier und also nicht in der Lage ist, sich zu verteidigen. Ob und welche gerichtlich strafbaren oder disziplinär zu ahndenden Tatbestände gesetzt wurden, werden die hiezu verfassungsrechtlich berufenen Organe zu entscheiden haben, keinesfalls aber die Straße! *(Präsident Wallner übernimmt den Vorsitz.)*

Es ist daher meiner Ansicht nach zu verurteilen, daß der Professor beziehungsweise sein Sohn attackiert wurden, weil solche Methoden nicht geeignet sind, den Fall zu klären oder zu entscheiden, und nur an die Methoden eines Systems erinnern, das wir alle zu verurteilen haben.

Trotz dieser Feststellungen haben wir uns aber mit dem Fall des Professors zu beschäftigen. Ich habe von dieser Stelle aus schon vor einigen Jahren in einer ähnlichen Situation gesprochen. Es war im Jahr 1961, es war die Zeit, als bei uns in Österreich Bomben explodierten, als sogar Schüsse gegen das Parlament abgefeuert wurden und alte nationalsozialistische Kampflieder öffentlich gesungen wurden. Das Echo der Öffentlichkeit war damals verschiedenartig. Von »unüberlegten Lausbubenstreichen« bis zum »Wiederaufleben eines gefährlichen Neonazismus« waren alle Tonarten zu hören. Auf der einen Seite forderte man schärfste Sondergesetze gegen Republikfeinde, auf der anderen Seite glaubte man raten zu müssen, daß man dieser ganzen Angelegenheit überhaupt keine Bedeutung beimessen sollte.

Ich habe damals folgendes gesagt: Man sollte diese Erscheinungen weder dramatisieren noch bagatellisieren! — Ich wäre glücklich, wenn ich auch heute noch diesen Satz sagen könnte. Dem ist aber nicht so. Der Fall des Professors hat leider Gottes schon allzu hohe Wellen geschlagen, und zwar nicht nur im Inland, sondern auch im Ausland. Eine Welle des Protestes, eine Welle der Empörung ging über unser Land. Organisationen, Körperschaften, Elternvereinigungen, der Gewerkschaftsbund, ja sogar die Liga für Menschenrechte, die Österreichische Juristenkommission und so weiter haben Protesttelegramme an die Bundesregierung, den Bundeskanzler, den Unterrichtsminister und so weiter gerichtet. Demonstrationen haben stattgefunden, und weitere Demonstrationen — sogar für heute — sind angesagt. Bei den Demonstrationen hat es, wie ich gelesen habe, Beschimpfungen gegeben, ja es ist auch zu Tätlichkeiten gekommen. Dieser Fall hat bereits head-lines gemacht. Wer die diversen Presseorgane der letzten Tage gelesen hat, kennt diese Schlagzeilen; ich brauche sie nicht zu wiederholen.

Ich darf nun zu diesem Problem sachlich, objektiv und vor allem ohne Leidenschaft, sine ira et studio, Stellung nehmen.

Es gibt Menschenrechte und Grundfreiheiten, die außer Streit stehen, so vor allem selbstverständlich die Lehr- und Lernfreiheit. So wie jeder Mensch ein Recht auf Freiheit und Sicherheit hat, so hat auch jedermann Anspruch auf freie Meinungsäußerung. Dieses Recht schließt die Freiheit der Meinung und die Freiheit zum Empfang dieser Meinung ein. Ebenso steht aber außer Streit, daß die Ausübung dieser schon in der Menschenrechtskonvention garantierten Freiheiten Pflichten und Verantwortung mit sich bringt. *(Zustimmung bei der SPÖ.)*

Auf den gegenständlichen Fall bezogen, hat also der Professor sicherlich das Recht der Lehrfreiheit und den Anspruch auf freie Meinungsäußerung. Er hat aber bei der Ausübung dieser Rechte auch Pflichten wahrzunehmen und vor allem Verantwortung zu tragen. Er hat, zumal als Lehrer der Geschichte, die Pflicht, die ihm anvertrauten jungen Leute zu staatsbewußten Österreichern zu erziehen *(Beifall bei ÖVP und SPÖ)*, und er hat die Verantwortung, dafür zu sorgen, daß die Seelen dieser jungen Leute nicht durch verwerfliches Gedankengut vergiftet werden. *(Erneuter Beifall bei ÖVP und SPÖ.)*

Mit Recht kann mir jetzt der Herr Professor sagen, daß ich ihm keine Belehrung bei der Ausübung seines Lehrberufes zu erteilen habe. Ich will mir auch nicht anmaßen, einem Universitätslehrer eine Belehrung zu erteilen. Ich darf aber als freigewählter Abgeordneter meine Meinung äußern, die dahin geht, daß das Verhalten und die Äußerungen des Herrn Professors am 23. März 1965 — soweit sie von mir am Fernsehschirm wahrgenommen werden konnten — keinesfalls in Ordnung waren. *(Ruf: Staatsfeind!)* Ich darf also Kritik üben. Ich stehe mit dieser Meinung nicht allein. Diese Meinung wird von allen Presseorganen ohne Unterschied der Partei, auch von der unabhängigen Presse, geteilt.

Ebenso herrscht die einmütige Meinung, daß man bei der Erziehung der Jugend alles vermeiden muß, was geeignet ist, verwerfliches Gedankengut zu injizieren. *(Beifall bei ÖVP und SPÖ.)*

Es ist daher die Entschließung des Professorenkollegiums an der Hochschule für Welthandel zu begrüßen, die, der Presse entnommen, lautet: »Das Kollegium verurteilt jede rassische Diskriminierung und die Verbreitung von Ansichten, die im Widerspruch sowohl zur österreichischen Verfassung wie zu den Grundsätzen der Vereinten Nationen stehen.«

Das ist richtig! Eine rassische Diskriminierung darf es nicht geben! Das muß doch für alle Österreicher außer Streit stehen! Wir haben aus einer schrecklichen Vergangenheit zu lernen und die Aufgabe, diese Vergangenheit endlich zu bewältigen.

Was aber den Fall an sich betrifft, so soll und muß er bereinigt werden, und zwar so rasch wie möglich, bevor noch mehr Leidenschaft entfacht wird. *(Beifall bei ÖVP und SPÖ.)* Das Wort haben jetzt die dazu gesetzlich berufenen Organe. Haben aber diese Organe gesprochen, dann Schluß der Debatte! Es darf nicht dazu kommen, daß das Ansehen unserer Hochschulen Schaden leidet. Die Hochschule für Welthandel hat bereits ihre Pforten, wenn auch nur vorübergehend, geschlossen. Wir wünschen, daß die Pforten wieder geöffnet werden und die Studenten von der Straße in die Hörsäle zurückkehren und diese Hörsäle dazu benützt werden, wozu sie bestimmt sind, nämlich zum Lehren und zum Lernen!

Wir haben allen Respekt vor der Wissenschaft, wir anerkennen die Lehr- und Lernfreiheit, wir erwarten aber mit Recht, daß unsere Jugend im österreichischen Sinne zur echten österreichischen Gesinnung erzogen wird *(Beifall bei ÖVP und SPÖ.)*

Professor Kelsen schreibt ...

University of California, Berkeley
Department of political Science

Berkeley, California 94720

Herrn Justizminister Christian Broda
Wien 1., Justizpalast

17. April 1965

Sehr geehrter Herr Justizminister!

Wie Ihnen gewiß bekannt ist, hat mich die Universität Wien, deren Ehrendoktor ich bin, eingeladen, an der im Mai stattfindenden 600-Jahr-Feier teilzunehmen. Ich habe diese Einladung angenommen und mitgeteilt, daß ich spätestens am 8. Mai in Wien eintreffen werde. Inzwischen haben die antisemitischen, gegen meine Person gerichteten, von einem Professor der Welthandelshochschule veranlaßten Demonstrationen stattgefunden. Dieser Professor hat, nach einem Bericht des »Aufbau« (New York, 2. April 1965) behauptet, ich hätte früher Kohn geheißen, was unwahr ist, da weder ich noch irgend einer meiner Vorfahren anders als Kelsen geheißen hat.

Die Demonstrationen, bei denen, wie man mir aus Wien schreibt, sogar ein alter Mann getötet wurde, haben mich gezwungen, meine Reise nach Wien aufzugeben, um mir und der Universität Unannehmlichkeiten zu ersparen. Ich bedaure dies um so mehr, als ich infolge dessen auf ein Wiedersehen mit Ihnen in nächster Zeit verzichten muß.

In der Hoffnung, daß Sie, sehr verehrter Herr Justizminister und die Ihren bei bestem Wohlsein sind, bleibe ich
in ausgezeichneter Hochschätzung

Ihr *Hans Kelsen*

Ein Journalist gibt zu Protokoll...

Bundespolizeidirektion Wien,
Abteilung I

Niederschrift

Wien, 26. April 1965

aufgenommen mit Dr. Thomas *Pluch*, Redakteur der »Wiener Zeitung«, am 25. 7. 1934 in Klagenfurt geb., öst. Stbg., Wien 19., Traklg. 10, Stiege 29/7 wohnhaft:

Ich nahm als Vertreter der *Wiener Zeitung* an der in der Hochschule für Welthandel abgehaltenen Pressekonferenz von Prof. Dr. Taras Borodajkewycz teil. An dieser Konferenz nahmen ca. 200 Studenten teil. Obwohl es mir nicht direkt bekannt ist, nehme ich an, daß sich die Abhaltung der Pressekonferenz unter den Studenten durch Mundpropaganda herumgesprochen habe.

Prof. Borodajkewycz wurde bei seinem Eintritt in den Saal von den anwesenden Studenten mit tosendem Applaus empfangen. In seinem Vortrag fiel im Zusammenhang mit der Erwähnung eines von ihm gegen die *Arbeiter-Zeitung* und *Zukunft* angestrengten Prozeß der Name des Rechtsanwaltes Dr. Rosenzweig. Die Erwähnung dieses Namens wurde vom Auditorium mit spontanem Gelächter aufgenommen. Ich habe für diese Reaktion der Studenten keine andere Erklärung, als daß sie mit antisemitischen Gefühlen unterschwellig beeinflußt worden sind, zumal der Redner in keiner Weise die rassische Abstammung des Genannten erwähnt hatte. Dieser Eindruck wurde noch unterstrichen, da auch der Name Kelsen für mich unmotiviertes Gelächter hervorrief. In diesem Zusammenhang hob Prof. Borodajkewycz hervor, daß man ihm zum Vorwurf gemacht hatte, er habe in seiner Vorlesung die Formulierung der »Jude Kelsen« gebraucht. Er habe es aber im Interesse der historischen Wahrheit für richtig befunden, die Abstammung prominenter Persönlichkeiten der Geschichte zu deklarieren. Der Redner erzielte auch hier einen Heiterkeitserfolg bei dem Ausspruch »Marx sei in seiner historischen Bedeutung zum Teil durch seine Herkunft aus dem Großrabbinertum gekennzeichnet«, was er aus wissenschaftlichen Gründen immer wieder betonen müsse. An der Bezeichnung »Jude« könne er aber nichts Diskriminierendes finden, denn er könne Marx nicht als »Israeli« bezeichnen.

Auf meine Frage an den Vorsitzenden, warum er das Gelächter bei der Erwähnung von Judennamen nicht mit einem Ordnungsruf geahndet habe, sagte dieser, er habe die freie Meinungsäußerung bei dieser Diskussion nicht unterbinden wollen. Diese Frage hat bei den Studenten abermals schallendes Gelächter zur Folge gehabt. Außerdem habe ich Auszüge aus der schriftlichen Anfrage mehrerer Abgeordneter im Parlament (der Kollege von der APA hatte diese Anfrage zufällig bei sich) verlesen. Bei den entscheidenden Stellen kamen von Prof. Borodajkewycz immer wieder Zwischenrufe wie: »richtig« und »sehr richtig«. Zu dem Passus über seine nazistische Vergangenheit (Auszüge aus dem Gauakt) erwähnte Prof. Borodajkewycz, man solle mit diesem Unfug endlich aufhören. Zum Unterschied von vielen anderen rede er sich jetzt nicht auf Zwang aus, er sei vielmehr freiwillig der NSDAP beigetreten und stehe heute auch zu diesem, seinem damaligen Entschluß. Dieser Satz des Redners wurde mit spontanem Applaus aufgenommen.

Nach einigen anderen, kurzen Diskussionsbeiträgen wurde von mir die Frage an Prof. Borodajkewycz gerichtet, ob er sich heute noch zu dem vor 8 Jahren schriftlich niedergelegten Gedanken bekenne, die österreichische Nation sei ein Unfug. Auf sein »natürlich« ergänzte ich die Frage dahingehend, ob er der Meinung sei, die österreichische Hochschuljugend müsse in diesem Sinne unterrichtet werden, d. h. man solle sie den Satz »vom österreichischen Staat als Unfug« lehren. Diese meine Wortverdrehung (Nation = Staat) brachte Prof. Borodajkewycz sichtlich in Erregung. Er rief mehrmals aus: »Das ist eine Lüge« und ich möge diesen Satz noch einmal lesen. Diese mehrmals ausgesprochene Bezichtigung nahm ich zum Anlaß, um unter Protest den Saal zu verlassen. Auch meine zuletzt vorgebrachten Anfragen waren von Gelächter der im Saal anwesenden Studenten begleitet. Bei meinem Abgang wurden verschiedentlich Zwischenrufe wie: »Namen nennen« und »Von wo ist der überhaupt?« laut.

Es ist meine persönliche Ansicht, daß es sich höchstens um einen kleinen neonazistischen Kader unter den Studenten gehandelt haben kann. Die Kundgebungen der Mehrheit der Studenten jedoch dürfte auf eine nicht bewußte oder nicht bewußt gewordene Beeinflussung durch die Vorlesungen von Prof. Borodajkewycz zurückzuführen sein.

Der Kläger als Beschuldigter

Geschäftszahl ~ ~r 2128/65

Vernehmung des Beschuldigten

Landes -Gericht f.Strafs.Wien

am 27.Apr. 1965 , Beginn   Uhr

Gegenwärtig:

Richter   OLGR.Dr.Röhricht

Schriftführer: VB.Popp

Strafsache gegen: Prof.Dr.Taras B o r o d a j k e w y c z

Der Beschuldigte wird ermahnt, die vorzulegenden Fragen bestimmt, deutlich und wahrheitsgemäß zu beantworten.

Er gibt über seine persönlichen Verhältnisse an:

Vor- und Zuname: (bei Frauen auch Mädchenname)	Prof.Dr.Taras B o r o d a j k e w y c z
Ruf- oder Hausname:	-
Familienstand:	verh.,
Namen der Eltern:	Wladimir und Henriette
Vorname des Gatten:	Krimhilde
Tag, Monat, Jahr der Geburt:	1.1o.19o2
Ort, Bezirk, Land der Geburt:	Wien
Staatszugehörigkeit:	österr.,
Glaubensbekenntnis:	rk.,
Beruf und Stellung im Beruf:	Prof. an der Hochschule für Welthandel in Wien
Letzter Wohn- (Aufenthalts-) ort, Bezirk, (Straße, Hausnummer):	Wien 1., Jakobergasse Nr. 4
Schulbildung:	5 Kl. VS., 8 Kl.Gymn., Dr.phil an der Universität Wien S 9ooo.- bis
Vermögen und Einkommen:	kein Vermögen, Eink.:/S 1o.ooo.- mtl.
Pflicht zu sorgen für:	Gattin und 2 Kinder (in Berufsausbildung)
Vorstrafen:	keine

Mir wurde die Stellungnahme der StA. Wien vom 23. 4. 1965, Punkt 1) bezüglich Paßamtsangelegenheiten zur Kenntnis gebracht. Mir wurde Rechtsmittelbelehrung für das gesamte Vorverfahren erteilt.

Ich möchte mich mit meinem Anwalt beraten und bitte daher um Ausfertigung des mir mündlich bekanntgegebenen Beschlusses, wonach auf Grund der eingangs erwähnten Stellungnahme der StA. Wien meinem Ersuchen um Ausstellung einer Unbedenklichkeitsbescheinigung nicht stattgegeben werden kann. Ich sehe mich zu dieser Haltung insbesondere dadurch veranlaßt, weil ich nicht weiß, wie lange die StA. ihre diesbezügliche Stellungnahme aufrecht erhalten will, wie lange ich also nicht ins Ausland fahren könnte. Eine Fahrt ins Ausland wäre vielleicht auch aus dienstlichen Gründen mitunter notwendig. Ich denke da daran, daß ich schon jetzt weiß, daß ich in ca. 1¹/₂ Monaten eine Verpflichtung zu Vorträgen im Ausland habe.

§ 3 g Verbotsgesetz und § 98 b StG. wurden mir erläutert. Zu § 98 b StG. schicke ich gleich voraus, daß ich tatsächlich sagte, daß ich jene Hörer, die Unwahrheiten über mich behaupten zur Verantwortung ziehen werde, vor allem im disziplinären Wege. Ich habe als akademischer Lehrer das Recht zu sagen, daß ich gegen jene Personen, die vor Gericht eine falsche Aussage machen, einschreiten werde. Ich habe also das Recht, wenn jemand gegen mich ein Verbrechen begeht, daß auch die Hochschulbehörde als Disziplinardienststelle einzuschreiten hätte.

Bezüglich Aussage des Zeugen Lacina, wobei mir ON. 5 vorgehalten worden ist, verweise ich darauf, daß Lacina vor dem StrafBG. Wien am 17. 1. 1963 als Zeuge ausdrücklich erklärte, Äußerungen meinerseits, nach denen auf meine NS-Einstellung zu schließen wäre, nicht gehört hat. Er hat ausdrücklich erklärt — vgl. Seite 115 — daß er Äußerungen von mir, die Rückschlüsse über meine Einstellung zur Demokratie zulassen, nicht anführen könne. Nunmehr bekennt er sich als Verfasser der sogenannten Vorlesungsniederschrift, hat diese Vorlesungsniederschrift als Teil seiner Zeugenaussage aufrecht erhalten und hat damit eben widersprechende Angaben gemacht. Die Prüfung bei mir hat Lacina am 17. 1. 1963 schon abgelegt gehabt, und zwar hat er sie bei mir am 20. 11. 1962 mit gutem Erfolg abgelegt. Er brauchte sich daher am 17. 1. 1963 nicht vor mir als Prüfer irgendwie scheuen. Ich habe — und das mußte Lacina wissen — nie mehr mit ihm etwas zu tun während seines Studiums.

Ich kann es nicht beweisen, aber ich bin auch heute noch der festen Überzeugung, daß diese Vorlesungsniederschrift nicht damals sofort von Lacina verfaßt worden ist.

Bei dem Satz: »Die zwei größten Tage meines Lebens ...« war Lacina selbst gar nicht dabei. Diese Redewendung und zwar in der Form, in der ich sie gebrauchte, ist in einem Seminar gefallen und nicht in einer Vorlesung.

Ich habe niemals den Ausdruck gebraucht: »glanzvollster Redner des 20. Jahrhunderts par excellence«. Daraus allein ersehe ich schon, daß diese Mitschrift nicht in meiner Vorlesung angefertigt wurde. Lacina hat bei mir die Prüfung mit gutem Erfolg gemacht, er ist also begabt; der Verfasser dieser Mitschrift dürfte jedoch nicht sehr begabt sein.

Zu den Fragen auf Seite 1/2:

Zu Frage 1a):

Ich wurde nach einer Vorlesung von einigen Hörern gefragt, ob ich den Film »Mein Kampf« gesehen habe. Ich bejahte und fügte bei, daß der Film ja nicht von einem Historiker gemacht wurde, daher nicht ganz der Wahrheit entspricht und daß, um zur geschichtlichen Wahrheit zu kommen, ein Kommentar nötig wäre. Diesen Kommentar habe ich aber meinen Hörern nicht gegeben, da dies infolge Zeitmangels nicht möglich war.

Zu Frage 1b):

Es ist richtig, daß ich sagte, daß die Weimarer Verfassung von dem jüdischen Staatsrechtslehrer Hugo Preuß stammt, was meines Wissens der Wahrheit entspricht. Ich habe keineswegs jemals die Weimarer Verfassung als schlecht bezeichnet, etwa deswegen, weil sie von Preuß stammt, sondern im Gegenteil. Ich hatte sogar einen befreundeten jüdischen Prof., namens Beyerle (München), der maßgeblich bei der Festsetzung der Weimarer Verfassung mitgewirkt hat, also ein Mitarbeiter von Preuß war. Beyerle habe ich sehr verehrt und war er meiner Meinung nach ein großer Jurist. Dieser Prof. Beyerle ist bereits gestorben. Ich war wiederholt bei Prof. Beyerle eingeladen, konnte, wenn ich in München war, bei ihm wohnen usw.

Ebenso ist richtig, daß ich gesagt habe, daß an dem Zustandekommen der österr. Verfassung ein jüdischer Gelehrter namens Kelsen beteiligt war, habe jedoch nichts davon gesagt, daß er Kohn hieß, da ich dies gar nicht wußte. Ich habe mich später, nämlich erst jetzt, orientiert und weiß, daß es gar nicht stimmt, daß Kelsen früher Kohn hieß. Ich habe jetzt d. h. vor einigen Jahren (4 od. 5 Jahren) erfahren, daß Kelsen früher Littmann geheißen haben soll. Kelsen ist gebürtiger Prager, aber Kohn hat er jedenfalls — soweit ich unterrichtet bin — nie geheißen. Schließlich muß ich darauf hinweisen, daß kein einziger Zeuge da ist, der präzise bestätigen kann, daß ich behauptet hätte, Kelsen habe früher Kohn geheißen. Nachdem ich aber schon seit

Jahren weiß, daß Kelsen früher möglicherweise Littmann hieß, hätte ich niemals in einer Vorlesung etwas von dem Namen Kohn erwähnt*.

Ich betone nochmals, daß ich als Historiker die Verdienste des Judentums in den einzelnen Sparten des Lebens und der Wissenschaft der Wahrheit gemäß hervorheben wollte und auch hervorgehoben habe. Außerdem bin ich niemals ein Anhänger des Rassenproblems gewesen, da ich als Katholik diese primitive slawinistische** Betrachtung von Menschen u. Völkern ablehne. Ich war immer der Meinung, daß die Judenfrage ein theologisches Problem und nie ein Rassenproblem sei. Diesbezüglich werde ich noch Beweise anbieten:

Zu Frage 1c):

Ich habe in einem Seminar erklärt, daß die zwei größten Szenerien, die ich in meinem Leben erlebte, eben die Kundgebung auf dem Heldenplatz und die Wahl Pius des XII. zum Papst, waren. Ich verweise auf meine diesbezügl. Angaben auch bei der Pressekonferenz. Das waren eben Angaben im Hinblick auf die Masse, die zuhörte, auf die beobachtete Wirkung der Rede auf die Masse usw., aber nicht auf den Inhalt der Rede. Von der Rede Hitlers habe ich überhaupt nichts gesagt, sondern nur vom Massenauftrieb.

Zu Frage 1d):

Über Rosa Luxemburg habe ich nur gesprochen, weil sie eine Zwischenstellung zwischen Lenin und Bernstein einnahm. Ich erwähnte wohl, daß sie eine Jüdin war, ob ich sie als Suffragettin bezeichnete, weiß ich nicht, wobei ich sagen müßte, daß der Ausdruck nicht unangebracht wäre, wenn man betrachtet, daß sie und Liebknecht in den Spartakistenkämpfen in Berlin umgekommen ist.

Zu Frage 1e):

Ich habe der ersten Republik den Vorwurf gemacht, daß sowohl in Österreich wie auch in Deutschland verabsäumt wurde, der Jugend u. überhaupt der Bevölkerung die Demokratie nahezubringen. Ich habe betont, daß ein großer Teil der führenden geistigen Persönlichkeiten, wie Oswald Spengler, Moeller van den Bruck, Ernst Jünger, August Winigg, Othmar Spann aus ihrer Ablehnung der neuen Demokratie kein Hehl machten und durch ihre eindrucksvollen Persönlichkeiten das Ohr der Jugend gewannen.

---

* Siehe dazu die dezidierte Erklärung von B. in der Gerichtsverhandlung vom 25. November 1963 (Seite 76).
** Offenkundig ein Fehler im Protokoll.

Zu Frage 1f):

Ich bin auch heute noch der Meinung, daß dieses Freikorps eine hervorragende Leistung vollbrachte für die freie Welt, denn man muß wissen, was die Bolschewisten damals in den Oststaaten gemacht haben.

Zu Frage 1g):

Bezüglich Eisner habe ich vielleicht den Ausdruck »Kaffeehausliterat« gebraucht. Das ist ein Ausdruck, der in der Literatur vorkommt.

Zu Frage 1h):

Diesen Ausdruck habe ich gebraucht und ist dies ja auch eine geschichtliche Tatsache.

Zu Frage 1i):

Ich habe dies nur als Programmpunkt der NSDAP. erwähnt, jedoch ohne weiteren Kommentar. Ich habe es für falsch gehalten, wenn sich der Staat in Kunstfragen einmischt.

Zu Frage 1j):

Diesbezüglich verweise ich auf meine obigen Angaben. Ich habe am 9. 4. 1938 in der Nordwestbahnhalle Hitler aus großer Entfernung sprechen gehört und kann sagen, daß seine Augen einen gewissen Eindruck auf die Zuhörer machten. Ich muß beifügen, daß Guido Schmid und Dr. Wilhelm Wolf mit Hitler zusammengekommen sind in der Reichskanzlei in Berlin, und zwar am 20. November 1936.

Schmid wollte eine Ansprache halten, aber auf Grund des eigenartigen Blickes Hitlers brachte er kein Wort heraus. Und dies hat er und Dr. Wilhelm Wolf mir erzählt.

Zu Frage 1k):

Diesen Ausdruck gebrauchte ich und wird auch heute noch von mir für richtig gehalten. Wohl gibt es eine Staatsnation und verweise ich diesbezügl. auf meine Erklärungen bei der Pressekonferenz, die auch dem Akt beigeschlossen sind.

Zu Frage 1l):

Ich habe erklärt, der jüdische Chefredakteur der »Arbeiter-Zeitung«, hat in dieser Zeitung zum Bürgerkrieg aufgefordert. Es war dies ein Brandartikel zum 15. Juli 1927.

Zu Punkt 2) auf Seite 2:

Ich habe ein paar Sätze aus »Mein Kampf« vorgelesen, die über Hitlers antiösterreichische bzw. antihabsburgische Haltung etwas aussagten und auch einiges verlesen, wieso er zum Antisemitismus kam und wieso er dazu gekommen ist, Judentum und Sozialismus gleichzusetzen. Es ist nur eigenartig, daß Lacina bisher dies nicht bei Gericht deponiert hat und jetzt auf einmal, Jahre später sich an dieses erinnern kann. Bei Gericht hat Lacina angegeben, daß ich das Programm der NSDAP. vorgelesen habe, aber ohne Kommentar.

Über die Einstellung des Zeugen Lacina gibt die von mir hiermit vorgelegte Durchschrift vom 4. 4. 1965 Aufschluß.

Zu Punkt 2b) des Antrages der StA. Wien vom 23. 4. 1965: Diesbezüglich verweise ich auf die mir vorgehaltene Darstellung des Zeugen Friedrich Bock, ON. 11, wonach ein Kandidat, der bei mir Prüfung machte, nicht angab, daß Karl Marx Jude war und trotzdem mit »sehr gut« beurteilt wurde.

Zu Punkt 2c) des Antrages vom 23. 4. 1965: Diesbezüglich verweise ich auf meine bisherigen, eingangs gemachten, Angaben, die ich auch schon früher machte.

Zu Punkt 2d) vom 23. 4. 1965 (Seite 3d verso): Ich lege hiermit 12 Zeitungen bzw. Zeitschriften oder Zeitungsbzw. Zeitschriftenausschnitte zum Akt, die Artikel enthalten, die ich in der Zeit ab 1945 verfaßt habe. Diese 12 Druckschriften habe ich in einer orangefarbigen Mappe vorgelegt. Ich ersuche um Rückgabe derselben nach Amtsgebrauch.

Weiters lege ich vor und bitte ebenfalls um Rückgabe: Humanistisches Gespräch, 1964, Lions Club Bad Ischl.

Festrede bei der akademischen Feier der montanistischen Hochschule in Leoben vom 25. 10. 1963.

Akademische Blätter Jahrgang 66, August 1964, Heft 8.

Forum vom Dezember 1955, Heft 24.

Die Sudetenfrage in europäischer Sicht, München 1962, Verlag Lerche.

Sudetendeutscher Erzieherbrief, Folge 3, München 1959.

3 Hefte »Europäische Begegnung« a) Nov. 62, Heft 11, b) April 63, Heft 4, c) Juni 63, Heft 6.

3 Hefte »Der neue Bund«, a) Folge 3, 1955, b) Folge 4, 1956 und c) Folge 1, 1962.

»Das östliche Deutschland«.

»Bischof und Domdechant«.

Festschrift für Hans Sedlmayer.

Gewerbefreiheit u. konservativer Geist.

»Die Pause«, 9. Jahrgang, Heft 8/9, in welchem Heft der Artikel, »Die überstaatlichen Lebensformen« von mir veröffentlicht ist, welcher Artikel mir in der NS-Zeit sehr angekreidet worden ist.

»Reichsidee und Nationalstaatsgedanken«, Schriften der burschenschaftlichen Gemeinschaft, Heft 1; 1963.

»Sudetendeutscher Tag 1959/Wien«.

»Deutschland, unser Vaterland«, Referate u. Gespräche, Eberbach-Neckar, 1961.

Ich habe alle Schriften vorgelegt, die ich in der Eile erreichen konnte. Ich behalte mir vor, weitere Schriften vorzulegen, sobald ich ein Exemplar von diesen auffinde oder erlange.

Jedenfalls bitte ich um Rückgabe aller vorgelegten Schriften nach Amtsgebrauch. Viele der vorgelegten Schriften sind nur Unikate, ich kann sie mir daher nicht wieder beschaffen.

Weiters lege ich vor Photokopien von an mich gelangten Schreiben; die Originalschreiben habe ich in Händen bzw. nach Vorweisung bei Gericht zurückerhalten. Ich verweise darauf, daß eine Liste mit über 1.800 Unterschriften beim Notar hinterlegt ist, die für mich sprechen und sind diese Listen in Ausfertigung dem Herrn Bundesminister und dem Herrn Bundeskanzler übermittelt worden.

Ich habe also heute noch vorgelegt u. bitte um Rückgabe nach Amtsgebrauch, die Photokopien an mich gelangter Schreiben von Hörern, an die ich mich zum Teil gar nicht mehr erinnere u. zwar:

Dkfm. Parthe vom 12. 4. 1965.
Dr. Schimko, vom 30. 3. 1965.
Dkfm. Lenzhofer vom 8. 4. 1965.
Dkfm. Kratschmer vom 25. 3. 1965.
Marzinkewics.
Dkfm. Gelter vom 4. 4. 1965.
Krainer vom 4. 4. 1965.
Dr. Schlick vom 4. 4. 1965.
Dkfm. Koch vom 5. 4. 1965.
Dkfm. Scheicher vom 31. 3. 1965.
Dkfm. Schwarz vom 2. 4. 1965.
Ingrid Schlick vom 6. 4. 1965.
Stonitsch vom 5. 3. 1965.
Katholische Hochschuljugend vom 29. 3. 1965.
Dkfm. Ferdinand Schwarz vom 4. 4. 1965 an Minister Dr. Piffl.
Madensky vom 6. 4. 1965.
Dr. Lainer vom 6. 4. 1965.

Weiters lege ich vor u. bitte auch um Rückgabe nach Amtsgebrauch, mit blauem Blei fortlaufend numerierte Photokopien von Teilen aus Zeitungen und Zeitschriften. Es sind 5 Photokopien, die mit Blaustift von 1 bis 5 numeriert wurden.

Die ON. 5, 11, 12 und 13 wurden mir auch zum Selbststudium vorgelegt. Ich kann nur auf meine diesbezüglichen bisherigen Angaben verweisen und darauf hinweisen, daß keiner der Zeugen mich eigentlich wirklich belastet hat.

Ich behalte mir jedenfalls vor, eine meine heutigen Aussagen ergänzende Stellungnahme vorzulegen, die als Teil meiner heutigen Aussage gewertet werden möge. Auch behalte ich mir vor, nachdem mir nunmehr alle Vorwürfe vorgehalten wurden, Beweisanträge zu stellen.

Die Aussage eines Studenten

Wien, 3. Mai 1965

Bundespolizeidirektion Wien,
Abteilung I

Niederschrift

aufgenommen mit Dkfm. Alfred *Stirnemann*, Student, am 21. 8. 1939 in Wien geb., öst. Stbg., ldg., Wien 8., Lerchenfelderstr. 120/32 wohnhaft, der folgendes angibt:

Ich studiere seit dem Jahre 1957 an der Hochschule für Welthandel und habe im Jahre 1962 das Diplom erworben. Gegenwärtig arbeite ich an einer Dissertation.

Während meines Studiums habe ich durch 4 Semester bei Prof. Dr. Taras Borodajkewycz Wirtschafts- und Sozialgeschichte gehört und auch bei ihm eine Staatsprüfung abgelegt.

Ich erinnere mich, in meinem ersten Studienjahr während der Hauptvorlesung von Dr. Borodajkewycz eine Äußerung gehört zu haben, die er im Rahmen einer Polemik über die Zeitung »Neues Österreich« machte und in der er Bezug auf einen von Dr. Husinsky geschriebenen Artikel nahm. Prof. Borodajkewycz erklärte hiebei, daß die Entnazifizierungskommissionen, denen auch Dr. Husinsky angehört hat, durch Gesinnungslosigkeit gekennzeichnet wären. Diese Gesinnungslosigkeit hätte sich darin ausgedrückt, (daß seitens der Kommissionen der Standpunkt vertreten wurde) daß die behandelten Nationalsozialisten deshalb in Schwierigkeiten gekommen sind, weil sie nicht eidbrüchig oder fahnenflüchtig geworden sind.

Ebenfalls in die Zeit meines ersten Studienjahres fällt eine spezielle Vorlesung Dr. Borodajkewycz über die Geschichte des Zweiten Weltkrieges. Er erklärte hiebei, daß in diesem Kriege Verbrechen begangen worden sind: das Bombardement von Dresden und die Atombombenabwürfe auf Japan. Es fiel mir damals auf, daß der Professor bei der Erwähnung der im Kriege begangenen Verbrechen nur diese beiden erwähnte.

Etwa in meinem zweiten Studienjahr besuchte ich einigemale

ein von Prof. Dr. Borodajkewycz gehaltenes Seminar über Karl Marx. Dr. Borodajkewycz betonte, daß die Haltung von Karl Marx und daß die von ihm vertretene Lehre nur dann verstanden werden könne, wenn man die jüdische Abstammung Marx' und seine Herkunft aus dem Rabbinertum kenne. Marx sei ein Schüler des Juden Moses Heß gewesen.

Diese Ansicht von Dr. Borodajkewycz war unter den Studenten derart bekannt, daß sie sich bei den Prüfungen darauf einstellten und daß diese Ansicht auch bei den sogenannten Paukerkursen hervorgehoben wurde.

Auch bei anderen Personen, wie beim Schöpfer der österreichischen Verfassung, Dr. Hans Kelsen, und beim Schöpfer der Weimarer Verfassung, Hugo Preuß, hob er hervor, daß sie Juden seien. Bei der Betonung des Judentums von Dr. Kelsen und Preuß war zu entnehmen, daß er sowohl diese, als auch die von ihnen geschaffenen Verfassungen kennzeichnen wollte.

Bei den öffentlich abgehaltenen Prüfungen ist es üblich, daß die Studenten sich diese Prüfungen anhören, um sich für ihre eigene Prüfung auf den Prüfer einzustellen. Bei diesen Prüfungen war es eine Eigenheit von Prof. Borodajkewycz, sich mit Nebenbemerkungen nicht nur an die Kandidaten, sondern auch an die zuhörenden Studenten zu wenden. So kritisierte er einmal wie ungünstig es sei, daß bei den Wahlen die Stimme einer Hausmeisterin das gleiche Gewicht habe, »wie, na sagen wir, meine Herren, wie die Stimme jedes, der hier im Saale anwesend ist.«

Viele dieser Äußerungen von Prof. Borodajkewycz ließen Rückschlüsse auf seine geistige Haltung zu, die im Tone dieser Äußerungen zu Tage trat. Trotzdem verfehlte dieser Ton im allgemeinen nicht die Wirkung auf seine Zuhörer.

Ich berichtige den 3. Abschnitt, 8. Zeile dahingehend, daß der Nebensatz »daß seitens der Kommissionen der Standpunkt vertreten wurde« zu streichen ist.

Der zweite Prozeß

An das

Strafbezirksgericht Wien

Wien VIII.,
==================
Hernalsergürtel 6-12

Privatankläger: Dr. Taras Borodajkewycz, Professor, Wien I.,
Jakobergasse 4/12.

Beschuldigte: 1. / Heinz Fischer, Redakteur,
2. / Alois Brunnthaler, Redakteur,
beide Wien V., Rechte Wienzeile 97,

vertreten durch:

RECHTSANWALT
DR. WILHELM ROSENZWEIG
WIEN I, OPERNGASSE 6
TEL. 52 46 07

wegen Presseehrenbeleidigung

Antrag auf Wiederaufnahme
==============================

5/3

einfach
Bellagen

145

Mit Urteil des Strafbezirksgerichtes Wien vom 25. November 1963 wurden wir wegen Übertretung nach § 491 StG. 1. Fall beziehungsweise § 30 Pressegesetz schuldig erkannt. Der angebotene Wahrheitsbeweis wurde vom Gericht als nicht erbracht angesehen. Das Gericht führte hiezu aus:

»Der Schwerpunkt, der gegen den Privatankläger Prof. Borodajkewycz erhobenen Vorwürfe liegt also nicht in seiner Vergangenheit und seinem Vorleben, welches nach seiner eigenen Aussage ja im wesentlichen so war, wie es in den Artikeln dargestellt worden ist, sondern darin, daß er heute als Professor an der Hochschule für Welthandel — nachdem er nur äußerlich zu einer Bejahung der demokratischen Einrichtungen gelangt sei — innerlich Nationalsozialist geblieben sei und dies auch in seiner Lehrtätigkeit in einer für die Erziehung der Studenten zur Demokratie abträglichen Form zum Ausdruck komme. In dieser Richtung war der Wahrheitsbeweis vor allem zu führen, ist jedoch gerade in diesem Punkt mißlungen.«

Wir sind nunmehr in der Lage, durch neue Beweismittel darzutun, daß der Privatankläger innerlich Nationalsozialist geblieben ist und dies auch in seiner Lehrtätigkeit in einer für die Erziehung der Studenten zur Demokratie abträglichen Form zum Ausdruck kommt.

Im abgeschlossenen Verfahren haben wir eine Vorlesungsmitschrift vorgelegt und hiezu vorgebracht, daß der Student, welcher diese Vorlesungsmitschrift verfaßt hat und der sich bereit erklärt hatte, diese Tatsache auch dem Gericht als Zeuge zu bekunden, auf Grund von Drohungen, die der Privatankläger in einer Vorlesung am 9. November 1962 geäußert hatte, so eingeschüchtert war, daß er, um Nachteile in seinem Fortkommen an der Hochschule zu vermeiden, bat, nicht zu erwähnen, daß die Vorlesungsmitschrift von ihm verfaßt worden sei*. Obwohl es uns ungeheuerlich erschien, einer so offenen Einschüchterung jemandes, der als Zeuge bei Gericht aussagen sollte, zu weichen, haben wir doch dem Ersuchen des betreffenden Studenten Rechnung getragen und unseren Verteidiger beauftragt, an den Studenten, der als Zeuge geführt war, keinerlei Fragen hinsichtlich dieser Vorlesungsmitschrift zu stellen und auch in keiner Weise erkennen zu lassen, daß er der Verfasser der Vorlesungsmitschrift sei. Wir beantragten die Vernehmung unseres Verteidigers über diesen Umstand, doch hat das Gericht diesen Beweisantrag abgelehnt.

Nunmehr hat der betreffende Student, der in der Zwischenzeit

* Siehe dazu Seite 55.

Diplomkaufmann geworden ist, seine Zustimmung dazu gegeben, ihn als Zeugen darüber zu führen, daß er an den in der Vorlesungsmitschrift angegebenen Tagen während der Vorlesung handschriftlich die Äußerungen des Privatanklägers mitgeschrieben hat. Lediglich die erste halbe Seite der vorgelegten maschinschriftlichen Abschrift der Vorlesungsmitschrift enthält eine Zusammenfassung einzelner Äußerungen, die in verschiedenen Vorlesungen gemacht wurden. Wir beantragen die Vernehmung des Verfassers der Vorlesungsmitschrift, Dkfm. Ferdinand Lacina, Wien IV., Karlsgasse 13/4.

Wir legen eine Fotokopie der handschriftlichen Vorlesungsmitschrift vor* und berufen uns auf den Zeugen Lacina auch darüber, daß der Privatankläger aus Hitlers »Mein Kampf«, Seite 42 ff, die Stelle über »Der erste Terror« und »Die sozialdemokratische Presse« weiters aus Seite 59—61 das Kapitel »Wandlung zum Antisemiten« und darunter auch folgende Stelle vorgelesen hat:

»Überhaupt war die sittliche und sonstige Reinlichkeit dieses Volkes ein Punkt für sich. Daß es sich hier um keine Wasserliebhaber handelte, konnte man ihnen ja schon am Äußeren ansehen, leider sehr oft sogar bei geschlossenem Auge. Mir wurde bei dem Geruche dieser Kaftanträger später manchmal übel. Dazu kamen noch die unsaubere Kleidung und die wenig heldische Erscheinung.
Dies alles konnte schon nicht sehr anziehend wirken; abgestoßen mußte man aber werden, wenn man über die körperliche Unsauberkeit hinaus plötzlich die moralischen Schmutzflecken des auserwählten Volkes entdeckte.«

Diese Vorlesungsmitschrift ist im Zusammenhang mit den bisherigen Ergebnissen des Beweisverfahrens geeignet, den Wahrheitsbeweis in vollem Umfang zu erbringen. Der Privatankläger hat im bisherigen Verfahren die folgenden Äußerungen der Vorlesungsmitschrift direkt oder indirekt zugegeben:

a) Er hat erklärt, daß der Film »Mein Kampf« die Tatsachen verzerrt darstellt.

b) Der Privatankläger gibt zu, in der Vorlesung erklärt zu haben, daß einer der zwei größten Tage in seinem Leben Hitlers Rede auf dem Heldenplatz am 15. März 1938 gewesen sei.

c) Der Privatankläger gibt als möglich zu, daß er Karl Liebknecht und Rosa Luxemburg als Juden bezeichnet hat.

* Siehe dazu den Wortlaut dieser Vorlesungsmitschrift: Seiten 36 ff.

d) Er gibt als möglich zu, darauf hingewiesen zu haben, daß die Weimarer Verfassung vom »jüdischen Staatsrechtslehrer Hugo Preuß« stammt, und fügte bei dieser Gelegenheit hinzu, daß die österreichische Verfassung vom Juden Kelsen, der früher Kohn geheißen habe, stamme.

e) Der Privatankläger gibt zu, erklärt zu haben, daß Winigg gegen »gewisse jüdische Führer der SPD« gewesen sei.

f) Er bestreitet, den ermordeten bayrischen Ministerpräsidenten Eisner als »polnischen Kaffeehausjuden« bezeichnet zu haben, hält jedoch den Ausdruck »polnischer Kaffeehausliterat« für möglich.

g) Der Privatankläger gibt als möglich zu, daß er bei der Besprechung des Parteiprogramms der NSDAP beim Punkt »Persönliche Bereicherung am Krieg verboten, Einziehung aller Kriegsgewinne« darauf hingewiesen habe, daß das jüdische Vermögen dabei eine große Rolle gespielt habe. (Nach der Vorlesungsmitschrift hat die Äußerung gelautet »Judentum hat dabei nicht geringe Rolle gespielt«.) Der Privatankläger verteidigt seine Äußerung jedoch in der Weise, daß er erklärt, daß dies den Tatsachen entspreche.

h) Der Privatankläger gibt zu, bei der Besprechung des Programmpunktes der NSDAP betreffend die zersetzende jüdische Literatur Bekessy als Beispiel angeführt zu haben.

i) Er gibt als möglich zu, daß er bei der Besprechung der Ereignisse des 15. Juli 1927 erklärt habe, »der Jude Austerlitz fordert in der AZ zum Bürgerkrieg und Putsch auf«.

Der Privatankläger hat weiters angegeben, daß die Wahl von 1938 eine echte Wahl war. Wir führen den Zeugen Lacina auch darüber, daß der Privatankläger in der Vorlesung ausführte, daß die Volksabstimmung über den Anschluß, die nach der gewaltsamen Besetzung Österreichs am 10. April 1938 durchgeführt wurde, eine echte Wahl gewesen sei.

Weiters legen wir die Abschrift einer Aktennotiz, die von unserem Verteidiger am 9. November 1962, mittags, auf Grund von Mitteilungen des Zeugen Lacina über Äußerungen des Privatanklägers in einer Vorlesung vom gleichen Tage gemacht wurde, vor und beantragen die Vernehmung des Zeugen Lacina auch über diese Vorfälle.

Beweis: Fotokopie der handschriftlichen Vorlesungsmitschrift, Abschrift einer Aktennotiz.

Einen weiteren Beweis dafür, daß der Privatankläger innerlich Nationalsozialist geblieben ist und dies in seiner Lehrtätigkeit in einer für die Erziehung der Studenten zur Demokratie abträglichen Form zum Ausdruck gekommen ist, bieten die Vorgänge, die sich an der Hochschule für Welthandel am Dienstag, den 23. März 1965, bei einer Pressekonferenz abgespielt haben. Die Vorgänge bei dieser Pressekonferenz zeigen deutlich, daß die Gefahren, auf die in den inkriminierten Artikeln hingewiesen wurden, Tatsache geworden sind. Durch die Äußerungen in dieser Pressekonferenz ist der gesamten österreichischen Öffentlichkeit und zum Teil auch der Weltöffentlichkeit klar geworden, welch geistige Vergiftung in einem Teil der Studentenschaft die Lehrtätigkeit des innerlich nationalsozialistischen Ideologien verhaftet gebliebenen Privatanklägers zur Folge gehabt hat. Zum Nachweis über die Vorgänge bei dieser Pressekonferenz legen wir die in der »Wiener Zeitung«, dem »Kurier« und dem »Neues Österreich« veröffentlichten Berichte vor. Ferner berufen wir uns zum Nachweis dafür, daß die Berichte in den genannten Zeitungen dem tatsächlichen Verlauf der Pressekonferenz entsprechen, auf die Vernehmung des Zeugen Arnold Klima, Redakteur, Wien VII., Lindeng. 52, und beantragen die Beischaffung der Tonbandaufnahme, die das österreichische Fernsehen über den gesamten Verlauf der Pressekonferenz aufgenommen hat*.

Beweis:

Zeuge Arnold Klima, Redakteur, Wien VII., Lindengasse 52.

Wenn auch die Vorgänge in der Pressekonferenz sich nach Urteilsfällung ereigneten, so sind sie doch Beweis dafür, daß die in den inkriminierten Artikeln über die Gesinnung des Privatanklägers gemachten Äußerungen auf Richtigkeit beruhen. Aus den Umständen des Falles ist es eindeutig, daß die bei der Pressekonferenz bekundete Gesinnung des Privatanklägers und die sich daraus ergebenden Gefahren für eine geistige Vergiftung der Studentenschaft nicht erst nach Urteilsfällung entstand, sondern das Ende des nationalsozialistischen Regimes überdauert hat.

Wir stellen den

Antrag

nach allfälliger Durchführung von Erhebungen die Wiederaufnahme des Verfahrens 2 U 545/62 (2 U 806/62) zu bewilligen.

Dr. Heinz Fischer
Alois Brunnthaler

Wien, den 2. April 1965

* Siehe den Wortlaut der Niederschrift dieser Tonbandaufnahme auf den Seiten 96 ff.

Bewilligung der Wiederaufnahme

2 U 545/62

Das Strafbezirksgericht Wien hat in der Strafsache gegen Doktor Heinz Fischer und Alois Brunnthaler wegen Übertretung gegen die Sicherheit der Ehre durch öffentliche Schmähungen nach § 491 StG. bezw. wegen Übertretung der Vernachlässigung der pflichtgemäßen Sorgfalt als verantwortlicher Redakteur nach § 30 Pressegesetz über den Antrag der Verurteilten auf Wiederaufnahme des Strafverfahrens nach Anhörung des Privatanklägers Dr. Taras Borodajkewycz den

Beschluß

gefaßt: Über Antrag des Dr. Heinz Fischer und des Alois Brunnthaler wird die Wiederaufnahme des Strafverfahrens bewilligt.

Begründung

Dr. Heinz Fischer und Alois Brunnthaler wurden mit Urteil des gefertigten Gerichtes vom 25. 11. 1963 wegen Übertretung gegen die Sicherheit der Ehre durch öffentliche Schmähungen nach § 491 StG. 1. Fall bezw. wegen Übertretung der Vernachlässigung der pflichtgemäßen Sorgfalt als verantwortlicher Redakteur nach § 30 Absatz 1 Pressegesetz schuldig gesprochen. Es lag ihnen zur Last, Artikel in der Presse verfaßt und veröffentlicht resp. die pflichtgemäße Sorgfalt als verantwortlicher Redakteur bei diesen Publikationen vernachlässigt zu haben, in welchen gegen den Privatankläger Dr. Taras Borodajkewycz Vorwürfe dahingehend erhoben wurden, er sei nur äußerlich zu einer Bejahung der demokratischen Einrichtungen gelangt, innerlich Nationalsozialist geblieben und komme dies auch in seiner Lehrtätigkeit in einer für die Erziehung der Studentenschaft zur Demokratie abträglichen Form zum Ausdruck. Aus den Urteilsfeststellungen ergibt sich, daß die Beschuldigten nicht in der Lage waren, behauptete antisemitische Äußerungen des Privatanklägers zu beweisen. Die als erwiesen angenommenen Äußerungen des Privatanklägers, nämlich der gelegentliche Hinweis in seinen Vorlesungen, daß eine bestimmte historische Persönlichkeit jüdischer Abstammung war, hätte der Privatankläger in seiner Eigenschaft als Historiker und im Rahmen der akademischen Lehrfreiheit ohne weiters machen können, auf eine bestimmte politische Tendenz lasse sich jedoch daraus ernstlich nicht schließen. Da weiters der im Verfahren hervorgekommenen Bemerkung des Privatanklägers, die beiden größten (oder eindrucksvollsten) Ereignisse seines Lebens seien die Kundgebung auf dem Heldenplatz am 15. 3. 1938 und die Krönung Papst Pius XII. gewesen, wegen der gleichzeitigen Anführung dieser Ereignisse jede politische Tendenz fehle, seien die Beschuldigten auch unter Berücksichtigung des Umstandes, daß der Privatankläger in der Zeitschrift »Die Aktion« vom August 1956 gegen den Begriff einer »österreichischen Nation« zu Felde zog, den zu ihrer Exkulpierung erforderlichen Wahrheitsbeweis schuldig geblieben.

Dr. Heinz Fischer und Alois Brunnthaler bringen in dem auf § 353 Zif. 2 StPO. gestützten Antrag auf Wiederaufnahme des Strafverfahrens vor, sie seien nun in der Lage, den ihnen obliegenden Wahrheitsbeweis zu erbringen. Sie brachten im Wiederaufnahmeantrag vor, daß die bereits im seinerzeitigen Verfahren abschriftlich zum Akt gebrachte Vorlesungsmitschrift vom Zeugen Dkfm. Ferdinand Lacina verfaßt wurde. Die Vorlesungsmitschrift wurde gleichzeitig in Fotokopie vorgelegt. Es handelt sich hiebei also um eine neue Tatsache, aber auch insoferne um ein neues Beweismittel, als die Vorlesungsmitschrift im Urteil vom 25. 11. 1963 unberücksichtigt blieb, weil ihr Verfasser nicht bekannt war, bezw. von den Beschuldigten nicht genannt wurde und der Privatanklagevertreter in der Hauptverhandlung vom 27. 5. 1963 erklärt hatte, die Richtigkeit der Vorlesungsmitschrift nicht anzuerkennen. Die Außerachtlassung des Inhaltes der Vorlesungsmitschrift ergibt sich aus den Feststellungen in den Entscheidungsgründen des aufgehobenen Urteiles, wonach die übrigen Äußerungen, die der Privatankläger nach den Behauptungen der Verteidigung in seinen Vorlesungen gemacht haben soll, von der Verteidigung nicht bewiesen werden konnten.

Da der gemäß § 357 Abs. 2 StPO. zeugenschaftlich vernommene Dkfm. Ferdinand Lacina glaubwürdig bekundete, daß die Vorlesungsmitschrift tatsächlich von ihm stammt und eine Sammlung von Stichwörtern darstellt, wobei er sich jedoch ausschließlich der vom Privatankläger verwendeten Worte und Ausdrücke bediente, handelt es sich bei den beigebrachten neuen Tatsachen und Beweismitteln um solche im Sinne des § 353 Zif. 2. StPO., weil ihnen die Eignung, in Verbindung mit den früher erhobenen Beweisen die Freisprechung des Dr. Heinz Fischer und des Alois Brunnthaler zu begründen, nicht abgesprochen werden kann. Das Gericht vermag sich der Stellungnahme des Privatanklägers nicht anzuschließen. Es ist unrichtig, daß weder neue Tatsachen noch neue Beweismittel beigebracht wurden, weil die Begründung für den Wiederaufnahmeantrag tatsächlich nur darin liege, daß die schon im seinerzeitigen Verfahren vorgelegten Beweismittel, nämlich die Vorlesungsmitschrift und die Aussage des Zeugen Dkfm. Ferdinand Lacina nunmehr lediglich ergiebiger sein sollen.

Unzutreffend ist auch die Ansicht des Privatanklägers, daß selbst der Nachweis seiner antisemitischen Einstellung und allfälliger antisemitischer Äußerungen bei dem vorliegenden Sachverhalt irrelevant sei. Dieser Frage kommt im Gegenteil eine entscheidende Bedeutung zu.

Nun tragen einige, in der Vorlesungsmitschrift festgehaltenen Äußerungen des Privatanklägers eindeutig antisemitischen Charakter. Dies gilt unter anderem für die Bemerkungen, die er in seiner Vorlesung am 9. 3. 1962, in welcher er das Programm der NSDAP. verlas, zu den Programmpunkten 12. und 23 machte. Der Programmpunkt 12. verbietet die persönliche Bereicherung am Krieg und fordert die Einziehung aller Kriegsgewinne. Diesen Punkt des Parteiprogramms kommentierte der Privatankläger mit den Worten, das Judentum habe dabei eine nicht geringe Rolle gespielt. Dies stellt eine Rechtfertigung und Begründung dieses Programmpunktes dar. Zum Punkt 23. des Programms der NSDAP., in welchem ein Verbot der entarteten Kunst verlangt wird, wies der Privatankläger auf die Literatur zersetzenden Inhalts hin und erklärte, jüdische Schriftsteller hätten dabei eine große Rolle gespielt. Als Beispiel nannte er Bekessy. In der Vorlesung vom 18. 5. 1962, in welcher er sich mit der Entwicklung in Österreich ab 1918 befaßte, äußerte der Privatankläger bei Erörterung der dem Justizpalastbrand unmittelbar vorhergegangenen Ereignisse, daß der Jude Austerlitz in der »AZ« zum Bürgerkrieg und Putsch aufforderte. Alle diese Äußerungen lassen antisemitische Tendenzen erkennen. Die Verurteilten haben daher ein Recht darauf, daß das erkennende Gericht die Aussage des Zeugen Dkfm. Ferdinand Lacina und die von ihm verfaßte Vorlesungsmitschrift und die Behauptung des Privatanklägers, weder antidemokratisch noch antisemitisch eingestellt zu sein, gegenseitig in freier Beweiswürdigung abwägt. Dies kann nur in einer neuen Hauptverhandlung geschehen.

Dem Antrag der Verurteilten auf Bewilligung der Wiederaufnahme war daher stattzugeben.

Strafbezirksgericht Wien
8., Hern. Gürtel 6—12
Abt. 2, am 11. Juni 1965

Das Urteil vom 22. Juni 1965

2 U 62/65

Im Namen der Republik!

Das Strafbezirksgericht Wien hat über die vom Prof. Dr. Taras Borodajkewycz als Privatankläger gegen

1. Dr. Heinz Fischer, geb. am 9. 10. 1938, ledig, Sekretär,
2. Alois Brunnthaler, geb. am 22. 1. 1924, verh., Redakteur,

wegen Übertretung gegen die Sicherheit der Ehre durch öffentliche Schmähungen nach § 491 StG. bezw. wegen Übertretung der Vernachlässigung der pflichtgemäßen Sorgfalt als verantwortlicher Redakteur gemäß § 30 Pressegesetz erhobene Anklage nach der am 22. Juni 1965

in Anwesenheit des Privatanklägers Dr. Taras Borodajkewycz,
des Privatanklagevertreters Dr. Tassilo Broesigke,
des Beschuldigten Dr. Heinz Fischer,
in Abwesenheit des Beschuldigten Alois Brunnthaler sowie eines Vertreters der Haftungsbeteiligten Sozialistischen Partei Österreichs und Sozialistischer Verlag GmbH und
in Anwesenheit des Verteidigers Dr. Wilhelm Rosenzweig
durchgeführten Hauptverhandlung am 22. Juni 1965 zu Recht erkannt:

Dr. Heinz Fischer und Alois Brunnthaler werden von der wider sie erhobenen Anklage, sie haben im April bezw. Juni 1962 in Wien und zwar
1. Dr. Heinz Fischer in Veröffentlichungsabsicht folgende Artikel verfaßt

   a) den in der Nummer 4 der periodischen Druckschrift »Die Zukunft« vom April 1962 auf Seite 109 f unter dem Übertitel »Gibt es Neonazismus?« mit der Überschrift »Die Situation an Österreichs Hochschulen« erschienen Artikel,
   b) den in der Nummer 145 der Tageszeitung »Arbeiter-Zeitung« vom 27. Juni 1962 auf Seite 3 unter dem Titel »Der Philosoph staubte die Bücher ab« erschienenen Artikel, in welchen Artikeln der Privatankläger Dr. Taras Borodajkewycz durch die Textstellen
   zu a)
»An der Hochschule für Welthandel wird die demokratische

Gesinnung den Studenten unter anderem von Prof. Dr. Taras Borodajkewycz beigebracht, der unter Schuschnigg Katholikentage organisierte, aber 1938 sofort zum Naziregime überging und der jetzt akademischer Lehrer und Vorbild sein soll ... Sind das etwa jene Leute, die die studierende Jugend ›von den sittlichen Werten und fortschrittlichen Prinzipien der Demokratie‹ überzeugen sollen?«,

zu b)

»Dagegen ist eine handfeste Nazivergangenheit kein großes Hindernis, falls es der Betreffende versteht, zumindest äußerlich auf die derzeit erwünschte Ideologie einzuschwenken ... Borodajkewycz war ein eifriger Verfechter des Ständestaates und trat unter Schuschnigg als Organisator von Katholikentagen in Erscheinung: ... Später stellte sich sogar heraus, daß dieser feine Herr seit Anfang 1935 Mitglied des berüchtigten deutschen NS-Nachrichtendienstes war. Heute mutet man den Studenten zu, sich an der Hochschule für Welthandel von Herrn Dr. Borodajkewycz ausgerechnet in Geschichte unterrichten zu lassen.«

namentlich, ohne Anführung bestimmter Tatsachen verächtlicher Eigenschaften und Gesinnungen geziehen werde,

2. Alois Brunnthaler als verantwortlicher Redakteur der Tages-Zeitung »Arbeiter-Zeitung« jene Sorgfalt vernachlässigt, bei deren pflichtgemäßer Anwendung die Aufnahme des unter 1. b) genannten Artikels in der Nummer 145 der »Arbeiter-Zeitung« vom 27. Juni 1962 unterblieben wäre;

es haben hiedurch

Dr. Heinz Fischer die Übertretung gegen die Sicherheit der Ehre durch öffentliche Schmähungen nach § 491 StG. 1. Fall,

Alois Brunnthaler die Übertretung der Vernachlässigung der pflichtgemäßen Sorgfalt als verantwortlicher Redakteur nach § 30 Abs. 1 Pressegesetz begangen, gemäß § 259/3 StPO.

freigesprochen.

Gemäß § 390 StPO hat der Privatankläger Dr. Taras Borodajkewycz die Kosten des Strafverfahrens zu ersetzen.

Entscheidungsgründe:

Auf Grund der zur Verlesung gebrachten inkriminierten Artikel und der Einsichtnahme in das Impressum der »Arbeiter-Zeitung«, Beilage A in ON 9, steht in Verbindung mit der Verantwortung der Beschuldigten zunächst fest, daß beide Artikel vom Beschuldigten Dr. Heinz Fischer stammen, der sie zum Zwecke der Veröffentlichung in der Zeitschrift »Die Zukunft« und in der »Arbeiter-Zeitung« verfaßt hat. Der Beschuldigte Alois Brunnthaler ist der verantwortliche Redakteur der gegenständlichen Nummer der »Arbeiter-Zeitung«, hat aber den in Rede stehenden Artikel weder gelesen noch zum Druck befördert.

Prof. Dr. Taras Borodajkewycz erachtete sich durch den Inhalt dieser Artikel in seiner Ehre gekränkt und stellte die im Urteilsspruch angeführten Textstellen unter Anklage (ON 1 und ON 1 in ON 9). Die Beschuldigten haben sich zum Wahrheitsbeweis erboten.

Ehe auf die Ansicht des Gerichtes, daß der Wahrheitsbeweis auch erbracht wurde, näher eingegangen wird, muß geklärt werden, welche Vorwürfe in den inkriminierten Textstellen unter Berücksichtigung des Gesamtinhaltes beider Artikel dem Privatankläger Dr. Taras Borodajkewycz gemacht werden.

In dem im Heft 4 der Zeitschrift »Die Zukunft« vom April 1962 veröffentlichten Artikel wird mitgeteilt, daß der Privatankläger während der Regierung Schuschnigg Katholikentage organisierte, aber 1938 sofort zum Naziregime übergegangen sei. Dann wird gefragt, ob Dr. Borodajkewycz (sowie Prof. Kindermann und Prof. Pfeifer) etwa jene Leute seien, welche die studierende Jugend von den sittlichen Werten und fortschrittlichen Prinzipien der Demokratie überzeugen sollen. Diese Art der Fragestellung vermittelt dem Durchschnittsleser insbesondere auch im Hinblick auf die drucktechnisch durch Einfügung eines Gedankenstriches in ihr Gegenteil verkehrte Wendung, der Privatankläger solle jetzt (nach seiner Vergangenheit) akademischer Lehrer und Vorbild sein, den Eindruck, daß der Erstbeschuldigte dem Privatankläger eine solche Fähigkeit abspricht und die Ausführungen im ersten Halbsatz (» ... wird die demokratische Gesinnung den Studenten ... von Dr. Borodajkewycz beigebracht«) ironisch gemeint sind. Diese Unfähigkeit des Privatanklägers resultiere also hauptsächlich aus seinem Verhalten im Jahre 1938. Für den Durchschnittsleser ist nach der Formulierung der inkriminierten Textstellen im Zusammenhang mit dem Gesamtinhalt des Artikels und dem Umstande, daß der Artikel einer von mehreren Beiträgen zu der im Übertitel gestellten Frage »Gibt es Neonazismus?« ist, deutlich erkennbar, daß dem Privatankläger vorgeworfen wird, er sei nicht von demokratischem Geist durchdrungen, sondern noch immer Nationalsozialist. Daß der Sinn der Vorwürfe dahin geht, ist auch den, den inkriminierten Textstellen vorhergehenden Sätzen zu entnehmen, wonach es richtig sei, daß die

Lehrer von demokratischem Geist durchdrungen sein müßten, man sich aber hiezu die Praxis anschauen solle.

Auch in dem in der Nummer 145 der »Arbeiter-Zeitung« vom 27. 6. 1962 unter der Überschrift »Der Philosoph staubte die Bücher ab« veröffentlichten Artikel befaßt sich der Beschuldigte Dr. Fischer mit der Lehrerfrage an den österreichischen Hochschulen und erhebt hier gegen den Privatankläger ähnliche Vorwürfe. Wiederum wird Dr. Borodajkewycz vorgeworfen, er habe es bisher nicht vermocht, sich von seiner nationalsozialistischen Vergangenheit und damaligen Überzeugung freizumachen. Seine Anstellung als Hochschullehrer verdanke er seinem Geschick, sich äußerlich den seit 1945 geänderten Verhältnissen anzupassen und über seine wahre Einstellung hinwegzutäuschen. Innerlich sei er noch der nationalsozialistischen Weltanschauung verhaftet und beeinflusse in seinem Geschichtsunterricht an der Hochschule für Welthandel die Studenten in diesem Sinne. Diese für den Durchschnittsleser erkennbare Aussage liegt in den Ausführungen, daß der Privatankläger ein besonders krasses Beispiel dafür sei, daß eine handfeste Nazivergangenheit kein großes Hindernis (für die Bestellung als Hochschullehrer) ist, weil er es verstanden habe, auf die derzeit erwünschte Ideologie zum Schein einzugehen. Ferner weist die im Anschluß an die Schilderung des politischen Werdeganges des Privatanklägers, insbesondere seiner Tätigkeit für die NSDAP während der Verbotszeit, als heutige Zumutung an die Studenten bezeichnete Unterrichtung ausgerechnet in Geschichte in diese Richtung.

Dem Privatankläger wird also nicht seine Vergangenheit und sein Vorleben in einer vom Durchschnittsleser erkennbaren ehrenrührigen Weise und Absicht vorgeworfen. Der geschilderte politische Werdegang entspricht übrigens im wesentlichen den Tatsachen. Die Artikel enthalten, im ganzen betrachtet, erkennbar auch nicht den Vorwurf der »Gesinnungsakrobatik«, bzw. eines unehrenhaften Opportunismus. Soweit die Wandlungsfähigkeit des Privatanklägers in der Zeit vor 1938 und seine Anpassung an die seit 1945 geänderten Verhältnisse dargestellt werden, gehen diese Ausführungen in den Vorwürfen unter, er sei nach äußerlicher Bejahung der Demokratie und ihrer Einrichtungen als Professor an der Hochschule für Welthandel in Wien innerlich bis zum heutigen Tage Nationalsozialist geblieben, sei daher nicht fähig, die ihm anvertrauten Studenten zu Demokraten zu erziehen und gäbe es hiefür auch schon Beweise. Dieser letzte Vorwurf, unter seinen Hörern nationalsozialistisches Gedankengut zu verbreiten, wird gegen Dr. Borodajkewycz vor allem auch in den Ausführungen im Artikel der Zeitschrift »Die

Zukunft« erhoben, in denen von der sprunghaften Vermehrung der »Neonazi« unter den Studenten in den letzten Jahren die Rede ist. Daß der Privatankläger in der »Arbeiter-Zeitung« als »dieser feine Herr« apostrophiert wird, ändert nichts an der erfolgten Ausdeutung des Sinnes der inkriminierten Artikel. Eine selbständig als Übertretung nach § 496 StG verfolgbare Beschimpfung des Privatanklägers ist in dieser Bezeichnung nicht gelegen. Diese Apostrophierung wird vom Leser nicht als Beschimpfung, sondern als Kritik am Verhalten des Privatanklägers aufgefaßt. Der Erstbeschuldigte hat die Bezeichnung auch nicht als Schimpfwort gebraucht, wie sich aus einer Betrachtung des Gesamtartikels ergibt. Es fehlt daher auch am erforderlichen animus iniuriandi.

In rechtlicher Hinsicht handelt es sich bei den gegen Dr. Borodajkewycz erhobenen Vorwürfen durchwegs um charakterliche Unwerturteile. Es wird ihm weder eine strafbare noch eine bestimmte unehrenhafte oder unsittliche Handlung unterstellt. Der Vorwurf des Neonazismus bzw. die Anschuldigung, Nationalsozialist bis heute geblieben zu sein, beinhaltet nicht den Vorwurf der Wiederbetätigung im Sinne des § 3 des Verbotsgesetzes. Mit diesen Ausdrücken werden keine konkreten, die Ehre mindernden Handlungen des Beleidigten behauptet, sondern ein ungünstiges Urteil über dessen Charakter gefällt. Die festgestellten Sachverhalte sind also unter den Tatbestand gemäß § 491 StG. 1. Fall, zu subsumieren.

Gemäß § 491 Abs. 2 StG. muß der Schmähende zu seiner Exkulpierung den Nachweis solcher entehrender Handlungen des Geschmähten erbringen, die einen Schluß auf die ihm vorgeworfene verächtliche Eigenschaft oder Gesinnung gestatten bzw. die mit der ihm vorgeworfenen verächtlichen Eigenschaft oder Gesinnung im Zusammenhang stehen. Im vorliegenden Fall, in dem es um die Frage der Wahrheit der in den zwei Artikeln über die heutige Gesinnung des Privatanklägers gemachten Ausführungen geht, können sich die Beschuldigten daher auch auf den schmähenden Äußerungen nachfolgenden Handlungen des Privatanklägers, soweit sie relevant sind, berufen.

Die Beschuldigten haben antisemitische, antidemokratische und großdeutsche bzw. deutschnationale Äußerungen, sowie Bemerkungen des Privatanklägers unter Beweis gestellt, aus denen sich Schlüsse auf vorhandene Sympathien für die seinerzeitige nationalsozialistische Gewaltherrschaft und deren Träger ziehen ließen. Der Privatankläger selbst stellt jeden Antisemitismus, jede als neonazistisch bzw. Rechtfertigung, Verharmlosung oder Verteidigung des Nationalsozialismus zu verstehende Äußerung und jede antidemokratische Gesinnung oder Einstellung resp. Auslassung in Abrede. Er betont seine positive Einstellung zur österreichischen Eigenstaatlichkeit. Bezüglich der ihm zum Vorwurf gemachten Hervorhebung der jüdischen Abstammung verschiedener historischer Persönlichkeiten in seinen Vorlesungen beruft er sich auf wissenschaftliche Gründe, die Lehr- und Lernfreiheit und auf angebliche Beschwerden jüdischer bzw. israelischer Kreise über die Unterschlagung der Tatsache an unseren Lehranstalten, daß diese und jene Größe jüdischer Abkunft ist. Die Existenz einer eigenen »österreichischen Nation« negiert er.

Nach dem Ergebnis der zu diesen Themen durch Vernehmung der Zeugen Dkfm. Ferdinand Lacina, Dkfm. Alfred Stirnemann, Arnold Klima und des Privatanklägers selbst, der Einsichtnahme in die Aktennotiz, Seite 269, und in die Vorlesungsmitschrift, Seite 271 f, der zur Verlesung gebrachten Übertragung der Tonbandaufnahme vom 23. 3. 1965 und der aus dem Akt 30 Vr 2128/65 des Landesgerichtes für Strafsachen Wien getroffenen Feststellungen erhobenen Beweise ist folgender Sachverhalt erwiesen:

In seinen Publikationen aus der Zeit nach 1945 nimmt Dr. Borodajkewycz immer wieder zur Frage einer »österreichischen Nation« ablehnend Stellung. In dem von ihm stammenden, in der Monatsschrift »Die Aktion« vom August 1956 unter dem Titel »Geschichtsfälschung für die ›österreichische Nation‹ « veröffentlichten Artikel spricht er vom »Geflunker von der österreichischen Nation« als einem Teil der »unerfreulichsten Überreste des an Gesinnungs- und Würdelosigkeit reichen Jahres 1945«. Im Band 10 der »Beiträge des Witikobundes zu Fragen der Zeit« erschien aus der Feder des Privatanklägers der Artikel »Jugend und Geschichtsbewußtsein«, in dem es heißt, daß die Nachkriegsjahre hierzulande den charakterlosen Versuch der Entdeutschung der österreichischen Geschichte und aus Unterwürfigkeit gegenüber den Besatzungsmächten das Bemühen brachten, eine eigene »österreichische Nation« zu kreieren. Der von der österreichischen Geschichte nach Entziehung der deutschen Grundlage übrigbleibende leichenblasse und schwindsüchtige Torso sei für die Jugend unverständlich und uninteressant geworden. Zu der deutschen Zeitschrift »Aus Politik und Geschichte«, Beilagen zu der Wochenzeitung »Das Parlament« vom 2. 9. 1964 steuerte der Privatankläger die »Gedanken zum 1. September 1939 und seine Folgen . . .« bei. In diesem Beitrag findet sich die Stelle: »Es ist nur ein Teil der gesamtdeutschen Katastrophe, daß wir deutschen Österreicher zum zweitenmale innerhalb einer Generation das größere Vaterland verloren haben.« Und: »Die Lösung der Österreich- und Sudetenfrage hat im Gegenteil überraschend und deutlich gezeigt, daß die ehemaligen Siegermächte nach zwanzig Jahren bereit waren, die Liquidierung des von ihnen gesetzten Unrechtes hinzunehmen...« Diese Äußerungen, die nicht Anspruch auf Vollständigkeit erheben, zu denen sich der Privatankläger auch vor zahlreichen Studenten am 23. 3. 1965 bekannte und bis heute bekennt, zeigen, daß sich seine Kritik auf die Zeit nach 1945, insbesondere auch im Hinblick auf die damals erfolgte Liquidierung des nationalsozialistischen Gedankengutes, richtet. Sie beweisen aber auch, daß sein Bekenntnis zu Österreich keineswegs unbedingt und vorbehaltlos ist, sondern daß es sich in der Anerkennung einer unabänderlichen Tatsache erschöpft. Der Versuch, die Leugnung der Existenz einer eigenen »Österreichischen Nation« — nicht der »Österreichischen Staatsnation« — auf historische Erkenntnisse zu gründen, kann daher nicht darüber hinwegtäuschen, daß beim Privatankläger eine tief sitzende Animosität gegen eine selbständige Entwicklung der österreichischen Bevölkerung vorhanden ist. Andernfalls würde der Privatankläger die durchaus diskutierbare Frage einer eigenen »Österreichischen Nation« in einer anderen Form behandeln.

In diesem Strafverfahren spielten die Person des Zeugen Dkfm. Ferdinand Lacina und die von seiner Hand stammenden Aufzeichnungen eine große Rolle. Dieser Zeuge hat im seinerzeitigen Verfahren die Urheberschaft an der Vorlesungsmitschrift Seite 271 f verschwiegen. Er tat dies, wie er glaubwürdig bekundet, aus Angst vor Repressalien, die er zwar nicht vom Privatankläger, bei dem er ja keine Prüfungen mehr abzulegen hatte, wohl aber über dessen Einwirkung von anderen Professoren und Prüfern befürchtete. Grund zu seiner Besorgnis war die vom Privatankläger am 9. 11. 1962 in einer Vorlesung abgegebene, in der Aktennotiz Seite 269 festgehaltene Erklärung;

daß der genannte Zeuge bei seiner Vernehmung am 17. 1. 1963 andererseits weniger anzugeben vermochte als im erneuerten Verfahren, findet seine logische Aufklärung in dem Umstand, daß dem Zeugen damals keine Unterlagen zur Verfügung standen, da er die Vorlesungsmitschrift ja bereits im Sommer oder zu Herbstbeginn 1962 aus der Hand gegeben hatte und die Vorlesungsmitschrift selbst den Zeitraum vom 1. 12. 1961 bis 25. 5. 1962 umfaßte. Für die Richtigkeit der Aussage des Zeugen und die Echtheit der Vorlesungsmitschrift in der die vom Privatankläger verwendeten Ausdrücke stichwortartig festgehalten wurden, sprechen außer den Bekundungen der im früheren Verfahren abgehörten Zeugen Dkfm. Oskar Grünwald, Dkfm. Adolf Aigner, Martin Donner, Dr. Egon Matzner und Dkfm. Peter Zinell vor allem die eigenen

Angaben des Privatanklägers, der einen großen Teil der ihm in den Mund gelegten Redewendungen entweder ausdrücklich als richtig oder doch als möglich zugegeben hat. Der Privatankläger hat auch in der Pressekonferenz vom 23. 3. 1965 die ihm als antisemitisch angelasteten Äußerungen teilweise zugegeben, wovon noch zu sprechen sein wird. Schließlich finden Aussage und Vorlesungsmitschrift des Dkfm. Lacina auch eine gewisse Stütze in den Depositionen des Zeugen Dkfm. Alfred Stirnemann, denen zu entnehmen ist, daß der Privatankläger nicht nur die jüdische Abstammung historischer Persönlichkeiten hervorgehoben hat, sondern dabei durch Einlegung einer Kunstpause vor Nennung des Namens es darauf anlegte, seine Hörer zum Lachen zu bringen. Auf Grund der Aussage dieses Zeugen steht auch fest, daß der Privatankläger den von ihm als Juden bezeichneten Personen und ihren Werken eine negative Beurteilung zuteil werden ließ und er auch bei Erwähnung des aus dem Judentum stammenden Nationalökonomen David Ricardo mit Bezug auf diesen und Karl Marx zum Auditorium bemerkte, »so reiche ein Jude dem anderen die Hand«. Das Gericht hat aus all diesen Erwägungen der Aussage des Zeugen Dkfm. Ferdinand Lacina und seiner Vorlesungsmitschrift volle Beweiskraft zuerkannt.

Die Vorlesungsmitschrift enthält eine Fülle von Äußerungen eindeutig antisemitischer Natur. Rosa Luxemburg wird vom Privatankläger am 1. 12. 1961 als an sich jüdische Suffragette bezeichnet. Als der Schöpfer der Weimarer Verfassung wird der jüdische Staatsrechtslehrer Hugo Preuss genannt; mit der Bemerkung, daß alles, was sich sehen lassen konnte, in Opposition stand, wird zugleich Preuss und seine Verfassung, welche die Grundlage des jungen Staats bildete, negativ beurteilt. Negativ wird auch die SPD bewertet, die verjudet gewesen und deren Gegner August Winnig gewesen sei. Den Ministerpräsidenten der bayrischen Räteregierung Kurt Eisner nannte der Privatankläger einen »polnischen Kaffeehausjuden«. Bei Besprechung des Punktes 12.) des Programms der NSDAP wies der Privatankläger darauf hin, daß das Judentum bei der Erzielung von Kriegsgewinnen eine nicht geringe Rolle spielte. Diese Äußerung beinhaltet neben ihrer antisemitischen Tendenz auch noch eine Rechtfertigung dieses Parteiprogrammpunktes. Auch im Anschluß an die Verlesung des Punktes 23 konnte es sich der Privatankläger nicht versagen, auf die große Rolle hinzuweisen, die jüdische Schriftsteller in der Literatur zersetztenden Inhaltes gespielt hätten, wofür er Bekessy als Beispiel nannte und über diesen Karl Kraus zitierte. In der Vorlesung vom 18. 5. 1962 fand er über den in Journalistenkreisen seinerzeit hochgeachteten ehemaligen Chefredakteur der »Arbeiter-Zeitung« die Worte: »Jude Austerlitz fordert in der AZ zum Bürgerkrieg und Putsch auf.«

Der Privatankläger, der in der Pressekonferenz vom 23. 3. 1965 die Behauptung, er habe bei Nennung des Namens Hans Kelsen auf dessen richtigen Namen Kohn hingewiesen, als eine verleumderische Behauptung hinstellte, hat in der Hauptverhandlung vom 17. 1. 1963 auf Befragen des Verteidigers wörtlich angegeben: »Ich habe entweder gesagt: Hans Kelsen, der eigentlich Kohn hieß, oder ich habe gesagt, der Jude Hans Kelsen.« Von der Ausschließung der ersteren Möglichkeit im Hinblick auf die ihm angeblich seit seiner Jugend bekannte Tatsache, daß Kelsen früher Littmann geheißen hätte, hat er damals nichts erwähnt. Hingegen hatte er auf den Vorhalt am 23. 3. 1965, warum er Kelsen als Juden bezeichnet habe, die Antwort zur Hand, er könne doch nicht sagen, daß Kelsen ein Israeli gewesen sei, da damals der Staat Israel noch nicht existiert habe. Diese Bemerkung löste in dem zum größten Teil aus Studenten bestehenden Auditorium Gelächter aus. Bereits vorher hatte ein Teil der Anwesenden die Nennung des Rechtsanwaltes Dr. Rosenzweig mit Gelächter quittiert. Die Frage eines anwesenden Pressevertreters an den Vorsitzenden der Versammlung, einen Funktionär der Österreichischen Hochschülerschaft, warum er gegen das Lachen bei der Erwähnung des Namens eines Juden oder überhaupt des Judentums nicht eingeschnitten sei, erzielte ebenfalls einen Heiterkeitserfolg. Auch der Privatankläger, der den Mittelpunkt der Veranstaltung bildete, fand kein Wort der Mißbilligung für die Kundgebung, die wegen ihres eindeutig antijüdischen Charakters vom Zeugen Arnold Klima und anderen Personen als peinlich empfunden wurden. Er goß im Gegenteil eher noch Öl ins Feuer, indem er nach seinen Auslassungen über Kelsen auf die jüdische Herkunft Karl Marx's aus dem Rabbinertum hinwies. Der Vorsitzende meinte auf die bereits erwähnte Frage eines Pressevertreters, es habe sich bei dem gerügten Lachen um Beifallskundgebungen bzw. um freie Meinungsäußerungen gehandelt, die er nicht unterbinden könne. Der Zeuge Arnold Klima legte seine von dieser Veranstaltung mitgenommenen Eindrücke in einem im »Kurier« vom 24. 3. 1965 unter dem Titel »Antijüdische Studenten-Kundgebung« veröffentlichten Artikel nieder (Beil. zu ON 52).

In der Vorlesung am 9. 11. 1962 erwähnte der Privatankläger zweimal den Verteidiger Dr. Rosenzweig und stimmte in das hierüber ausgebrochene Lachen des Auditoriums ein (Zeuge Dkfm. Ferdinand Lacina und Aktennotiz Seite 269). Ebenfalls auf Grund der Aussage des Zeugen Dkfm. Lacina ist erwiesen, daß Dr. Borodajkewycz in einer Vorlesung aus Zeitgeschichte im

Studienjahr 1961/62 aus Hitlers »Mein Kampf« das Kapitel »Wandlung zum Antisemiten« und darunter auch die auf Seite 265 des Aktes angeführte Stelle verlesen hat. Einen Kommentar gab er dazu nicht.

Alle diese Ausführungen und Äußerungen können nicht mit wissenschaftlichen Zwecken oder mit Wünschen jüdischer Kreise nach Hervorhebung prominenter Persönlichkeiten jüdischer Herkunft begründet werden. Diese Personen und ihre Leistungen erfuhren durch den Privatankläger vorwiegend eine negative Beurteilung. Seine Bemerkung über Kelsen in der Pressekonferenz läßt die Absicht erkennen, das Judentum zu verspotten. Einen objektiven wissenschaftlichen Qualifikationswert haben die sich mit Juden und Judentum befassenden Äußerungen kaum. Sie sind andererseits geeignet, vor allem bei den Hörern des Privatanklägers antisemitische Gefühle zu wecken. Die gegen das Judentum gerichteten Äußerungen sind in ihrem Wesen auch antidemokratisch, weil sie gegen Teile der Bevölkerung Stimmung machen sollen.

Es ist also erwiesen, daß der Privatankläger eine Aversion gegen Juden und Judentum hegt, die sich bei verschiedenen Anlässen geäußert hat.

Aber auch die Demokratie und ihre Einrichtungen waren erwiesenermaßen gelegentlich das Ziel von Angriffen durch den Privatankläger. Nach den als richtig übernommenen Angaben des Zeugen Dkfm. Stirnemann kritisierte er einmal während einer Prüfung die Institution des gleichen Wahlrechtes und warf in einer Vorlesung den Mitgliedern der ehemaligen Entnazifizierungskommission Gesinnungslosigkeit vor.

Schließlich sind auch Äußerungen des Privatanklägers hervorgekommen, die von den Beschuldigten mit Recht als Beweise der Sympathie für den Nationalsozialismus und seine Träger bewertet werden. Hiebei handelt es sich um folgende Fakten:

Im Wintersemester 1960/1961 kam Dr. Borodajkewycz in einer Vorlesung auf den damals in Wien gezeigten Film »Mein Kampf« zu sprechen. Obwohl dieser Film nach dem im Akt erliegenden Kritiken von Zeitungen verschiedener Richtung die Geschehnisse wahrheitsgetreu darstellt, erklärte der Privatankläger auf die Frage von Hörern, man bedürfe eines Kommentars, um diesen Film zu sehen, weil er die Tatsachen verzerrt zeige (Zeuge Dkfm. Lacina). Der Privatankläger gibt zu, daß er diese Äußerung, zwar mit anderen Worten, aber doch sinngemäß, gemacht hat.

Im Seminar über christliche Soziallehre führte der Privatankläger vermutlich im Sommersemester 1962 aus, daß die zwei größten Tage seines Lebens als Historiker die Kundgebung vom 15. 3. 1938 am Heldenplatz und die Krönung Papst Pius XII. in Rom waren (Zeuge Dkfm. Lacina).

In den Vorlesungen über den 2. Weltkrieg und das Dritte Reich am 9. 3. bzw. 23. 3. 1962 erklärte der Privatankläger eine Rechtfertigung des Dritten Reiches als unmöglich, da es mit einer Katastrophe endete bzw. nannte er Hitler den »glanzvollsten Redner des 20. Jahrhunderts par excellence« (Vorlesungsmitschrift und Zeuge Dkfm. Lacina).

Großdeutschtum, Ablehnung der Demokratie und der Kampf gegen den Liberalismus waren Bestandteile des seinerzeitigen Nationalsozialismus. Sein Hauptmerkmal war aber neben dem Führerstaat der Antisemitismus. Vor dem Jahre 1938 bzw. 1933 konnte der da und dort aufgetretene Antisemitismus noch als Intoleranz abgetan werden. Wer aber nach den Ereignissen zwischen 1938 und 1945 heute noch, insbesondere im deutschsprachigen Raum, dem Antisemitismus das Wort redet, der gibt dadurch zu erkennen, daß er innerlich Nationalsozialist geblieben ist. Es trifft ihn daher dieser Vorwurf zu Recht. Das gilt im besonderen für den Privatankläger, in dessen Geisteshaltung sich der Antisemitismus mit anderen Teilen der nationalsozialistischen Weltanschauung trifft. Es ist zwar richtig, daß der Privatankläger die Verfolgung des Judentums und die auf seine physische Ausrottung abzielenden Maßnahmen des Dritten Reiches ablehnte, wiederholt seinen Abscheu über vorgefallene Greuel aussprach und seine Hörer aufforderte, Mauthausen zu besuchen, um selbst zu sehen, welch unmenschliches Regime der Nationalsozialismus aufgerichtet hatte. Die Ablehnung des Rassenkampfes im nationalsozialistischen Staat und der dabei angewandten Methoden ändert nichts an der im Verfahren hervorgekommenen Tatsache, daß der Privatankläger voller Ressentiments gegen das Judentum ist und dies durch zahlreiche Handlungen bewiesen hat.

Es erscheint daher der Wahrheitsbeweis im vollen Umfange erbracht. Der Erhebung weiterer Beweise, insbesondere der vom Privatankläger beantragten Vorführung des vom österreichischen Fernsehen über die Pressekonferenz vom 23. 3. 1965 gedrehten Films und der beantragten Vernehmung der auf Seite 397 angeführten Zeugen bedurfte es nicht. Über den Verlauf der Pressekonferenz lag dem Gericht eine Tonbandaufnahme vor, an deren Echtheit und Richtigkeit kein Zweifel besteht. Was die zur Erhärtung der Behauptung des Privatanklägers, seine Lehrtätigkeit sei frei von antiösterreichischen, antidemokratischen und antisemitischen Tendenzen, geführten Zeugen betrifft, so ist zu sagen, daß auch aus deren Vernehmung für den Privatankläger mit

Sicherheit nichts zu gewinnen ist. Denn abgesehen davon, daß wie immer ausfallende Bekundungen dieser Zeugen die Angaben der Dkfm. Lacina und Stirnemann sowie die Vorlesungsmitschrift nicht aus der Welt schaffen könnten, weil die Zeugen die kritischen Vorlesungen ja nicht besucht haben müssen und daher die erheblichen Äußerungen nicht zu wissen brauchen, ist der Sachverhalt praktisch allein schon durch die Zugeständnisse des Privatanklägers über seine Publikationen und Äußerungen in Vorlesungen in Verbindung mit seinem durch das Tonband festgehaltenen Vorgehen am 23. 3. 1965 geklärt. Die Beschuldigten waren daher unter Abweisung weiterer Beweisanträge von der Anklage freizusprechen.

Der Freispruch hatte die Verfällung des Privatanklägers in den Kostenersatz zur Folge (§ 390 StPO).

Strafbezirksgericht Wien

8., Hern. Gürtel 6—12

Abt. 2, am 22. 6. 1965   *Dr. Franz Nekula*

T. B. beruft gegen das Urteil

An das Strafbezirksgericht Wien   2 U 62/65
Hernalsergürtel 6—12, Wien VIII.   19. Juli 1965

Privatankläger:
  Dr. Taras Borodajkewycz, Professor,
  Wien I., Jakobergasse 4/12
vertreten durch:
  Dr. Tassilo Broesigke, Rechtsanwalt,
  Wien I., Nibelungengasse 1—3,
  Vollmacht ausgewiesen

Beschuldigte:
  1. Heinz Fischer, Redakteur,
  2. Alois Brunnthaler, Redakteur,
     beide Wien V., Rechte Wienzeile 97,
vertreten durch:
  Dr. Wilhelm Rosenzweig, Rechtsanwalt,
  Operngasse 6, Wien I.,

wegen Presseehrenbeleidigung   *einfach*

Die Urteilsausfertigung wurde meinem ausgewiesenen Vertreter am 6. Juli 1965 zugestellt. Ich führe sohin die in der Hauptverhandlung vom 22. Juni 1965 angemeldete Berufung in offener Frist aus wie folgt:

I. Nichtigkeit:

Geltend gemacht werden die Nichtigkeitsgründe des § 468 Zif. 2 und 3 StPO.

1. Nichtigkeitsgrund des § 468 Zif. 2 StPO:

a) Ich habe in der Hauptverhandlung vom 22. Juni 1965 eine Reihe von Zeugen beantragt zum Beweis dafür, daß ich meine Lehrtätigkeit frei von antiösterreichischen, antidemokratischen und antisemitischen Tendenzen und unter Verurteilung des Nationalsozialismus ausgeübt habe. Es handelt sich hiebei durchwegs um Hörer meiner Vorlesungen, die als solche am besten in der Lage sind, über das auszusagen, was ich gelehrt habe, und insbesondere darüber Aufschluß zu geben, ob die Aussagen der Zeugen Lacina und Stirnemann, auf die sich das Erstgericht vor allem stützt, den Tatsachen entsprechen.

In diesem Zusammenhang sei auf die Beilagenmappe zu dem Akt 30 Vr 2128/65 des Landesgerichtes für Strafsachen Wien, verwiesen, die zahlreiche Hörerzuschriften enthält und mit dem erwähnten Akt im vorliegenden Strafverfahren verlesen wurde.

Das Erstgericht hat nun den Standpunkt vertreten, daß es der Vernehmung dieser Zeugen nicht bedürfe, weil »wie immer ausfallende Bekundungen dieser Zeugen« die Angaben der Zeugen Lacina und Stirnemann nicht aus der Welt schaffen könnten.

Damit hat das Erstgericht einen Verstoß gegen die Grundsätze des Strafverfahrens gesetzt, der mit dem Ausdruck »vorgreifende Beweiswürdigung« zu bezeichnen ist. Das Erstgericht hat nämlich damit einem Beweismittel, dessen Inhalt es nicht kannte, von vorne herein die Beweiskraft abgesprochen.

Ich verweise auf die Entscheidungen Ev. Bl. 226/1946, 157/1948, 34/1957 und 18/1960.

Wenn das Erstgericht sagt, daß die erwähnten Zeugen die kritischen Vorlesungen nicht besucht haben müssen und daher die erheblichen Äußerungen nicht zu wissen brauchen, dann begibt es sich auf das Gebiet reiner Vermutungen, da es ja nicht wissen kann, ob die von mir beantragten Zeugen die kritischen Vorlesungen besucht haben oder nicht. Mein Beweisantrag behauptet, daß die betreffenden Zeugen die Richtigkeit meiner Darstellung bestätigen können. Das Erstgericht hätte daher bei richtiger Anwendung der Strafprozeßordnung den Beweisantrag nicht abweisen dürfen und seine Begründung läuft darauf hinaus, daß die Zeugen Lacina und Stirnemann von ihm als unwiderleglich angesehen werden. Dies ist aber gerade bei diesen Zeugen als höchst zweifelhaft anzusehen, wie weiter unten ausgeführt werden wird.

Ebenso hat das Erstgericht auch meinem Antrag auf Vorführung des Fernsehfilmes nicht stattgegeben. Es beruft sich in diesem Zusammenhang darauf, daß eine Tonbandaufnahme vorliege, die ausreichend sei. Nun stützt sich aber das Erstgericht in seiner Urteilsbegründung auf die Aussage des Zeugen Stirnemann über die Art, wie ich angeblich in meinem Vortrag darauf eingewirkt habe, bestimmte Persönlichkeiten abzuwerten und lächerlich zu machen. Gerade die Vorführung des Filmes wäre geeignet gewesen darzutun, daß diese Behauptung des Zeugen Stirnemann völlig unrichtig ist.

Darüberhinaus hätten im Zusammenhang mit der Aussage des Zeugen Stirnemann auch die von mir beantragten Zeugen die Unrichtigkeit dieser Behauptungen eindeutig beweisen können.

Der Erstrichter vertritt aber auch den Standpunkt, daß allein schon die Zugeständnisse meinerseits in Zusammenhang mit meinem Vorgehen am 25. III. 1965 ausreichend seien. Wenn dies ihm ausreichend erschien, dann durfte er nicht darüber hinausgehende Tatsachen als erwiesen ansehen, ohne die von meiner Seite beantragten Beweise durchzuführen.

Die Abweisung der von mir beantragten Beweise begründet daher den Nichtigkeitsgrund des § 281 Zif. 4 StPO, der auch zweifellos deshalb gegeben ist, weil durch die Abweisung der Anträge ein falsches Bild entstanden ist, das verhinderte, daß sich der Erstrichter von der Unwahrheit der Angaben der Zeugen Lacina und Stirnemann, auf die sich das Ersturteil zugegebenermaßen stützt, überzeugte.

b) Das Erstgericht hat auf S. 9 des Urteiles angeführt, auf welche Beweise es sich bei dem angefochtenen Urteil stützt. Diese Aufzählung ist durchaus richtig, denn das Erstgericht hat sich mit wesentlichen Ergebnissen des Beweisverfahrens überhaupt nicht auseinandergesetzt, diese im Urteil nicht erwähnt und auch in keiner Weise berücksichtigt.

Das Urteil erging ohne Berücksichtigung der Aussagen der Zeugen Gerhard Axamit, Fritz Bock, Richard Bock, Franz Kalbach, Erich Pramböck, sämtliche vernommen in der Hauptverhandlung vom 17. 1. 1963, Dkfm. Schuster, vernommen in der Hauptverhandlung vom 27. 5. 1963, Dr. Karl Appel, vernommen in der

Hauptverhandlung vom 16. 7. 1963 und Dr. Alfred Kanitz, vernommen in der Hauptverhandlung vom 16. 7. 1963. Unberücksichtigt blieb ferner die von mir vorgelegte Literatur, die zum Teil genau das Gegenteil von dem beweist, was das Erstgericht als seine Auffassung in der Begründung des Urteils festgelegt hat.

Auch wenn das Erstgericht diese Beweise für unzureichend ansah, vielleicht auch ihnen keinen Glauben schenkte, so hatte es doch die Verpflichtung, sich in der Urteilsbegründung eingehend mit jedem Beweismittel auseinanderzusetzen, festzustellen, inwiefern es die unter Beweis gestellte Tatsache als erwiesen ansehe oder nicht und welche Schlüsse daraus zu ziehen sind.

Keinesfalls aber ist es angängig, daß das erkennende Gericht aus einer Fülle von Tatsachen jene aussucht, die nach seiner Auffassung geeignet sind, die Meinung des Gerichtes zu bestätigen und alles Übrige einfach unerwähnt läßt.

Das Erstgericht hat sich mit der Aussage des Zeugen Lacina auseinandergesetzt, jedoch entscheidende Tatsachen unberücksichtigt gelassen.

Bei der Würdigung dieser Aussage war zu berücksichtigen, daß, wie sich aus dem Akt ergibt, der Erstbeschuldigte Klubsekretär der SPÖ im österreichischen Nationalrat, der Zweitbeschuldigte Redakteur der »Arbeiterzeitung«, der Zeuge Lacina jedoch Funktionär der sozialistischen Hochschülerschaft ist. Es besteht daher zwischen den beiden Beschuldigten und dem Zeugen eine parteimäßige Bindung.

Nun konnte der Zeuge Lacina nicht bestreiten, daß er für die sozialistischen Studenten am 29. III. 1965 im Zusammenhang mit den Demonstrationen eine Rede gehalten hat, in der er laut »Arbeiterzeitung« ausführte:

»Wir werden solange kämpfen, bis Borodajkewycz von unserer Hochschule entfernt ist.«

Dies ist der Kronzeuge, dessen Aussage und dessen angebliche Vorlesungsmitschrift das Erstgericht zugrunde gelegt hat, ohne irgendwelche Bedenken zu sehen und ohne sich mit dieser sicherlich bemerkenswerten Tatsache auseinanderzusetzen.

Ebenso hält es das Erstgericht anscheinend für unbedenklich, daß der Zeuge im seinerzeitigen Verfahren seine Urheberschaft an der Vorlesungsmitschrift verschwiegen hat. Das Erstgericht vermeint, daß es hinreichend sei, dies damit zu erklären, daß der Zeuge angeblich Repressalien befürchten mußte.

Ein Vergleich der seinerzeit und heute abgelegten Aussage zeigt, daß eine von den beiden Aussagen unrichtig war. Einerseits bestehen zwischen ihnen unlösbare Widersprüche, aber selbst wenn dies nicht der Fall wäre, so bedarf es doch keiner weiteren Erörterung, daß ein Zeuge nichts verschweigen darf. Daß er angeblich die Vorlesungsmitschrift nicht gehabt habe, ändert hieran garnichts, denn er hätte sie sich ja beschaffen oder zumindestens durchlesen können, um eine wahrheitsgetreue Aussage ablegen zu können, umsomehr, da der Verteidiger der Beschuldigten, dem er die Vorlesungsmitschrift nach seiner Aussage übergeben hat, ja bei dieser Aussage zugegangen war.

Die Begründung des Erstgerichtes läuft darauf hinaus, daß es genügt, wenn hinreichend motiviert ist, warum eine unrichtige, bzw. unvollständige Aussage abgelegt wurde. So einfach liegen die Dinge wohl nicht. Es müßte bei der ganzen Sachlage in der Urteilsbegründung ausgeführt werden, warum das Erstgericht ungeachtet der Tatsache, daß der Zeuge im Vorverfahren unrichtig bzw. unvollständig ausgesagt hatte, dessenungeachtet seine heutige Aussage als richtig ansah, dies im Zusammenhang mit all den Umständen, die auch sonst die Zeugenaussage als bedenklich erscheinen lassen.

Es ist sehr leicht, die Behauptung aufzustellen, es sei in einer Veranstaltung, an der viele Menschen teilgenommen haben, eine bestimmte Äußerung gefallen.

Umso mehr ist es bei einer derartigen Aussage von Bedeutung, jene Stellen, die kontrollierbar sind, bei Würdigung der Aussage zu berücksichtigen.

Das Erstgericht stellt selbst fest, da dies aus den Unterlagen und auch aus Aussagen hervorgeht, daß ich Untaten des Nationalsozialismus verurteilt habe. Dem Zeugen Stirnemann fiel aber im Gegenteil auf, daß dies nicht der Fall war.

Dieser Zeuge, der nach seiner Aussage ein Bekannter des Zeugen Lacina ist, sagte laut Protokoll, bei Nennung historischer Persönlichkeiten jüdischer Abstammung, wurde auch in den Vorlesungen gelacht, z. B. bei den Namen Kelsen, Liebknecht. Auf Befragen meines Vertreters (dies ist allerdings nicht protokolliert, wohl aber die Antwort) wurde der Zeuge sofort unsicher und sagte, ob ich Liebknecht als Juden bezeichnet hätte, wisse er nicht positiv.

Bei der ersten Frage also, wo es sich um eine kontrollierbare Tatsache handelte, mußte der Zeuge sofort seine Aussage wieder abändern, denn es bedarf wohl keiner weiteren Darlegung, daß zwischen den beiden Sätzen ein unlösbarer Widerspruch besteht.

Dies hat das Erstgericht nicht gehindert, die Aussage dieses Zeugen für glaubwürdig zu erklären, ohne sich allerdings mit den Widersprüchen auseinanderzusetzen, ja sie auch nur zu erwähnen, und ohne auch nur einen Satz der Urteilsbegründung der Tatsache zu widmen, daß die Aussage des Zeugen Stirnemann ebenso wie auch die des Zeugen Lacina mit der Aussage zahlreicher anderer Zeugen in Widerspruch steht.

Daß ich bestimmte Namen so ausgesprochen habe, daß dadurch Gelächter provoziert wurde, das hat nur dieser Zeuge gehört und niemand sonst. Dies ist aber doch kein Grund, nun diese Aussage für wahr zu halten, und folgerichtiger Weise dann natürlich alle anderen für unrichtig. Zumindestens hätte ein derartiger Vorgang ebenfalls einer ausführlichen Begründung bedurft.

Was nun die vom Erstgericht ebenfalls herangezogene Aussage des Zeugen Klima anlangt, so ist doch wohl in Erinnerung zu rufen, daß zwischen diesem Zeugen und mir ein Prozeß anhängig ist. Er mußte in diesem Zusammenhang in seiner Aussage auch zugeben, daß er über meine Äußerung hinsichtlich der KZ in seiner Glosse nichts geschrieben hatte, obwohl er diese Äußerung gehört hat.

Zusammenfassend ist also zu sagen, daß das Erstgericht bei seiner Beweiswürdigung von den Aussagen zweier Zeugen und einer zweifelhaften Vorlesungsmitschrift ausgegangen ist, ohne sich mit all dem auseinanderzusetzen, was gegen diese beiden Zeugen sprach und was sonst an Ergebnissen des Beweisverfahrens mit der Auffassung des Erstgerichtes nicht in Einklang zu bringen war.

Insofern ist die Begründung des erstgerichtlichen Urteils undeutlich, unvollständig und unzureichend.

2. § 468 Zif. 3 StPO:

Dem erstgerichtlichen Urteil liegt schon insofern ein entscheidender Rechtsirrtum zugrunde, als es zum Teil die Bedeutung der mit den beiden Privatanklagen inkriminierten Stellen verkannt hat: Richtig ist, daß in beiden Artikeln der Vorwurf des Neonazismus erhoben wird, dies ist jedoch nicht der gesamte Inhalt des Vorwurfes.

In beiden Artikeln ist nämlich noch ein zweiter Vorwurf enthalten, den man vornehm mit dem Wort Opportunismus, auf deutsch mit dem Wort Gesinnungslumperei bezeichnen kann:

der Artikel in der *Zukunft* führt aus, ich hätte unter Schuschnigg Katholikentage organisiert, sei aber 1938 sofort zum Naziregime übergegangen.

Der Artikel in der *Arbeiterzeitung* sagt dagegen, eine handfeste Nazivergangenheit sei kein großes Hindernis, falls es der Betreffende verstehe, zumindest äußerlich auf die derzeit erwünschte Ideologie einzuschwenken.

Dies bedeutet nichts anderes als den Vorwurf der Verstellung, um eigennützige Ziele zu erreichen. Was mir in dem einen Artikel für das Jahr 1938 vorgeworfen wird, wird also in dem anderen für die Zeit der Zweiten Republik behauptet.

Nun unterliegt es keinem Zweifel, daß es als unehrenhaft angesehen wird, wenn jemand aus persönlichen Motiven eine politische Gesinnung vortäuscht, bzw. seine bisherige Gesinnung verleugnet. Es ist nicht zu bestreiten, daß der Verfasser des Artikels doch nicht rein zufällig das sofortige Übergehen zum Nationalsozialismus 1938 in dem einen und das Einschwenken auf eine erwünschte Ideologie in dem anderen Artikel hervorhob, sondern damit die Absicht verfolgte, mich eines unehrenhaften Verhaltens zu zeihen.

Ausgehend von einer unrichtigen Rechtsansicht hat sich das Erstgericht mit dieser Frage überhaupt nicht beschäftigt, es steht jedoch auch außer Zweifel, daß ein Wahrheitsbeweis in diesem Punkt nicht gelungen ist. Daß die Tatsachenbehauptung, ich sei 1938 sofort zum Nationalsozialismus übergegangen, unrichtig ist, haben die Beschuldigten selbst zu wiederholten Malen geglaubt hervorheben zu müssen und auch von einem äußerlichen Einschwenken auf die gewünschte Ideologie kann ja wohl keine Rede sein, denn was mir das Erstgericht vorwirft, ist ja eigentlich, daß ich nach seiner Meinung nicht eingeschwenkt bin.

In der mündlichen Urteilsbegründung fand ja das Erstgericht noch die beachtliche Formulierung, ich habe nicht den Mund halten können, auch nicht in der NS-Zeit.

Weiters ist das Erstgericht bezüglich des Artikels in der »Arbeiterzeitung« noch an der Formulierung vorbeigegangen, es habe sich später herausgestellt, daß dieser feine Herr seit Anfang 1935 Mitglied des berüchtigten Deutschen NS-Nachrichtendienstes war. Selbst wenn man, wie es das Erstgericht tut, davon ausgeht, daß die Formulierung »dieser feine Herr« keine Beleidigung im Sinne des § 496 StG ist, so muß man doch zu dem Ergebnis kommen, daß der Vorwurf, Mitglied eines berüchtigten NS-Nachrichtendienstes gewesen zu sein, weder durch die Zeugenaussage Lacina, noch durch die Aussage Stirnemann bewiesen ist und überhaupt nicht bewiesen werden kann, weil es einen NS-Nachrichtendienst niemals gegeben hat, sodaß man auch dort nicht Mitglied sein konnte.

Was nun den dritten Aspekt der inkriminierten Äußerungen anlangt, den das Erstgericht allein seiner rechtlichen Beurteilung zugrunde gelegt hat, nämlich den Vorwurf des Neonazismus, so ist zunächst klarzustellen, welche Bedeutung diesem Wort zugrunde zu legen ist.

Die Fremdwortbildungen mit dem Bestandteil »Neo« bedeuten, daß eine bestimmte Sache in neuer Form wiedererstehen soll. »Neogotik« ist die Wiederholung des gotischen Stils im 19.Jahrhundert, um ein Beispiel zu nennen. Neonazismus kann daher nichts anderes bedeuten als eine Neuauflage des Nationalsozialismus.

Nun ist es ein grundlegender Irrtum zu meinen, von einer solchen Neuauflage könne schon dann gesprochen werden, wenn jemand Ideen vertritt, die auch der Nationalsozialismus seinerzeit vertreten hat. Ebenso wie ein gotischer Spitzbogen an einem neuerrichteten Gebäude dieses noch zu keinem neogotischen Bauwerk macht, kann auch noch nicht als eine Neuauflage des Nationalsozialismus angesehen werden, wenn eine vom Nationalsozialismus vertretene Ansicht übernommen wird. Nicht auf Bestandteile kommt es an, sondern auf das gesamte Gebäude, gegebenenfalls mit kleinen Veränderungen.

Das Erstgericht hat nun als charakteristische Eigenschaften des Nationalsozialismus in der Urteilsbegründung Großdeutschtum, Ablehnung der Demokratie und Kampf gegen den Liberalismus angeführt. Das Hauptmerkmal sei neben dem Führerstaat der Antisemitismus gewesen.

Diese Ausführungen gehen an den Tatsachen vorbei. Zweifellos hat der Nationalsozialismus die oben erwähnten Ideen vertreten, die vom Erstgericht gewählte Formulierung verschiebt jedoch die Akzente: Der Nationalsozialismus war wie der Name sagt eine Kombination von Nationalismus und Sozialismus, womit er an zu seiner Zeit schon vorhandene politische Richtungen anknüpfte, diese in eigentümlicher Form umdeutete und zu einer Synthese zu verschmelzen unternahm.

Diese Synthese wäre auch auf demokratischer Grundlage denkbar gewesen, und es gab auch in der Zwischenkriegszeit in verschiedenen Staaten Bestrebungen dieser Art. Der historische Nationalsozialismus stand jedoch in entschiedenem Gegensatz zu Demokratie und Liberalismus und forderte und verwirklichte den Führerstaat, ausgehend von dem Gedanken eines charismatischen Führertums und damit zusammenhängend des Einparteienstaates.

Hiebei wurden eine ganze Anzahl politischer Gedanken dem Programm einverleibt, die schon politische Richtungen vor dem Nationalsozialismus geprägt hatten, zum Beispiel Rassenidee und Antisemitismus.

Dies ändert jedoch nichts daran, daß das eigentliche Charakteristikum des Nationalsozialismus der Einparteien- und Führerstaat gewesen ist.

Daher kann man nicht von Neonazismus sprechen, wenn jemand eine oder mehrere der Ideen vertritt, die der Nationalsozialismus vertreten hat, sondern nur dann, wenn es jemand unternimmt, eine politische Richtung ins Leben zu rufen oder zu unterstützen, die in den wesentlichen Punkten eine Wiederholung des Nationalsozialismus darstellt, die also anstrebt, unter der Regierungsform des Führerstaates nationalistische und sozialistische Ziele zu verwirklichen. Es möge dahingestellt bleiben, ob eine solche Richtung in der heutigen Zeit überhaupt denkbar ist, jedenfalls wäre sie das, was unter Neonazismus zu verstehen ist.

Der Gesetzgeber des Verbotsgesetzes 1945 hat durch die Formulierung einer ganzen Reihe von konkreten Tatbeständen zum Ausdruck gebracht, was unter Neonazismus zu verstehen ist. Es geht in erster Linie um die Neubildung der NSDAP, weiters um eine Anzahl von Hilfstatbeständen, die diese Neubildung verhindern soll. Was nicht unter diese Tatbestände fällt, kann nicht Neonazismus sein. Es würde sich nämlich sonst eine rechtspolitisch höchst gefährliche Situation ergeben, nämlich insofern, als dann eine Gruppe von Staatsbürgern als Staatsbürger zweiter Klasse gekennzeichnet werden könnte, ohne daß dies in Anbetracht der Unbestimmtheit des Begriffes »Neonazismus« allzu schwer wäre.

Den Beweis dafür liefert die Begründung des angefochtenen Urteils:

a) Schon die Ablehnung der österreichischen Nation wird als Indiz angesehen, obwohl Männer aller politischen Richtungen eine solche Ablehnung bekundet haben. Den Friedensvertrag von St. Germain als Unrecht zu bezeichnen, ist nach Auffassung des angefochtenen Urteiles offenbar als neonazistisch anzusehen. Auch hier sei darauf verwiesen, daß Männer aller politischen Richtungen nach diesem Gedankengang als neonazistisch betrachtet werden müßten. Überhaupt scheint das Erstgericht zu meinen, daß dem Österreicher ein bestimmtes Gesellschaftsbild zwingend vorgeschrieben sei, widrigenfalls nicht angenommen werden könne, daß sein Bekenntnis zu Österreich unbedingt und vorbehaltlos ist.

b) Wenn auch mit Nachdruck darauf verwiesen werden muß, daß verschiedene Formulierungen, die das Erstgericht von den Zeugen Lacina und Stirnemann übernommen hat, keineswegs den Tatsachen entsprechen, so sei doch ebenso festgestellt, daß die Erwähnung der Herkunft irgendeines Menschen nichts für oder gegen ihn aussagt. Die jüdische Abkunft im besonderen wird in zahlreichen wissenschaftlichen Werken erwähnt, so in dem dem Erstgericht vorgelegten Werk über Karl Marx, das nur als Beispiel dienen kann. Die Meinung, daß diese Erwähnung von vorne herein als antisemitisch anzusehen ist, verstößt gegen die Denkgesetze.

Ebenso kann die Äußerung, daß das Judentum bei der Erzielung von Kriegsgewinnen eine nicht geringe Rolle spielte, nicht als antisemitisch angesehen werden, ebenso wie die Rolle eines Bekessy durch ein Zitat von Karl Kraus gekennzeichnet war, das doch sicherlich nicht als antisemitisch angesehen werden kann. Wer Zeitgeschichte unterrichtet, muß nun einmal erklären, wie sich die Dinge entwickelt haben, ohne daß die Schilderung der Tatsachen Werturteile beinhaltet. Der Bericht, daß Heinrich IV. von Frankreich von einem Mönch ermordet wurde, ist keine antiklerikale Äußerung und die Feststellung der Tatsache, daß der Ministerpräsident Graf Stürgkh von einem sozialistischen Politiker erschossen wurde, keine antisozialistische. Bei weit zurückliegenden Ereignissen bestreitet dies auch niemand, nur bei zeitlich nahen Dingen entsteht jene Begriffsverwirrung, die dann zu der Meinung führt, daß man nicht erwähnen dürfe, daß Kelsen jüdischer Herkunft gewesen ist.

Durch Vorlage eines wissenschaftlichen Werkes, das beim besten Willen nicht als antisemitisch angesehen werden kann, wurde nachgewiesen, daß der Verfasser dieses Werkes die Erwähnung der Abkunft des Karl Marx für unerläßlich hielt.

c) Wie überspitzt die Begründung des Ersturteils den Begriff des Neonazismus faßt, zeigt die Tatsache, daß selbst die von dem Zeugen Stirnemann behauptete Äußerung über das Wahlrecht herhalten muß. Es müßte doch gerichtsbekannt sein, daß es in der Schweiz kein allgemeines Wahlrecht gibt, da dort bekanntlich die Frauen nicht wahlberechtigt sind. Ist in Anbetracht dieser Eigenart des Schweizer Wahlrechtes dort antidemokratisch und damit neonazistische Gesinnung vorherrschend?

d) Ist es ferner ein Zeichen antidemokratischer Einstellung, wenn man von einem Film erklärt, er gebe die Tatsachen verzerrt wieder? Das Erstgericht schreibt in der Urteilsbegründung, es sei dies geschehen, obwohl Zeitungen verschiedener Richtung den Film positiv kritisierten und für wahrheitsgetreu erklärten.

Bei dieser Begründung ergibt sich nur eine Konsequenz: Die Feststellung der Zeitungen in ihrer Kritik ist autoritativ und eine gegenteilige Meinung ist ein Zeichen antidemokratischer Gesinnung.

Aus all diesen Beispielen, die der Urteilsbegründung entnommen sind, zeigt sich, wie gefährlich es ist, von den im Gesetz festgelegten Begriffsbestimmungen abzuweichen. Die Haltlosigkeit des Wahrheitsbeweises war in dem Augenblick dargetan, in dem sich die Staatsanwaltschaft Wien genötigt sah, das Verfahren nach dem Verbotsgesetz gegen mich einzustellen.

Die ganze Argumentation des Erstgerichtes läuft darauf hinaus, neben dem Bereich des nach dem Verbotsgesetz verbotenen Neonazismus einen Bereich eines erlaubten und nur moralisch zu verurteilenden Neonazismus zu schaffen. Gerade einen solchen Bereich kann es aber nicht geben. Seine Schaffung würde zu einem beispiellosen Gesinnungsterror führen, der mit einem demokratischen Staatswesen, in dem die Wissenschaft und ihre Lehre auf Grund verfassungsmäßiger Garantie frei ist und die Freiheit der Meinungsäußerung verfassungsmäßig gewährleistet ist, nicht vereinbar sein kann.

Als in der Zeit der Monarchie der Professor für Kirchenrecht an der Universität Innsbruck Wahrmund wegen antikatholischer Äußerungen angegriffen und seine Entfernung von der Hochschule verlangt wurde, sagte der sozialdemokratische Abgeordnete Pernerstorfer in der Sitzung des Reichsrates vom 4. 12. 1907 wörtlich:

»Sie haben das gute Recht, Ihre Spitzel in die Hörsäle hineinzuschicken, damit diese die Vorlesungen stenographieren, um so ein neues Inquisitionsgericht herzustellen. Aber mit solchen allgemeinen Redensarten sollten Sie uns gütigst verschonen! Wenn Sie aber eine Verspottung religiöser Grundsätze darin erblicken, daß irgendein religiöses Dogma oder eine religiöse Meinung, eine kirchenpolitische Meinung auf einer Lehrkanzel bekämpft worden ist, so würden Sie damit beweisen, daß die wahre Freiheit der Lehre, wie Sie an einer anderen Stelle sagen, eben darin bestehen, nichts zu lehren, was Ihnen unangenehm ist, und was gegen Sie geht . . .«

Seit der Zeit haben sich die politischen Verhältnisse verändert, das Problem ist dasselbe geblieben, daß die Freiheit der Wissenschaft eben darin besteht, daß niemand als sie selbst zu bestimmen hat, zu welchen tatsächlichen Ergebnissen sie gelangt.

Wenn das Erstgericht in der Urteilsbegründung schreibt, daß alle von ihm zitierten Ausführungen und Äußerungen nicht mit wissenschaftlichen Zwecken begründet werden können, so läuft dies darauf hinaus, daß Methode und Inhalt der wissenschaftlichen Lehre von außerwissenschaftlichen Instanzen kontrolliert werden.

In der mündlichen Urteilsbegründung hat das Erstgericht dies noch wesentlich schärfer gefaßt. Es hat nämlich ausgeführt, daß es nicht darauf ankomme, ob die von mir gelehrten Dinge wahr sind oder nicht. Auch wenn sie wahr sind, dürfe man sie nicht sagen. Gerade hier ergibt sich der Trennungsstrich zwischen freier Wissenschaft und jener Wissenschaft, die vom Staat kontrolliert wird, so wie es sie einmal bei uns in Österreich gegeben hat und in anderen Ländern noch gibt.

Damit aber verstößt das angefochtene Urteil gegen Grundsätze der demokratischen Verfassung Österreichs. Was gegen solche Grundsätze verstößt, kann aber niemals rechtens sein. Das ganze Gebäude eines gesetzlich erlaubten, nur politisch verwerflichen Neonazismus, das die Begründung des angefochtenen Urteils aufgerichtet hat, ist mit der österreichischen Rechtsordnung unvereinbar.

II. Was nun die Beweiswürdigung des Erstgerichtes anlangt, so muß auch hier ein Satz der mündlichen Urteilsbegründung an die Spitze gestellt werden, der auch von einer Tageszeitung übernommen wurde. Der Erstrichter sagte: »Die Spatzen pfeifen es ja von den Dächern, daß der Privatankläger Antisemit ist.«

Hier liegt die Wurzel der unrichtigen Beweiswürdigung des Erstgerichtes: Nicht von dem darf das Gericht ausgehen, was die Spatzen von allen Dächern pfeifen, sondern die Aufgabe des Gerichtes ist es zu überprüfen, ob das, was die Spatzen angeblich pfeifen, auch richtig ist, denn es ist bekanntlich gerade im Zeitalter der Massenmedien sehr leicht, das Pfeifkonzert der Spatzen entsprechend zu dirigieren, was dem Wahrheitsgehalt nicht gerade förderlich ist.

Das Erstgericht ist nun sichtlich von einer durch eine unrichtige Berichterstattung vielfach verbreiteten Meinung an die Beweiswürdigung herangegangen.

Nur so erklärt es sich, daß es aus einer Fülle von Beweismitteln die Aussagen der Zeugen Lacina und Stirnemann, über deren Bedenklichkeit das Erforderliche schon oben gesagt wurde, herausgriff und seiner Beweiswürdigung zugrunde legte. Zu der Aussage des Zeugen Lacina kam noch die Verlesungsniederschrift.

Jeder, der eine hohe Schule besucht hat, weiß, daß Vorlesungsniederschriften, die nicht im Stenogramm angefertigt sind, nur Stichworte bringen können, und diese nicht immer wörtlich, sondern nur sinngemäß. Trotzdem ist das Erstgericht davon ausgegangen, und das ist die Grundlage von Wiederaufnahme und Urteil, daß die Aufzeichnung nicht sinngemäß, sondern wörtlich aufzufassen ist.

Das Erstgericht verweist in der Urteilsbegründung darauf, daß viele Stellen von mir als möglich zugegeben sind, es ist aber nicht zu verkennen, daß die entscheidenden Abweichungen gerade jene sind, die besonders angegriffene Formulierungen beinhalten.

Wo eine solche Formulierungsdifferenz zwischen Zeugen und mir besteht, haben grundsätzlich die Zeugen recht, und es wird die betreffende Formulierung vom Erstgericht übernommen. Was soll es bedeuten, daß in der angeblichen Vorlesungsniederschrift steht »Österreichische und deutsche Verfassung von 1919 waren nicht berechtigt«? Es handelt sich hier doch wohl um einen Irrtum, da die Formulierung in dieser sinnstörenden Form nicht erfolgt sein kann. Das Erstgericht schließt aus der Formulierung eine Ablehnung der österreichischen und deutschen Verfassung von 1919, bzw. 1920. Es gibt nun weitere Fragen, nämlich die, warum diese Verfassungen unrichtig gewesen sein sollen. Das Erstgericht schließt daraus sofort, weil sie von Kelsen, bzw. Preuss stammten und weil sie demokratisch waren. Für einen solchen Schluß ist nicht der mindeste Anhaltspunkt gegeben, weil man bekanntlich eine Verfassung aus den verschiedensten Gründen für unrichtig halten kann. Bekanntlich stand man bei der Verfassung des Bonner Grundgesetzes auf dem Standpunkt, man dürfe verschiedene Fehler, die die Weimarer Verfassung gehabt hat, nicht wiederholen. Deswegen ist aber das Bonner Grundgesetz sicherlich nicht undemokratisch und auch nicht antisemitisch und auch die Verfassungsreform des Jahres 1929 in Österreich erfolgte weder aus antidemokratischen, noch aus antisemitischen Motiven. Auch hat das Erstgericht an dieser Stelle offenbar nur das Unterstrichene berücksichtigt, denn es wird sofort gesagt, die Verfassungen waren nicht imstande, ihre Republikidee in einer werbenden Form darzustellen. Dies wurde nach 1945 für den Bereich der Verfassung von Weimar von verschiedenster Seite festgestellt, ebenso wie festgestellt wurde, daß bedeutende Persönlichkeiten in Opposition standen, was bekanntlich die Tragik der Republik von Weimar gewesen ist. Deswegen waren aber die in Opposition stehenden keineswegs Nationalsozialisten oder antisemitisch eingestellt, manche der Aufgezählten hatten ihre Schwierigkeiten mit dem Dritten Reich.

Die Beispiele, für diese Art der Beweiswürdigung könnten beliebig vermehrt werden. Die Erörterung der Abstammung Hitlers wird mit Stillschweigen übergangen, dagegen seine Charakterisierung als Redner als Reminiszenz an den Nationalsozialismus gewertet.

Wo die Möglichkeit besteht, einen für mich ungünstigen Schluß zu ziehen, wird er von der Beweiswürdigung des Erstgerichtes gezogen. Wo von mehreren Deutungsversuchen einer im Sinne des vom Erstgerichte geprägten Begriffes des unerlaubten Neonazismus möglich ist, wird die Deutung in dieser Richtung versucht und andere Deutungsmöglichkeiten abgelehnt.

Auf diesem Weg muß die Beweiswürdigung des Erstgerichtes naturgemäß zu jenen Feststellungen kommen, die in dem angefochtenen Urteil getroffen werden, jedoch in dem Beweisverfahren keine Grundlage haben. Denn die Wirklichkeit ist eine völlig andere:

Ich bin niemals Antisemit gewesen und habe derartige Pauschalurteile stets aus meiner katholischen Einstellung heraus abgelehnt. Ich habe niemals ein Hehl daraus gemacht, daß ich Mitglied der NSDAP war, ich habe jedoch aus der furchtbaren Katastrophe des Jahres 1945 wie zahlreiche andere die entsprechenden Lehren gezogen und bekenne mich vorbehaltslos zur Republik Österreich und zur Demokratie. Weil ich mich aber zur Demokratie bekenne, nehme ich auch das demokratische Recht der freien Meinungsäußerung für mich in Anspruch. Ich bin auch der Auffassung, daß es sich bei einem akademischen Lehrer hiebei nicht nur um ein Recht, sondern auch um eine Pflicht handelt, die Wahrheit zu erforschen und zu lehren, nach bestem Wissen und Gewissen. Diese meine Einstellung hat jedoch das Erstgericht verkannt, wodurch es zu dem angefochtenen Urteil gekommen ist.

Ich beantrage daher in Stattgebung dieser Berufung, das angefochtene Urteil aufzuheben und im Sinne der in den Privatanklagen gestellten Anträge zu erkennen.

Gegebenenfalls die vorliegende Strafsache zur neuerlichen Verhandlung und Entscheidung an die erste Instanz zurückzuverweisen.

Dr. Taras Borodajkewycz

Eine Zweitschrift dieser Berufung wurde dem Herrn Verteidiger auf dessen Wunsch unmittelbar zugesandt.

Die Gegenäußerung zur Berufung

An das Strafbezirksgericht Wien   2 U 62/65
Hernalsergürtel 6—12, Wien VIII.

Privatankläger:
    Dr. Taras Borodajkewycz, Professor,
    Wien 1., Jakobergasse 4/12
vertreten durch:
    Dr. Tassilo Broesigke, Rechtsanwalt,
    Wien 1., Nibelungengasse 1—3

Beschuldigte:
    1. Heinz Fischer, Redakteur,
    2. Alois Brunnthaler, Redakteur,
       beide Wien 5., Rechte Wienzeile 97
vertreten durch: Dr. Wilhelm Rosenzweig
wegen Presseehrenbeleidigung
5 B   zweifach

Gegenäußerung zur Berufung

1. Der Privatankläger macht den Nichtigkeitsgrund des § 468 Ziff. 2 StPO geltend, führt jedoch keine einzige tatsächliche Feststellung des Erstgerichtes an, die er anficht. Er bekämpft in Wirklichkeit nicht die tatsächlichen Feststellungen des Erstgerichtes, sondern die Wertung dieser Tatsachen als antiösterreichische, antisemitische und antidemokratische. Die von ihm beantragten Zeugen sollten nicht bekunden, daß er Äußerungen bestimmten Inhalts gemacht, oder daß er bestimmte von Zeugen bekundete und vom Gericht festgestellte Äußerungen nicht gemacht hat, sondern daß er seine »Lehrtätigkeit frei von antiösterreichischen, antidemokratischen und antisemitischen Tendenzen und unter Verurteilung des Nationalsozialismus ausgeübt habe«. Das sind jedoch Wertungen, das heißt rechtliche Würdigungen, die das Gericht allein vorzunehmen berufen ist. Ob die Voransetzung des Wortes »Jude« vor einzelne Namen des Antisemitismus, ob der Ausdruck »Geflunker von der österreichischen Nation« als antiösterreichisch, ob eine Äußerung, daß eine Bedienerin, die nichts verstehe, das gleiche Wahlrecht habe wie ein Student, als antidemokratisch anzusehen sei, hat nur das Gericht zu beurteilen. Wenn das Gericht nicht von konkreten Äußerungen, sondern generalisierenden Wertungen einzelner Studenten als Zeugen ausgehen soll, dann müßte es ja zuerst untersuchen, inwieweit die

Wertungen des betreffenden Zeugen nicht Produkt einer Infizierung dieser Studenten mit den Auffassungen des Privatanklägers sind. Ein typisches Beispiel dafür ist die Aussage des Zeugen Fritz Bock: »Ich weiß, daß der Privatankläger bei Vorlesungen mehrmals erwähnt hat, daß dieser oder jener dem jüdischen Volk angehöre. Solche Bemerkungen brachten jedoch *meiner Ansicht nach* keine besondere Einstellung des Privatanklägers zum Judentum zum Ausdruck. Antisemitische Äußerungen des Privatanklägers sind mir nicht bekannt.« Für den Zeugen ist es auf Grund der Lehrtätigkeit des Privatanklägers eine Selbstverständlichkeit geworden, daß zum Beispiel Ricardo nicht dem englischen und Karl Marx, Kurt Eisner, Hugo Preuss sowie Führer der Sozialdemokratischen Partei Deutschlands nicht dem deutschen, sondern daß sie dem jüdischen Volke angehören. Da die meisten der Genannten keine Glaubensjuden gewesen sein dürften, hat dieser Student die rassischen Einteilungsgrundsätze der Nürnberger Gesetze verschwommen und unbewußt als selbstverständliche Wertvorstellungen akzeptiert. Dazu kommt, daß die Lehrtätigkeit des Privatanklägers bei vielen Studenten der Hochschule für Welthandel einen fruchtbaren Boden für andere rechtsradikale Beeinflussungen geschaffen hat.

Die Ablehnung des Antrages auf Vernehmung der vom Privatankläger beantragten Zeugen ist keine vorgreifende Beweiswürdigung, weil das Erstgericht nichts über die Glaubwürdigkeit dieser Zeugen oder den Einfluß ihrer Vernehmung auf die Glaubwürdigkeit der bereits vernommenen Zeugen gesagt hat, sondern den Beweisantrag für irrelevant hält. Wenn der Privatankläger die Zeugen darüber hätte führen wollen, daß sie bei den Vorlesungen anwesend waren, in welchen der Zeuge Lacina den Inhalt der Vorlesungen stichwortartig festhielt oder bei den Gelegenheiten anwesend waren, an welchen der Zeuge Stirnemann seine Wahrnehmungen machte, und daß die von diesen Zeugen bekundeten Äußerungen des Privatanklägers nicht gefallen sind oder anders gelautet haben, so hätte dies im Beweisantrag zum Ausdruck gebracht werden müssen. In der Form, in der der Beweisantrag gestellt wurde, hätte es sich nur um »Leumundszeugen« gehandelt. Im übrigen hat das Erstgericht im Schlußabsatz des Urteiles zum Ausdruck gebracht, daß »der Sachverhalt praktisch allein schon durch die Zugeständnisse des Privatanklägers über seine Publikationen und Äußerungen in Vorlesungen in Verbindung mit seinem durch das Tonband festgehaltenen Vorgehen am 23. 3. 1965 geklärt« sei. Insoweit das angefochtene Urteil in Details noch andere von Zeugen bekundete Tatsachen herangezogen hat, so würde sich am Ergebnis auch nichts ändern, wenn man diese Tatsachen außer acht ließe, weil die unbestrittenen Tatsachen ausreichen, um den Wahrheitsbeweis als gelungen anzusehen. Wenn der Privatankläger in der Berufung ausführt, daß die beantragten Zeugen die Richtigkeit seiner Darstellung bestätigen würden, so ist festzuhalten, daß die Darstellung des Privatanklägers im wesentlichen nicht hinsichtlich des Inhaltes von konkreten Äußerungen, sondern lediglich hinsichtlich ihrer Wertung von den Feststellungen des Urteils abweicht.

2. Um die Richtigkeit dieser Ausführungen zu zeigen, sollen im einzelnen die vom Erstgericht festgestellten Tatsachen untersucht werden:

a) Die Äußerungen, die als antiösterreichisch und großdeutsch unter Beweis gestellt und vom Gericht als erwiesen festgestellt wurden, sind in Artikeln und Aufsätzen des Privatanklägers enthalten. Sie können von ihm also nicht bestritten werden.

b) Hinsichtlich der Äußerungen des Privatanklägers, die vom Erstgericht als antisemitisch gewertet werden, können wohl diejenigen als unbestrittenermaßen erwiesen angenommen werden, die der Privatankläger entweder ausdrücklich zugibt oder die in der Vorlesungsmitschrift enthalten sind und vom Privatankläger als möglich zugegeben werden.

Die Bestreitungen des Privatanklägers hinsichtlich der vom Erstgericht aus der Vorlesungsmitschrift gemachten Feststellungen sind geringfügig:

aa) der Privatankläger bestreitet die Äußerung hinsichtlich der Weimarer Republik, daß alles, was sich sehen lassen konnte, in Opposition stand; statt dessen behauptet er, gesagt zu haben, daß die damals führenden Männer bald starben und keine fähigen Nachfolger hatten, die der Oppositionsgruppe wie Oswald Spengler, Ernst Jünger und Moeller van den Bruck gleichkamen.

bb) statt von der »verjudeten SPD« will er von »gewissen jüdischen Führern der SPD« gesprochen haben;

cc) Kurt Eisner will er nicht einen »polnischen Kaffeehausjuden«, sondern einen »polnischen Kaffeehausliteraten« genannt haben;

dd) gewisse Stellen aus Hitlers »Mein Kampf« will er nicht verlesen haben.

c) Die festgestellten Äußerungen hinsichtlich Professor Kelsen ergeben sich aus eigenen Angaben des Privatanklägers in der Hauptverhandlung vom 17. 1. 1963.

d) Unbestreitbar erwiesen sich auch die Äußerungen des Privatanklägers, die der Zeuge Lacina zwar nicht in der Vorlesungsmitschrift festhielt, sondern als Zeuge bekundete, betreffend die Kundgebung am Heldenplatz vom 15. März 1938 als einen der zwei größten Tage im Leben des Privatanklägers und den Film »Mein Kampf«. Der Privatankläger hat diese Äußerungen, zumindest sinngemäß, zugegeben.

e) Die Feststellungen des Gerichtes hinsichtlich des Verlaufs der Pressekonferenz vom 23. März 1965 ergeben sich aus der unbestrittenen Niederschrift des Tonbandes. Es ist gerichtsbekannt, welche Empörung die im Fernsehen wiedergegebenen Bilder über die Pressekonferenz in der Öffentlichkeit hervorgerufen haben. Im Protokoll über das Verfahren erster Instanz hätte die Vorführung dieser Bildaufzeichnung keinen anderen Niederschlag als in der Übertragung des Tonbandes finden können. Der Privatankläger hat wahrlich keinen Grund, sich zu beschweren, daß das Gericht sich die Bildaufzeichnung nicht hat vorführen lassen. Sein diesbezüglicher Antrag diente nur der Verschleppung, während wir, weil die anderen Beweise ausreichten, auf die Vorführung verzichten konnten. Zur Widerlegung der Aussage Stirnemann hätte diese Aufzeichnung nicht dienen können, weil der Zeuge an der Pressekonferenz nicht teilgenommen und darüber nichts bekundet hat.

f) Der Privatankläger hat auch nicht die von ihm beantragten Zeugen zur Widerlegung der Aussage des Zeugen Lacina über die Äußerungen des Privatanklägers in der Vorlesung vom 9. November 1962 (Aktennotiz Seite 269)) geführt. Hinsichtlich dieser Vorlesung stellt das Urteil fest, daß bei Nennung des Namens Rosenzweig im Auditorium gelacht wurde und der Privatankläger in dieses Lachen eingestimmt hat.

g) Die nicht zugelassenen Zeugen wurden auch nicht zur Widerlegung der Aussage des Zeugen Stirnemann geführt, daß der Privatankläger bei Erwähnung des Namens Ricardo mit Bezug auf diesen und Karl Marx einmal die Bemerkung gemacht habe, »so reiche ein Jude dem anderen die Hand«, oder zur Widerlegung der Aussage hinsichtlich der Äußerung des Privatanklägers über das gleiche Wahlrecht einer Bedienerin.

3. Die Berufung bekämpft zu Unrecht, daß das Erstgericht aus den Aussagen der Zeugen Axamit, Fritz Bock, Richard Bock, Franz Kalbach, Erich Pramböck, Dkfm. Schuster, Dr. Karl Appel und Dr. Alfred Kanitz keine Feststellungen vorgenommen hat. Zum Teil haben diese Zeugen überhaupt nichts gewußt, zum anderen Teil haben sie nur generalisierende Werturteile für oder gegen den Privatankläger bekundet, jedoch keine konkreten Tatsachen. Die Unverwertbarkeit dieser Zeugenaussagen beweist die Richtigkeit der Ablehnung des Beweisantrages.

Die Berufung rügt weiter, daß die vom Privatankläger vorgelegte Literatur unberücksichtigt blieb, die zum Teil genau das

Gegenteil von dem beweise, was das Erstgericht »als seine Auffassung« in der Begründung des Urteiles festgelegt hat. Die Literatur wurde also nicht zum Beweise von Tatsachen, sondern von Wertungen vorgelegt. Die Wertung von Tatsachen ist jedoch Sache der rechtlichen Beurteilung durch das Gericht.

4. a) Soweit der Berufungswerber im Rahmen seiner Nichtigkeitsberufung auch die Beweiswürdigung bekämpft, ist hiezu folgendes zu bemerken:

Da der Zeuge Lacina glaubhaft bekundete, daß die handgeschriebene Vorlesungsmitschrift lange vor Prozeßbeginn während der Vorlesungen stichwortartig niedergeschrieben wurde, hat das Erstgericht mit Recht den Wortlaut der Vorlesungsmitschrift als erwiesen angenommen, auch soweit sie vom Privatankläger bestritten wurde. Doch betreffen diese Bestreitungen unwesentliche Details. Der Zeuge Lacina war nicht verpflichtet, wie die Berufung meint, sich vor seiner ersten Vernehmung die Vorlesungsmitschrift wieder zu verschaffen und vor der Hauptverhandlung durchzulesen. Er hat nach seiner Erinnerung ausgesagt und bei Beantwortung der an ihn gestellten Fragen auch nichts verschwiegen. Wäre an ihn eine Frage hinsichtlich der Vorlesungsmitschrift gestellt worden, so hätte er sie sicher wahrheitsgemäß beantwortet.

Wenn der Zeuge Stirnemann bekundete, daß ihm bei Nennung gewisser Namen die eigenartige Aussprache aufgefallen ist, eine Art Zögern vor Nennung des Namens, das bei den Studenten bewirkt hat, daß sie gelacht haben, so fand das Gericht die Tatsache dieses Lachens bestätigt in der Aussage des Zeugen Lacina über die Vorlesung vom 9. 11. 1962, sowie in den Vorgängen auf der Pressekonferenz vom 23. 3. 1965.

Wenn die Berufung die Glaubwürdigkeit des Zeugen Stirnemann damit bekämpfen will, daß dieser bei Persönlichkeiten jüdischer Abstammung, über die gelacht wurde, als Beispiele Kelsen und Liebknecht anführte, aber nicht sicher wußte, ob der Privatankläger Liebknecht als Juden bezeichnet hatte, so sei auf das Protokoll der Hauptverhandlung vom 29. 10. 1962 verwiesen. In dieser Hauptverhandlung wurde der Privatankläger vom Verteidiger gefragt, ob er darauf hingewiesen habe, daß Liebknecht und Rosa Luxemburg Juden waren, worauf der Privatankläger antwortete: »Das ist möglich.«

Wenn die Berufung die Glaubwürdigkeit des Zeugen Lacina damit bekämpfen will, daß dieser Funktionär des Verbandes sozialistischer Studenten ist, so steht dem gegenüber, daß der Zeuge Stirnemann, der ähnliche Tatsachen wie der Zeuge Lacina bekundete, Mitglied der Katholischen Hochschuljugend Österreichs ist.

b) Wenn in Bekämpfung der Beweiswürdigung in der Berufung weiter ausgeführt wird, das Erstgericht hätte in der mündlichen Urteilsbegründung den Satz gebraucht: »Die Spatzen pfeifen es ja von den Dächern, daß der Privatankläger Antisemit ist«, so hat sich dieser Satz nicht auf die Beweiswürdigung bezogen, sondern auf die Wertung, die die Äußerungen des Privatanklägers, die durch die Presse und das Fernsehen wiedergegeben wurden, in allen Schichten der Bevölkerung erfahren haben. Durch die Fernsehübertragung der Pressekonferenz vom 23. 3. 1965 sind ja Hunderttausende von Menschen Augen- und Ohrenzeugen der Äußerungen des Privatanklägers geworden. Genauso wie der Richter sich fragen muß, wie der »Durchschnittsleser« eine inkriminierte Äußerung versteht, ist es gerechtfertigt, den Begriff »Antisemit« so zu werten, wie er vom Durchschnitt verstanden wird.

Einen Satz aus der Vorlesungsmitschrift hat die Berufung herausgegriffen, der ihr keinen Sinn zu geben scheint, nämlich: »Österreichische und deutsche Verfassung von 1919 waren nicht berechtigt.« Der Zeuge Lacina hat aber in sehr plausibler Form den Sinn dieses Satzes wiedergegeben.

5. Die Feststellungen des Erstgerichtes können auf Grund des Beweisverfahrens unbedenklich durch folgende weitere Feststellungen ergänzt werden:

a) Zu den vom Erstgericht zitierten Sätzen erscheint uns noch einer als Verherrlichung der Reichsidee bezeichnend:
»Wer an göttliche Aufträge in der Geschichte glaubt, mag die Hoffnung in sich hegen, daß sich Gott noch einmal wie vor 1000 Jahren unseres Reichsvolkes erinnert.«

b) Weiter ist in diesem Zusammenhang festzuhalten, daß der Privatankläger in der Hauptverhandlung vom 29. 10. 1962 seine Auffassung äußerte, daß die Wahl (richtig Volksabstimmung) von 1938 eine echte Wahl war.

c) Professor Kelsen hat nie Kohn geheißen und Kurt Eisner ist in Berlin geboren, also kein »Polnischer« gewesen.

d) In der Hauptverhandlung vom 25. November 1963 erklärte der Privatankläger auf Befragen, ob er Heine als deutschen Dichter betrachte, daß für ihn Heinrich Heine ein »deutsch schreibender Dichter jüdischer Herkunft« ist.

e) In der Pressekonferenz vom 23. 3. 1965 erklärte der Privatankläger als Begründung für die Bezeichnung von Persönlichkeiten als Juden, man wolle sich nicht »mit fremden Federn schmücken«, man könnte sonst diese Personen »für Deutsche halten«.

f) Unerwähnt blieb im Urteil die Bekundung des Zeugen Stirnemann, daß der Privatankläger bei einem Anlaß von den Verbrechen des Zweiten Weltkrieges sprach und hiebei nur zwei Verbrechen erwähnt hatte, nämlich den Atombombenabwurf auf Nagasaki und Hiroshima und den Bombenangriff auf Dresden.

6. a) In der Rechtsrüge behauptet der Berufungswerber* vorerst, daß in dem inkriminierten Artikel der Vorwurf des Opportunismus oder der Gesinnungslumperei enthalten sei weil es heiße, der Privatankläger* habe unter Schuschnigg Katholikentage organisiert, sei aber 1938 sofort zum Naziregime übergegangen. Dies sei nicht wahr, denn er sei schon 1934 illegales Mitglied der NSDAP geworden. Tatsächlich hat der inkriminierte Artikel einen Widerspruch darin erblickt, daß der Privatankläger Katholikentage organisierte und dann der NSDAP angehört.

Der Privatankläger hält es offenbar für ehrenvoller, gleichzeitig Katholikentage zu organisieren und der NSDAP anzugehören, als solche Tätigkeiten nacheinander auszuüben. Wahrer Katholizismus und Nationalsozialismus sind jedoch nicht miteinander vereinbar! Im übrigen sind auch viele illegale Nationalsozialisten nicht aus reiner Überzeugung illegale geworden, sondern weil sie auf die NSDAP als das stärkere Pferd setzten. Gegen den Privatankläger wird aber im inkriminierten Artikel nicht der Vorwurf erhoben, aus Opportunismus Nationalsozialist geworden zu sein; im Gegenteil, es wird ihm vorgeworfen, auch heute nicht von nationalsozialistischer Ideologie frei zu sein.

Im übrigen ist es erstaunlich, daß sich der Privatankläger durch den angeblichen Vorwurf des Opportunismus gekränkt fühlt, obwohl er sich nicht gescheut hatte, die Umregistrierung von »Belasteter« in »Minderbelasteter« mit der Behauptung angeblicher »Gefälligkeitsbestätigungen, deren er zur Förderung bedurfte**«, zu erwirken (Gauakt und Registrierungsakt).

b) Daß der Privatankläger für den nationalsozialistischen Nachrichtendienst tätig war, ergibt sich aus seinem Gauakt. Es ist erstaunlich, daß der Privatankläger, der sich auf der Pressekonferenz so stolz zu seiner nationalsozialistischen Vergangenheit bekannt hat, sich gerade wegen der angeblichen Unrichtigkeit dieses Details beleidigt erachtet. Aus dem Gauakt des Privatanklägers ergibt sich eine solche Fülle von Tätigkeiten für die illegale NSDAP. aus seinem Artikel in der Zeitschrift »Europa« eine solche Begeisterung für das nationalsozialistische Regime, daß er selbst im Falle der Unrichtigkeit eines Details — die, wie aus-

---

* Mit Berufungswerber und Privatankläger ist jeweils T. B. gemeint.
** T. B. behauptete nämlich unter anderem, daß verschiedene, ihn schwer belastende Dokumente über seine illegalen NS-Aktivitäten insofern nicht echt seien, als er seinerzeit um die Ausstellung solcher unwahren »Gefälligkeitsbestätigungen« ersucht habe, um in der NS-Zeit beruflich rascher voranzukommen.

geführt wurde, gar nicht vorliegt, daraus keinen unberechtigten Vorwurf gegen seinen Charakter ableiten könnte.

c) Das angefochtene Urteil verwendet den Satz:

»Der Vorwurf des Neonazismus bzw. die Anschuldigung, Nationalsozialist bis heute geblieben zu sein, beinhaltet nicht den Vorwurf der Wiederbetätigung im Sinne des § 3 g des Verbotsgesetzes.«

Dies veranlaßt die Berufung zu Ausführungen über den Begriff des Neonazismus sowie über das Verhältnis des Begriffes zur Wiederbetätigung für die NSDAP im Sinne des § 3 g Verbotsgesetz.

Die inkriminierten Artikel enthalten zweifellos nicht den Vorwurf des Verbrechens der Wiederbetätigung nach § 3 g Verbotsgesetz. Auch der Privatankläger hat die inkriminierten Stellen dem § 491 StG und nicht dem § 487 StG unterstellt. Er gibt also zu, was er in der Berufung nunmehr zu bestreiten scheint, daß es neben dem Vorwurf eines strafrechtlich zu beurteilenden Verhaltens auch noch den Vorwurf eines bloß moralisch zu verurteilenden Verhaltens gibt. Das Verbrechen nach § 3 g Verbotsgesetz erfordert neben dem objektiven Tatbild der Wiederbetätigung den Vorsatz, sich im nationalsozialistischen Sinn zu betätigen. Das Strafverfahren gegen den Privatankläger wurde eingestellt, weil nach Auffassung der Anklagebehörden wohl der objektive, aber nicht der subjektive Tatbestand des § 3 g Verbotsgesetz (also die Absicht, sich im nationalsozialistischen Sinn zu betätigen) nachgewiesen werden kann. Wenn der Privatankläger seine Studenten im nationalsozialistischen Sinn beeinflußt, so erfolgt diese Beeinflussung, weil der Privatankläger Lehrer ist und jeder Lehrer im Rahmen seiner Lehrtätigkeit seine eigenen Auffassungen und Vorstellungen seinen Studenten vermittelt. Nicht nachweisbar ist, daß der Privatankläger mit Absicht, aus politischen Gründen die Studenten zu Nationalsozialisten erziehen will. Nur wenn letzteres nachweisbar wäre, hätte eine Anklage nach § 3 g Verbotsgesetz erfolgen können.

Trotzdem ist es interessant zu untersuchen, wann nach der Judikatur des Obersten Gerichtshofes bereits der Tatbestand des § 3 g Verbotsgesetz erfüllt ist. Wir verweisen auf die Entscheidung 7 Os 287/59-8, die wir in Photokopie vorlegen.

Interessant ist vor allem, daß der Oberste Gerichtshof in einem Druckwerk die Anpreisung und Gutheißung von nationalsozialistischem Gedankengut erblickt, obwohl in 22 Stellen Textstellen eine positive und in 11 Textstellen eine ablehnende Stellung-

nahme gegenüber dem Nationalsozialismus erfolgte. Der Privatankläger kann sich daher nicht darauf berufen, daß er auch
manche Erscheinungsformen des Nationalsozialismus ablehnte.

Der Oberste Gerichtshof führt aus, daß die Strafdrohung des
§ 3 g Verbotsgesetz jede weitere Betätigung »für die NSDAP und
ihre Ziele« erfassen wollte; die Bestimmungen der §§ 1 bis 3 g des
Verbotsgesetzes seien vorgesehen, »zur Niederhaltung jener, die
den Werwolftraum noch nicht ausgeträumt haben« und um »jed-
wede nationalsozialistischen Umtriebe im Keim zu ersticken«;
somit stelle sicherlich nicht nur das ausdrückliche Gutheißen, sondern auch eine *Verherrlichung nationalsozialistischer Einrichtungen und Ziele*, wie sie durch eine unsachliche einseitige und pro-
pagandistisch vorteilhafte Darstellung zum Ausdruck gebracht
wird, schlechthin objektiv eine Betätigung im nationalsozialistischem Sinne dar.

Gegenüber den Ausführungen der Beschwerde, daß das für verfallen erklärte Buch »Waffen-SS im Einsatz« im wesentlichen
nur historische Tatsachen zur Darstellung bringe, führt der Oberste Gerichtshof aus, daß dies zwar richtig sei; allein es lasse sich
nicht verkennen, daß hiebei die geschichtliche Darstellung doch
eine Deckform für verbotene nationalsozialistische Propaganda
bilde. Den geschichtlichen Darstellungen sei zwar ohne Beschöni-
gung eine abfällige Kritik an der Person Himmlers und seiner
zwiespältigen Geistesart, sowie eine heftige Kritik an der obersten militärischen und politischen Führung an die Seite gestellt.
Diese Kritik treffe aber lediglich das persönliche Verhalten der in
Betracht kommenden Personen, keinesfalls aber die nationalsozialistische Ideologie als solche und falle daher bei der Beurteilung des Buchinhaltes nicht ins Gewicht.

Im Urteil, in dem der Verfall des Buches »Waffen-SS im
Einsatz« ausgesprochen wurde, wird als eines der Ziele des Nationalsozialismus, das im Buch propagiert werde, die »Verherrlichung der Reichsidee« genannt.

In der Beschwerde gegen das Verfallsurteil zu 7 Os 287/59 war
ausgeführt worden, daß das Parteiprogramm der NSDAP durchaus keine eigenständige Neuschöpfung gewesen sei, sondern nur
eine Zusammenschmelzung vielfacher staatsrechtlicher und philo-
sophischer Gedankensysteme, mit dem absoluten Totalitätsan-
spruch der NSDAP; selbst die positive Darstellung einer einzelnen dieser Ideen könne daher nie eine Betätigung im nationalsozialistischen Sinn darstellen. Der Oberste Gerichtshof lehnte die
Argumentation ab, weil es unzulässig sei, eine isolierte Betrachtung vorzunehmen.

Es genügt daher die Verherrlichung einzelner Ziele der NSDAP wie der Reichsidee. Daß auch der Antisemitismus zu den Zielen der NSDAP gehörte, ist bekannt.

Wenn wir auch nicht den Beweis dafür zu erbringen haben, daß der Privatankläger den subjektiven oder objektiven Tatbestand der Wiederbetätigung im nationalsozialistischen Sinn gesetzt hat, weil in den inkriminierten Artikeln eine solche Behauptung nicht enthalten ist, so wird doch durch die erwähnten Ausführungen des Obersten Gerichtshofes zum Tatbestand des § 3 g Verbotsgesetz die Argumentation des Beschwerdeführers widerlegt, daß es Großdeutschtum und Antisemitismus schon vor dem Entstehen der NSDAP gegeben habe und man daher diese Ideologien nicht als nationalsozialistisch bezeichnen könne.

Wie das Erstgericht richtig ausführte, kann insbesondere im deutschsprachigen Raum nicht an den Ereignissen der Jahre 1938 bis 1945 vorbeigegangen werden. Wer heute offen oder versteckt die Reichsidee verherrlicht und antisemitische Gefühle hervorruft oder verstärkt, beweist damit, daß er innerlich Nationalsozialist geblieben ist.

Für die Entscheidung des gegenständlichen Falles ist irrelevant, was unter »Neonazi« zu verstehen ist, weil der Privatankläger in keinem der beiden inkriminierten Artikel als Neonazi bezeichnet wird. Dieser Ausdruck wird lediglich im Artikel der »Zukunft« im Gegensatz zu den »Altnazi« verwendet. Unter »Neonazi« werden diejenigen jungen Menschen, insbesondere in der Studentenschaft verstanden, die schon wegen ihrer Jugend der NSDAP nicht angehört haben, aber die nationalsozialistische Ideologie oder Teile derselben übernommen haben. Typisch für die Ideologie der Neonazi ist, daß sie diejenigen Erscheinungsformen des nationalsozialistischen Regimes, die durch die historischen Ereignisse am ärgsten in Mißkredit geraten sind, insbesondere manche Personen, die für den Mißerfolg in der Durchführung des nationalsozialistischen Programms verantwortlich waren, ablehnen oder an ihnen Kritik üben, jedoch wesentliche Teile der nationalsozialistischen Ideologie aufrecht erhalten.

Es ist daher vollkommen verfehlt, wenn die Berufung den Begriff »Neonazi« aus einem Vergleich mit dem Begriff »Neogotik« heraus entwickeln will.

Verfehlt ist die Argumentation der Berufung, das Wesen des Nationalsozialismus aus einer Kombination der Begriffe Nationalsozialismus und Sozialismus zu erklären. Wie der Oberste Gerichtshof im Urteil gegen Konrad Windisch zu 7 Os 132/59 (eine Fotokopie dieses Urteiles ist angeschlossen) ausführte, entsprach es der nationalsozialistischen Propaganda, allgemein anerkannte politische Thesen demokratischer Parteien (zum Beispiel das

Bekenntnis zum Sozialstaat), aber auch von niemandem bezweifelte Binsenwahrheiten (zum Beispiel das Bekenntnis zur Erhaltung eines gesunden Bauernstandes) zu politischen Schlagworten zu formen und als politisches Programm eigener Prägung auszugeben. Wer, führte der Oberste Gerichtshof aus, Schlagworte in ähnlicher Form, wie sie die Nationalsozialisten gebrauchen, gesammelt verwendet und vertreibt, der propagiert nationalsozialistische Programmpunkte und nicht etwa dahinter stehende Ideen.

Der Nationalsozialismus unterschied sich vom Faschismus dadurch, daß er das Bekenntnis zum Führerstaat mit der Verherrlichung der Reichsidee sowie mit dem Antisemitismus verband. »Da die Rechtfertigung des Dritten Reiches unmöglich ist, weil es mit einer Katastrophe endete*«, gehört es zu den Charakteristika des Neonazismus, daß in erster Linie die Reichsidee verherrlicht, in zweiter Linie der Antisemitismus gefördert und erst in dritter Linie die Demokratie abgewertet wird.

d) Wenn der Privatankläger lediglich mit wissenschaftlichen Argumenten den Standpunkt vertreten hätte, daß es falsch sei, von einer »österreichischen Nation« zu sprechen, so könnte man dies als eine wissenschaftliche Lehrmeinung gelten lassen, ebenso wie den gegenteiligen Standpunkt, daß es eine »österreichische Nation« gibt.

Das Wort Nation wird in vielfacher Bedeutung gebraucht, wobei eine Reihe von Charakteristika für die Begriffsbestimmung von Bedeutung sind: staatliche Gemeinschaft, Schicksalsgemeinschaft, Sprache, gemeinsame Kultur.

Die österreichisch-ungarische Monarchie wurde als ein Nationalitätenstaat aufgefaßt, der aus Ungarn, Polen, Tschechen, Deutsch-Österreichern und so weiter bestand. Nicht die Zusammenfassung in einem Staat, sondern Sprache und Kultur waren für den Nationsbegriff maßgebend.

In der Schweiz sind ja seit Jahrhunderten Bevölkerungsteile mit verschiedenen Sprachen und notwendigerweise damit verbundenen kulturellen Bindungen durch gemeinsame Geschichte und Schicksal zu einer Schweizer Nation herangewachsen. Der deutschsprachige Schweizer empfindet sich als Schweizer und nicht als Deutscher, ebenso wie der französisch und italienisch sprechende Schweizer sich als Schweizer und nicht als Franzose oder Italiener fühlt.

Die Engländer und Amerikaner sind trotz gemeinsamer Sprache als verschiedene Nationen anzusehen, nicht etwa weil sie in verschiedenen Staaten leben, sondern weil ihre geschichtliche Ent-

---

* Dies erklärte T. B. in einer seiner Vorlesungen.

wicklung und eine gewisse Aufspaltung der kulturellen Entwicklung das Bewußtsein, verschiedenen Nationen anzugehören, geschaffen hat. Nicht nur wenn man vom Begriff der »Staatsnation« ausgeht, sondern aus der unter dem Gesichtspunkt der Kriterien, Schicksalsgemeinschaft, Sprache und Kultur vorgenommenen Begriffsbildung sind Amerikaner und Engländer verschiedene Nationen und sind die Schweizer ohne Rücksicht auf die Sprachgruppen eine Schweizer Nation.

Die Geschichte Österreichs ist dadurch charakterisiert, daß es durch Jahrhunderte einerseits Teil des »Heiligen römischen Reiches deutscher Nation« war, andererseits durch die Habsburger-Monarchie und im Rahmen derselben eine eigene Entwicklung genommen hat. Als 1918 die Ungarn, die Tschechen, Polen, die Jugoslawen ihre eigenen Nationalstaaten bildeten und auch die deutschsprachige Bevölkerung der Monarchie im Rahmen der damals entstandenen Grenzen sich als eigener Staat konstituierte, war die Vorstellung überwiegend, ja fast allgemein, daß dieser Staat, der sich »Deutsch-Österreich« nannte, wirtschaftlich nicht lebensfähig sei und den Anschluß an Deutschland vollziehen sollte. Dies wurde durch den Friedensvertrag von St. Germain verhindert. Zu den erklärten Zielen aller österreichischen Parteien gehörte es damals, den Anschluß an Deutschland anzustreben. Das österreichische Volk empfand sich damals trotz der Verschiedenheit seiner historischen Entwicklung überwiegend als Teil der Deutschen Nation. Für diese politische Einstellung war zu einem großen Teil die Auffassung maßgebend, daß das nach dem Zerfall der Monarchie verbliebene Restösterreich wirtschaftlich nicht lebensfähig sei.

Die Vorstellungen hinsichtlich einer Vereinigung Österreichs mit Deutschland änderten sich, als in Deutschland die NSDAP zur Macht kam. Die Sozialdemokratische Partei Österreichs hat sofort nach 1933 das Ziel des Anschlusses an Deutschland aus ihrem Parteiprogramm gestrichen. Die »Vaterländische Front«, in welche die Christlichsoziale Partei aufgegangen war, betrieb eine betonte Österreich-Propaganda, die nicht nur die Selbständigkeit Österreichs als politisches Ziel aufstellte, sondern auch die Auffassung von der eigenen österreichischen Nation vertrat. Als Dollfuß von Schuschnigg abgelöst wurde und der Druck der nationalsozialistischen Propaganda stärker wurde, glaubte Schuschnigg, dieser durch die Parole vom »zweiten deutschen Staat« entgegentreten zu können. Als Österreich 1938 seine staatliche Selbständigkeit verlor, haben manche Politiker der Ersten Republik, wie zum Beispiel Otto Bauer, der sich damals in Paris in der Emigration befand, noch vor Beginn des Zweiten Weltkrieges, das Ziel von der »gesamtdeutschen Revolution« entwickelt. Die in der Unterdrückung vereinten deutschen und österreichischen Arbeiter sollten die Diktatur stürzen und ein freiheitliches, revolutionäres Regime errichten.

Die Erlebnisse des österreichischen Volkes in der Zeit von 1938 bis 1945 führten dazu, daß alle Widerstandsbewegungen während des nationalsozialistischen Regimes und die 1945 wieder entstandenen politischen Parteien den Gedanken der Selbständigkeit Österreichs zu ihren Parolen erhoben und freiwillig jeden Gedanken einer Vereinigung Österreichs mit Deutschland ablehnten. Die Verschiedenheit in der historischen Entwicklung, also das Charakteristikum der Schicksalsgemeinschaft des österreichischen Volkes, erlangte das Übergewicht gegenüber der Gemeinsamkeit der Sprache. Es entstand der politische Wille unter Aufrechterhaltung und Bejahung der schon durch die gemeinsame Sprache bestehenden kulturellen Bindungen, das österreichische Volk zu einer eigenen Nation in einem eigenen Staat zu entwickeln, so wie, trotz gemeinsamer Sprache und starker kultureller Verbundenheit, die Amerikaner eine vom englischen Volk und die deutschsprachigen Schweizer eine vom deutschen Volk abgezweigte eigene Nation bilden. Diese historische Entwicklung zeigt, daß die Bejahung oder Verneinung des Bestehens einer österreichischen Nation, die ja jedenfalls als Staatsnation besteht, nicht so sehr die Frage einer wissenschaftlichen Analyse und Wertung der Charakteristika einer Nation, als die Bejahung oder Verneinung des politischen Programms der gewollten selbständigen Entwicklung des österreichischen Volkes ist.

Die Äußerungen des Privatanklägers zu dieser Frage haben nichts mit Wissenschaft zu tun, sondern sind eindeutig politisch polemische Äußerungen, die, wie das Erstgericht feststellt, Ausdruck einer tiefsitzenden Animosität gegen eine selbständige Entwicklung der österreichischen Bevölkerung sind. Die von Hitler vorgenommene Lösung der Österreich- und Sudetenfrage wird von ihm positiv bewertet, die Volksabstimmung des Jahres 1938 als eine echte Wahl bezeichnet; der österreichische Widerstand gegen die deutsche Besetzung Österreichs und gegen den Gehorsam gegenüber der deutschen Armee wird als »Verrat und Fahnenflucht« bezeichnet; das Jahr, in dem die deutsche Herrschaft abgeschüttelt und von den neu entstandenen österreichischen Parteien das selbständige Österreich neu begründet wurde, wird als Jahr der Gesinnungs- und Würdelosigkeit bezeichnet. Vergleicht man mit diesen Äußerungen die Grundnorm des wiedererrichteten Österreichs, nämlich die Proklamation über die Selbständigkeit Österreichs vom 27. 4. 1945, Staatsgesetzblatt

Nr. 1, so sieht man, wie sehr die Äußerungen des Privatanklägers von dieser Proklamation abweichen. Im Erkenntnis B 167/62 hat der Verfassungsgerichtshof eine Beschwerde wegen Auflösung des Vereines »Bund der Ritterkreuzträger des eisernen Kreuzes in Österreich« mit der Begründung abgewiesen, daß der Zweck des Vereines mit Rücksicht auf seinen Widerspruch zur Proklamation über die Selbständigkeit Österreichs vom 27. 4. 1945, StGBl. Nr. 1, als rechtswidrig anzusehen ist.

Die Rechtswidrigkeit einer Propaganda für die Wiedervereinigung Österreichs mit Deutschland ergibt sich aus Artikel 4 des Staatsvertrages von Wien. Was ist es jedoch anderes, als versteckte und zum Teil auch offene Propaganda für die Wiedervereinigung, wenn der Privatankläger vom »Geflunker von der österreichischen Nation« spricht; die Lehrer und Prüfer, die die Jugend in diesem Sinne erziehen, herabsetzt und beleidigt, indem ihnen Geschichtsfälschung vorgeworfen wird, die nicht alle Schüler zu durchschauen in der Lage sind (Art. des Privatanklägers über »Jugend und Geschichtsbewußtsein« in *Beiträge des Witiko-Bundes);* von dem »leichenblassen, schwindsüchtigen Torso« der österreichischen Geschichte spricht; die Entstehung eines selbständigen Österreich als »Tragik« und als »Teil der gesamtdeutschen Katastrophe« bezeichnet und die Reichsidee verherrlicht, indem er das Reich als das »größere Vaterland« bezeichnet, das »wir deutschen Österreicher zum zweiten Mal innerhalb einer Generation ... verloren haben«; wenn er die Hoffnung ausspricht, »daß sich Gott noch einmal, wie vor tausend Jahren, unseres Reichsvolkes erinnert.«

Diese Verherrlichung der Reichsidee ist Verbreitung nationalsozialistischer Ideologie.

e) Das angefochtene Urteil führt die Äußerungen antisemitischer Natur an, die der Privatankläger in seinen Vorlesungen gemacht hat. Die Berufung bekämpft diese vom Erstgericht vorgenommene Wertung, insbesondere hinsichtlich der Bezeichnung von Rosa Luxemburg, Hugo Preuß, Hans Kelsen, Kurt Eisner, Karl Marx und Friedrich Austerlitz als Juden. Der Berufungswerber meint, eine solche Bezeichnung sei ebensowenig als antisemitisch anzusehen, wie etwa die Feststellung der Tatsache, daß der Ministerpräsident Graf Stürgkh von einem sozialistischen Politiker erschossen worden sei, als antisozialistische Äußerung zu werten sei.

Wir sind dem Berufungswerber für dieses Beispiel dankbar. Sicherlich wäre der Satz, daß der Ministerpräsident Graf Stürgkh vom sozialistischen Politiker Friedrich Adler erschossen wurde, keine anti-sozialistische Äußerung. Denn die Erschießung des

Grafen Stürgkh durch Friedrich Adler stand im engen Zusammenhang mit der von Friedrich Adler geführten Gruppe der sozialdemokratischen Partei, die in heftigster Opposition zur Kriegspolitik des Grafen Stürgkh stand. Zwischen dem Ausdruck »sozialistischer Politiker« und der geschilderten Handlung dieses Politikers besteht ein enger Zusammenhang. Würde aber der Satz lauten: »Der Ministerpräsident Graf Stürgkh wurde vom Juden Friedrich Adler erschossen«, so müßte diese Äußerung als antisemitisch gewertet werden, weil zwischen der Bezeichnung Friedrich Adler als Jude und der geschilderten Tathandlung kein innerer Zusammenhang besteht, die Anführung des Wortes »Jude«, also nicht der historischen Motivation, sondern anderen Zwecken dient.

Dort, wo zwischen der jüdischen Abstammung und dem geschilderten Werk der Person ein innerer Zusammenhang besteht, ist der Gebrauch des Wortes Jude gerechtfertigt. Niemand würde als antisemitisch den Satz werten, »der Jude Herzl hat den Zionismus begründet«, oder die Bezeichnung »der jüdische Philosoph Martin Buber«, weil seine Philosophie im engen Zusammenhang mit der jüdischen Religion steht.

Die Bezeichnung als Jude hat auch eine Motivation in einem Werk, das speziell der Rolle von aus dem Judentum stammenden Menschen in Geschichte, Literatur, Politik et cetera gewidmet ist, wobei eine solche Darstellung je nach der Einstellung des Verfassers eine philosemitische, eine antisemitische oder eine, die Objektivität anstrebt, sein kann. Auch im Rahmen einer biographischen Darstellung mag unter Umständen ein Hinweis auf das Religionsbekenntnis wissenschaftlichen Qualifikationswert besitzen.

Wird aber die Bezeichnung »Jude« verwendet, ohne daß ein solcher innerer Zusammenhang besteht, dann entspricht sie der nationalsozialistischen Ideologie und bezweckt die Herabsetzung des Werkes der betreffenden Menschen, durch Hinweis darauf, daß es sich um das Werk eines Juden handelt.

Zum Verständnis weisen wir auf ein Zitat aus dem Buch »Justiz im dritten Reich«, Fischer-Bücherei, Seite 172, hin, das einen Ausschnitt aus einer Rede wiedergibt, die auf der Tagung der Reichsgruppe Hochschullehrer der NSRB im Jahre 1936 gehalten wurde:

»Ein jüdischer Autor hat für uns keine Autorität, auch keine ›rein wissenschaftliche‹ Autorität. Diese Feststellung ist der Ausgangspunkt für die Behandlung der Zitatenfrage. Ein jüdischer Autor ist für uns, wenn er überhaupt zitiert wird, ein jüdischer Autor. *Die Beifügung des Wortes und der Bezeich-*

nung ›jüdisch‹ ist keine Äußerlichkeit, sondern etwas Wesent-
liches, weil wir ja nicht verhindern können, daß sich der jüdi-
sche Autor der deutschen Sprache bedient... Ich wiederhole
immer wieder die dringende Bitte, jeden Satz in Adolf Hitlers
›Mein Kampf‹ über die Judenfrage, besonders seine Ausführungen über ›jüdische Dialektik‹ zu lesen. Was auf unserer Tagung
von Fachleuten in vielen wissenschaftlich hervorragenden Re-
feraten vorgetragen worden ist, wird dort einfach, jedem Volksgenossen verständlich und völlig erschöpfend gesagt. Weisen Sie
auch unsere Studenten der Rechtswissenschaft immer wieder
auf diese Sätze des Führers hin.«

In Hitlers »Mein Kampf« wird ausgeführt, daß die Juden sich
fälschlich als Religionsgemeinschaft bezeichnen, in Wirklichkeit
seien sie ein parasitärer Fremdkörper im jeweiligen Wirtsvolk.
Dieser nationalsozialistischen Auffassung entspricht es, wenn der
Privatankläger es ablehnt, Heinrich Heine als deutschen Dichter
anzusehen, sondern ihn »als deutsch schreibenden Dichter jüdischer Abstammung« bezeichnet und wenn er in der Pressekonferenz erklärte, man müsse Juden deswegen als Juden bezeichnen,
weil man sich ja nicht »mit fremden Federn schmücken wolle«;
man könnte diese Personen sonst als Deutsche ansehen. Es handelt
sich um nationalsozialistische Ideologie in Reinkultur!
Die Ausdrücke »Jude Hugo Preuss«, »Jude Hans Kelsen«,
»Jude Friedrich Austerlitz« sind nichts anderes als die in der nationalsozialistischen Zeit zwingend vorgeschriebene Form: »Israel
Hugo Preuss«, »Israel Hans Kelsen« und »Israel Friedrich
Austerlitz«. Es ist das »J«, das in der nationalsozialistischen Zeit
in den Reisepaß all der Personen gestempelt wurde, die nach den
Nürnberger Rassengesetzen als Juden galten.
Die Bezeichnung als »Jude« hat auch ihre Motivation darin,
was in der amerikanischen Rechtslehre und Judikatur hinsichtlich
von Rassenvorurteilen als das »wrong-thinking minority problem« (Problem der falsch denkenden Minderheit) bezeichnet
wird. (The Supreme Court Review 1964, Seite 197, The University
of Chicago Press). Die Anführung der Bezeichnung »Neger«,
»Jude« wird bei der »right thinking majority«, also der Mehrheit der Menschen, die keine Rassenvorurteile haben, nicht mit
einem Unwerturteil verbunden sein. In den Augen der falsch denkenden Minorität hingegen, die Rassenvorurteile hat, bedeutet die
Bezeichnung als Neger oder als Jude eine Abwertung oder Diffa-
mierung. In der Sprache der »wrong thinking minority«, die der
Privatankläger gegenüber seinen Studenten verwendet, ist die

Bezeichnung als Jude ein Unwerturteil, auf das die der »wrong thinking minority« angehörigen Studenten des Privatanklägers mit Lachen zu reagieren gewohnt sind. Die verspottende Bemerkung des Privatanklägers, ob er Kelsen einen Israeli hätte nennen sollen, und das durch diese Bemerkung ausgelöste Lachen seiner Anhänger ist für seine und seiner Anhänger Geisteshaltung charakteristisch; ebenso das Mitlachen des Privatanklägers.

Mit Recht stellt das Erstgericht fest, daß der Privatankläger das Wort »Jude« immer dort verwendet, wo, von seinem Standpunkt aus, damit eine negative Wertung verbunden ist. In Hitlers »Mein Kampf« ist im Personen- und Sachverzeichnis auf Seite XIV unter dem Stichwort »Judentum« angeführt: »Väter der Weimarer Verfassung 627«. Mit dem Hinweis darauf, daß der deutsche Staatsrechtslehrer (und auch Staatssekretär für Inneres beziehungsweise Innenminister vom November 1918 bis Juni 1919) Hugo Preuss Jude war, soll die demokratische Weimarer Verfassung, die von der NSDAP bekämpft und beseitigt wurde, abgewertet werden. Aus dem gleichen Motiv wird Kelsen als Jude bezeichnet, wobei eine weitere Abwertung seiner Persönlichkeit dadurch herbeigeführt werden soll, daß angeführt wird, er habe früher Kohn geheißen. Der Privatankläger gab bei seiner Vernehmung als Zeuge in der Hauptverhandlung vom 25. 11. 1963 an, daß ihm dies bereits in seiner Jugendzeit bekannt gewesen sei. Diese Behauptung ist unwahr: Kelsen hat nie Kohn geheißen und was der Privatankläger als Teil nationalsozialistischer Lügenpropaganda einmal aufgenommen hat, gibt er nun unter dem Deckmantel von Wissenschaft und Lehre an seine Studenten weiter. Der sozialdemokratische Ministerpräsident Bayerns, Kurt Eisner, der von einem rechtsradikalen Attentäter erschossen wurde, wird als »polnischer Kaffeehausjude« bezeichnet, obwohl er in Berlin geboren und Redakteur der sozialdemokratischen Zeitung »Vorwärts« war. Aber der nationalsozialistischen Rechtfertigung des Mordes an Kurt Eisner diente die Verleumdung, daß Kurt Eisner ein polnischer Kaffeehausjude gewesen sei. Der Privatankläger verbreitet diese Verleumdung unter dem Deckmantel von Wissenschaft und Lehre. Daß der Marxismus eine jüdische Lehre ist, gehörte zu den Hauptschlagworten der NSDAP, ebenso, daß die Führer der Sozialdemokratie Juden gewesen seien. Natürlich kann auch jemand, der zu Bürgerkrieg und Putsch und noch dazu in der »Arbeiter-Zeitung« aufhetzte, nur ein Jude gewesen sein.

Unverkennbar antisemitisch ist auch die vom Zeugen Stirnemann bekundete Äußerung im Zusammenhang mit Nennung des Namens Ricardo: »So reicht ein Jude dem anderen die Hand.«

Von den Personen, die der Privatankläger als Juden bezeichnete, sind nur die wenigsten Glaubensjuden gewesen. Vielleicht war überhaupt keiner von ihnen Glaubensjude. So ist zum Beispiel der Justizrat Heinrich Marx, der Vater von Karl Marx, zum evangelischen Glauben übergetreten, als Karl Marx sechs Jahre alt war, Hans Kelsen ist evangelisch und Friedrich Austerlitz war konfessionslos. Nur nach den Begriffsbestimmungen der Nürnberger Rassengesetze können die Genannten als Juden bezeichnet werden.

f) Es ist bezeichnend, daß der Privatankläger die 25 Punkte des nationalsozialistischen Parteiprogramms seinen Studenten vortrug, das, mangels einer jeden Kritik, den Studenten als ideales Programm erscheinen mußte. Denn die NSDAP verstand es, ihre wahren Absichten hinter schönen Worten, gut klingenden programmatischen Zielen und Binsenwahrheiten zu verstecken. Die einzigen Kommentare, die der Privatankläger zu den Programmpunkten der NSDAP machte, waren antisemitische Bemerkungen zur Rechtfertigung des Programms. Beim Punkt 12: »Persönliche Bereicherung am Krieg verboten, Einziehung aller Kriegsgewinne« machte er die Bemerkung: »Judentum hat dabei nicht geringe Rolle gespielt«. Der Privatankläger gibt die Äußerung zu, rechtfertigt aber dieses nationalsozialistische Schlagwort damit, daß es der Wahrheit entspreche. Auch diese Antwort zeugt von der antisemitischen Einstellung des Privatanklägers. Wenn zum Beispiel ein Herr namens S. Kriegsgewinne machte, die von einem österreichischen Gericht in den dreißiger Jahren als unkorrekt und unsauber bezeichnet wurden, so handelt es sich um die Geschäfte eines Österreichers. Wenn aber ein Herr Bosel solche Geschäfte machte, so ist es nicht der Österreicher, sondern der Jude Bosel. Wenn ein Herr namens Castiglioni solche Geschäfte machte, so ist es nicht der Italiener Castiglioni, sondern der Jude Castiglioni. Wir führen die Namen Bosel und Castiglioni deswegen an, weil sie vom Vertreter des Privatanklägers in seinem Plädoyer in erster Instanz genannt worden sind.

Ein weiterer Programmpunkt der NSDAP, zu dessen Rechtfertigung der Privatankläger eine antisemitische Bemerkung machte, war der Punkt Nr. 23, »gesetzlicher Kampf gegen bewußte politische Lüge und ihre Verbreitung durch die Presse«. Der Privatankläger führte an, daß jüdische Schriftsteller in der Literatur zersetzenden Inhaltes eine große Rolle gespielt hätten. Der Privatankläger führte als Beispiele jüdischer Literatur (jüdisch im Sinn der Nürnberger Gesetze) nicht etwa Hugo von Hofmannsthal, Franz Werfel oder Stefan Zweig an, sondern den erpresserischen Journalisten Bekessy. Der Privatankläger gibt zu, Bekessy genannt zu haben, meint aber, seine Äußerung könne doch nicht als antisemitisch gewertet werden, weil er ein Zitat aus Karl Kraus über Bekessy vorgelesen habe. Nun, Karl Kraus hat wohl eine vernichtende Kritik an Bekessy geübt, aber er hat Bekessy nie als Beispiel »zersetzender jüdischer Literatur« bezeichnet. Die Anführung von Bekessy als Rechtfertigung des antisemitischen Programms der NSDAP blieb dem Privatankläger vorbehalten, der damit nur Schlagworte wiederholte, die vorher schon »Der Stürmer«, das bekannte nationalsozialistische Antisemitenblatt Streichers, gebrauchte.

Wenn der Inhalt der Vorlesung vom 9. März 1962, in der der Privatankläger die 25 Punkte des nationalsozialistischen Parteiprogramms vortrug, als Druckwerk veröffentlicht würde, so wäre damit zweifellos der objektive Tatbestand des Verbrechens nach § 3 g Verbotsgesetz erfüllt. Der Einleitungssatz »Rechtfertigung des Dritten Reiches unmöglich, da es mit einer Katastrophe geendet hat. Ich war überzeugter Katholik und habe trotzdem ja zu dieser Bewegung gesagt«, würde die Tatbestandsmäßigkeit nicht verändern; die beiden antisemitischen Kommentare, die der Privatankläger zu den Punkten 12 und 23 des Parteiprogramms machte, würden die Tatbestandsmäßigkeit nur verstärken. Nur ein Kommentar, der keine Rechtfertigung enthält, sondern die Verlogenheit des Programms aufzeigt, hätte einem solchen Druckwerk und damit auch der Vorlesung des Privatanklägers die Tatbestandsmäßigkeit nach § 3 Verbotsgesetz in objektiver Beziehung nehmen können. Die Art und Weise, wie der Privatankläger das nationalsozialistische Programm vortrug, ist Beweis für seine Einstellung. Das gleiche gilt für die in einer anderen Vorlesung erfolgte Verlesung des Kapitels »Wandlung zum Antisemitisten« aus Hitlers »Mein Kampf«.

g) Die Berufung bekämpft die Auffassung des Erstgerichtes, daß die vom Zeugen Stirnemann bekundete abfällige Äußerung des Privatanklägers über das gleiche Wahlrecht von Gebildeten und Ungebildeten auf eine nationalsozialistische Einstellung des Privatanklägers zurückzuführen sei. Wäre dem so, führt die Berufung aus, müßte man auch das Schweizer Wahlrecht, weil nach diesem Frauen nicht wahlberechtigt sind, als antidemokratisch oder neonazistisch bezeichnen. Dem ist entgegenzuhalten, daß die bekundete Äußerung des Privatanklägers nicht isoliert, sondern im Gesamtzusammenhang mit der Verherrlichung der Reichsidee und seinen antisemitischen Äußerungen zu beurteilen ist. Mit der Ideologie des Führerprinzips ist es verbunden, daß »demokratische Gleichmacherei« abgelehnt wird und man für das Wiegen und nicht für das Zählen von Stimmen auftritt.

In das gleiche Gebiet antidemokratischer Äußerungen gehört die versteckte Abwertung der Weimarer Verfassung und der österreichischen Verfassung als Werke der Juden Hugo Preuss und Hans Kelsen sowie die Erklärung des Privatanklägers, daß er die Demokratie nicht als ideale Staatsform ansieht, weil er überhaupt den Gedanken einer idealen Staatsform ablehne.

h) Zu den im Gesamtzusammenhang mit allen anderen Tatsachen zu beurteilenden Äußerungen gehören auch:

aa) die Äußerung des Privatanklägers, daß die Hitlerkundgebung am Heldenplatz am 15. März 1938, in welcher das Anschlußverbot des Friedensvertrages von St. Germain für null und nichtig erklärt wurde, einer der beiden größten Tage seines Lebens gewesen sei. Ebensowenig wie eine Lobpreisung der Waffen-SS durch eine gleichzeitige Kritik an Himmler ihrer Bedeutung als nationalsozialistische Propaganda entkleidet wird, ist diese Äußerung des Privatanklägers ihrer Wirkung als nationalsozialistische Beeinflussung der Studenten zur Verherrlichung der Reichsidee dadurch entkleidet, daß der Privatankläger als zweiten größten Tag seines Lebens eine Papstkundgebung bezeichnete. Wenn der Privatankläger darauf hinweist, er habe nur den Eindruck hervorheben wollen den die große Massenszene auf ihn gemacht habe, so würde dies, selbst wenn es wahr wäre, nichts ändern, da aus dieser Äußerung die nationalsozialistische Geisteshaltung des Privatanklägers hervorgeht und die Äußerung geeignet ist, junge Menschen im Sinne einer Begeisterung für die Reichsidee zu beeinflussen. Man hätte von einem österreichischen Hochschullehrer der Zweiten Republik, dessen Aufgabe es ist, die Jugend zu Österreichern und Demokraten zu erziehen, eher erwartet, daß er als Beispiel einer eindrucksvollen Massenkundgebung die Kundgebung im Belvedere vom 15. Mai 1955 erwähnt, die anläßlich der Unterzeichnung des Staatsvertrages von Wien veranstaltet wurde.

bb) die Äußerung, daß der Film »Mein Kampf« ein verzerrtes Geschichtsbild gebe. Dieser Film gehört zu den Dokumenten, die dazu dienen, der Jugend, die das nationalsozialistische Regime nicht miterlebt hat, die wahre Bedeutung dieses Regimes zu zeigen. Die Äußerung des Privatanklägers mußte auf die jungen Menschen, die sich naturgemäß ihr Weltbild nach den Äußerungen und Auffassungen der Lehrer, zu denen sie aufschauen, formen, die Wirkung einer Impfung mit Abwehrstoffen haben. Die jungen Menschen sollten den Film mit der inneren Einstellung betrachten, daß er nicht die Realität, sondern ein Zerrbild zeige. Einer näheren Ausführung, worin die Verzerrung besteht, bedurfte es nicht. Die Erklärung, daß das Bild verzerrt sei, mußte genügen, eine innere Abwehrstellung hervorzurufen.

cc) ein wahres Gegenstück zu der Äußerung, daß der Film »Mein Kampf« verzerrt sei, ist die vom Zeugen Stirnemann bekundete Äußerung, die der Privatankläger bei einem Anlaß machte, daß während des Weltkrieges Verbrechen gesetzt wurden, wobei er nur zwei Beispiele anführte: den Atombombenabwurf auf Hiroshima und die Bombardierung Dresdens. Mag der Privatankläger sich bei anderen Anlässen veranlaßt gesehen haben, auch auf andere Kriegsverbrechen, wie die Massenvernichtung der Juden, hinzuweisen, für seine Einstellung im Gesamtzusammenhang mit seinen sonstigen Äußerungen ist es bezeichnend, daß er bei dem erwähnten Anlaß nur auf diese beiden Beispiele von Kriegsverbrechen hinwies.

i) Wenn der Privatankläger sich darauf beruft, daß die verfassungsrechtlich garantierte Freiheit der Lehre ihm gestattet zu lehren, was er für richtig halte, so muß zwischen Lehre und Pseudolehre unterschieden werden. Auch die nationalsozialistische Rassenlehre, die innerhalb der weißen Rasse zwischen einer arischen und jüdischen Rasse unterscheidet, eine Einteilung in edle und minderwertige Rassen vornimmt und die Notwendigkeit der Rassenreinheit lehrt, bezeichnete sich als Lehre. Sie war jedoch nur Pseudolehre. Ebensolche nationalsozialistische Pseudolehre ist die Auffassung, daß ohne sachlichen Zusammenhang Personen, die selbst oder deren Vorfahren jüdischer Religion waren, als Juden zu bezeichnen sind oder daß die gelegentliche Bereicherung einzelner Personen oder ihre erpresserische journalistische Tätigkeit darauf zurückzuführen ist, daß sie selbst oder ihre Vorfahren der jüdischen Religion angehört haben.

Ebenso wie eine geschichtliche Darstellung, durch Aneinandersetzung wahrheitsgemäßer historischer Tatsachen im Zusammenhang gesehen, eine Deckform für verbotene nationalsozialistische Propaganda bilden kann (Entscheidung OGH, 7 Os 287/59), ist auch die sich unter dem Deckmantel der Lehre kleidende Darstellung des Privatanklägers eine nationalsozialistische Betrachtungsweise.

In diesem Zusammenhang ist die vom Berufungswerber gerügte, in der mündlichen Begründung des Urteiles gemachte Äußerung des Erstrichters zu verstehen, daß es nicht darauf ankommt, ob die Äußerungen des Privatanklägers wahr sind oder nicht. Auch wenn Kelsen früher Kohn geheißen hätte; auch wenn Kurt Eisner wirklich ein Pole gewesen wäre, der gerne das Kaffeehaus besuchte; auch wenn Karl Marx und Hans Kelsen nicht Protestanten und Friedrich Austerlitz nicht konfessionslos gewesen wäre; wenn Bosel und Castiglioni sich wirklich bereichert und wirklich der jüdischen Religionsgemeinschaft angehört hätten;

wenn Bekessy wirklich ein Erpresser war, der der jüdischen Religionsgemeinschaft angehörte, und wenn Karl Kraus sich wirklich über ihn abfällig äußerte, so ist all dies irrelevant. Im Gesamtzusammenhang gesehen, handelt es sich um antisemitische Äußerungen und eine Rechtfertigung des nationalsozialistischen Parteiprogramms.

7. Die Berufung bekämpft das Urteil auch mit der Behauptung, daß in dem inkriminierten Artikel in der »Arbeiter-Zeitung« zum Ausdruck gebracht werde, daß der Privatankläger es verstehe, zumindest äußerlich auf die derzeit erwünschte Ideologie einzuschwenken. Damit sei der Privatankläger eines unehrenhaften Verhaltens geziehen worden. Was ihm das Erstgericht aber vorwarf, sei ja eigentlich, daß er nach Meinung des Erstgerichtes nicht eingeschwenkt, sondern noch immer Nationalsozialist geblieben sei.

Tatsächlich enthält der inkriminierte Artikel in dem erwähnten Satz den Vorwurf, daß der Privatankläger lediglich äußerlich auf die derzeit erwünschte Ideologie eingeschwenkt, innerlich jedoch noch immer Nationalsozialist geblieben sei, also den Vorwurf der Unaufrichtigkeit seines Verhaltens.

Das Beweisverfahren hat tatsächlich gezeigt, daß der Privatankläger in einer geradezu erstaunlichen Offenheit die Reichsidee verherrlicht, seine Abneigung gegen die selbständige Entwicklung des österreichischen Volkes zum Ausdruck bringt, alle anders Gesinnten verhöhnt und beleidigt, antisemitische und antidemokratische Äußerungen macht und Argumente zur Rechtfertigung des Parteiprogramms der NSDAP vorbringt.

Nichtsdestoweniger ist die Unaufrichtigkeit des Privatanklägers eindeutig zum Ausdruck gekommen:

a) Der Privatankläger bestreitet auch in der gegenständlichen Berufung, Antisemit zu sein und behauptet, daß er sich vorbehaltlos zur Republik Österreich und zur Demokratie bekenne. Daß diese Beteuerungen unwahr sind, hat das Beweisverfahren ergeben.

b) Das Handeln des Privatanklägers ist ein Verstoß gegen seinen Amtseid, der gemäß § 10 Abs. 2 des Hochschulorganisationsgesetzes der gleiche Diensteid ist, den alle Bundesbeamten zu leisten haben und der in der Staatsdruckereiausgabe der Dienstpragmatik, Seite 163 ff, abgedruckt ist. Danach hat der Privatankläger geschworen, der demokratischen Republik Österreich treu und gehorsam zu sein, deren Gesetze unverbrüchlich zu beobachten, jederzeit auf die Wahrung der öffentlichen Interessen bedacht zu sein, sowie bei Ausübung seines Dienstes die Rechte und die Würde eines jeden Staatsbürgers zu achten. Seine antiösterreichischen, antisemitischen und antidemokratischen Äußerungen stehen zu diesem Amtseid in Widerspruch.

c) Der Privatankläger hat in der Pressekonferenz vom 23. März 1965 auf die Frage eines Journalisten bewußt unwahr erklärt, er sei aus der NSDAP ausgeschlossen und im April 1945 nicht Mitglied der NSDAP gewesen. Als ihm in der Hauptverhandlung vom 22. Juni 1965 vorgehalten wurde, daß diese Erklärung im Widerspruch zum Inhalt des Gauaktes stehe, weil er gegen seinen im Jahre 1943 erfolgten Ausschluß aus der NSDAP erfolgreich berufen habe und der Ausschluß in einen Verweis umgewandelt worden sei, griff er zur Ausrede, er sei im April 1945 tatsächlich nicht mehr Parteimitglied gewesen, weil Österreich in diesem Zeitpunkt schon besetzt gewesen sei.

d) Der Privatankläger erklärte bei der Pressekonferenz vom 23. März 1965, es sei eine Verleumdung, wenn ihm unterschoben werde, daß er hinsichtlich der Massenkundgebung vom 15. März 1938 gesagt hätte, es sei einer der zwei größten Tage seines Lebens gewesen. Tatsächlich hat er dies in den Hauptverhandlungen vom 29. Oktober 1962 und 17. Jänner 1963 zugegeben.

e) Der Privatankläger erklärte in der Pressekonferenz, es sei ihm unterschoben worden, er hätte die Äußerung gemacht: »Der Jude Kelsen, der in Wirklichkeit Kohn heiße.« In der Hauptverhandlung vom 17. Jänner 1963 hat der Privatankläger zugegeben, diese Äußerung gemacht zu haben.

f) Bei seiner Vernehmung als Beschuldigter vor dem Landesgericht für Strafsachen in Wien am 27. April 1965 erklärte der Privatankläger, er habe nichts davon gesagt, daß Kelsen Kohn heiße, da er dies gar nicht gewußt habe. In der Hauptverhandlung vom 17. Jänner 1963 bekundete jedoch der Privatankläger: »Ich habe entweder gesagt: Hans Kelsen, der eigentlich Kohn hieß, oder ich habe gesagt, der Jude Hans Kelsen.« In der Hauptverhandlung vom 25. November 1963 bekundete der Privatankläger als Zeuge »Daß Kelsen früher Kohn hieß, war mir bereits in meiner Jugendzeit bekannt.«

Diese Fülle bewußter Unwahrheiten aus dem Munde eines Hochschullehrers ist erschütternd, auch wenn der Privatankläger weder in der Pressekonferenz noch bei seiner Vernehmung als Beschuldigter zu wahrheitsgemäßen Erklärungen verpflichtet war. Er darf jedoch nicht erwarten, daß seinen Beteuerungen, er sei ein guter Österreicher, ein guter Demokrat und kein Antisemit, geglaubt werden.

8. Dem Österreicher ist kein Geschichtsbild und keine Ideologie vorgeschrieben. Aber wenn er das Geschichtsbild und die Ideologie des Nationalsozialismus hat, dann muß er sich gefallen lassen,

wenn ein anderer Staatsbürger dies ausspricht. Um etwas anderes geht es in diesem Prozeß nicht. Es ist weder Gegenstand dieses Prozesses, ob die Äußerungen des Privatanklägers nach dem Verbotsgesetz strafbar sind, noch ob der Privatankläger sich als Hochschullehrer disziplinär vergangen hat. Es geht lediglich darum, ob die Beschuldigten berechtigt waren, die Äußerungen über den Privatankläger zu machen, die Gegenstand dieses Verfahrens sind, weil diese Äußerungen wahr sind.

Wenn der Privatankläger den Standpunkt einnimmt, daß die Urteilsbegründung, daß die von ihm zitierten Ausführungen und Äußerungen nicht mit wissenschaftlichen Zwecken begründet werden können, darauf hinauslaufe, daß Methode und Inhalt der wissenschaftlichen Lehre von außerwissenschaftlichen Instanzen kontrolliert werden, dann verlangt er, daß seine Meinung und nicht die des Gerichtes maßgebend sei, ob die an ihm geübte Kritik, daß seine Tätigkeit als Hochschullehrer seine noch immer bestehende nationalsozialistische Einstellung erkennen lasse, zulässig ist. Wenn der Privatankläger gegen unsere Meinungsäußerung in Druckwerken den Weg der Anrufung des Gerichtes beschritten hat, dann muß er sich damit abfinden, daß nicht er, sondern das Gericht über die Wahrheit und damit die Zulässigkeit der Meinungsäußerung entscheidet.

9. Die Äußerungen des Privatanklägers haben in allen Demokraten ohne Unterschied der Partei große Besorgnis hervorgerufen. Wir erlauben uns in diesem Zusammenhang, nachstehende Veröffentlichungen vorzulegen.

a) »Volksblatt« vom 26. 3. 1965 mit einer Stellungnahme der Senioren der Wiener CV-Verbindungen.

b) »Salzburger Nachrichten« vom 27. und 28. 3. 1965 mit einem Leitartikel von Karl Heinz Ritschl.

c) »Volksblatt« vom 2. 4. 1965 mit einer Stellungnahme des österreichischen Cartellverbandes der katholischen Studentenverbindungen.

d) »Die Furche« vom 3. 4. 1965, mit einem Leitartikel von Kurt Skalnik.

e) Ausschnitt aus der »Salzburger Volkszeitung« vom 6. 4. 1965 mit einer Erklärung der katholisch-evangelischen Vertreter im Koordinationsausschluß für christlich-jüdische Zusammenarbeit.

f) »Wiener Zeitung« vom 22. 4. 1965 mit der Entschließung des Nationalrates vom 31. 3. 1965 und des Bundesrates vom 9. 4. 1965.

g) »Kurier« vom 27. 4. 1965 mit der Wiedergabe einer Stellungnahme des Kardinals Dr. König und des Botschaftsrates Dr. Franz Karasek auf einer Kundgebung der Katholiken am Stephansplatz.

h) »Wiener Zeitung« vom 28. 4. 1965 mit einer Wiedergabe der Rede des Ersten Präsidenten des Nationalrates Dr. Maleta.

Wir beantragen, die

Berufung

als unbegründet abzuweisen.

Wien, 30. Juli 1965

Dr. Heinz Fischer
Alois Brunnthaler

Das Endurteil vom 30. November 1965

Aktenzichen — 13 e B1 1076/65

Im Namen der Republik·

Das Landesgericht f. Strafs. Wien

hat als Berufungsgericht über die Berufung

der Staatsanwaltschaft

des Privatanklägers **wegen Nichtigkeit·u. Schuld**

des Privatbeteiligten   als Subsidiarankläger

gegen das Urteil des **Strafbezirksgerichtes Wien**

vom **22. Juni 1965** AZ. **2 U 62/65**

nach der am **30. Nov. 1965**

unter dem Vorsitze des **OLGR. Dr. Rudolf S i e g e l**

in Anwesenheit

der beisitzenden Richter **OLGR. Dr. Adolf Sandri**
OLGR. Dr. Eduard Edhofer

des Oberstaatsanwaltes (Staatsanwaltes)

des Privatanklägers **Dr. Taras Borodajkewycz**
des PAV
des Privatbeteiligten **Dr. Tassilo Broesigke**   als Subsidiarankläger .
in Abwesenheit d.
de Angeklagten **Dr. Heinz Fischer**
Alois Brunnthaler

in Gegenwart
und de s Verteidiger **Dr. Wilhelm Rosenzweig**

durchgeführten Verhandlung am   zu Recht erkannt:
30. Nov. 1965

Die Berufung des PA in Punkte der Schuld und wegen des Vorliegens von Nichtigkeitsgründen wird zurückgewiesen.

Gem. dem § 390 a StPO. hat der PA auch die Kosten des Berufungsverfahrens zu ersetzen.

Im Namen der Republik!

Das Landesgericht f. Strafs. Wien
hat als Berufungsgericht über die Berufung
des Privatanklägers wegen Nichtigkeit u. Schuld
gegen das Urteil des Strafbezirksgerichtes Wien
vom 22. Juni 1965, AZ. 2 U 62/65
nach der am 30. Nov. 1965
unter dem Vorsitze
OLGR. Dr. Rudolf Siegel
  in Anwesenheit der beisitzenden Richter
OLGR. Dr. Adolf Sandri
OLGR. Dr. Eduard Edhofer
  des Privatanklägers
Dr. Taras Borodajkewycz
  des PAV
Dr. Tassilo Broesigke
  in Abwesenheit der Angeklagten
Dr. Heinz Fischer
Alois Brunnthaler
  in Gegenwart des Verteidigers
Dr. Wilhelm Rosenzweig
  durchgeführten Verhandlung am 30. Nov. 1965
  zu Recht erkannt:
Die Berufung des PA im Punkte der Schuld und wegen des Vorliegens von Nichtigkeitsgründen wird zurückgewiesen.
Gem. dem § 390 a StPO. hat der PA auch die Kosten des Berufungsverfahrens zu ersetzen.

Gründe:
Mit dem angefochtenen Urteil wurde Dr. Heinz Fischer und Alois Brunnthaler im wiederaufgenommenen Verfahren von der Anklage nach den §§ 491, 1. Gerichtsfall StG. beziehungsweise 30 Presseges. wegen des im Spruche des Erstgerichtes wiedergegebenen Sachverhaltes, gem. dem § 259/3 StPO. im Wesentlichen mit der Begründung freigesprochen, der von den Angeklagten angefochtene Wahrheitsbeweis sei gelungen.
Gegen dieses Urteil richtet sich die fristgerecht erhobene Berufung des PA wegen Nichtigkeit und Schuld, die auch schriftlich unter ziffernmäßiger Geltendmachung der Nichtigkeitsgründe des § 468 Abs. 1 Ziff. 2 u. 3 und im Punkte der Schuld ausgeführt worden ist.

I. Mit der Nichtigkeitsrüge wird dem bekämpften Urteil vorgeworfen,

1. Hintansetzung von relevanten Strafverfolgungsrechten des PA

a) durch Abweisung seiner Beweisanträge auf Vernehmung der in Seite 397 des Aktes angeführten Zeugen, die bekunden hätten können, daß die Lehrtätigkeit des PA frei von antiösterreichischen antidemokratischen und antisemitischen Tendenzen sei und daß er sich um sachliche, durch Quellen belegte Urteile bemühe;

durch seine Begründung, warum es die Vernehmung dieser Zeugen für unerheblich erachtet habe, habe das Erstgericht auch gegen fundamentale Rechtsgrundsätze der Strafprozeßordnung verstoßen, es habe nämlich die Beweiswürdigung hinsichtlich dieser Zeugen vorweggenommen.

b) Durch Abweisung des Beweisantrages auf Vorführung des Fernsehfilmes. Durch dieses Beweismittel hätte die Aussage des Zeugen Stirnemann in wesentlichen Punkten widerlegt werden können.

Dem bekämpften Urteile haftet daher der Nichtigkeitsgrund des § 468 (1) Ziff. 2 (§ 281 (1) Ziff. 4) StPO. an.

2. Dadurch, daß das Erstgericht bei der Begründung seiner Feststellung, der angebotene Wahrheitsbeweis der Angeklagten sei gelungen, nur die Zeugenaussagen des PA und die Aussagen der Zeugen Lacina, Stirnemann und Klima, nicht aber auch die Angaben der bereits im ersten Rechtsgang vernommenen Zeugen Gerhard Axamit, Fritz Bock, Richard Bock, Franz Kalbach, Erich Pramböck, Dipl.-Kfm. Schuster, Dr. Karl Appel und Dr. Alfred Kanitz herangezogen — und darüber hinaus sich auch in unzureichender Weise mit den Umständen, die gegen die von ihm den eingangs angeführten Zeugen zugebilligte Glaubwürdigkeit sprechen, auseinandergesetzt habe, weiters auch auf die vom PA vorgelegte Literatur, die geeignet gewesen wäre, das Gegenteil von dem zu beweisen, was das Erstgericht als seine Auffassung in der Urteilsbegründung festgelegt hat, nicht eingegangen sei, sei die erstgerichtliche Urteilsbegründung undeutlich, unvollständig und unzureichend geblieben.

Das bekämpfte Urteil sei daher auch mit dem Nichtigkeitsgrund der Ziff. 5 des § 281 (§ 468 (1) Ziff. 2.) StPO. behaftet.

3. Durch das ergangene Endurteil sei die Anklage nicht zur Gänze erledigt worden. Es liege daher auch der Nichtigkeitsgrund der Ziff. 7 des § 281 (§ 468 (1) Ziff. 2) StPO. vor.

Das Urteil habe zwar den inkriminierten Vorwurf des Neonazismus zum Gegenstand seines Spruches gemacht, habe dabei aber außer acht gelassen, daß der PA nicht nur diesen Vorwurf, sondern auch den in beiden inkriminierten Artikeln sinngemäß enthaltenen Vorwurf, des Opportunismus bzw. der »Verstellung, um eigennützige Ziele zu erreichen« inkriminiert habe.

Das Erstgericht sei auch bezüglich des Artikels in der »Arbeiterzeitung« an der inkriminierten Formulierung vorbeigegangen, »dieser feine Herr (der PA) sei seit 1935 Mitglied des berüchtigten Deutschen NS-Nachrichtendienstes gewesen«.

Dadurch, daß das Erstgericht nicht auch diese inkriminierten Vorwürfe zum Gegenstand seiner Entscheidung gemacht habe, für die ein Wahrheitsbeweis nicht gelungen sei, sei die Anklage nicht zur Gänze erledigt worden.

4. Dem Erstgericht sei bei der Beurteilung der Frage, ob das von ihm als erwiesen angenommene Substrat des Wahrheitsbeweises als hinreichend zu erachten sei, das von ihm allein ins Kalkül gezogene charakterliche Unwertsurteil des »Neonazismus« zu substanzieren, ein Rechtsirrtum insoferne unterlaufen, als es

a) neben dem strafrechtlich relevanten Tatbestand der Wiederbetätigung nach dem § 3 g des Verbotsgesetzes, einen zwar nicht strafbaren aber nach ethischen Grundsätzen verwerflichen Begriff eines »Neonazismus« in das Rechtsleben eingeführt habe und

b) bei der von ihm vorgenommenen Definition des Begriffes darüber hinaus auch noch übersehen habe, daß nicht der von ihm als erwiesen angenommene »Antisemitismus« des PA und dessen »Verherrlichung des Reichsgedankens« sowie die aus einer gelegentlichen Äußerung des PA erschlossene »Ablehnung demokratischer Institutionen« charakteristisch für den ehemaligen Nationalsozialismus gewesen sei, sondern daß das eigentliche Charakteristikum des Nationalsozialismus der Einparteien- und Führerstaat war.

Man könne daher nicht von »Neonazismus« sprechen, wenn jemand eine oder mehrere Ideen vertritt, die auch der Nationalsozialismus vertreten habe, sondern es sei diese Bezeichnung nur dann gerechtfertigt, wenn es jemand unternehme, eine politische Richtung ins Leben zu rufen, oder zu unterstützen, die in ihren wesentlichen Punkten eine Wiederholung (Neuauflage) des Nationalsozialismus, insbesondere auch in dem politischen Begriff des Führerstaates, darstelle.

Da das Erstgericht aber nicht von dieser schon sprachlich gesehen (Neo = Neu) einzig möglichen Begriffsbestimmung des Neonazismus bei der Beurteilung der Frage, ob der angebotene Wahrheitsbeweis gelungen ist, ausgegangen sei und deshalb zu Unrecht den Angeklagten den Strafaufhebungsgrund des gelungenen Wahrheitsbeweises zu Gute kommen ließ, sei das bekämpfte

Urteil mit dem Nichtigkeitsgrund der Ziff. 9 b des § 281 (§ 468 (1) Ziff. 3) StPO. behaftet.

Das Erstgericht sei auch nicht berechtigt gewesen, Ausführungen und Äußerungen des PA, die nach seinen Feststellungen bei Vorlesungen und in Seminaren des PA gefallen sind, auf ihren wissenschaftlichen Zweck und Berechtigung hin, den es ihnen abspricht, zu untersuchen, da dies darauf hinauslaufe, daß Methode und Inhalt der wissenschaftlichen Lehre durch außerwissenschaftliche Instanzen (durch das Gericht) kontrolliert werden, was aber gegen Grundsätze der demokratischen Verfassung Österreichs verstoße.

II. Mit der Schuldberufung wird die Richtigkeit der erstgerichtlichen Beweiswürdigung zum Wahrheitsbeweis bestritten. Die Berufung führt hiezu sinngemäß aus, das Erstgericht habe bei seiner Beweiswürdigung gegen die Vorschrift des § 258 (2) StPO. verstoßen, da es den von den Angeklagten zum Wahrheitsbeweis angebotenen Zeugen Lacina und Stirnemann sowie der angeblich von Lacina verfaßten Vorlesungsmitschrift infolge ungenügender Erörterung der gegen sie sprechenden Umstände eine Beweiskraft zuerkannte, die diesen Beweismitteln bei Beachtung der vorzitierten Vorschrift nicht zukomme.

Wo die Möglichkeit bestehe, einen für den PA ungünstigen Schluß zu ziehen, werde er von der Beweiswürdigung des Erstgerichtes gezogen.

Wo von mehreren Deutungsversuchen einer im Sinne des vom Erstgericht geprägten Begriffes des erlaubten, aber ethisch zu verwerfenden Neonazismus möglich sei, wird die Deutung in dieser Richtung versucht und andere Deutungsmöglichkeiten abgelehnt.

Bei richtiger, gesetzmäßiger Beweiswürdigung, hätte das Erstgericht nicht jene Feststellungen treffen können, die in dem angefochtenen Urteil zum Freispruch des Angeklagten geführt haben.

Der Berufung des PA kommt aus nachfolgenden Gründen keine Berechtigung zu:

I. Zur Nichtigkeitsberufung:

Die geltendgemachten Nichtigkeitsgründe haften dem bekämpften Urteil nicht an. Weitere, von amtswegen wahrzunehmende Nichtigkeitsgründe hat die Aktendurchsicht nicht ergeben.

1. Zum Nichtigkeitsgrund der Ziff. 4 des § 281; § 468 (1) Ziff. 2 StPO:

Das Erstgericht war berechtigt, ohne hiedurch relevante Strafverfolgungsrechte des PA hintangesetzt zu haben, die Einvernahme der vom PA auf Seite 397 des Aktes beantragten Zeugen abzulehnen, da diese Zeugen nicht zur Bekundung tatsächlicher

Vorfälle, sondern nur für Wertungen, nämlich darüber geführt worden sind, ob die Lehrtätigkeit des PA frei von antiösterreichischen, antidemokratischen und antisemitischen Tendenzen sei, sowie zum Nachweis dafür, daß er sich um sachliche, durch Quellen belegte Urteile bemühe.

Insoferne auch Zeugen für die Diskussion des PA mit der Hochschülerschaft beantragt worden sind, lag dem Erstgericht eine Tonbandaufnahme über diese Diskussion vor, die hinsichtlich ihrer Richtigkeit und Vollständigkeit unbestritten geblieben ist.

Das Erstgericht konnte sich daher über den Ablauf dieser Diskussion und über die Vorkommnisse dabei, einen verläßlichen und objektiven Eindruck verschaffen, sodaß es weiterer Zeugenaussagen hiezu nicht bedurft hat.

Aus dem gleichen Grund konnte auch die Vorführung des Fernsehfilmes unterbleiben.

Wenn die Berufung rügt, das Erstgericht habe in der Formulierung seines Beschlusses, mit dem die Durchführung der vorangeführten Beweismittel abgewiesen wurde, ihre Beurteilung in negativer Richtung vorweggenommen, ohne sie tatsächlich aufgenommen zu haben, so mißversteht die Berufung den wesentlichen Kern dieser Begründung.

Die vom Erstgericht vernommenen Zeugen haben Tatsächliches bekundet, während die neu beantragten Zeugen schon nach dem Wortlaut des Beweisantrages nicht zur Widerlegung dieser Tatsachenangaben, sondern nur für ihre subjektive Wertung hinsichtlich der bestrittenen Tendenzen des PA in seiner Lehrtätigkeit, zu vernehmen gewesen wären.

Schon nach der Formulierung des Beweisantrages bestand daher für das Erstgericht keine prozessuale Veranlassung, diese Beweismittel aufzunehmen.

Der bezogene Nichtigkeitsgrund liegt daher nicht vor.

2. Zum Nichtigkeitsgrund der Ziff. 5 des § 281 (§ 468 (1) Ziff. 2) StPO.

Die Berufungsausführung zu diesem Nichtigkeitsgrund stellt sich im wesentlichen als Bekämpfung der erstgerichtlichen Beweiswürdigung dar. Darüber hinaus wird dem Erstgericht auch vorgeworfen, seine Begründung hinsichtlich entscheidender Tatsachenfeststellungen sei ungenügend geblieben, da das Erstgericht nicht alle ihm vorgelegenen Beweismittel auf ihre Beweiskraft überprüft — bzw. solche Beweismittel mit Stillschweigen übergangen habe.

Von einer unzureichenden Begründung kann jedoch nur dann gesprochen werden, wenn für den Ausspruch über entscheidende Tatsachen keine — oder nur offenbar unzureichende Gründe —

angegeben worden sind. Dieser Nichtigkeitsgrund liegt jedoch nicht vor, wenn die vom Erstgericht angeführten Gründe dem Berufungswerber bloß nicht genug überzeugend erscheinen.

Für eine Bekämpfung der erstgerichtlichen Beweiswürdigung ist im Rahmen der Nichtigkeitsberufung kein Platz.

Tatsächlich will die Berufung die Unvollständigkeit der Tatsachenfeststellungen des Erstgerichtes zum Wahrheitsbeweis geltend machen, die nach Ansicht der Berufung darin zu erblicken ist, daß das Erstgericht wichtige und in der Hauptverhandlung vorgeführte Verfahrensergebnisse — die Zeugenaussagen im ersten Rechtsgang und der Inhalt der vorgelegten Druckwerke über die Notwendigkeit und Zulässigkeit der Bezeichnung von Persönlichkeiten des Judentums als Juden — nicht erörtert — beziehungsweise keine Gründe dafür angegeben habe, aus denen es diese Beweismittel nicht für stichhältig erachtet hat.

Nach Ansicht des Berufungsgerichtes sind jedoch die erstgerichtlichen entscheidenden Tatsachenfeststellungen, auf Grund derer es den Wahrheitsbeweis für gelungen angesehen hat, entgegen den Berufungsausführungen aber weder unvollständig, noch unzureichend begründet.

Das Erstgericht hat nämlich ausdrücklich angeführt, daß schon die vom PA selbst zugegebenen bzw. als möglich zugestandenen Äußerungen in Verbindung mit seinen Aufsätzen, ausreichend seien, ihn mit Grund antisemitischer Ressentiments und einer tiefsitzenden Animosität gegen eine selbständige Entwicklung der österreichischen Bevölkerung zeihen zu können, und hat diese Feststellungen nach den Ergebnissen des von ihm durchgeführten Beweisverfahrens auch zureichend begründet.

Ob diese Feststellungen ausreichend sind, den vom Erstgericht aus ihnen gezogenen Schluß in rechtlicher Hinsicht, auf das Gelingen des Wahrheitsbeweises, zu begründen, muß der Besprechung der geltend gemachten Rechtsrüge vorbehalten bleiben.

3. Zum Nichtigkeitsgrund der Ziff. 7 des § 281 StPO.

Es kann der Berufung zugebilligt werden, daß in den inkriminierten Textstellen nicht nur der Vorwurf des »Neonazismus« sondern auch der des »Opportunismus« enthalten ist.

Es kann aber nicht übersehen werden, daß auch das Urteil des Erstgerichtes vom 25. 11. 1963, die inkriminierten Vorwürfe im Wesentlichen nur dahin verstanden hat, dem PA werde durch sie vorgeworfen, innerlich Nationalsozialist geblieben zu sein und er verbreite als Universitätsprofessor nach wie vor NS-Gedankengut.

In dieser Richtung, nämlich nach dem ersten Deliktsfall des § 491 StG., erging auch der seinerzeitige Schuldspruch.

Der PA hat dieses Urteil unbekämpft gelassen, sodaß auch im wiederaufgenommenen Verfahren nur diese Auslegungsmöglichkeit vom Urteilsspruche umfaßt sein konnte.

Eine Nichterledigung der Anklage, die der PA nunmehr geltend macht, liegt daher nicht vor bzw. kann sie vom Berufungsgericht nicht aufgegriffen werden.

4. Zum Nichtigkeitsgrund der Ziff. 9 b des § 481 (§ 468 (1) Ziff. 3) StPO:

Die Rechtsrüge geht im wesentlichen dahin, die vom Erstgericht getroffenen Feststellungen seien nicht ausreichend, den Wahrheitsbeweis zu substantiieren, dies schon deshalb nicht, da der Vorwurf des Neonazismus im Rechtsleben gleichbedeutend mit dem Vorwurf der Wiederbetätigung im Sinne des Verbotsgesetzes sei. Von einer »Wiederbetätigung« des PA könne aber schon nach den Feststellungen des Erstgerichtes keine Rede sein, die in dieser Richtung gepflogenen Vorerhebungen durch die STA Wien hätten mit einer Einstellung des Verfahrens geendet.

Das Berufungsgericht hat zur geltendgemachten Rechtsrüge erwogen:

a) Zum Tatbestand:

Der aus dem Artikel in der periodischen Druckschrift »Zukunft« vom PA inkriminierte Vorwurf, kann vom unbefangenen Durchschnittsleser des Artikels, im Zusammenhang mit dem Inhalt des Gesamtartikels, mindestens auch dahin verstanden werden, das Auftreten von neonazistischen Erscheinungen in der studierenden Jugend Österreichs sei damit zu erklären, daß nicht alle Lehrer — als Beispiel hiefür wird unter anderem der PA namentlich genannt — vom demokratischen Geist durchdrungen seien. Wie könnte der PA nach seiner näher geschilderten politischen Vergangenheit, die studierende Jugend von den sittlichen Werten und fortschrittlichen Prinzipien der Demokratie überzeugen?

Das Erstgericht hat aus den inkriminierten Formulierungen, den nach den Denkgesetzen zutreffenden Schluß gezogen, der Vorwurf, der PA sei auch heute (wie in seiner Vergangenheit) nicht vom demokratischen Geist durchdrungen, werde vom Durchschnittsleser auch dahin verstanden werden können, der PA habe sich von seiner NS-Vergangenheit noch nicht völlig freigemacht, er sei, eventuell ihm selbst unbewußt, innerlich Nationalsozialist geblieben, was sich jedoch auf seine Lehrtätigkeit an der Hochschule zum Nachteil für die demokratische Erziehung der ihm anvertrauten akademischen Jugend auswirke, die zu einem gewissen Teil nach der Ansicht des Artikels »ausgesprochen neonazistisch eingestellt sei.«

Wenn als Ursache dieser Entwicklung unter anderem auch die »nichtvorhandene Durchdringung des PA mit demokratischem Geist« im Artikel geltend gemacht wird, so drängt sich dem Durchschnittsleser, als mindestens bedingt gewollte Meinung des Artikelverfassers die Folgerung auf, der PA sei auch heute noch einer nichtdemokratischen Geisteshaltung verhaftet, die nach der Grundtendenz des Artikels die nationalsozialistische sein muß oder sein kann.

Das Gesetz von »Ursache und Wirkung« wird den Leser zu diesem Schluß hinführen.

Sogesehen, wird dem PA in den inkriminierten Textstellen daher vorgeworfen, innerlich Nationalsozialist geblieben zu sein.

Noch eindeutiger ergibt sich dies aus dem vom gleichen Autor, dem Erstangeklagten, in der Ausgabe der Zeitung »Arbeiterzeitung« vom 27. 6. 1962 mit der Überschrift »Der Philosoph staubte die Bücher ab«, verfaßten Artikel, wenn es in ihm heißt, eine handfeste Nazivergangenheit sei kein großes Hindernis (für eine Karriere als akademischer Lehrer in Österreich) falls es der Betreffende verstehe, *zumindest äußerlich* auf die derzeit erwünschte Ideologie einzuschwenken, wofür der PA ein besonders krasses Beispiel sei.

Aus der Gegenüberstellung der »handfesten Nazivergangenheit« mit dem »zumindest äußerlichem Einschwenken auf die derzeit erwünschte Ideologie« kann der Leser des Artikels nur den Eindruck gewinnen, dem PA werde angelastet, innerlich noch seiner NS-Vergangenheit verhaftet zu sein.

Das Wort »zumindest« läßt diese Auslegung ohne weiteres zu.

Die Formulierung dieses Artikels bedeutet daher auch eine weitere Aufhellung der subjektiven Tatseite in Ansehung des vom gleichen Verfasser stammenden Artikels in der Zeitung »Zukunft«, das heißt, welchen Sinn der Artikelverfasser dem Artikel zu Grunde legen wollte.

Gegen die in gleicher Richtung gelegene Interpretation der beiden inkriminierten Artikel durch das Erstgericht, bestehen daher seitens des Berufungsgerichtes keine Bedenken.

Mit Recht hat das Erstgericht in den inkriminierten Textstellen nicht den Vorwurf der Wiederbetätigung nach dem Verbotsgesetz, sondern nur die Aufzeichnung eines charakterlichen Unwerturteiles erblickt.

Die Aufzeigung, Nationalsozialist gewesen zu sein, ist an und für sich, ethisch gesehen, neutral, sie enthält keine ethische Wertung mehr, da der österreichische Staat mit den ehemaligen Nationalsozialisten, wie sich aus den verschiedenen diesbezüglichen Amnestiegesetzen ergibt, seinen Frieden gemacht hat.

Der Vorwurf aber, innerlich Nationalsozialist geblieben zu sein, das heißt, auch heute noch wesentlichen Teilen der von Gesetz und Moral abgelehnten NS-Ideologie weiterhin verbunden zu sein und sie, wenn auch versteckt, zu verteidigen, beziehungsweise ihre Rechtfertigung zu versuchen, wird vom weit überwiegenden Teil der österreichischen Bevölkerung als ein gegen den Charakter der Genannten gerichteter Vorwurf gewertet werden, da die nach dem Jahre 1945 gewonnenen Erkenntnisse über die Greueltaten, die im Zeichen dieser Ideologie und durch sie ermöglicht, begangen wurden, ihre Pauschalablehnung von jedem rechtlich denkenden Menschen zwingend verlangen.

Mit Recht hat daher das Erstgericht die Tatbestandsmäßigkeit der inkriminierten Vorwürfe nach dem § 491, 1. Tatbestand StG. bejaht.

2. Zum Wahrheitsbeweis:

Im Sinne des Vorgesagten, hatten daher die Angeklagten, um straffrei zu werden, den Nachweis dafür zu erbringen, daß sich der PA in seiner subjektiven Sphäre noch nicht völlig vom Nationalsozialismus in seinen wesentlichen ideologischen Komponenten freigemacht habe, und daß dies in seiner Tätigkeit als Hochschullehrer, zum Nachteil für die Erziehung der Jugend zur Demokratie, auch zum Ausdruck komme.

Dem letztgenannten Moment muß hiebei besondere Bedeutung zukommen, da die inkriminierten Artikel den PA nicht als Privatmann, sondern als akademischen Lehrer angegriffen haben.

Das Erstgericht hat nach den Ergebnissen des von ihm zum angebotenen Wahrheitsbeweis durchgeführten Beweisverfahrens festgestellt, — und von diesen Feststellungen ist bei der Überprüfung der geltend gemachten Rechtsrüge auszugehen, — daß der PA

a) antisemitische —

b) großdeutsche, bzw. deutschnationale Äußerungen als akademischer Lehrer, bzw. in seinen literarischen Bekundungen getan — und

c) auch solche gelegentliche Bemerkungen gemacht habe, die auf noch vorhandene, wenn auch versteckte Sympathien für den Nationalsozialismus und seine ehemaligen Exponenten schließen lassen, auch dies im Zusammenhang mit seiner Lehr- bzw. wissenschaftlichen Tätigkeit.

Zu a) Das Erstgericht hat eine Reihe von Äußerungen des PA in Vorlesungen und Seminaren angeführt, die nach seiner Wertung als antisemitisch zu beurteilen sind.

Diese Beurteilung ist auch nach Ansicht des Berufungsgerichtes zutreffend.

Es mag dahingestellt bleiben, ob der PA in seiner subjektiven Sphäre es tatsächlich nur aus wissenschaftlichen Gründen für notwendig erachtet hat, auf das Glaubensbekenntnis oder auf die Abstammung von Persönlichkeiten aus dem Judentum hinweisen zu müssen, doch kann nicht übersehen werden, daß, wie das Erstgericht richtig festgestellt hat, diese Hinweise in den meisten Fällen mit einer negativen Wertung des Werkes oder des Tuns dieser Person verbunden waren. (Zum Beispiel: Der Jude Austerlitz forderte in der AZ zum Bürgerkrieg und Putsch auf).

Es genügt in diesem Zusammenhang auf die diesbezüglichen Anführungen im bekämpften Urteile zu verweisen.

Der Hörer des PA kann aus der Aufzeigung »Jude« in Verbindung mit der negativen Wertung, den Eindruck gewinnen, die Ursache für das geschilderte Tun des so Bezeichneten für den Eintritt des Erfolges oder des Versagens, sei eben in der ausdrücklich genannten Herkunft aus dem Judentum zu suchen, und kann für sich den Schluß ziehen, alles was »vom Juden« komme, sei schlecht, mit Vorsicht aufzunehmen oder abzulehnen.

Er wird durch diese Methodik des PA zu einem Pauschalunwertsurteil, zu einer Diskriminierung eines Teiles der Bevölkerung verleitet werden, die als Pauschalurteil auch mit wissenschaftlichen Zwecken nicht gerechtfertigt werden kann, es sei denn man folgt hiebei der NS-Rassentheorie.

Dem PA als akademischem Lehrer für Wirtschafts- und Soziallehre und für Zeitgeschichte mußte diese Folgerung aus seiner Methodik erkennbar gewesen sein; da er sie in Kauf genommen hat, muß er nach Ansicht des Berufungsgerichtes, den Vorwurf des Antisemitismus gegen sich wirken lassen.

Zu b) Großdeutsche, bzw. deutschnationale Äußerungen:

Das Erstgericht hat aus einer Reihe von Publikationen des PA Textstellen, ohne den Anspruch auf Vollständigkeit zu erheben, festgestellt und aus ihnen den Schluß gezogen, daß der Versuch des PA, die Bestreitung der Existenz einer »eigenen österreichischen Nation« auf historische Erkenntnis zu gründen, infolge der dabei gewählten Form und Ausdrucksweise, nicht darüber hinwegtäuschen könne, daß beim PA eine tiefsitzende Animosität gegen eine selbständige Entwicklung der österreichischen Bevölkerung vorhanden sei.

Die Berufung bestreitet die Schlüssigkeit dieser erstgerichtlichen Feststellung, verweist darauf, daß das Erstgericht die bezüglichen Textstellen aus ihrem Zusammenhang mit den Gesamtartikeln gerissen habe, und daß es sich hiebei um eine wissenschaftliche Lehrmeinung handle, die sich der Beurteilung durch das Gericht entziehe.

Darüber hinaus werde die gleiche Ansicht auch von Angehörigen der verschiedensten Weltanschauungen vertreten, sodaß aus ihr keinerlei Schluß auf eine beim PA angeblich noch vorhandene ideelle Bindung zum Nationalsozialismus gezogen werden könne.

Das Berufungsgericht stellt hiezu fest:

Wie das Erstgericht bereits richtig angeführt hat, ist die Frage nach der Existenz einer »eigenen österreichischen Nation« eine durchaus diskutierbare, die auch eines politischen Akzentes nicht entbehrt.

Das Erstgericht hat auch nicht die Ablehnung dieses umstrittenen Begriffes durch den PA zur Prämisse seiner Schlußziehung gemacht, sondern nur die Form in der dies geschehen ist und die Bezugnahme des PA auf das Jahr 1945, dem Jahre in dem die selbständige Republik Österreich wieder erstanden ist.

Der »Reichsgedanke« war bereits von seiner erneuten tatsächlichen Verwirklichung durch den Nationalsozialismus, ersehntes Ziel vieler Menschen diesseits und jenseits der Staatsgrenzen. Der PA hat zugegeben, seit seiner Jugend großdeutsch eingestellt gewesen zu sein, und daß diese Einstellung für ihn das Hauptmotiv war, sich dem Nationalsozialismus bereits in seiner illegalen Zeit zugewendet zu haben. Daraus ist zu folgern, daß er aus diesem Grund den Nationalsozialismus als Ganzes in Kauf genommen hat.

Wenn der PA aber auch in der Gegenwart, mit der Vehemenz und mit der Intoleranz gegen anders Denkende, wie es sich aus seinen Publikationen ergibt, für den »Reichsgedanken« eingetreten ist und die »Reichsidee« verherrlicht hat, so hätte seine Bezugnahme auf die Ereignisse des Jahres 1945 nicht das mitschwingende Bedauern über die Abtrennung Österreichs vom Reich, sondern ein klares und eindeutiges Bekenntnis zum selbständigen Staate Österreich, unter kompromißloser Ablehnung des Nationalsozialismus in allen seinen Komponenten zum Ausdruck bringen müssen, denn das »Reich«, das im Jahre 1945 zusammengebrochen ist, war auch das Reich des Nationalsozialismus.

Die konstante Verherrlichung des Reichsgedankens unter gleichzeitiger vehementer und in krasser Form gehaltener Ablehnung des Begriffes einer eigenen »österreichischen Nation« aus dem Blickpunkt des Jahres 1945, in dem die selbständige Republik Österreich wiedererstanden ist, wird unter Umständen bei den Hörern des PA den von ihm vorhersehbaren Eindruck entstehen lassen, dieses selbständige Österreich sei eine politische Realität, die eben derzeit hingenommen werden müsse, aber nicht mehr.

Dies stellt sich als eine Geisteshaltung dar, die in der Vergangenheit zur Machtergreifung des Nationalsozialismus und zur Auslöschung des selbständigen Staates Österreich beigetragen hat. Nicht die Bestreitung des politisch aufgewerteten Begriffes einer »österreichischen Nation« wird vom Erstgericht dem PA als antiösterreichisch angelastet, sondern der Umstand, daß sein vorgeschildertes Verhalten, die Entstehung antiösterreichischer Tendenzen bei seinen Hörern begünstigen kann und daß er diese Entwicklung aus einer eingewurzelten Animosität gegen eine selbständige Entwicklung der österreichischen Bevölkerung vorhersehen konnte und in Kauf genommen hat.

Das Berufungsgericht hat im Sinne des Vorgesagten daher keine Bedenken, die diesbezüglichen erstgerichtlichen Feststellungen und Wertungen zu übernehmen.

c) Verdeckte Verteidigung des Nationalsozialismus:

Das Erstgericht hat hiezu auf S 411 des Aktes einige Äußerungen des PA seinen Hörern gegenüber festgestellt und sie mindestens als versteckte Sympathiebeweise für den Nationalsozialismus und seine Exponenten gewertet.

Diese Wertung ist auch nach Ansicht des Berufungsgerichtes zutreffend.

Die NSDAP und ihre Gliederungen sind in Österreich verboten, eine Wiederbetätigung für sie ist als Verbrechen strafbar.

Von einem Hochschullehrer, der unter anderem Zeitgeschichte vorträgt, muß verlangt werden, daß er der studierenden Jugend aus seinen Vorlesungen die Möglichkeit eröffnet, ein klares und eindeutiges Bild vom Nationalsozialismus zu gewinnen. Persönliche Ressentiments aus der eigenen politischen Vergangenheit (»Ich war Katholik und habe mich trotzdem zum Nationalsozialismus bekannt«) — ein Hinweis auf den machtvollen Eindruck der Kundgebung auf dem Heldenplatz —, die Mahnung zur Vorsicht bei Dokumentarfilmen wegen Verzerrung der Tatsachen, alles dies getragen von der Autorität eines bei den Studenten beliebten Lehrers, können im Hörer den Eindruck erwecken, Auswüchse und Verbrechen des NS seien zwar abzulehnen, der »eigentliche Nationalsozialismus« könnte aber doch nicht »so etwas schlechtes« gewesen sein, sonst hätte ihn der Lehrer in der Vergangenheit doch nicht bejahen können.

Wer die Programmpunkte der NSDAP kommentarlos verliest, mit Ausnahme gelegentlicher negativer Hinweise auf »Juden«, nimmt in Kauf, daß die studierende Jugend »allgemein anerkannte politische Thesen demokratischer Parteien aber auch von niemand bezweifelte Binsenwahrheiten als politisches Programm eigener Prägung auffaßt — OGH v. 30. 10. 1959, 7 Os 132/59« und so zu einer völlig falschen Einschätzung dieses Programmes gelangt.

Zusammenfassend kann daher gesagt werden:

Nach den Feststellungen des Erstgerichtes hat der PA in Vorlesungen und Publikationen antisemitische und daher auch gegen das Wesen der Demokratie verstoßende, und großdeutsche Bekundungen in zahlreichen Fällen gegeben.

Antisemitismus, Großdeutschtum und Kampf gegen die liberale Demokratie waren neben anderen, integrierende Bestandteile des ehemaligen Nationalsozialismus.

Durch diese Bekundungen, ungeachtet der seit 1945 gewonnenen Erkenntnisse über den Nationalsozialismus und seine Auswirkungen, muß der PA, der überzeugter NS gewesen ist, mit Grund gegen sich den gegen ihn erhobenen Vorwurf wirken lassen, er habe innerlich den Nationalsozialismus in einigen wesentlichen Ausdrucksformen noch nicht überwunden, er sei daher bis zu einem gewissen Grade NS geblieben.

Mit Recht hat daher das Erstgericht nach den von ihm getroffenen Feststellungen den Wahrheitsbeweis der Angeklagten als erbracht angesehen.

Die Nichtigkeitsberufung des PA war daher zur Gänze zurückzuweisen.

II. Zur Schuldberufung:

Mit ihr wird die erstgerichtliche Beweiswürdigung in Ansehung der Beweisergebnisse zum Wahrheitsbeweis gerügt. Es wird neuerdings darauf verwiesen, daß das Erstgericht aus einer Fülle von Beweismitteln nur die Zeugenaussagen Lacina und Stirnemann, sowie die angeblich vom Erstgenannten verfaßte Vorlesungsmitschrift herausgegriffen — und seiner Beweiswürdigung zu Grunde gelegt habe.

Dazu ist vorerst zu sagen, daß das Erstgericht auch die Angaben des von ihm vernommenen Zeugen Arnold Klima und die Aussage des Privatanklägers gleichfalls im Urteil verarbeitet hat und auch auf die Vorfälle bei der Pressekonferenz am 23. 3. 1965 eingegangen ist.

Die vom Erstgericht abgeführten Beweise waren erst im Zuge des Wiederaufnahmeantrages angeboten worden, die Aussagen der bereits im ersten Rechtsgang angebotenen Zeugen waren aktenkundig, ihre neuerliche Vernehmung zu konkreten Sachverhalten ist vom PA nicht beantragt worden.

Aus ihnen ist nur zu gewinnen, daß die Meinung dieser Zeugen, insbesondere soweit sie Hörer des PA gewesen sind, zur Frage, ob antisemitische oder nationalsozialistische Tendenzen bei den Vorlesungen des PA mitgeschwungen haben, geteilt waren, wobei aber diesen Zeugen zum größten Teil, konkrete Äußerungen des PA nicht mehr in Erinnerung gewesen sind.

Es bestand daher für das Erstgericht keine Veranlassung auf diese Zeugenaussagen näher einzugehen.

Im wesentlichen bekämpft die Schuldberufung die erstgerichtliche Würdigung der Zeugenaussage des Dipl.-Kfm. Ferdinand Lacina unter Hinweis darauf, daß dieser Zeuge im ersten Rechtsgang von der Existenz seiner Vorlesungsmitschrift keine Erwähnung getan habe, daß er gegen den PA feindlich eingestellt sei, was sich aus seiner Rede anläßlich der Demonstrationen für und gegen den PA, sowie aus seiner politischen Überzeugung schlüssig ergebe.

Das Erstgericht habe daher zu Unrecht seiner neuen Zeugenaussage Glauben geschenkt.

Auch gegen die Richtigkeit der Zeugenaussage Stirnemann bestünden triftige Bedenken, mit denen sich das Erstgericht nicht auseinandergesetzt habe.

Zu diesen Ausführungen der Schuldberufung hat das Berufungsgericht erwogen:

Das Erstgericht stand der Zeugenaussage Dipl.-Kfm. Ferdinand Lacina, wie sich aus seiner Urteilsbegründung ergibt, durchaus nicht kritiklos gegenüber, es hat vielmehr auf ihre Vorgeschichte Bedacht genommen und ist auch darauf eingegangen, daß dieser Zeuge im ersten Rechtsgang von der Existenz seiner Vorlesungsmitschrift keine Erwähnung tat.

Es hat diesen Zeugen persönlich gehört und konnte daher schon aus dem persönlichen Eindruck dieses Zeugen Anhaltspunkte für die Würdigung dieser Zeugenaussage gewinnen.

Wenn es daher dieser Zeugenaussage in Kenntnis aller gegen sie sprechenden Umstände, Glauben geschenkt hat, so können gegen diese Beweiswürdigung von seiten des Berufungsgerichtes umso weniger Bedenken bestehen, als der PA in seiner Zeugenaussage selbst zugegeben hat, bei Nennung von Persönlichkeiten aus dem Judentum auf diese Abstammung hingewiesen zu haben, bzw. im Einzelfalle dies für möglich erachtet hat.

Die Einräumung der Möglichkeit eines solchen Tuns hat aber im gegenständlichen Falle Beweiskraft, da der PA damit eine Gewohnheit und Usance zugegeben hat, zu der die Bekundungen des Zeugen Lacina sich nur als Illustrationsfakten zur allgemeinen Tendenz des PA darstellen.

Es ist daher nicht einzusehen, was aus einer Negierung der Richtigkeit der erstgerichtlichen Beweiswürdigung in Ansehung der Zeugenaussagen Lacina, für den Prozeßstandpunkt des PA zu gewinnen gewesen wäre.

Das Erstgericht hat darüber hinaus aber auch ausdrücklich festgestellt, daß ihm die Zeugenaussage des PA bereits hinreichende Beweisgrundlage für die Feststellung, der PA habe antisemitische Äußerungen getan, gewesen sei.

Da das Berufungsgericht diese Feststellung als zutreffend übernehmen konnte, konnte es daher schon aus diesem Grunde von der Vernehmung der im Rahmen der Schuldberufung anläßlich der Berufungsverhandlung neu angebotenen Zeugen, Dipl.-Kfm. Martin Moser u. Dr. Manfred Duba, Abstand nehmen.

Die vom Erstgericht, wie bereits ausgeführt, zutreffend als antisemitisch gewerteten Äußerungen des PA, ergeben sich im wesentlichen aus dessen eigener Zeugenaussage, sodaß es zu ihrer Feststellung einer weiteren Beweisaufnahme nicht mehr bedurft hat.

Die vom Erstgericht als antiösterreichisch qualifizierten Äußerungen des PA sind in den vom Erstgericht angeführten Publikationen des PA enthalten und wurden von ihm nicht bestritten. Auch hiezu bedurfte es daher keines weiteren Beweisverfahrens.

Die Vorfälle und Äußerungen des PA bei der Pressekonferenz ergeben sich verläßlich aus der Übertragung des dem Gericht vorgelegenen Tonbandes, gegen dessen Beweiskraft der PA keine Einwendungen erhoben hat.

Das Berufungsgericht kann daher die Ansicht der Schuldberufung, das Erstgericht sei auf Grund einer unrichtigen Beweiswürdigung zu unrichtigen Feststellungen gelangt, nicht teilen.

Selbst wenn daher das Erstgericht den Zeugenaussagen Lacina, Stirnemann und Klima nicht gefolgt wäre, hätte sich am tatsächlichen Substrat des Wahrheitsbeweises nichts Wesentliches geändert.

Die vom Zeugen Stirnemann bekundete, angeblich antidemokratische Äußerung des PA fällt hiebei nach Ansicht des Berufungsgerichtes zwar nur wenig ins Gewicht, doch erscheinen die von der Berufung aufgezeichneten Bedenken gegen die Richtigkeit dieser Bekundung nicht sehr überzeugend.

Das wesentliche Substrat des angebotenen Wahrheitsbeweises, der PA, der illegales Mitglied der NSDAP gewesen sei und sich noch zu sehr später Stunde (1943) gegen seinen verfügten Ausschluß aus dieser Partei erfolgreich zur Wehr gesetzt habe, habe nach 1945 in seiner Tätigkeit als akademischer Lehrer und in Publikationen verschiedene Äußerungen getan, aus denen sich ergäbe, er sei dem ehemaligen Nationalsozialismus in wesentlichen Komponenten noch verhaftet, wurde vom Erstgericht auf zureichender und auch unbedenklicher Beweisgrundlage — eigene

Aussage des PA, der Inhalt seiner Publikationen sowie die Auf-zeigung des Tonbandes, in gewissen Umfange auch die Zeugen-aussagen Lacina, Stirnemann und Klima — festgestellt und recht-lich zutreffend beurteilt, sodaß auch die Schuldberufung des PA ins Leere gehen mußte.

Sie war daher zurückzuweisen.

Die Verurteilung zum Kostenersatz gründet sich auf die bezo-gene Gesetzesstelle.

Landesgericht für Strafs. Wien   *Dr. Rudolf Siegel*

Ist T. B. geeignet,
Hochschullehrer zu sein?

Borodajkewycz ist rechtskräftig verurteilt — sowohl im juristischen als auch im moralischen Sinn. Die Gerichte haben in erster und zweiter Instanz übereinstimmend festgestellt, daß sich Borodajkewycz den Vorwurf, antisemitisches, antidemokratisches und neonazistisches Gedankengut zu verbreiten und daher als Hochschullehrer nicht geeignet zu sein, gefallen lassen muß.

Und dennoch dauerte es bis zum 14. Mai 1966 — mehr als 15 Monate, nachdem im Parlament die Einleitung eines Disziplinarverfahrens verlangt wurde —, bis ein Disziplinarsenat der Hochschule für Welthandel — erfreulicherweise, aber sehr verspätet — die Strafe der zwangsweisen Pensionierung verhängte.

Nach den geltenden Rechtsvorschriften — im konkreten Fall nach der Hochschullehrerdisziplinarordnung in Verbindung mit der Dienstpragmatik für Bundesbedienstete hat der Bundesminister für Unterricht das Recht, einen Hochschullehrer vom Dienst zu suspendieren, wenn »durch seine Belassung im Dienst vermöge der Natur des ihm zur Last gelegten Dienstvergehens das Ansehen des Amtes oder wesentliche Interessen des Dienstes gefährdet würden«.

Aber der derzeitige österreichische Unterrichtsminister Doktor Piffl-Perčevic weigerte sich hartnäckig, von diesem Recht Gebrauch zu machen — nein richtiger: dieser seiner Verpflichtung gegenüber dem Ansehen der Republik und dem Ansehen ihrer Hohen Schulen nachzukommen.

Er weigerte sich, dieser Pflicht nachzukommen, als er von Abgeordneten des Nationalrates zum erstenmal interpelliert und auf den Fall Borodajkewycz aufmerksam gemacht wurde.

Er weigerte sich, nachdem Borodajkewycz sich auf einer Pressekonferenz stolz zu seiner nationalsozialistischen Vergangenheit bekannt, im übrigen aber als akademischer Lehrer vor Fernsehen und Presse zu aktenmäßig widerlegbaren Lügen Zuflucht genommen hatte.

Er weigerte sich, als von Anhängern Borodajkewycz' der Widerstandskämpfer Ernst Kirchweger erschlagen wurde.

Er weigerte sich, als der österreichische Nationalrat die Bundesregierung feierlich verpflichtete, »alle radikalen Strömungen in der österreichischen Innenpolitik, die zu einer Gefährdung der Eigenstaatlichkeit Österreichs führen könnten, insbesondere aber antiösterreichische oder antisemitische Tendenzen genau zu beobachten und im Rahmen der bestehenden Rechtsordnung alle Schritte zu unternehmen, die zur Abwendung solcher Gefahren sowie zur Wahrung des Ansehens der Republik Österreich erforderlich sind«.

Er weigerte sich, als die Oberstaatsanwaltschaft Wien in einem Bericht erklärte, es scheine ihr »eine unabdingbare Notwendigkeit, eine weitere Beeinflussung der studierenden Jugend durch den Verdächtigten hintanzuhalten«.

Er weigerte sich, als mit Gerichtsurteil vom 22. Juni 1965 festgestellt wurde: »Wer aber nach den Ereignissen zwischen 1938 und 1945 heute noch — besonders im deutschsprachigen Raum — dem Antisemitismus das Wort redet, der gibt dadurch zu erkennen, daß er innerlich Nationalsozialist geblieben ist. ... Das gilt im besonderen für den Privatankläger, in dessen Geisteshaltung sich der Antisemitismus mit anderen Teilen der nationalsozialistischen Weltanschauung trifft.«

Und der Unterrichtsminister weigerte sich auch dann noch seiner Pflicht zur Suspendierung nachzukommen, als in zweiter und letzter Instanz die Berufung des Borodajkewycz gegen dieses Urteil abgewiesen wurde und die vernichtende gerichtliche Verurteilung des Borodajkewycz in voller Rechtskraft erwuchs. Die schließlich erfolgte Verurteilung des T. B. durch den Disziplinarsenat der Hochschule für Welthandel ehrt diesen Senat, entlastet aber nicht den Unterrichtsminister, im Gegenteil!

Der Unterrichtsminister hat sich durch diese Haltung mehr Verantwortung aufgeladen, als er tragen kann, mehr als er zu tragen berechtigt war. Auch dafür sollen Dokumente sprechen:

T. B. im Vorlesungsverzeichnis *

Nr.	Sem.		
136	1/8	Arbeitsrecht I (Individuelles-Kollektives Arbeitsrecht) 2-std., Mi. 8³⁰—10, Hs. 12a, pünktlich	Nowak

e) Sondervorlesungen aus ausländischem Recht.

—	4/8	Österreichisches und ausländisches Devisenrecht (auch für Betriebswirte und Wirtschaftsprüfer) 1-std. (siehe Nr. 120)	Kerschagl
137	5/6	Englisch-amerikanisches Wirtschaftsrecht 1-std., Mo. 15—16, Hs. 3	Weisl

IV. Wirtschafts- und Sozialgeschichte.

138	1/4	Wirtschafts- und Sozialgeschichte der neuesten Zeit 2-std., Mi. 16—18, Aud. max.	Borodajkewycz
139	1/8	Die Philosophie des 19. und 20. Jahrhunderts 2-std., Fr. 11—13, Hs. 3	Borodajkewycz
140	1/4	Seminar mit Übungen: Der geschichtliche Hintergrund der sozialen Marktwirtschaft 2-std., Do. 11³⁰—13, Hs. 3, pünktlich	Borodajkewycz
141	1/4	Allgemeine Wirtschafts- und Sozialgeschichte II 2-std., Mo. 16—18, Aud. max.	Brusatti
142	1/8	Wirtschafts- und Sozialgeschichte der Republik Österreich (Vorlesung mit Übungen) 1-std., Fr. 9—10, Hs. 2	Brusatti

(handschriftliche Randnotiz: zzt. beurlaubt)

V. Wirtschaftsgeographie und Raumordnung.

143	1 2	Die räumlichen Grundlagen der Weltwirtschaft 2-std., Di. 10—11³⁰, Aud. max., pünktlich	Scheidl
144	3/8	Die Wirtschaft Europas: Süd- und Mitteleuropa 2-std., Mi. 10—11³⁰, Hs. 6, pünktlich	Scheidl

Der Wiener Gemeinderat diskutiert den Fall T.B.

Aus dem Protokoll der Sitzung vom 26. März 1965

Gemeinderat Bittner (ÖVP): ... Wir sind in sehr entscheidendem Maße mitverantwortlich für das Geschehen an unseren Hochschulen. Wir können nicht achtlos an Vorgängen vorübergehen, wie sie sich in den letzten Tagen abgespielt haben. Für die Qualifikation von Professoren, die in dieser Stiftung tätig sein wollen, müssen, wie ich glaube, andere Voraussetzungen herrschen als jene, die Herr Professor Borodajkewycz mitbringt. *(Beifall bei ÖVP, SPÖ und KLS.)* Wir legen keinen Wert auf ein — sehr vorsichtig formuliert! — solch mutiges Bekenntnis eines Mannes im Jahre 1965 zu seiner Vergangenheit vor dem Jahre 1945. Meine Damen und Herren, auf solchen Mut, sich heute stolz — fast möchte ich in der Terminologie der damaligen Zeit sagen: »mit stolzer Trauer« — zu der Vergangenheit zu bekennen, auf solchen Mut verzichten wir heute! *(Lebhafter Beifall bei ÖVP, SPÖ und KLS.)*

Um die Haltung der Mehrheit des Wiener Gemeinderates ganz eindeutig und klar zu dokumentieren, erlaube ich mir, folgenden Beschlußantrag der Gemeinderäte. Dr. Stemmer (SPÖ), Architekt Ing. Lust (ÖVP), Marek (SPÖ), Bittner (ÖVP) und Genossen, eingebracht in der Sitzung des Gemeinderates der Stadt Wien am 26. März 1965, vorzulegen:

»Der in der Vergangenheit bereits mehrfach unliebsam in Erscheinung getretene Professor für Geschichte an der Wiener Hochschule für Welthandel, Dr. Taras Borodajkewycz, hat am 23. März 1965 auf dem Boden der Hochschule eine Pressekonferenz abgehalten, in der er sich neuerlich zu seiner im Jahre 1956 schriftlich festgelegten Erklärung, das Geflunker von der ›österreichischen Nation‹ gehöre zu den ›unerfreulichsten Überresten des an Gesinnungs- und Würdelosigkeit reichen Jahres 1945‹, bekannt hat. Professor Dr. Borodajkewycz hat darüber hinaus durch seine Äußerungen während dieser Pressekonferenz den Beweis für seine antiösterreichische und antisemitische Gesinnung geliefert.

Die Antragsteller finden es äußerst bedauerlich, daß die studierende Jugend, aus deren Kreis die künftige Elite unserer Republik heranwächst, einem Hochschulprofessor überantwortet ist, dessen antiösterreichische Gesinnung klar zutage tritt. Dies ist gerade im gegenwärtigen Zeitpunkt, in dem sich die österreichische Nation anschickt, das 20jährige Bestehen der Republik in würdiger Weise zu feiern, sehr bedauerlich.

Aus diesem Grunde stellen die unterfertigten Gemeinderäte gemäß § 36 Abs. 3 der Geschäftsordnung für den Gemeinderat der Stadt Wien folgenden Beschlußantrag:

Der Wiener Gemeinderat spricht sein Befremden und seine Empörung über die Äußerungen des Hochschulprofessors Doktor Taras Borodajkewycz, im Verlauf der am 23. März 1965 in der Hochschule für Welthandel abgehaltenen Pressekonferenz, aus. Er erwartet, daß im Interesse des Rufes der Stadt Wien als Hochschulstadt, der gerade heuer durch die Hochschuljubiläen unterstrichen wird, Maßnahmen getroffen werden, die Vorfälle dieser Art an den Wiener Hochschulen für die Zukunft ausschließen.« *(Lebhafter Beifall bei ÖVP, SPÖ und KLS.)*

Gemeinderat Dr. Schmidt (FPÖ): Meine Damen und Herren des Wiener Gemeinderates! Ich wollte mich ursprünglich nicht zu diesem Tagesordnungspunkt zum Wort melden, aber da Herr Professor Bittner von der Österreichischen Volkspartei dem Hohen Gemeinderat eine Resolution vorgelegt hat, zu der mein Fraktionskollege in seinem Diskussionsbeitrag noch nicht Stellung nehmen konnte, muß ich zu dieser Resolution unsere Meinung vortragen.

Diejenigen im Saale, die jetzt glauben, ich werde den Hochschulprofessor Dr. Borodajkewycz — ich hoffe, die Aussprache war jetzt richtig — in Schutz nehmen und für ihn eine Lanze brechen, werden sich täuschen. Wir Freiheitlichen haben keine Ursache, einen Mann in Schutz zu nehmen, der nicht Mitglied unserer Partei ist, sondern einer anderen Partei dieses Hauses angehört. Wir haben auch keine Ursache, den seinerzeitigen Generalsekretär des Katholikentages, der heute noch Du-Freund des Bundeskanzlers Dr. Klaus und des Vizebürgermeisters Dr. Drimmel ist, in Schutz zu nehmen.

Wenn es an der Hochschule für Welthandel Vorkommnisse gegeben hat, die unter die Bestimmungen über die Wiederbetätigung für den Nationalsozialismus fallen oder die eine antisemitische Tendenz aufweisen, so ist das unserer Meinung nach Sache des Staatsanwaltes und des Disziplinaranwaltes, aber nicht Sache des Wiener Gemeinderates. (GR. Windisch: Aber Sache der Moral, Herr Doktor! Das ist eine Sache der Moral! Nur nicht so formell!) Herr Kollege Windisch, mein Vorredner hat hier gesagt, wir sollten uns vor Pauschalverdächtigungen hüten, und ich pflichte ihm bei. Ich glaube, wir sollten hier nicht über Dinge entscheiden, die wir nur aus verzerrten Presseberichten und aus Fernsehausschnitten kennen und die vielleicht nach einer gründlichen Untersuchung ganz anders aussehen. (GR. Windisch: Haben Sie die Fernsehsendung gesehen, Herr Doktor?) Nein, ich habe sie nicht gesehen (GR. Windisch: Aber ich! Ich bilde mir ein Urteil darüber!), aber ich weiß, daß man im Fernsehen gewisse Ereignisse anders bringen kann, als sie tatsächlich stattgefunden haben.

Aber trotz allem: Ich gebe zu, wenn nur ein wenig davon stimmt, ist die Sache nicht sehr schön. (Stadtrat Heller: Ein Skandal ist es, nicht »nicht sehr schön«! — GR. Windisch: Eine Schande ist es!) Was uns Freiheitliche aber hindert, dieser Resolution unsere Zustimmung zu geben, ist die Bezugnahme auf die österreichische Nation. (GR. Herbert Mayr: Sie hätten gar nicht zu reden brauchen, das wissen wir sowieso! — GR. Leinkauf: Dieselbe Ansicht hat Dr. Borodajkewycz!) Dieselbe Ansicht über die österreichische Nation haben auch maßgebliche Politiker der Regierungsparteien. Soll ich sie Ihnen aufzählen? (Zur ÖVP gewendet:) Ihren Bundespräsidentschaftskandidaten Dr. Gorbach? (Zur SPÖ gewendet:) Soll ich Ihnen Ihren Parteivorsitzenden vorhalten? Also die Frage der österreichischen Nation geht quer durch die beiden großen Parteien.

Meine Damen und Herren, zwingen Sie uns nicht, irgendeiner Formulierung, irgendeinem Begriff zuzustimmen, dem wir nicht zustimmen können. (Stadtrat Heller: Wir zwingen Sie ohnehin nicht!)

Gemeinderat Marek (SPÖ): Herr Bürgermeister! Herr Amtsführender Stadtrat! Meine Damen und Herren! Da mein Vorredner zu der Resolution, eingebracht von den beiden im Rathaus verwaltenden Parteien, Stellung genommen und namens seiner Fraktion die Ablehnung mitgeteilt hat, fühle ich mich verpflichtet, auch namens der sozialistischen Fraktion grundsätzlich zu dieser Resolution Stellung zu nehmen.

Die Resolution beschäftigt sich mit empörenden Vorfällen auf akademischem Boden. Zu diesen Vorfällen Stellung zu nehmen, ist nicht die Angelegenheit einer Partei, sondern ist eine Angelegenheit aller Österreicher *(lebhafter Beifall bei SPÖ, ÖVP und KLS)*, die in den bitteren Jahren der Fremdherrschaft, der Demütigung durch den deutschen Nationalsozialismus an Österreich geglaubt, für Österreich gelitten und an der Verwirklichung dieses Österreich mitgearbeitet haben.

In wenigen Wochen wird das offizielle Österreich die 20. Wiederkehr des Jahrestages der Wiedergeburt Österreichs feiern. Wir hatten nicht die Absicht, den Leidensweg, den das österreichische

Volk ohne Unterschied der politischen Einstellung oder religiöser Bekenntnisse in diesen bitteren sieben Jahren zurückgelegt hat, in Erinnerung zu rufen. Heute vor zwanzig Jahren hat das Untier in Berlin sich verkrallt in seinen Bunker, und die Reichs- und Gauredner sind ausgeschickt worden, um der Bevölkerung angesichts des verlorenen Krieges, als in den Mauern unserer Städte der letzte Widerstand zusammenbrach, einzureden, daß die Wunderwaffe komme, daß das Tausendjährige Reich verwirklicht werde. Sie haben sich dann, obwohl sie sich bereit erklärt haben, vor der Geschichte die Verantwortung zu übernehmen, mit einer Revolverkugel oder mit Rattengift aus der Welt geschafft. Wir haben diese Vergangenheit nicht zum Gegenstand unserer Betrachtung aus festlichen Anlässen gemacht.

Am Franz-Klein-Platz hat ein Professor Österreich geschmäht, und es wird eine Angelegenheit des Staatsanwaltes sein, der bereits beauftragt ist, auf Grund gesetzlicher Bestimmungen diesen Frevler an Österreich zur Verantwortung zu ziehen! Wir werden nicht schweigen, wenn jemand behauptet, daß Österreich ein Unkraut sei, das hier wuchert. Diese Rede ist ein Unkraut, über diese Rede am Franz-Klein-Platz werden wir noch genau sprechen, aber nicht nur über den Herrn mit dem schwer aussprechbaren Namen.

Wenn diese Rede zu vorgerückter nächtlicher Stunde in einem Extrazimmer der »Deutschen Eiche« in alkoholgeschwängerter Atmosphäre gehalten wird, könnte man zur Tagesordnung übergehen. Wir fragen aber Seine Magnifizenz, und wir fragen das Professorenkollegium der Hochschule für Welthandel, ob sie sich identifizieren mit dem geistigen Unrat eines Mannes, der Österreich beschimpft. Wir werden Seine Magnifizenz fragen, welcher Vertreter der Hochschule für Welthandel in das Kuratorium jener Stiftung entsendet wird, der mit den anderen zu bestimmen hat, welche Wissensgebiete mit dem heute zu beschließenden Betrag gefördert werden.

Meine Damen und Herren! Ich werde mich mit meinem Vorredner auch über die historisch-philosophische Tatsache, daß Österreich eine Realität ist, auseinandersetzen. Wir sind Österreicher! Wir glauben an Österreich! (GR. Peter: Wir auch, gute Österreicher!) Herr Reichsred..., Herr Gemeinderat, dieses Österreich ist nicht vor 20 Jahren gegründet worden, sondern dieses Österreich hat eine jahrhundertelange Geschichte. Wir sind nur erniedrigt worden zur Ostmark, man hat Wien zur Gaustadt von Niederdonau degradiert, und diese Schande haben wir vor 20 Jahren ausgelöscht! (GR. Peter: Nehmen Sie zur Kenntnis, was ich dazu gesagt habe! Wenn Sie nicht da waren, dann lesen Sie es nach!) Ich habe nicht die Absicht, mich mit Ihren Publikationen auseinanderzusetzen.

Mein verehrter Parteifreund, Universitätsdozent Dr. Gisel, hat die Tatsache erwähnt, daß eine gedemütigte, zertretene Frau mit Judenstern, die auf einem Plakat zu sehen ist, noch postum beschimpft wurde, und wir haben den Bericht in der amtlichen »Wiener Zeitung« gelesen, daß man gelacht hat, als von den Leiden in der Mordfabrik Auschwitz Mitteilung gemacht wurde. Der Herr Unterrichtsminister hat noch am selben Abend im Fernsehen erklärt, diejenigen, die gelacht haben, mögen nach Auschwitz geführt werden. Wir lesen doch alltäglich grauenhafte Berichte, wir lesen, daß Kinder und Greise, stumm, oftmals betend, zu den offenen Gruben geführt wurden, in die sie dann hineingeschossen wurden.

Und gibt es eine Jugend, eine akademische Jugend, die lacht, wenn von den Ungeheuerlichkeiten die Rede ist, die sich vor 25 Jahren in den Ländern Europas abgespielt haben? Ich weiß nicht, haben sie keine Scham, haben sie kein menschliches Gefühl, haben sie nur ein menschliches Antlitz? Wer kann lachen angesichts dieser grauenhaften Ereignisse, die sich in unserem Leben abgespielt haben!

Das wollte ich dazu sagen. Der Akademische Senat der Hochschule für Welthandel wird sich nicht drücken können um eine Stellungnahme, er wird Farbe bekennen müssen. Respekt vor der Wissenschaft, schuldigen Respekt, aber der akademische Boden mit seinen Vorrechten ist kein Tummelplatz von Antiösterreichern und kein Tummelplatz von ewig Gestrigen! *(Starker Beifall bei SPÖ, ÖVP und KLS.)*

Anfrage im Nationalrat

Anfrage 919/M des Herrn Abgeordneten Dr. Neugebauer *(SPÖ)* an den Herrn Unterrichtsminister, betreffend Suspendierung des Hochschullehrers Borodajkewycz:

Ist der frühere NSDAP-Schulungsleiter, Mitarbeiter des SS-Sicherheitsdienstes und derzeitige Hochschullehrer Taras Borodajkewycz, der in der vergangenen Woche im Mittelpunkt einer antisemitischen Demonstration auf Hochschulboden stand, bereits vom Dienst suspendiert?

Präsident: Bitte, Herr Minister.

Bundesminister für Unterricht Dr. *Piffl-Perčevic:* Der Hochschulprofessor Dr. Taras Borodajkewycz ist nicht vom Dienst suspendiert.

Präsident: Eine Zusatzfrage.

Abgeordneter Dr. *Neugebauer:* Herr Minister! Ich nehme an, daß Sie der Ansicht sind, Sie hätten nicht das Recht der Suspendierung. Nun hatte ich Gelegenheit, in eine Reihe von Rechtsgutachten Einblick zu nehmen, in denen geprüft wurde, ob Ihnen dieses Recht zusteht oder nicht. Die gewissenhafte Prüfung der dienstrechtlichen Grundlagen für Hochschullehrer ergab, daß die vorläufige Suspendierung eines Hochschullehrers durch Sie, Herr Bundesminister, möglich ist. Gemäß § 145 Abs. 2 der Dienstpragmatik ist jeder unmittelbar oder mittelbar zur Führung der Dienstaufsicht berufene Vorgesetzte berechtigt, eine solche Suspendierung vorzunehmen. Die Gründe hiezu reichen meiner Ansicht nach aus. Würden Sie, Herr Minister, eine solche Suspendierung veranlassen, wenn Sie der Meinung beitreten, daß Ihnen dieses Recht zusteht*?

Präsident: Bitte, Herr Minister.

Bundesminister für Unterricht Dr. *Piffl-Perčevic:* Ich kenne die Problematik der Frage, ob ich unmittelbar dieses Suspendierungsrecht besitze oder nicht. Auch wenn ich es besäße, würde ich

---

* § 145, Absatz 2 der Dienstpragmatik (RGBl. Nr. 15/1914) lautet: »Außerdem ist jeder unmittelbar oder mittelbar zur Führung der Dienstaufsicht berufene Vorgesetzte berechtigt, die vorläufige Suspendierung eines Beamten zu verfügen, wenn dieser sich unter schwerwiegenden Umständen einer offenen Gehorsamsverweigerung schuldig gemacht hat oder wenn durch seine Belassung im Dienst vermöge der Natur des ihm zur Last gelegten Dienstvergehens das Ansehen des Amtes oder wesentliche Interessen des Dienstes gefährdet würden.«

Diese Bestimmung ist gemäß § 9 der Hochschullehrerdisziplinarordnung (BGBl. II Nr. 334/1934) auch für Hochschullehrer anzuwenden.

Der Verfassungsgerichtshof stellte in einem vor kurzem ergangenen Erkenntnis (B 17/64) dazu fest:

»Das Gesetz (*die Hochschullehrerdisziplinarordnung*) ermöglicht es, die Lehrbefugnis durch die Suspendierung vorübergehend unwirksam zu machen, also in das Recht auf Ausübung der Lehrtätigkeit (nicht nur der Professoren, sondern auch der Hochschuldozenten, somit aller Lehrbefugten, gleichgültig, ob sie die Befugnis im Rahmen oder außerhalb eines Dienstverhältnisses ausüben) durch die Suspendierung einzugreifen. Der Verfassungsgerichtshof hat keine Bedenken in der Richtung, daß diese gesetzliche Regelung dem Art. 17 StGG. widerspräche. Ebenso wie nämlich ein Gesetz in dieser Hinsicht unbedenklich ist, das lediglich sicherstellt, daß nur körperlich und geistig befähigte Personen eine Lehrtätigkeit an einer Hochschule ausüben (vgl. Erkenntnis Slg. Nr. 3565/1959), muß im Hinblick auf Art. 17 StGG. auch eine Regelung unbedenklich erscheinen, die lediglich sicherstellt, daß Personen von der Ausübung einer Lehrtätigkeit ferngehalten werden, denen ein standeswidriges Verhalten von einer Art oder Schwere zur Last gelegt wird, der eine Suspendierung angemessen ist.«

Dementsprechend hat der Bundesminister für Unterricht u. a. mit Bescheid vom 5. 2. 1962, Zl. 36.235-1/62, gestützt auf die zitierte Gesetzesstelle einen Grazer Hochschullehrer von seiner Lehrtätigkeit suspendiert, weil sein Verbleiben auf der Hochschule geeignet gewesen wäre, »das Ansehen der Hochschule, sowie wesentliche Interessen des Unterrichtsbetriebes an der Universität Graz zu gefährden.«

es nicht ausüben, ohne konkrete amtliche Berichte über die Vorkommnisse vorliegen zu haben, da ich der Meinung bin, daß die Rechtlosigkeit, die wir im nationalsozialistischen Staat so furchtbar erleben mußten, nicht wiederholt werden darf und ich daher um so gewissenhafter die Tatbestände zu prüfen habe, bevor ich einen Rechtsakt setze*.

Präsident: Zweite Zusatzfrage.

Abgeordneter Dr. *Neugebauer:* Herr Minister! Ich respektiere Ihre Auffassung vom Rechtsstaat. Aber dieser Staat befindet sich ja in einer überaus gefährlichen Situation. *(Zwischenrufe bei der ÖVP).* Ich frage Sie nun, Herr Minister: Wie wird das weitergehen? Selbst wenn das Gericht, das sich mit der Angelegenheit befaßt, schnell arbeitet, wird einige Zeit verfließen. Und dann wird der Disziplinarsenat in Aktion treten. Dieser wird selbst bestimmen, wie lange er zur Erledigung braucht. Was wird inzwischen geschehen? Wird Professor Borodajkewycz seine Vorlesungen fortführen können oder nicht?

Präsident: Bitte, Herr Minister.

Bundesminister für Unterricht Dr. *Piffl-Perčevic:* Was meinerseits oder seitens der Unterrichtsverwaltung oder auch seitens des unmittelbar zuständigen Vorgesetzten zu geschehen hat, wird davon abhängen, welches Ergebnis die gerichtliche Untersuchung zeitigt. Der Rektor der Hochschule für Welthandel hat im gestrigen Kommuniqué auf Grund eines einhelligen Beschlusses beziehungsweise einer einhelligen Meinung des Professorenkollegiums darauf verwiesen, daß zunächst die Ermittlungen des Gerichtes abzuwarten seien. *(Zwischenrufe bei der SPÖ.)*

Anfrage im Bundesrat

135/J-BR/65   24. März 1965

Anfrage

der Bundesräte Skritek, Porges, Appel und Genossen
an den Bundesminister für Unterricht,
betreffend Vorfälle an der Hochschule für Welthandel.

---

* Die gewünschten amtlichen Unterlagen wurden — abgesehen von dem zu diesem Zeitpunkt bereits vorliegenden Material — geliefert durch:
  a) den Bericht der Staatsanwaltschaft bzw. Oberstaatsanwaltschaft Wien
  b) Das Gerichtsurteil vom 22. Juni 1965 (siehe Seiten 153 ff.).
  c) Das rechtskräftige Gerichtsurteil der 2. Instanz vom 30. November 1965 (siehe Seiten 202 ff.).
  Die Suspendierung ist dennoch nicht erfolgt.

Abgeordnete zum Nationalrat haben am 20. Jänner d. J. an den Bundesminister für Unterricht eine schriftliche Anfrage gerichtet*, in welcher umfangreiches Material über antisemitische und nazistische Äußerungen von Dr. Taras Borodajkewycz vorgelegt sowie dessen politische Vergangenheit beleuchtet wurde.

Der Bundesminister für Unterricht hat in seiner Anfragebeantwortung (218/A. B. vom 19. Februar 1965) mitgeteilt, daß er den Inhalt der parlamentarischen Anfrage dem Disziplinaranwalt der Disziplinarkammer für Hochschullehrer an der Hochschule für Welthandel zwecks Einleitung der notwendigen Schritte mitgeteilt hat.

Der genannte Hochschullehrer, der die österreichischen Hochschulen und überhaupt die Republik Österreich schon bisher schwer geschädigt und in Mißkredit gebracht hat, hat es für richtig befunden, in einer Kundgebung auf akademischem Boden die — wie eine Wiener Tageszeitung schreibt — in peinliche antisemitische Demonstrationen ausartete, neuerlich ein Bekenntnis zu seiner nationalsozialistischen Vergangenheit abzulegen.

Er bekannte sich insbesondere dazu, seit Jänner 1934 illegales NSDAP-Mitglied gewesen zu sein, seine Privatwohnung der Stabsführung der SA für Sitzungen zur Verfügung gestellt zu haben, Gutachten für die illegale Landesleitung der NSDAP erstattet zu haben, Organisationspläne der SA verwahrt zu haben et cetera.

Die »Amtliche Wiener Zeitung« von heute, Mittwoch, 24. März meldet, daß Dr. Borodajkewycz im Rahmen der genannten Kundgebung die Frage, ob er zu seinem Ausspruch über das »Geflunker von der österreichischen Nation« stehe, ausdrücklich bejaht habe.

Die Art, in der diese antisemitische Kundgebung abgehalten wurde, indem bei der Nennung jüdischer Namen Gelächter und Gejohle ausbrach und ein Bekenntnis zur NSDAP-Vergangenheit mit stürmischem Beifall quittiert wurde, gibt zu ernstester Besorgnis Anlaß und fordert rasche und wirksame Maßnahmen zur Wiederherstellung des Ansehens der österreichischen Hochschulen.

Die unterzeichneten Bundesräte richten daher an den Herrn Bundesminister für Unterricht die nachstehenden

Anfragen:

1. Sind Sie bereit, Dr. Taras Borodajkewycz unverzüglich von seiner Tätigkeit als Hochschullehrer zu suspendieren?

* Siehe Seiten 88 ff.

2. Welche Maßnahmen können getroffen werden, um zu verhindern, daß auf österreichischem Hochschulboden antisemitische und neonazistische Kundgebungen abgehalten werden?

Die Antwort des Unterrichtsministers

118/A.B. BR/65   12. Mai 1965
zu 135 J

Anfragebeantwortung

Die Bundesräte Skritek, Porges, Appel und Genossen haben am 24. März d. J. an den Unterrichtsminister folgende Anfrage, betreffend Vorfälle an der Hochschule für Welthandel, gerichtet:

1. Sind Sie bereit, Dr. Taras Borodajkewycz unverzüglich von seiner Tätigkeit als Hochschullehrer zu suspendieren?
2. Welche Maßnahmen können getroffen werden, um zu verhindern, daß auf österreichischem Hochschulboden antisemitische und neonazistische Kundgebungen abgehalten werden?

In Beantwortung dieser Anfrage teilt Bundesminister für Unterricht Dr. Piffl-Perčević folgendes mit:

1. Mit Verfügung vom 6. April 1965 habe ich den Vorstand der Lehrkanzel für Wirtschaftsgeschichte an der Hochschule für Welthandel, außerordentlichen Hochschulprofessor Dr. Taras Borodajkewycz, über seinen Antrag bis auf weiteres von der Abhaltung der Vorlesung und Übungen, das heißt bis zum rechtskräftigen Abschluß eines allfälligen Gerichtsverfahrens und des von ihm gegen sich selbst beantragten Disziplinarverfahrens gemäß den einschlägigen Bestimmungen des Erlasses des Ministers für Cultus und Unterricht vom 26. April 1850, RGBl. Nr. 189/1850, beurlaubt.
2. Die Verfügung über die Räumlichkeiten an den wissenschaftlichen Hochschulen und die Genehmigung von Veranstaltungen im Hochschulbereich fällt in den autonomen Wirkungsbereich der zuständigen akademischen Behörden. Ich werde jedoch die Rektoren der wissenschaftlichen Hochschulen ersuchen, vor der Genehmigung von Kundgebungen an den Hochschulen in jedem Fall den Umfang der Veranstaltung und die Zusammensetzung der Teilnehmer genau zu überprüfen, um künftighin die Hochschulen diskriminierende Vorfälle zu vermeiden.

Anfrage an den Justizminister

137/J-BR/65   28. Mai 1965

Anfrage

der Bundesräte Skritek, Porges, Appel und Genossen
an den Bundesminister für Justiz,
betreffend Bericht der Staatsanwaltschaft über den Fall Taras
Borodajkewycz.

Am 20. Jänner 1965 haben sozialistische Abgeordnete an den Bundesminister für Unterricht eine umfangreiche Anfrage betreffend Professor Taras Borodajkewycz eingebracht, in der es unter anderem hieß:

»In einem Artikel in der Zeitschrift ›Die Aktion‹ vom August 1956 schreibt Dr. Borodajkewycz unter vollem Namen und Titel als aktiver österreichischer Hochschullehrer:

›Zu den unerfreulichsten Überresten des an Gesinnungs- und Würdelosigkeit reichen Jahres 1945 gehört das Geflunker von der ›österreichischen‹ Nation. Es entstammt derselben moralischen und geistigen Haltung, die die Besatzungsmächte als Befreier feierte und die dauernde Erinnerung an ihr für unser Land so segensreiches Erscheinen in der Umbenennung der Straßen und Plätze festhalten wollte, der Haltung, die den bisherigen Ehrenkodex der Menschheit umstülpte und Feigheit, Fahnenflucht und Verrat als die wahren Tugenden des österreichischen Mannes pries. Diese Sumpfblüten einer Zeit, der der Boden unter den Füßen entzogen war, gehören glücklicherweise wieder der Vergangenheit an.‹ «

Der Einbringung dieser Anfrage folgte die empörende Pressekonferenz des Taras Borodajkewycz an der Hochschule für Welthandel.

Sozialistische Bundesräte haben daher am 24. März 1965 an den Bundesminister für Unterricht neuerlich eine Anfrage gerichtet, in welcher sie sich für die unverzügliche Suspendierung von Doktor Taras Borodajkewycz durch den Bundesminister für Unterricht aussprachen ...*

Der Unterrichtsminister hat in seiner Anfragebeantwortung mitgeteilt, daß Borodajkewycz beurlaubt, aber nicht suspendiert wurde.

Da das Weiterverbleiben des Taras Borodajkewycz, der unter

---

* Siehe Seiten 228 ff.

anderem Prof. Kelsen, den Ehrengast der östereichischen Bundesregierung bei den Universitätsfeierlichkeiten, als den »Juden Kelsen, der eigentlich Kohn hieß« apostrophierte, völlig untragbar
ist, urgierte der Abgeordnete Dr. Neugebauer in der Fragestunde
vom 26. Mai 1965 neuerlich die Suspendierung des Taras Borodajkewycz. In seiner Anfragebeantwortung teilte der Unterrichtsminister mit, daß er zwar die Unterlagen des Justizministe-
riums zum Fall Borodajkewycz am 25. Mai erhalten, aber noch
keine Gelegenheit zum Studium derselben gehabt habe.

Die unterzeichneten Bundesräte richten daher an den Herrn
Bundesminister für Justiz nachstehende

Anfrage:

Sind Sie bereit mitzuteilen, welches Ergebnis die gerichtlichen
Vorerhebungen im Falle des Dr. Taras Borodajkewycz hatten?

Die Antwort des Justizministers

121/A. B. BR/65   2. Juni 1965
zu 137 J

Anfragebeantwortung

des Bundesministers für Justiz Dr. Broda
auf die Anfrage der Bundesräte Skritek und Genossen,
betreffend Bericht der Staatsanwaltschaft über den Fall Taras
Borodajkewycz.

Auf die Anfrage der Herren Bundesräte Skritek, Porges, Appel
und Genossen vom 28. Mai 1965, betreffend »Bericht der Staatsanwaltschaft über den Fall Taras Borodajkewycz«, beehre ich
mich, wie folgt zu antworten:

In der Strafsache gegen den Professor an der Hochschule für
Welthandel Dr. Taras Borodajkewycz wegen Verdachtes eines
Verbrechens nach dem Verbotsgesetz 1947 hat die Staatsanwaltschaft Wien nach Durchführung der gerichtlichen Vorerhebungen einen Abschlußbericht erstattet und die Einstellung der gerichtlichen Vorerhebung beantragt.

Die Staatsanwaltschaft Wien kommt zu dem Ergebnis, daß die
schriftlichen und mündlichen Äußerungen des Dr. Borodajkewycz
eindeutig antisemitische Tendenzen erkennen lassen, jedoch ein

sicherer Nachweis in Richtung des § 3 g VG. nicht zu erbringen sei. Sie hält in ihrem Bericht allerdings fest,

»daß sich Dr. Borodajkewycz in der Pressekonferenz stolz zu seiner nationalsozialistischen Vergangenheit bekennt, wobei die Reaktion der Studentenschaft zeigt, daß dieses Bekenntnis auch entsprechend verstanden wurde. An einer Erklärung, daß er sein Verhalten in der Vergangenheit bedauert und seine frühere politische Einstellung als Unrecht erkannt und geändert hätte, mangelt es nach wie vor. Vielmehr richtet sich seine Kritik auf die Zeit nach 1945, insbesondere auch im Hinblick auf die damals erfolgte Liquidierung des nationalsozialistischen Gedankengutes.«

Abschließend führt sie aus:

»Inwieweit das Verhalten des Verdächtigten wegen seiner Eignung, der studierenden Jugend ein verfälschtes und einseitiges Geschichtsbild zu vermitteln, und wegen seiner antisemitischen und die Einrichtung eines freien und unabhängigen österreichischen Staatswesens herabsetzenden Tendenz Anlaß für ein disziplinäres Einschreiten bietet, muß den hiefür zuständigen Behörden überlassen bleiben.«

Die Oberstaatsanwaltschaft Wien ist diesem Vorhaben der Staatsanwaltschaft beigetreten und führt unter Bezugnahme auf die Vorlesungen des Dr. Borodajkewycz, seine Erklärungen auf der Pressekonferenz vom 23. 3. 1965 und insbesondere auf einen von ihm verfaßten Aufsatz, in welchem er im Zusammenhang mit der Befreiung Österreichs im Jahre 1945 von Feigheit, Fahnenflucht und Verrat spricht, unter anderem aus:

»Diese Ausführungen und Äußerungen Dris. Borodajkewycz sind zwar nicht so geartet, daß bewiesen werden könnte, er habe sich damit im nationalsozialistischen Sinne gemäß § 3 g VG. betätigt, sie tragen aber eindeutig antisemitischen Charakter, zumal für die Hervorhebung der jüdischen Abstammung der genannten Persönlichkeiten, die vorwiegend eine negative Beurteilung durch Dr. Borodajkewycz erfuhren, irgendwelche objektiven oder wissenschaftlichen Gründe nicht maßgebend waren und die vorerwähnte Bemerkung Dris. Borodajkewycz in der Pressekonferenz über Prof. Kelsen deutlich eine herabsetzende Tendenz erkennen läßt. Seine Ausführungen und Äußerungen hetzen gegen bestimmte Rassen und Teile der Bevölkerung und sind in ihrem Wesen auch antidemokratisch. Dies war schon aus den verschiedentlichen Beifallskundgebungen zu erkennen, die Dr. Borodajkewycz zuteil wurden, als er in der Pressekonferenz vom 23. März 1965 seine vorerwähnten Auslassungen zu rechtfertigen versuchte, und ihre Gefährlichkeit zeigte sich insbesondere aus dem Verlauf der Demonstration vom 31. März 1965.«

Weiters heißt es im Bericht der Oberstaatsanwaltschaft Wien:

»Nur der Umstand, daß der Verdächtigte anläßlich der Pressekonferenz die nationalsozialistische Rassenpolitik ablehnte und daß er immerhin während der nationalsozialistischen Herrschaft aus seiner Ansicht, daß der Krieg nicht zu gewinnen sei, einem nationalsozialistischen Blockwart gegenüber kein Hehl gemacht und aus dieser Erkenntnis heraus die Beteiligung an einer Spinnstoffsammlung abgelehnt hatte, läßt es nicht als zweifelsfrei erscheinen, daß die hier dargelegten, anläßlich seiner Vorlesungen und anläßlich der Pressekonferenz sowie in seinen Aufsätzen zum Ausdruck gebrachten Ansichten in der Absicht kundgetan wurden, sich im nationalsozialistischen Sinn zu betätigen ... Zweifellos liegt aber das Verhalten des Verdächtigten hart an der Grenze des Tatbestandes nach § 3 g VG., und wenn es auch aus den angeführten Gründen für zweckmäßig erachtet wird, mangels Erweislichkeit der subjektiven Tatseite mit einer Einstellungserklärung vorzugehen, so erscheint es doch als eine unabwendbare Notwendigkeit, eine weitere Beeinflussung der studierenden Jugend durch den Verdächtigen hintanzuhalten. Dies muß seitens der Oberstaatsanwaltschaft Wien mit aller Deutlichkeit betont werden. Es wird sich also als nötig erweisen, den Hochschulbehörden bekanntzugeben, daß nach Ansicht der Anklagebehörde das objektive Tatbild im Sinne des § 3 g VG. durch das Verhalten des Verdächtigen verwirklicht wurde und daß die Abgabe der Einstellungserklärung nur auf die mangelnde Erweislichkeit der subjektiven Tatseite zurückzuführen ist, daß aber das Vorliegen des objektiven Tatbildes allein eine weitere Betätigung an einer österreichischen Hochschule ausschließt.«

Das Bundesministerium für Justiz hat diesen Bericht zur Kenntnis genommen und die Akten einschließlich aller gerichtlichen Vernehmungsprotokolle der Unterrichtsverwaltung, in deren Zuständigkeit die weitere Veranlassung fällt, zur Einsichtnahme und Kenntnis übermittelt.

Anfrage der FPÖ an den Justizminister

268/J   10. Juni 1965

Anfrage

der Abgeordneten Dr. van Tongel und Genossen
an den Bundesminister für Justiz,
betreffend Berichte der Staatsanwaltschaft Wien und der Oberstaatsanwaltschaft Wien in einer Strafsache.

Aus einer Anfragebeantwortung des Bundesministers für Justiz
auf eine Anfrage der Bundesräte Skritek und Genossen mit der
Zahl 121/A.B.-BR/65 vom 2. Juni 1965 geht hervor, daß anläßlich
von Vorerhebungen gegen den Hochschulprofessor Dr. Borodajkewycz wegen des Verdachtes eines Verbrechens nach dem Verbotsgesetz 1947 die Staatsanwaltschaft Wien nach Durchführung der
gerichtlichen Vorerhebungen einen Abschlußbericht erstattet und
die Einstellung der gerichtlichen Vorerhebung beantragt hat. Der
Bericht enthält die Feststellung, daß »ein sicherer Nachweis in
Richtung § 3 g Verbotsgesetz nicht zu erbringen sei«. Abschließend habe, so heißt es in der Anfragebeantwortung, der zitierte
Bericht der Staatsanwaltschaft Wien laut Mitteilung des Justiz-
ministers ausgeführt:

»Inwieweit das Verhalten des Verdächtigen wegen seiner Eignung, der studierenden Jugend ein verfälschtes und einseitiges
Geschichtsbild zu vermitteln, und wegen seiner antisemitischen
und die Einrichtung eines freien und unabhängigen österreichischen Staatswesens herabsetzenden Tendenz Anlaß für ein
disziplinäres Einschreiten bietet, muß den hiefür zuständigen
Behörden überlassen bleiben.«

Der Justizminister führt in der zitierten Anfragebeantwortung
weiter aus, daß die Oberstaatsanwaltschaft Wien diesem Vorhaben der Staatsanwaltschaft Wien beigetreten sei. Unter Hinweis
auf die Vorlesungen des Prof. Borodajkewycz, seine Erklärungen
auf der Pressekonferenz vom 23. 3. 1965 und insbesondere auf
einen von ihm verfaßten Aufsatz, in welchem er im Zusammenhang mit der Befreiung Österreichs im Jahre 1945 von Feigheit,
Fahnenflucht und Verrat gesprochen habe, habe die Oberstaatsanwaltschaft Wien in ihrem Bericht an das Bundesministerium
für Justiz unter anderem folgendes ausgeführt:

»Diese Ausführungen und Äußerungen Dris. Borodajkewycz sind zwar nicht so geartet, daß bewiesen werden könnte, er habe sich damit im nationalsozialistischen Sinne gemäß § 3 g VG. betätigt, sie tragen aber eindeutig antisemitischen Charakter, zumal für die Hervorhebung der jüdischen Abstammung der genannten Persönlichkeiten, die vorwiegend eine negative Beurteilung durch Dr. Borodajkewycz erfuhren, irgendwelche objektiven oder wissenschaftlichen Gründe nicht maßgebend waren und die vorerwähnte Bemerkung Dris. Borodajkewycz in der Pressekonferenz über Prof. Kelsen deutlich eine herabsetzende Tendenz erkennen läßt. Seine Ausführungen und Äußerungen hetzen gegen bestimmte Rassen und Teile der Bevölkerung und sind in ihrem Wesen auch antidemokratisch. Dies war schon aus den verschiedentlichen Beifallskundgebungen zu erkennen, die Dr. Borodajkewycz zuteil wurden, als er in der Pressekonferenz vom 23. März 1965 seine vorerwähnten Auslassungen zu rechtfertigen versuchte, und ihre Gefährlichkeit zeigte sich insbesonders aus dem Verlauf der Demonstration vom 31. März 1965.«

Weiters heißt es im Bericht der Oberstaatsanwaltschaft Wien:

»Nur der Umstand, daß der Verdächtige anläßlich der Pressekonferenz die nationalsozialistische Rassenpolitik ablehnte und daß er immerhin während der nationalsozialistischen Herrschaft aus seiner Ansicht, daß der Krieg nicht zu gewinnen sei, einem nationalsozialistischen Blockwart gegenüber kein Hehl gemacht und aus dieser Erkenntnis heraus die Beteiligung an einer Spinnstoffsammlung abgelehnt hatte, läßt es nicht als zweifelsfrei erscheinen, daß die hier dargelegten, anläßlich seiner Vorlesungen und anläßlich der Pressekonferenz sowie in seinen Aufsätzen zum Ausdruck gebrachten Ansichten in der Absicht kundgetan wurden, sich im nationalsozialistischen Sinn zu betätigen ... Zweifellos liegt aber das Verhalten des Verdächtigen hart an der Grenze des Tatbestandes nach § 3 g VG., und wenn es auch aus den angeführten Gründen für zweckmäßig erachtet wird, mangels Erweislichkeit der subjektiven Tatseite mit einer Einstellungserklärung vorzugehen, so erscheint es doch als eine unabwendbare Notwendigkeit, eine weitere Beeinflussung der studierenden Jugend durch den Verdächtigen hintanzuhalten. Dies muß seitens der Oberstaatsanwaltschaft Wien mit aller Deutlichkeit betont werden. Es wird sich also als nötig erweisen, den Hochschulbehörden bekanntzugeben, daß nach Ansicht der Anklagebehörde das objektive Tatbild im Sinne des § 3 g VG. durch das Verhalten des Verdächtigen verwirklicht wurde und daß die Abgabe der Einstellungserklärung nur auf die mangelnde Erweislichkeit der subjektiven Tatseite zurückzuführen ist, daß aber das Vorliegen des objektiven Tatbildes allein eine weitere Betätigung an einer österreichischen Hochschule ausschließt.«

Die Anfragebeantwortung des Bundesministers für Justiz schließt mit der Erklärung, das Bundesministerium für Justiz habe diesen Bericht zur Kenntnis genommen und die Akten der dafür zuständigen Unterrichtsverwaltung zur Einsichtnahme und Kenntnis übermittelt. Durch die beiden zitierten Berichte der Staatsanwaltschaft und der Oberstaatsanwaltschaft Wien, nebst deren ausdrücklicher Billigung durch den Justizminister wurde eine Reihe grundsätzlicher Fragen für alle Staatsbürger aufgeworfen, die unverzüglich im Interesse einer rechtsstaatlichen Ordnung zu klären sind. Es ist dies zunächst die Frage, mit welchem Recht die beiden Staatsanwaltschaften in einem solchen Umfang ihre genau festgelegten Kompetenzen überschreiten und dann zu Feststellungen beziehungsweise zu ziehenden Forderungen kommen, zu denen sie zweifellos nach den geltenden gesetzlichen Bestimmungen in keiner Weise berechtigt sind. Ohne jeden Bezug auf die ganze Angelegenheit des Hochschulprofessors Dr. Borodajkewycz wurde damit ein Problem aufgeworfen, das ohne Berücksichtigung des Falles Dris. Borodajkewycz zu klären und einwandfrei dahin gehend zu interpretieren ist, was nach der geltenden Rechtsordnung eine Staatsanwaltschaft oder das Bundesministerium für Justiz berechtigt, derartige »Feststellungen« zu treffen und anderen Behörden der Republik amtlich zur Kenntnis zu bringen. Durch eine Veröffentlichung solcher staatsanwaltschaftlicher »Berichte« wird geradezu die Möglichkeit zu einem Rufmord gegeben, was besonders bei Nichtvorliegen strafbarer Tatbestände die größten Bedenken hinsichtlich der Handhabung der Justiz in einem Rechtsstaat hervorrufen muß.

Die unterzeichneten Abgeordneten richten daher an den Bundesminister für Justiz die

Anfrage:

1. Welche gesetzlichen Bestimmungen lassen nach Ihrer Ansicht die in der heutigen Anfrage beanstandeten Stellen in den Berichten der beiden Staatsanwaltschaften zu?

2. Sind Sie bereit zu veranlassen, daß die in den beiden staatsanwaltschaftlichen Berichten aufgestellten sachlich unrichtigen

Behauptungen hinsichtlich der Vorgänge, die zu diesen Berichten geführt haben, dahingehend überprüft werden, wieso solche falsche Behauptungen in die staatsanwaltschaftlichen Berichte aufgenommen werden konnten, und sind Sie bereit, die unrichtigen Behauptungen amtlich richtigzustellen?

3. Haben Stellen des Bundesministeriums für Justiz beziehungsweise der Generalstaatsanwaltschaft Einfluß auf die Abfassung der beiden Berichte beziehungsweise auf die Formulierung einzelner Stellen dieser Berichte genommen?

4. Welche Maßnahmen werden Sie treffen, damit die an Ihre Weisungen gebundenen Staatsanwaltschaften den Rahmen der ihnen gesetzlich zustehenden Rechte und Befugnisse einhalten?

5. Welche gesetzliche oder sonstige Bestimmung räumt einer Oberstaatsanwaltschaft der Republik Österreich die Berechtigung ein, in einem Bericht die Feststellung zu treffen, daß das Vorliegen des objektiven Tatbildes in einem bestimmten Fall, der eine weitere strafgerichtliche Verfolgung nicht zuläßt, »allein eine weitere Betätigung an einer österreichischen Hochschule ausschließt«?

Der Justizminister antwortet

272/A. B. 21. Juni 1965
zu 268/J

Anfragebeantwortung

des Bundesministers für Justiz Dr. Broda
auf die Anfrage der Abgeordneten Dr. van Tongel und Genossen, betreffend Berichte der Staatsanwaltschaft Wien und der Oberstaatsanwaltschaft Wien in einer Strafsache.

Auf die Frage der Herren Abgeordneten Dr. van Tongel und Genossen vom 10. Juni 1965, betreffend Berichte der Staatsanwaltschaft Wien und der Oberstaatsanwaltschaft Wien in einer Strafsache, beehre ich mich, wie folgt zu antworten:

Zu 1. und 5.:

Die Mitglieder der Staatsanwaltschaft haben in dem ihnen zugewiesenen Wirkungskreis das Interesse des Staates zu wahren (§ 30 StPO.). In Ausführung dieser Grundsatzbestimmung ordnet

§ 42 StaGeo. (Verordnung des Bundesministeriums für Justiz vom 22. Oktober 1951, BGBl. Nr. 267) an, daß die staatsanwaltschaftlichen Organe in wichtigen Straffällen ihren vorgesetzten Behörden zu berichten und sich über die weitere Behandlung des Falles *gutächtlich* zu äußern haben.

Durch die zitierte *Meinungsäußerung* hat die Oberstaatsanwaltschaft Wien keine konkrete Verfügung oder Veranlassung in einem ihr nicht zustehenden Rechtsbereich getroffen. Es sollte hiedurch auch in keiner Weise der Entscheidung der unabhängigen Disziplinarkommission vorgegriffen werden. Von einer Kompetenzüberschreitung der staatsanwaltschaftlichen Behörden kann daher keine Rede sein. Im übrigen ist eine solche Vorgangsweise weder verboten noch ungewöhnlich, sondern vom Standpunkt der Wahrnehmung rechtsstaatlicher Interessen aus gesehen geradezu geboten; denn selbst in freisprechenden Urteilen kann das Gericht die Notwendigkeit aufzeigen, daß sichernde Maßnahmen zum Schutze der Gesellschaft zu ergreifen wären und deren Vollziehung durch die zuständige Behörde anregen.

Zu 2:

In den Berichten der Staatsanwaltschaft Wien und der Oberstaatsanwaltschaft Wien sind keine sachlich unrichtigen Behauptungen enthalten.

Zu 3.:

Die staatsanwaltschaftlichen Behörden haben ihre Berichte selbständig im Rahmen der in ihre eigene Verantwortung fallenden Berichtspflicht ausgearbeitet und erstattet, ohne daß sie bei ihrer Meinungsäußerung von einer übergeordneten Behörde beeinflußt worden sind. Sie haben vielmehr in ihren Berichten ihrer eigenen Meinung Ausdruck gegeben; diese Meinung wurde nach Vorliegen der Berichte vom Bundesministerium für Justiz zur Kenntnis genommen.

Zu 4:

Aus dem Vorgesagten ergibt sich, daß keine Maßnahmen des Bundesministeriums für Justiz in dieser Angelegenheit erforderlich sind.

Anfrage im Nationalrat

Präsident: Wir gelangen daher zur Anfrage 1003/M des Herrn Abgeordneten Dr. *Neugebauer (SPÖ)* an den Herrn Unterrichtsminister, betreffend Hochschullehrer Borodajkewycz:

Haben Sie bereits von dem Ihnen zustehenden Recht auf Suspendierung des früheren NSDAP-Schulungsleiters, Mitarbeiters des SS-Sicherheitsdienstes und derzeitigen Hochschullehrers Taras Borodajkewycz Gebrauch gemacht, der sich zurzeit nur auf einem freiwilligen, jederzeit widerrufbaren Urlaub befindet?

Präsident: Bitte, Herr Minister.

Bundesminister für Unterricht Dr. *Piffl-Perčevic:* Herr Abgeordneter! Es ist bekannt, daß ich eine Suspendierung nicht ausgesprochen habe.

Präsident: Eine Zusatzfrage.

Abgeordneter Dr. *Neugebauer:* Herr Minister! Haben Sie den Akt der Staatsanwaltschaft schon erhalten[1]?

Präsident: Herr Minister.

Bundesminister für Unterricht Dr. *Piffl-Perčevic:* Mit Brief vom 25. Mai, der mir gestern abend in mein Haus zugestellt wurde und der mir heute früh übermittelt wurde, habe ich vom Herrn Justizminister die Verständigung erhalten, daß die Akten meinem Hause übermittelt wurden. Ich habe daraufhin die Vorlage sofort verlangt. Vor etwa einer Stunde kamen die Akten in meinen Arbeitsraum.

Präsident: Zweite Zusatzfrage.

Abgeordneter Dr. *Neugebauer:* Herr Minister, Sie haben also noch keine Überprüfung vornehmen können?

Präsident: Herr Minister.

Bundesminister für Unterricht Dr. *Piffl-Perčevic:* Es ist richtig, daß ich eine Überprüfung bisher nicht vornehmen konnte, da die

Akten erst vor einer Stunde bei mir eingelangt sind. Im übrigen werde ich die Akten der Disziplinarkommission, die das Disziplinarverfahren zu bearbeiten hat, zur Verfügung stellen.

Mündliche Anfrage
des Abgeordneten Dr. Neugebauer

Kurze mündliche Anfrage (gemäß §§ 74 bis 76. Geschäftsordnungsgesetz ·

des Herrn ~~(der Frau)~~ Abgeordneten ....Dr._N.e..u..g..e..b..a..u..e..r.....................................

an den Herrn ..Bundesminister..für..Unterricht...... *am 23. Juni 1965*

Wortlaut der Anfrage:

Wie ist der Stand des Disziplinarverfahrens gegen
Taras B o r o d a j k e w y c z ?

Unterschrift des (der) anfragenden Abgeordneten :

....

Nr.   **/ M**   (Von der Kanzlei des Nationalrate auszufüllen)

In 5 facher Ausfertigung überreicht am .... um .... Uhr

Weitergeleitet am .... um .... Uhr

Anfrage im Nationalrat

Präsident: Anfrage 1090/M des Herrn Abgeordneten Dr. Neugebauer *(SPÖ)* an den Herrn Unterrichtsminister, betreffend Suspendierung des Professors Borodajkewycz:

Haben Sie Dr. Taras Borodajkewycz nunmehr vom Dienst als österreichischer Hochschulprofessor suspendiert, nachdem ein unabhängiger Richter in einem ordentlichen Gerichtsverfahren festgestellt hat, daß die Äußerungen des Taras Borodajkewycz auf Hochschulboden unzweifelhaft als antisemitisch, antiösterreichisch und antidemokratisch qualifiziert werden müssen?

Präsident: Bitte, Herr Minister.

Bundesminister für Unterricht Dr. *Piffl-Perčevic:* Herr Abgeordneter! Eine Suspendierung ist deswegen nicht erfolgt, weil seit der Zeit, da Sie, Herr Abgeordneter, diesbezüglich an mich eine Anfrage richteten und ich zuerst Untersuchungsergebnisse für notwendig hielt, das Disziplinarverfahren zu laufen begonnen hat und außerdem durch die bis zur Beendigung dieses Disziplinarverfahrens eingetretene Beurlaubung der Zustand eingetreten ist, der durch eine Disziplinarverfügung bewirkt werden würde.

Präsident: Eine Zusatzfrage.

Abgeordneter Dr. *Neugebauer:* Herr Minister! Sie haben also Ihre Ansicht bezüglich der Suspendierung trotz der Klarstellungen des Staatsanwaltes und trotz der Klarstellungen eines unabhängigen Richters beibehalten.
Unbeschadet dieser Ihrer Ansicht möchte ich an Sie folgende Frage richten: Ihre Meinung ist doch wohl auch die, daß ein Lehrer, wer er immer sei, natürlich auch ein Hochschullehrer, der antiösterreichische, antisemitische, antidemokratische Äußerungen macht und Ansichten dieser Art vertritt, als Erzieher der Jugend nicht geeignet ist? Darf ich das annehmen?

Präsident: Herr Minister.

Bundesminister für Unterricht Dr. *Piffl-Perčevic:* Wenn dies von der für eine solche Aussage allein zuständigen Disziplinarkommission festgestellt ist, bin ich selbstverständlich der Meinung, daß die entsprechenden Konsequenzen zu ziehen sind.

Präsident: Zweite Zusatzfrage.

Abgeordneter Dr. *Neugebauer:* Herr Minister! Mir ist natürlich bekannt, daß ein Disziplinarsenat völlig unabhängig urteilen und richten muß. Aber der Disziplinaranwalt ist weisungsgebunden. Nun sind mir, wie Ihnen, Herr Minister, sicherlich auch, Bemerkungen über Professor Borodajkewycz im letzten Prozeß bekanntgeworden, die der Richter bei der Urteilsbegründung ausführte. Ich möchte nur auf zwei solcher Bemerkungen verweisen.
Der Richter führte in der Urteilsbegründung mündlich aus,

»daß der Privatankläger nur äußerlich zu einer Bejahung der Demokratie gelangt ist, in Wahrheit aber innerlich Nationalsozialist geblieben ist und dies in einer für die Demokratie abträglichen Form in seinen Vorlesungen an der Hochschule für Welthandel zum Ausdruck kommt«.

Eine weitere Bemerkung: »Der Privatanklagevertreter äußerte die Auffassung, daß Antisemitismus und Demokratie vereinbar seien. Diese Auffassung kann das Gericht nicht teilen. Wer gegen Teile der Bevölkerung, seien es religiöse, rassische oder sonstige Gruppierungen, feindselig eingestellt ist, kann nicht als Demokrat bezeichnet werden. Die Demokratie verlangt Respekt und Achtung vor jedem Individuum.«

Sind Sie nun, Herr Minister, bereit, auf Grund dieser Darlegungen des Richters an den Disziplinaranwalt die Weisung zu erteilen, daß, falls sich im Disziplinarprozeß ergibt, daß der Angeklagte wirklich dieser Art ist, alles vorzusehen wäre, damit er nicht mehr im österreichischen Schuldienst bleiben kann?

Präsident: Herr Minister.

Bundesminister für Unterricht Dr. *Piffl-Perčevic:* Herr Abgeordneter! Ich bin ein Vertreter der weisungsungebundenen Staatsanwälte. Ich habe das wiederholt in Justizdebatten und andernorts zum Ausdruck gebracht. Ich glaube, daß der Disziplinaranwalt an der Hochschule für Welthandel die Ergebnisse und Aussagen des Gerichtes kennt und daher selbst in der Lage ist, die ihm richtig erscheinenden Konsequenzen daraus zu ziehen*. *(Zustimmung und Beifall bei der ÖVP. — Abg. Kratky: Ihr braucht gar nicht zu applaudieren! Das ist eine Schande! — Abg. Hartl: Warum? — Zwischenruf bei der SPÖ: Es steht im Gesetz, daß er weisungsgebunden ist! — Abg. Dr. Neugebauer: Ihr wartet auf das nächste KZ!)*

---

* § 5 der Hochschullehrerdisziplinarordnung, BGBl. II Nr. 334/1934 bestimmt unter anderem:
»Der Disziplinaranwalt ist in dieser seiner Eigenschaft dem zuständigen Bundesminister unmittelbar unterstellt.«
Der Disziplinaranwalt ist daher dem Unterrichtsminister gemäß Artikel 20 der Bundesverfassung weisungsgebunden.
Gestützt auf diese Gesetzesstelle wurden auch schon mehrfach Weisungen an Disziplinaranwälte gegeben. So hat der Bundesminister für Unterricht beispielsweise mit Erlaß vom 8. 2. 1963 den Disziplinaranwalt der Grazer Universität angewiesen, »für die Aufrechterhaltung der seinerzeit verfügten vorläufigen Suspendierung ... mit allem Nachdruck einzutreten.«

Der Unterrichtsminister antwortet

277/A.B.   2. Juli 1965
zu 1049/M

Anfragebeantwortung

des Bundesministers für Unterricht Dr. Piffl-Perčevic
auf die mündliche Anfrage des Abgeordneten Dr. Neugebauer,
betreffend Taras Borodajkewycz*.

Da die Beantwortung der mündlichen Anfrage Nr. 1049/M des
Herrn Abgeordneten Dr. Max Neugebauer in der Sitzung des Nationalrates am 23. Juni 1965 nicht möglich war, beehre ich mich,
die Beantwortung wie folgt schriftlich vorzunehmen.

Das seinerzeit gegen den ao. Hochschulprofessor Dr. phil. Taras
Borodajkewycz eingeleitete Disziplinarverfahren war für die
Dauer der gerichtlichen beziehungsweise staatsanwaltschaftlichen
Vorerhebungen unterbrochen worden und wurde nunmehr nach
Einstellung der justizbehördlichen Untersuchungen fortgesetzt.
Der Strafakt 30 Vr 2128/65 des Landesgerichtes für Strafsachen
Wien (Strafsache gegen Professor Dr. Taras Borodajkewycz wegen § 3 Verbotsgesetz) wurde dem Bundesministerium für Unterricht zur Verfügung gestellt; dieses hat den Akt der für die Beurteilung von Disziplinartatbeständen und Disziplinarfolgen ausschließlich zuständigen Disziplinarkammer weitergeleitet, und
zwar dem Vorsitzenden der Disziplinarkammer Herrn o. Professor DDr. Richard Kerschagl persönlich ausgehändigt. Nach einer
Mitteilung des Vorsitzenden hat er den Akt einem ersten Studium
unterzogen. Die weitere Bearbeitung des Aktes und die Vor-
nahme aller zusätzlichen Untersuchungen obliegt nunmehr dem
Untersuchungskommissär.

Neuerliche Anfrage an den Unterrichtsminister

336/J   4. November 1965
Anfrage
der Abgeordneten Mark, Dr. Stella Klein-Löw, Konir und Genossen
an den Bundesminister für Unterricht,
betreffend unterschiedliche Vorgangsweise bei Suspendierungen.

* Siehe Seite 241

Sozialistische Abgeordnete haben vor zehn Monaten den Bundesminister für Unterricht auf die untragbaren schriftlichen und mündlichen Äußerungen des Professors Dr. Taras Borodajkewycz aufmerksam gemacht und die Eröffnung eines Disziplinarverfahrens vorgeschlagen.

Vier Wochen später hat der Herr Bundesminister für Unterricht in einer Anfragebeantwortung mitgeteilt, daß er den Sachverhalt dem Disziplinaranwalt mitgeteilt habe.

Als sich nach weiteren Entgleisungen des Professors Borodajkewycz auf einer sogenannten Pressekonferenz dessen sofortige Suspendierung als unerläßlich erwies, erklärte dem Bundesminister für Unterricht in der parlamentarischen Fragestunde, daß er nicht bereit sei, vom Suspendierungsrecht Gebrauch zu machen, »ohne konkrete amtliche Berichte über die Vorkommnisse vorliegen zu haben« (76. Sitzung vom 31. März 1965), und weiters, daß die Unterrichtsverwaltung erst nach Vorliegen des Ergebnisses der gerichtlichen Untersuchung weitere Schritte unternehmen werde (da »die Rechtlosigkeit, die wir im nationalsozialistischen Staat so furchtbar erleben mußten, nicht wiederholt werden darf«).

Nachdem die Vorerhebungen der Staatsanwaltschaft abgeschlossen waren und der für Borodajkewycz vernichtende Bericht der Staatsanwaltschaft dem Bundesminister für Unterricht übergeben wurde, erklärte dieser auf eine neuerliche Anfrage im Nationalrat (80. Sitzung vom 26. Mai 1965), daß er die Akten leider noch nicht studieren konnte, diese aber unverzüglich der Disziplinarkommission zur Verfügung stellen werde.

Fünf Monate nach Einbringung der ersten Anfrage war es dann so weit, daß ein unabhängiger Richter in einem ordentlichen Gerichtsverfahren festgestellt hatte, daß die Äußerungen des Taras Borodajkewycz auf Hochschulboden unzweifelhaft als antisemitisch, antiösterreichisch und antidemokratisch qualifiziert werden müssen. Der Unterrichtsminister — neuerlich im Parlament interpelliert — erklärte zur allgemeinen Überraschung, daß er noch immer nicht bereit sei, von seinem Suspendierungsrecht Gebrauch zu machen, da die Angelegenheit bei der Disziplinarbehörde anhängig sei. Inzwischen sind weitere vier Monate vergangen, ohne daß das Disziplinarverfahren beendet wurde, sodaß der Fall Borodajkewycz bisher über zehn Monate verschleppt wurde.

Die Öffentlichkeit war daher sehr überrascht, als in einem anderen »Fall« im Bereich des Unterrichtsministeriums*

die Disziplinarkommission zum Unterschied vom Fall Borodajkewycz *nicht* auf das Ergebnis der gerichtlichen Vorerhebungen wartete;

* Es handelt sich um den Fall des Sektionschefs Dr. Weikert

die Disziplinarkommission zum Unterschied vom Fall Borodajkewycz nicht viele Monate, sondern nur wenige Stunden für ihr Urteil benötigte;

die Suspendierung durch den Unterrichtsminister zum Unterschied vom Fall Borodajkewycz binnen weniger Tage erfolgte;

die Suspendierung trotz einer vorhergehenden »Beurlaubung« erfolgte, obwohl im Fall Borodajkewycz die »Beurlaubung« als Begründung dafür gegeben wurde, warum eine Suspendierung nicht nötig sei.

Den unterzeichneten Abgeordneten ist sehr wohl der Unterschied in der dienstrechtlichen Stellung zwischen einem Beamten und einem Hochschullehrer bekannt, jedoch steht das Recht auf Suspendierung, von dem hier in so eklatant unterschiedlicher Weise Gebrauch gemacht wurde, dem Bundesminister für Unterricht sowohl in bezug auf Beamte seines Ressorts als auch in bezug auf Hochschullehrer zu.

Der Hinweis auf den krassen Unterschied bei der Handhabung des Rechtes zur Suspendierung durch den Bundesminister für Unterricht bedeutet selbstverständlich nicht, daß die unterzeichneten Abgeordneten der Meinung sind, daß im Fall Weikert zu rasch vorgegangen wurde, sondern es bedeutet, daß sich die Verschleppungstaktik des Unterrichtsministers im Fall Borodajkewycz nun umso krasser von der sonstigen Vorgangsweise bei Suspendierungen abhebt.

Da eine derart unterschiedliche Vorgangsweise zweifellos nicht zufällig ist, richten die unterzeichneten Abgeordneten an den Herrn Bundesminister für Unterricht die nachstehenden

Anfragen:

1. Worauf ist es zurückzuführen, daß Sie von dem Recht auf Suspendierung in so unterschiedlicher Weise Gebrauch machen?

2. Worauf ist es insbesondere zurückzuführen, daß Sie in einem Fall den Abschluß der gerichtlichen Vorerhebungen als notwendige Voraussetzung für einen solchen Schritt bezeichnen, während Ihnen in anderen Fällen der Abschluß der gerichtlichen Vorerhebungen nicht erforderlich scheint?

3. Worauf ist es zurückzuführen, daß ein Disziplinarverfahren in einem Fall in wenigen Stunden erledigt ist, während es in einem anderen Fall nach vielen Monaten noch nicht abgeschlossen ist?

4. Können Sie angeben, wann das Disziplinarverfahren im Fall Borodajkewycz abgeschlossen sein wird?

Der Unterrichtsminister antwortet...

353/A. B.   26. November 1965
zu 336 J

Anfragebeantwortung:

des Bundesministers für Unterricht Dr. Piffl-Perčevic
auf die Anfrage des Abgeordneten Mark und Genossen,
betreffend unterschiedliche Vorgangsweise bei Suspendierungen.

Die Abgeordneten Mark, Dr. Stella Klein-Löw, Konir und Genossen richteten am 4. 11. 1965 unter Zl. 336/J (II-861 der Beilagen zu den stenographischen Protokollen des Nationalrates, X. Gesetzgebungsperiode) an den Bundesminister für Unterricht eine Anfrage, betreffend unterschiedliche Vorgangsweise bei Suspendierungen.

Nach längeren Ausführungen über das Disziplinarverfahren gegen Professor Borodajkewycz — in denen dem Unterrichtsminister eine Verschleppungstaktik vorgeworfen wird — und im Vergleich zu einem anderen in meinem Ressort anhängigen Disziplinarverfahren stellen die Abgeordneten folgende Anfragen*: ...

Ich beehre mich, die auf sachlich unzutreffende Annahmen gestützten Fragen wie folgt zu beantworten:

Zu Frage 1 und 2:

Ich habe keine, daher auch keine unterschiedlichen Suspendierungen vorgenommen. Ich habe mich daher auch von keinen unterschiedlichen Erwägungen leiten lassen**.

Zu Frage 3:

Weder das eine noch das andere der von den Anfragen ins Auge gefaßten Disziplinarverfahren ist erledigt oder abgeschlossen.

* Siehe Seite 246
** Der Bundesminister für Unterricht hat am 22. 10. 1965 bekanntgegeben: »Die Disziplinaroberkommission beim Bundesministerium für Unterricht hat gestern nach mehrstündigen Beratungen über das gegen Sektionschef Dr. Alfred Weikert anhängige Disziplinarverfahren dessen sofortige Suspendierung vom Dienste beschlossen.«
Die Tatsache, daß die Suspendierung nicht vom Minister selbst, sondern von einer Disziplinarkommission verhängt wurde, kann über die unterschiedliche Vorgangsweise in diesen beiden Fällen nicht hinwegtäuschen.

Zu Frage 4:

Da die Disziplinarkammer meinen Weisungen nicht unterworfen ist, kann ich leider nicht präzise Angaben über den voraussichtlichen Abschluß des Disziplinarverfahrens machen. Aus einer Mitteilung des Vorsitzenden der Disziplinarkammer für Professoren an der Hochschule für Welthandel entnehme ich aber, daß das Verfahren gewissenhaft vorangeführt wird.

Am Samstag, dem 14. Mai 1966, gab das Rektorat der Hochschule für Welthandel in Wien bekannt, daß der Disziplinarsenat der Hochschule für Welthandel unter dem Vorsitz von Univ.-Prof. Dr. Selb beschlossen habe, über Prof. Dr. Taras Borodajkewycz die Disziplinarstrafe der strafweisen Versetzung in den Ruhestand zu verhängen.

Der Wortlaut des Disziplinarerkenntnisses wurde nicht veröffentlicht. Mit diesem Erkenntnis fand der »Fall T. B.« — soweit es um die Person dieses ehemaligen Hochschullehrers ging — ein zwar spätes, aber erfreuliches Ende.

Mit den Wurzeln und dem Boden, aus dem heraus ein solcher Fall mit allen seinen Begleiterscheinungen entstehen konnte, werden sich alle aufrechten, demokratisch gesinnten Österreicher allerdings noch intensiv auseinanderzusetzen haben.

Der Fall T. B. im Spiegel der Presse

Arbeiter-Zeitung, Wien, 26. März 1965

Der Fall Borodajkewycz

Die Angelegenheit des Professors Taras Borodajkewycz kann für unser Land bedenkliche, unter Umständen aber auch heilsame Folgen haben.

Die Ansichten dieses Mannes über Hitler, den Nationalsozialismus, die österreichische Nation und den Schöpfer unserer Verfassung, Professor Kelsen, sind durch seine Reden und durch seine Pressekonferenz ausreichend bekanntgeworden. Nun gibt es sicher auf der ganzen Welt Leute mit merkwürdigen Ansichten. Es gibt in England sogar ein paar Leute, die sich als Nationalsozialisten bezeichnen und mit dem Hitlergruß grüßen. Das Schicksal eines Landes hängt davon ab, welche Entwicklungsmöglichkeiten solche Personen haben.

Nun hat Borodajkewycz zwei Zeitungen beschlagnahmen lassen, weil sie seine Ansichten kritisiert haben. Mit der Arbeiter-Zeitung steht er in mehreren Prozessen. Es ist klar, daß mit den Gesetzen unseres Landes etwas nicht in Ordnung ist, wenn es nicht strafbar ist, Ansichten zu vertreten, die unter dem Nationalsozialismus gebräuchlich waren, wenn es aber wohl strafbar ist, jemanden als Nationalsozialisten zu bezeichnen. Das ist dann Schuld der Gesetze und nicht der Behörden. Diese Gesetze müßten geändert werden.

Borodajkewycz ist aber nicht ein Privatmann mit merkwürdigen Ansichten, sondern Professor an der Hochschule für Welthandel. Er hat dort die Aufgabe, der studierenden Jugend Wirtschaftsgeschichte beizubringen. Was für Wirkungen seine Lehren auf seine Hörer haben, hat die Pressekonferenz, an der mehrere hundert Studenten teilgenommen haben, sehr deutlich gezeigt. Man hat auch Gelegenheit gehabt, die Kundgebungen der Anhänger B.s bei dieser Konferenz im Fernsehen zu beobachten.

Wenn die Unterrichts- und Hochschulbehörden es zulassen, daß ein Mann wie Borodajkewycz seinen Lehrauftrag so erfüllt, wie er es tut, dann sind die Behörden für die Wirkung verantwortlich. Daß diese Kundgebungen einen gewissen Widerhall in der Welt haben, ist besonders bedauerlich in einem Jahr, in dem mehrere unserer Hochschulen mit großer internationaler Beteiligung ihre Jubiläen feiern. Allerdings ist die Hochschule für Welthandel nicht die Universität.

Es ist für das Ansehen der österreichischen Hochschulen erforderlich, daß Borodajkewycz seiner Stelle ohne Verzug enthoben wird.

Darüber hinaus sind antisemitische Kundgebungen eines Teiles der Hochschuljugend eine Schädigung des Ansehens Österreichs. Daß es sich um antisemitische Kundgebungen handelt, kann nicht bezweifelt werden. Wer bei der Nennung des Namens Kelsen lacht, aber ernst bleibt, wenn ein Deutschnationaler Borodajkewycz heißt, tut das gewiß aus politischen Motiven. Die Entlarvung dieser Kundgebung im Fernsehen ist ein neuer Beweis für die Nützlichkeit dieser Einrichtung. Hunderttausende werden dadurch in die Lage versetzt, sich ein eigenes Urteil über Borodajkewycz zu bilden.

Das ernsteste Element dieser ganzen Angelegenheit ist die Isolierung eines Teiles unserer Hochschuljugend. Der Rassenwahn ist in der heutigen Welt im Verklingen. Das bewiesen die Vorgänge in Alabama, wo junge Menschen aller Hautfarben gemeinsam gegen die Überreste der Rassenbenachteiligung demonstrieren.

Wenn gerade in Österreich ein Teil der Hochschuljugend und ein kleiner Teil der Akademiker die Vorstellungen öffentlich vertreten, die vor 20 Jahren im Dritten Reich geherrscht haben, isolieren sie damit unser Land vom übrigen Europa und von der zivilisierten Welt. Das sollte gerade von jenen Kreisen bedacht werden, die die Vereinigung Europas gern als politisches Schlagwort im Munde führen. Wenn das klar erkannt wird, ist Borodajkewycz nützlich gewesen.

Friedrich Scheu

Wiener Zeitung, Wien, 26. März 1965

Borodajkewycz löst Sturm der Empörung aus

Österreichs Demokraten bilden eine Front gegen neonazistische und antisemitische Provokationen.

Der Fall Borodajkewycz zieht immer weitere Kreise. Eine Flut von Protesttelegrammen verurteilt das Vorgehen und die Haltung des Hochschullehrers und wendet sich an die zuständigen Stellen, die aufgefordert werden, Abhilfe zu schaffen beziehungsweise Vorsorge zu treffen, daß die studierende Jugend Österreichs nicht weiterhin so gefährdet werde.

So hat die Geschäftsführung der Journalistengewerkschaft an den Präsidenten des Nationalrates, den Bundeskanzler sowie an den Innenminister, den Justizminister und den Unterrichtsminister Telegramme gerichtet, in denen die Bestürzung der österreichischen Journalisten zum Ausdruck kommt, daß die Beschlagnahme von Zeitungen möglich ist, welche ihrer demokratischen Pflicht zur Verurteilung von antisemitischen und nazistischen Provokationen nachgekommen sind. Die Journalistengewerkschaft ersucht aus diesem Anlaß, die gesetzlichen Bestimmungen über Zeitungsbeschlagnahmen endlich zu reformieren.

Die Senioren der Wiener CV-Verbindungen haben zum Fall Borodajkewycz ebenfalls eine Erklärung abgegeben, in der aufs schärfste jede Art von nationalsozialistischer Betätigung, Glorifizierung, Gutheißung oder Verharmlosung des nationalsozialistischen Regimes an den österreichischen Hochschulen verurteilt wird. Wir verurteilen, so heißt es darin weiter, den Antisemitismus in allen seinen Erscheinungsformen und bedauern zutiefst, daß es an der Hochschule für Welthandel zu Äußerungen der Geringschätzung über jüdische Mitbürger seitens Unverantwortlicher gekommen ist, was nicht der Haltung der gesamten Studentenschaft entspricht. Wir bekennen uns, so schließt die Erklärung, erneut zu unserem österreichischen Vaterland und werden immer dafür eintreten, diesem Bekenntnis an den österreichischen Hochschulen zum Durchbruch zu verhelfen. In der Erklärung wird eine weitere Stellungnahme nach ... Prüfung angekündigt.

Auch die ÖVP-Kameradschaft der politisch Verfolgten hat in einem Telegramm an den Unterrichtsminister die Forderung erhoben, die Disziplinarkammer möge rasch und konsequent entscheiden, um zu verhindern, daß sich auf Hochschulboden NS-Gedankengut ausbreite.

Die Israelitische Kultusgemeinde hat Protesttelegramme an

Vizekanzler Dr. Pittermann, Unterrichtsminister Dr. Piffl-Perčevic, Justizminister Dr. Broda, Innenminister Czettl und an den
Rektor der Hochschule für Welthandel übermittelt. In diesen Te-
legrammen wird die Einleitung aller gesetzlich möglichen Schritte
gegen Borodajkewycz nach den einschlägigen Bestimmungen des
Verbotsgesetzes verlangt. Ferner wird die Forderung erhoben,
Dr. Borodajkewycz zu suspendieren.

Im gleichen Sinne richtete auch das Dokumentationsarchiv der
Widerstandsbewegung ein Protesttelegramm an den Unterrichtsminister, in dem es heißt, daß die Hochschulen Österreichs nie
wieder Brutstätten des Antisemitismus und antiösterreichischer
Aktionen werden dürfen. Das Dokumentationsarchiv werde die
strengen Maßnahmen des Ministeriums unterstützen.

Der Präsident des Wiener Landtages Bruno Marek hat an den
Rektor der Hochschule für Welthandel, Prof. Dr. Walter Heinrich,
ein Schreiben gerichtet, in dem er seine Funktion als Mitglied der
Prüfungskommission zurücklegt. Meine Entscheidung stützt sich,
so heißt es darin, auf die tiefbedauerliche Tatsache, daß die eindeutig nazistische Kundgebung durch Überlassung des Vortrags-
saales überhaupt erst stattfinden konnte. Noch bedauerlicher
finde ich es, führt Marek in dem Brief weiter aus, daß durch die
akademischen Behörden eine öffentliche und energische Distanzierung von den antisemitischen und antiösterreichischen Äußerungen nicht erfolgte.

Justizminister Dr. Broda hat in einem Antworttelegramm an
die Kultusgemeinde mitgeteilt, daß die Staatsanwaltschaft Wien
Vorerhebungen gegen Dr. Borodajkewycz wegen des Verdachtes
der Wiederbetätigung für die NSDAP eingeleitet hat. Auch der
Österreichischen Widerstandsbewegung hat Dr. Broda brieflich
diese Mitteilung gemacht.

Weitere Proteste sind von der »Aktion zur Bekämpfung des
Antisemitismus in Österreich«, von der Vereinigung jüdischer
Hochschüler in Österreich und vom KZ-Verband erhoben worden.

Der Parteivorstand der SPÖ hat sich gestern in einer längeren
Aussprache ebenfalls mit den empörenden antiösterreichischen
und antisemitischen Vorfällen und einer angeblichen Pressekonferenz des Prof. Borodajkewycz an der Hochschule für Welthandel
beschäftigt. Der Klub der sozialistischen Abgeordneten wird diese
Vorfälle in der nächsten Nationalratsitzung zur Sprache bringen.

Borodajkewycz ist beleidigt

Der Fall Borodajkewycz wird aber auch im Parlament ein
Nachspiel haben. Der Immunitätsausschuß des Nationalrates hat

sich mit dem Auslieferungsbegehren gegen die sozialistischen Abgeordneten Mark und Dr. Stella Klein-Löw befaßt. Der entsprechende Auslieferungsantrag wird in der Mittwochsitzung des Nationalrates zur Beratung stehen. Ausgelöst wurde er durch eine Klage des Hochschulprofessors Dr. Borodajkewycz, der sich durch eine parlamentarische Anfrage der beiden Abgeordneten, die diese am 20. Jänner an den Unterrichtsminister gerichtet hatten, in seiner Ehre angegriffen fühlte.

Volksblatt, Wien, 26. März 1965

Protestwelle gegen NS-Professor

Keine Nazipropaganda an den Hochschulen

Die Affäre um den Professor für Geschichte an der Welthandelshochschule, Dr. Taras Borodajkewycz, in dessen Pressekonferenz in einem Hörsaal der Hochschule es zu antisemitischen Demonstrationen der Studenten, ermuntert durch ein Bekenntnis des Professors zum Nazismus, gekommen war, zieht immer weitere Kreise.

Nach einer Intervention des Unterrichtsministers Dr. Piffl und der Einleitung von Erhebungen nach dem NS-Verbotsgesetz durch die Staatsanwaltschaft wurden gestern weitere Proteste und Resolutionen, unter anderem von der Widerstandsbewegung, vom Hauptverband katholischer Elternvereine und von der Kultusgemeinde veröffentlicht.

Die Senioren der Wiener CV-Verbindungen verurteilen schärfstens jede Art von nationalsozialistischer Betätigung oder von Glorifizierung oder Verharmlosung des nationalsozialistischen Regimes an unseren Hochschulen und bedauern zutiefst, daß es auf der Hochschule für Welthandel zu Äußerungen der Geringschätzung jüdischer Mitbürger gekommen ist. In einem Danktelegramm an Dr. Piffl für dessen Einschreiten fordert die ÖVP-Kameradschaft der politisch Verfolgten, die Disziplinarkammer möge rasch und konsequent entscheiden, um für alle Zukunft zu verhindern, daß sich gerade auf Hochschulboden NS-Gedankengut ausbreitet. Es sei geradezu unfaßbar, daß eine akademische Lehrkraft Gedanken und Auffassungen verkündet, von denen jeder Österreicher glauben müßte, sie seien durch die Ereignisse vor 20 Jahren ad acta gelegt worden.

Die Journalistengewerkschaft äußert ihre Bestürzung darüber, daß eine Zeitung wegen ihrer Berichterstattung in der Affäre Borodajkewycz beschlagnahmt wurde.

Der Vorsitzende des Zentralausschusses der Hochschülerschaft, Peter Thiel, bedauerte das Verhalten einiger Kollegen in der Hörerversammlung. Gleichzeitig aber erklärte er im Namen der Hochschülerschaft, die Vorwürfe gegen Professor Borodajkewycz seien »unfair«, »unkorrekt« und »in provozierender Weise« vorgebracht worden. Unobjektive Zeitungsberichte hätten die Unruhen erst ausgelöst.

Der Immunitätsausschuß des Nationalrates befaßte sich mit einem Auslieferungsbegehren, das Professor Borodajkewycz gegen die sozialistischen Abgeordneten Mark und Stella Klein-Löw stellen ließ, von denen er sich wegen einer Parlamentsanfrage beleidigt fühlt.

Bombenalarm

Gestern vormittag rief ein Unbekannter von einer Straßentelephonzelle aus die Wiener Hochschule für Welthandel an und teilte mit, daß im Hause eine Bombe versteckt sei. Obwohl der Polizei derartige »Lausbubenstreiche« nichts Neues sind, wurde doch auf Anzeige des Rektorats hin das Hochschulgebäude genau durchsucht. Es wurde jedoch nichts gefunden. Das Rektorat hat für die Hochschule bis auf weiteres Legitimationszwang eingeführt.

Süddeutsche Zeitung, München, 26. März 1965

Wiens politischer Hochschulskandal

Der Wiener Korrespondent des Blattes, Manfred v. Conta, befaßt sich mit den Vorkommnissen um Professor Borodajkewycz, wobei er unter anderem schreibt: »Seit Dienstag fragt man sich im Wiener Unterrichtsministerium erschreckt, ob ein schon seit Monaten von den Sozialisten erhobener Vorwurf nicht doch zu Recht bestehe: Daß die Studenten der Wiener Hochschule für Welthandel von ihrem Geschichtslehrer Taras von Borodajkewycz zu Nationalsozialisten und strammen Antisemiten erzogen werden. Unterrichtsminister Piffl-Perčevic hat diesen Verdacht noch vor kurzem als unbegründete kommunistische Polemik zurückgewiesen, und eine Anfrage, die sozialistische Abgeordnete im Januar dieses Jahres im Parlament eingebracht hatten, führte zwar zu einer Disziplinaruntersuchung, die aber recht schleppend voranzukommen schien.

Erst eine Pressekonferenz, zu der die Hochschülerschaft eingeladen hatte, um ihrem Lehrer Gelegenheit zur Entkräftung der Vorwürfe zu geben, lieferte die auch für wohlmeinende Ohren unüberhörbare Bestätigung der Vermutung, daß bei der Hochschule für Welthandel nicht alles so wohl bestellt sein könne, wie man bisher gerne angenommen hatte: Die Bestätigung war das johlende Gelächter, mit dem 200 Studenten — die an der Pressekonferenz als moralische Rückendeckung für ihren Professor teilnahmen — jedesmal reagierten, sobald ein jüdischer Name fiel.

Sie gröhlten, wenn Taras von Borodajkewycz den Namen des Wiener Anwalts Rosenzweig erwähnte, gegen den er prozessiert hatte, und sie jubelten, als er vom Schöpfer der österreichischen Verfassung als »dem Juden Kelsen« sprach. Aber nicht nur das Gelächter drang aus dem Hörsaal in die Öffentlichkeit, sondern auch der Beifall, mit dem sie die Versicherung des Professors quittierten, daß er bereits 1934 freiwillig in die damals noch verbotene NSDAP eingetreten sei und unter Gefahr für seine Sicherheit dem untergetauchten SA-Führungsstab seine Wohnung zu geheimen Versammlungen zur Verfügung gestellt habe.

Unterrichtsminister Piffl-Perčevic, den das Österreichische Fernsehen zu einem Interview über seine soeben beendete Polenreise ins Studio gebeten hatte, bekam dort eine Filmaufzeichnung von der Pressekonferenz zu sehen.

Vor der Kamera erklärte der erschreckte Minister, er empfehle den Studenten einen Besuch im Lager Auschwitz, wie er ihn gerade absolviert habe, damit ihnen das spöttische Lachen über jüdische Namen vergehen möge. Er forderte vom Rektor der Hochschule einen Bericht über den Vorfall an und beauftragte die Disziplinarkommission erneut mit Untersuchungen gegen Borodajkewycz.

Diese amtliche Aktivität kommt ziemlich spät. Denn der Vorwurf, der Professor mache in seinen Vorlesungen und Publikationen den österreichischen Staat lächerlich und betreibe großdeutsche Propaganda, wird schon recht lange erhoben.«

Einzelfall und Symptom

Einzelfall oder Symptom: Das ist die interessanteste Frage am ganzen Problem Borodajkewycz. Der Professor für Wirtschaftsgeschichte an der Hochschule für Welthandel machte durch seine Äußerungen und sein Auftreten Schlagzeilen. Leider nicht nur in Österreich, sondern auch schon im Ausland, wodurch sofort Verdächtigungen hochgespielt werden, daß der Nationalsozialismus in unserem Lande doch nicht tot sei. Zugleich aber wurde auch eine ungeheure Protestwelle ausgelöst, in der die sofortige Abberufung des Professors verlangt wird. Selbst nationale Kreise haben ihren Unmut über Borodajkewycz geäußert, weil damit neuerlich eine Kluft aufgerissen ist.

Taras von Borodajkewycz ist nicht nur ein überaus gescheiter Mann, sondern einer jener Professoren, die es verstehen, mit ihrem Vortrag Studenten mitzureißen. Deswegen auch der starke Anhang in der Hochschülerschaft. Besonders aber der akademische Lehrer muß ja doch jedes Wort wägen, jede Äußerung kontrollieren, die er seinen Hörern weitergibt. Er hat die große Aufgabe, den jungen Menschen zu bilden, zu lenken, geistig zu orientieren.

Daß die wenigsten Menschen, die einst Pg. waren, und dem Nationalsozialismus huldigten, weil sie der hämmernden Propaganda glaubten, deshalb Verbrecher sind, hat sich inzwischen herumgesprochen. Ihnen liegt die Vergangenheit fern, ist überwunden. Sie bekennen sich zum heutigen Staate und wollen von einem Anschluß und dergleichen wahrlich kein Wort mehr hören. Wenn andere im stillen Kämmerlein der goldstrotzenden Parteiuniform nachtrauern und wehmütig in ihren Erinnerungen kramen, so ist das ihre Privatsache, die niemandem wehe tut. Anders der Lehrer, der die Aufgabe hat, junge Menschen zu bilden. Und es geht über die Lern- und Lehrfreiheit einer Hochschule weit hinaus, wenn er Ansichten vertritt, die wider die geltenden Gesetze stehen. Von zahllosen Hörern wird dem Professor aber jetzt bestätigt, daß er keinesfalls NS-Gedankengut unter sie gebracht habe; im Gegenteil, er distanzierte sich von Greueltaten und anderen Verbrechen. Er habe sich durchaus auch zu Österreich bekannt.

Was der Professor vor 1945 war, wie er gedacht hat und was er geschrieben hat, ist behördlich nach dem Kriege untersucht worden; man hat ihn als »minderbelastet« eingestuft, wodurch er seinem Beruf nachgehen konnte. Vielleicht fiel damals ins

Gewicht, daß er — wie er betont — 1943 aus der NSDAP ausgetreten ist und nach Kriegsende Archivstudien für die sowjetische Besatzungsmacht erledigte. Das alles ist auch nicht sehr interessant, denn er hätte aus der Vergangenheit lernen können. Einzig wichtig ist, wie er heute denkt, was er sagt und wie er publiziert. Verschiedene Äußerungen lassen mehrere Deutungen zu, so etwa, wenn er in der Bonner Zeitschrift »Das Parlament« schrieb: »Es ist nur ein Teil der gesamtdeutschen Katastrophe, daß wir deutschen Österreicher zum zweiten Male innerhalb einer Generation das größere Vaterland verloren haben.« Oder aber, wenn der Hochschullehrer vom »Juden Kelsen« oder vom »Juden Austerlitz« und so weiter sprach, wenn er es auch soziologisch begründete, um, wie es bei der »Treuekundgebung« seiner Studenten vor wenigen Tagen geschehen ist — Gelächter einzuheimsen ohne sofort zu reagieren. Man kann über Antisemitismus denken wie man will, aber es spricht jeder Menschenwürde Hohn, angesichts von Millionen ermordeter Juden Lachsalven zu provozieren. Damit wird eine böse Saat gelegt. Über diese Frage darf nicht diskutiert werden. Daß der Professor damit über das Auditorium hinaus das gesamte Land in einem schiefen Licht erscheinen läßt und auch vielen die Handhabe zu böswilliger Entstellung bietet, zeugt von zumindest ungeschickter Haltung. Der Professor hätte sofort die Lacher zurechtweisen müssen.

In einer parlamentarischen Anfrage sozialistischer Abgeordneter wurde eine Reihe von Zitaten und Äußerungen aus Vorlesungen vorgebracht, die zum Teil auch von Professor Borodajkewycz bestätigt wurden. Zeitungen haben weitere Zitate veröffentlicht. Die Hochschülerschaft der Hochschule für Welthandel jedoch hat sich hinter den Professor gestellt, was bestätigt, welche Qualifikation der Professor hat, wie er seine Hörer mitreißt und begeistert. Es ist schade, daß dieser Mann, der über wissenschaftliche Bedeutung verfügt, diese Entgleisungen begangen hat. Spricht man mit Studenten und Absolventen der Hochschule, begegnet man immer wieder der Wertschätzung für den Menschen Borodajkewycz, der stets über einen persönlichen Kontakt mit seinen Hörern verfügt, was man ja leider nicht von allen akademischen Lehrern sagen kann. Aber — da zeigt sich die Tragödie eines Menschen, der seine großdeutsche Vergangenheit nicht bewältigt hat.

Aus all dem vorher Gesagten geht hervor, daß hier ein Einzelfall vorliegt, der nicht symptomatisch für den Zustand und das geistige Leben der österreichischen Hochschulen ist.

Unsere Universitäten und Hochschulen müssen vor einer Flutwelle von Schmutz und Verdächtigungen geschont werden, da der

Schaden kaum reparierbar wäre. Je deutlicher und je schneller der Einzelfall als solcher gekennzeichnet und geklärt wird, desto schneller kann wieder Ruhe im Hochschulbereich einkehren und der Druck aus dem In- und Ausland verschwinden ...

Karl Heinz Ritschel

Die Presse, Wien, 27./28. März 1965

Das Blut Abels

Ist Professor Borodajkewycz schuldig, zum Rassenhaß aufgefordert und damit die Gesetze der Republik verletzt zu haben? Hat er durch abfällige Bemerkungen über eine »österreichische Nation« zugleich den Staat, dem er verpflichtet ist, geschmäht? Spricht sein ganzes Verhalten dafür, daß er wegen Verführung der akademischen Jugend als Hochschullehrer untragbar ist? Die Auseinandersetzungen um den Historiker datieren nicht seit gestern, sie haben aber jetzt ein Stadium erreicht, das richterliche Entscheidungen verlangt. Die entsprechenden Untersuchungen sind angeordnet worden, ihr Ergebnis ist abzuwarten. Nicht die Straße hat hier zu urteilen.

Unberührt bleibt davon das Recht, sich über den persönlichen Fall hinaus mit dem zu beschäftigen, was hier alles zugleich in die öffentliche Szene tritt. Und das auch auf die Gefahr hin, es dieser oder jener Partei nicht recht genug getan zu haben und dann — je nachdem — tituliert zu werden. Aber die Wahrheit ist schon öfter im Gedränge umgekommen, nur ersteht sie immer wieder auf, und wäre es über Leichenfeldern. Denn sie stirbt nicht. Keiner kann sich vor ihr davonstehlen, keiner entrinnt ihr, sie holt uns alle ein.

Und die Wahrheit ist, daß ein Geruch über dem Land liegt, den der Kundige spürt, der Geruch der unbeerdigten Opfer aus Bürgerkriegen und Judenmorden. Wir haben uns die moralische Entsühnung zu leicht gemacht, wir haben nicht nur die Geschichte, wie es zum Anschluß kam und wie es bei ihm war, verdrängt, wir haben erst recht verdrängt, was mit unseren jüdischen Mitbürgern geschah und wie sich jeder einzelne dabei verhalten hat.

Aber ist es nicht Weisheit, es mit der Wahrheit nicht so genau zu nehmen? Damit verfehlt man die sittliche Wiedergeburt, dann vermag sich hinter glänzenden Fassaden des Wiederaufbaues auch

Verwesung zu verbergen. Der Antisemitismus wurde offiziell tabuiert, doch wie stark er immer noch unter der Oberfläche ist, weiß jedermann. Die Interessen der großen Parteien, Cliquen und Kameraderien taten das Ihre, um gnädig zuzudecken, wovon es sich seelisch und geistig zu befreien galt. Nun, zwanzig Jahre später, zeigt sich immer mehr, daß auch die Hochkonjunktur diese moralische Sanierung nicht ersetzen konnte. Man hat es, materialistisch, anders geglaubt.

Drohungen, Demonstrationen, persönliche Attacken, weder der Ruf nach Polizei noch der Versuch zur Verfemung helfen da weiter. Denn wenn ich der Wahrheit in diesem oder jenem Punkt auszuweichen suche, bin ich ihr überhaupt ausgewichen. Es wird dann alles eine Frage der Opportunität, eine Frage, wer mehr Macht hat. Und da das sittliche Beispiel den jungen Menschen fehlt; und weil sie nicht mehr wissen, was geschehen ist; und weil sie sehen, wie in dieser Welt mit der Qual und dem Tod von Millionen Politik gemacht wird, findet jener um so rascher Zulauf, der den Eindruck macht, gegen diese Welt des Offiziellen zu stehen. Kommt noch hinzu, daß man versucht, parteipolitisch einen Sündenbock aufzurechnen, so werden erst recht jene bestärkt, die in ihren vier Wänden, am Stammtisch wie im Büro oder in der Fabrik, es doch, »unter uns gesagt«, viel besser wissen.

Und es ist auch nicht so, daß Kain nur rechts steht und Abel immer Linker ist. Oder umgekehrt. Das Amalgamdenken, bei dem die da und dort noch vorhandene Empfindlichkeit gegenüber Rassenhaß mit tagespolitischen Streitfragen bewußt oder unbewußt vermischt wird, besorgt so faktisch das Geschäft jenes Antisemitismus, den es zu überwinden gilt, der wie jede Lüge und jeder Haß den Menschen verdirbt. Aber wem sagt man das? Die Kassandra hat gut reden.

Der jüngste Fall erinnert nur daran, daß wir uns die moralische Sanierung schuldig geblieben sind, daß sie sich nicht in parteipolitischer Konkurrenz, sondern nur in gemeinsamer Anstrengung gelingen kann, und daß eben eine solche Anstrengung auch für die politische Zusammenarbeit ihre Früchte tragen mag. Denn nicht mit Leitartikeln, nicht mit Paragraphen, mit Resolutionen oder Ohrfeigen ist die Jugend vor dem zurückgebliebenen Gift zu bewahren, sondern nur durch das, was jene Generation, die alles das — leidend, schuldig oder sich die Hände in Unschuld waschend — erlebt hat, an sittlicher Überzeugung der Jugend glaubwürdig macht. Den Mordgeist, das Blut Abels, zu entsühnen, ist unsere Aufgabe. Es wäre der größte Dienst an diesem Staat.

Otto Schulmeister

Proteste und Beifall um den Wiener Professor Borodajkewycz

Wolfram Köhler, der Wiener Korrespondent des Blattes, berichtet über den Fall Professor Borodajkewycz und bemerkt: »Was das Schlimmste ist: Dieser Mann hat nicht nur Gegner, sondern auch eine beträchtliche Gefolgschaft. Einige hunderte Studenten haben den Professor in den letzten Tagen mit frenetischem Beifall und Heilrufen begrüßt.« Köhler berichtet sodann aus dem Leben des Hochschulprofessors und bemerkt unter anderem, daß Borodajkewycz nach wie vor großdeutschen und antisemitischen Thesen huldige, sei in Wien eigentlich längst bekannt gewesen. Man habe aber alle guten Geister verdrängt und Angriffe gegen ihn als sozialistische Hetze abgetan. »Es hieß«, so schreibt Köhler, »er habe genügend Protektion.« Köhler verweist darauf, daß der Professor gegen zwei österreichische Zeitungen, die den Vorfall glossierten, auf dem Gerichtswege vorgegangen sei. Abschließend schreibt Köhler hiezu folgendes:

»Unterrichtsminister Piffl-Perčevic, der sich bisher im Fall Borodajkewycz so merkwürdig zögernd verhielt, wurde mit Protesttelegrammen aus allen weltanschaulichen Lagern Österreichs eingedeckt. Er bequemte sich inzwischen dazu, ein Disziplinarverfahren einleiten zu lassen. Auch der Staatsanwalt hat mit Ermittlungen begonnen. Merkwürdig zurückhaltend verhalten sich auch die Professorenkollegen der Hochschule, wo doch eine sofortige klare Distanzierung notwendig gewesen wäre.

In den letzten Tagen waren die Vorlesungen Borodajkewycz' so stark frequentiert, daß sie in einen größeren Hörsaal verlegt werden mußten. Der Professor wird stets mit demonstrativem Beifall begrüßt. Einen Studenten, der ihn vor einer Vorlesung zur Rede stellen wollte, warf er hinaus und ließ ihn abführen.

Die Studenten, die dagegen mit Schildern behängt vor der Hochschule gegen Borodajkewycz protestierten, blieben in der Minderheit. Die Saat des Professors ist offenbar aufgegangen. Noch erschreckender ist der Beifall der Studenten für diesen Mann, entsetzlich ihr Hohngelächter, wenn jüdische Namen fallen.

Wenn sich die Hochschulen und die österreichische Regierung nicht schnell von Borodajkewycz distanzieren, wird das Ansehen Österreichs schwersten Schaden nehmen. In dieser Woche wird es sich zeigen.«

Tagesanzeiger, Zürich, 30. März 1965

Hochschulskandal um Nazi-Professor

»Die an politischen Skandalen wahrhaft nicht arme Nachkriegs-
geschichte Österreichs ist um einen Fall bereichert worden, den
man unglaublich nennen könnte, wüßte man es nicht besser und
hätten nicht die Demonstrationen der Hochschüler in den Straßen
der Innenstadt ein Ende dieser Affäre gefordert«, so schreibt
Roland Nitsche in einem Artikel unter obigem Titel. Unter anderem bemerkt der Wiener Korrespondent folgendes:

»Gegen Borodajkewycz haben jetzt der Verband sozialistischer und der Verband katholischer Hochschüler, der Wiener Gemeinderat und der Gewerkschaftsbund, Betriebsbelegschaften
und die Widerstandskämpfer protestiert. Die Staatsanwaltschaft
und Disziplinarbehörden haben Untersuchungen eingeleitet. Der
Herr Professor sieht ihnen mit jener Ruhe entgegen, die ihm das
Vertrauen auf die ungenügende österreichische Gesetzgebung gibt.

Tatsächlich stellt kein Paragraph die Bezeichnung Marx' als
Jude unter Strafe, und der Professor erklärt: ›Ich bin auch nicht
beleidigt, wenn man mich einen Slawen nennt.‹ Auch die Verächtlichmachung der österreichischen Nation ist nicht strafbar, und
die Heilrufe seiner Hörer gelten offenbar nicht als nazistisch,
weil dem Heil kein Führername hinzugefügt wurde.«

Prawda, Moskau, 30. März 1965

Braune Schatten

Der »Prawda«-Korrespondent, Menschikow, beginnt seinen Artikel über den Fall Borodajkewycz mit einem Einleitungssatz aus
dem »Neuen Österreich«, in dem von den »braunen Schatten«, die
sich auf Schulen und Universitäten legen, die Rede ist.

Weiters heißt es dann: »Bei dem jüngsten Vorfall handelt es
sich um ein provokatorisches Auftreten einer der führenden Lehr-
personen der Wiener Hochschule für Welthandel, Borodajkewycz.
Seine Vorlesungen las der ehemalige Nazi im Professorenhabit in
faschistischem Geist und bereicherte sie noch durch ausfallende
Bemerkungen gegen die österreichische Nation. Eine derartige
neonazistische Propaganda hat in der Presse, bei der Gewerkschaft

und anderen demokratischen Organisationen ein stürmisches Echo
ausgelöst ...

Im Wiener Landtag fanden heftige Debatten statt. Über Antrag des kommunistischen Stadtrates Lauscher wurde eine Resolution angenommen, die eine endgültige Ausrottung des Nazismus,
Pangermanismus und antisemitischer Propaganda an den Wiener
Hochschulen fordert.«

Arbeiter-Zeitung, Wien, 31. März 1965

Der Professor und die Freiheit

Noch selten zuvor ist eine schon seit längerem angesetzte Na-
tionalratsdebatte durch nachfolgende Ereignisse so sehr in den
Brennpunkt des öffentlichen Interesses gerückt, wie es das österreichische Parlament heute erleben wird. Auf der Tagesordnung
steht das Gesetz, das unter anderem bestimmt, daß Nazi- und
Kriegsverbrechen weiterhin unverjährbar bleiben sollen. Die
Entwicklung der letzten Tage hat uns erneut bewiesen, wie notwendig ein solches Gesetz ist. Die Schande von Montag, daß Nazi-
studenten es wieder wagen, mit Schlachtrufen »Juden 'raus«
durch die Innenstadt zu ziehen, Schlägereien auf dem Ballhaus-
platz zu provozieren und das Singen der Bundeshymne mit Gejohle zu stören, soll nicht dadurch fortgesetzt werden, daß sich zu
ihrem fragwürdigen Ideal auf akademischem Boden noch jene
Praktiker gesellen, die nach Verjährung ihrer Verbrechen sich
in diesem Kreis noch der Heldentat der Massenmorde rühmen.

In den nächsten Wochen und Monaten wird Österreich mit großen Feiern den zwanzigsten Geburtstag dieser Republik begehen.
Wir wollen die heutige Parlamentsdebatte in organischem Zusammenhang mit diesen Feiern sehen: als ein an diesem Meilen-
stein und in dieser Situation notwendiges Österreich-Bekenntnis
der Mehrheit des Volkes und seiner Vertreter.

Dr. Taras Borodajkewycz mit seinen Äußerungen steht aber
auch im Zusammenhang mit den anderen großen Jubiläen, die in
diesem Jahr das Bild Wiens beherrschen werden. Es ist die Stellung des Professors zu und in den österreichischen Hochschulen,
deren zwei bedeutendste heuer ihren 600. und 150. Geburtstag
feiern. Durch Taras Borodajkewycz ist die chronische schwere
Krankheit unserer Hochschulen erneut und heftiger als bisher

zum Ausbruch gekommen, und es wäre zu hoffen, daß auch diese Seite des Falles bei der heutigen Parlamentsdebatte gebührend beleuchtet würde; zeigt doch die Erkenntnis, die aus dem Zusammentreffen des Falles Borodajkewycz mit den anderen erwähnten Ereignissen zu ziehen ist, deutlicher als jede theoretische Erörterung, wie sehr die Zukunft des Staates von der Zukunft unserer Hochschulen abhängt: Sollen die von Borodajkewycz irregeführten jungen Studenten die Wirtschaftsmanager, Politiker und Beamten unseres Staates von morgen sein?

Wir haben an dieser Stelle wiederholt die Forderung nach Lehr- und Lernfreiheit an unseren Hochschulen erhoben; und wir bestehen auf dieser Forderung auch, nachdem das bißchen Lehrfreiheit, das wir heute haben, von einem Hochschullehrer derart mißbraucht worden ist. Die Qualifikation eines Hochschullehrers soll nicht von seiner politischen Einstellung abhängig gemacht werden: auch daran soll wegen des Falles Borodajkewycz nichts geändert werden. Im Gegenteil: was nottut, ist, daß diese Forderungen nun endlich vollkommen und für alle in gleichem Maß verwirklicht werden.

Denn daß Borodajkewycz eine andere politische Anschauung als die Mehrheit der Österreicher hat, das allein ist es nicht, was den Kern der Hochschulmisere ausmacht — wenngleich ein Mann, gegen dessen Äußerungen der Staatsanwalt einschreitet, auch die großzügigsten Grenzen der Lehrfreiheit überschritten haben dürfte. Das noch weit größere Übel als das Vorhandensein eines Borodajkewycz' ist, daß an den Hochschulen zu wenig profilierte Professoren zu finden sind, die die Jugend für Österreich und die Demokratie begeistern könnten: So war es Borodajkewycz nicht schwer gemacht, tatsächlich einen Teil der jungen Menschen in die Irre zu führen.

Wir wissen auch um die Ursachen dieses Mangels: Es waren nicht immer die profiliertesten Personen, die als Lehrkräfte an den Hochschulen die mehrmaligen Säuberungen der Vergangenheit überdauert haben. Aber in diese Hände war unter dem Titel der Hochschulautonomie die Auswahl der Kandidaten für neue Professorenstellen gelegt; die Mittelmäßigkeit sorgte dafür, daß sie nicht durch bessere Persönlichkeiten und größere Geister überrollt würde. Unter der speziell von der ÖVP-Unterrichtsverwaltung gegen die sozialistischen Forderungen vorgebrachten These, man dürfe die Hochschulen nicht verpolitisieren, hat sich der fruchtbarste Boden für die negativsten Auswüchse der Politik gefunden, ohne daß dies zur Verbesserung des wissenschaftlichen Niveaus auch nur etwas beigetragen hätte.

Wenn uns deshalb in der Diskussion, was aus Österreich, was

aus unseren Hochschulen nach den großen Jubiläumsfeiern werden soll, der Fall Borodajkewycz eine Lehre geben kann, dann die, daß es höchste Zeit ist, am Lehrpersonal unserer Hochschulen eine radikale Blutauffrischung vorzunehmen und dafür zu sorgen, daß die Hochschulen selbst nicht mehr länger jungen fähigen Wissenschaftern und ebenso begeisterten Demokraten die Tür vor der Nase zuschlagen können. Wir werden nie eine Garantie finden können, daß nicht da und dort immer wieder ein Borodajkewycz aus dem Verborgenen tritt, aber wir können seine Wirkung verhindern, indem wir geistige Gegensätze ermöglichen und unseren Studenten damit die Möglichkeit echter demokratischer Meinungsbildung geben. Wer es geschehen läßt, daß die Wurzeln des Unkrauts an unseren Hochschulen weiterwuchern, indem er eine Hochschulreform in diesem Sinne vereitelt, wer nur nachträglich auf den Staatsanwalt hofft, der wird die verlorene Jugend und künftige Akademikergeneration weiter verstoßen, anstatt sie wiederzugewinnen. Er macht sich an der Gefährdung unserer Zukunft mitschuldig.

Helmut Pfitzner

Der Illegale, der nichts dazugelernt hat

Professor Borodajkewycz hat nicht nur eine Nazivergangenheit, sondern betätigt sich auch heute als Rechtsextremist

Heute Mittwoch wird sich das Parlament mit der Person des Professors Dr. Taras Borodajkewycz befassen, jener Figur, die nicht nur Anlaß zur Beschlagnahme einiger Zeitungen und zu hitzigen Debatten bot, sondern die auch in Einmütigkeit Sozialisten, CVer, Protestanten und Katholiken zu antifaschistischen und proösterreichischen Kundgebungen vereinte. Daß es, wenn Borodajkewycz nicht von seinem Posten abberufen wird, nicht die letzten Protestaktionen gegen ihn waren, haben die Demonstranten mit Nachdruck zu verstehen gegeben.

Großdeutscher Ukrainer

Taras Borodajkewycz wurde am 1. Oktober 1902 in der Ukraine geboren. Er wuchs in Baden bei Wien auf, wo er das Gymnasium besuchte. Von Haus aus war er, wie es in Österreich heißt, erzkatholisch und studierte nach der Matura Theologie. Nach einiger Zeit sattelte er jedoch auf Geschichte um und wurde nach seiner

Promotion Assistent des großdeutschen Historikers Srbik. Schon in seiner Stundentenzeit kam er zum katholischen CV, im Jahre 1933 wurde er Sekretär des Katholikentages, den er in dieser Funktion organisierte. Für seine diesbezüglichen Verdienste erhielt er kurz darauf den päpstlichen Orden »pro ecclesia et pontifice«. (Für Kirche und Papst.)

Der illegale Papstordensträger

Der solcherart Ausgezeichnete trat dessenungeachtet kurz darauf, nämlich im Jänner 1934, der illegalen NSDAP, Ortsgruppe Schottenfeld, bei. Seine Mitgliedsnummer lautete 6,124.741. Borodajkewycz bestreitet das auch gar nicht, sondern stellt auf seiner sogenannten Pressekonferenz — sozialistische Journalisten waren nicht eingeladen — am 23. März 1965 überdies fest, daß er freiwillig der NSDAP beigetreten sei, was ihm, wie die amtliche »Wiener Zeitung« vermerkt, »im Auditorium Applaus einbrachte«.

Das Jahr 1935 bringt dem frischgebackenen Illegalen bereits die ersten Früchte: Am 1. Februar 1935 wird er aktiver Mitarbeiter des NS-Nachrichtendienstes, dem er bis zum 13. März 1938 angehört. Seine Mitgliedschaft beim CV behält er als guter Katholik natürlich bei. (Der CV schloß ihn erst 1945 aus.)

SA-Hauptquartier in der Wohnung

In der von Borodajkewycz inkriminierten Anfrage der sozialistischen Abgeordneten Mark, Dr. Stella Klein-Löw und Genossen an den Unterrichtsminister vom 20. Jänner 1965 heißt es: »In einem von ihm (Borodajkewycz, Red.) eigenhändig unterfertigten Fragebogen vom 12. Juni 1938 weist er auf seine ununterbrochene Beitragszahlung seit Jänner 1934 hin sowie darauf, daß er seine Privatwohnung der Stabsführung der SA für Sitzungen zur Verfügung gestellt hat, daß er Gutachten für die illegale Landesleitung erstattete, Organisationspläne der SA verwahrte, seine Wohnung Absteigquartier für die PGs aus dem Altreich gewesen ist und er Arbeiten für das Kulturreferat der SA machte. Dann heißt es im Fragebogen: »Meine wissenschaftlichen Arbeiten und Vorträge dienten der Idee des Nationalsozialismus und wurden deshalb in der Systempresse, sogar in französischen Zeitschriften, heftig angegriffen.«

Blockwart und Nazi-Professor

Im Jahre 1936 wird der CV-Katholik-Illegale Blockwart, welche Funktion er bis zum Jahre 1938 bekleidete. Aus einem Akt des Strafbezirksgerichtes Wien (Zahl 3 U 545/63) geht hervor, daß er auch Mitarbeiter des SS-Nachrichtendienstes war und für den Sicherheitsdienst (SD) arbeitete. Auch Schulungsleiter war er. 1938 wurde er Professor in Prag.

Borodajkewycz bestreitet heute allerdings, Mitarbeiter des SS-Nachrichtendienstes gewesen zu sein. Im Jahre 1945 wurde er von den österreichischen Behörden als »Belasteter« eingestuft, nicht etwa als »Minderbelasteter«, wie er laut »Wiener Zeitung« in seiner Pressekonferenz behauptete.

Am 5. September 1947 erhebt Borodajkewycz gegen diese seine Registrierung als Belasteter brieflich Einspruch. Darin behauptet er, bereits vor dem Jahre 1945 aus der NSDAP ausgeschlossen worden zu sein. Was die Bestätigung über seine Tätigkeit für den SS-Nachrichtendienst betreffe, so habe es sich lediglich um eine Gefälligkeitsbestätigung des damaligen SS-Hauptsturmführers Dr. Wilhelm Höttl gehandelt, die ihm dieser ausgestellt habe, um sein berufliches Fortkommen zu fördern, obwohl er in Wahrheit nicht Mitglied der SS gewesen sei.

Nicht ausgeschlossen, nur verwarnt

Tatsächlich mußte Borodajkewycz am 7. Juni 1943 vor einem Parteigericht der NSDAP verantworten, weil er in einer Äußerung bezweifelt hatte, daß der Krieg noch zu gewinnen sei. Das Parteigericht erkannte wirklich auf Ausschluß Borodajkewycz' aus der NSDAP, was Borodajkewycz heute zum Beweis dafür anführt, daß er sich bereits während des Krieges geistig und politisch vom Nationalsozialismus gelöst habe.

Was Borodajkewycz aber verschweigt ist, daß er gegen dieses Urteil des Parteigerichtes Berufung eingelegt hat und es tatsächlich erreichte, daß eine übergeordnete Instanz das Urteil des Parteigerichtes vom 7. Juni 1943 am 7. Oktober 1943 aufhob. Der Ausschluß aus der NSDAP wurde in eine Verwarnung umgewandelt. Da Borodajkewycz sofort gegen das erste Urteil berief, war also sein Ausschluß aus der NSDAP nie rechtswirksam, wenngleich er in seinem Einspruch gegen die Registrierung als Belasteter »eidesstattlich« erklärte, nicht bis April 1945 NSDAP-Mitglied gewesen zu sein ...

Gestern Dienstag, einen Tag vor der heutigen Parlamentsdebatte, ließ Borodajkewycz allen sozialistischen Abgeordneten ein eigenhändig unterfertigtes Schreiben zustellen, in dem er den sozialistischen Abgeordneten Mark und Dr. Stella Klein-Löw vorwirft, den Boden des Rechtsstaates verlassen zu haben, nämlich im Hinblick auf die Art und Weise, wie sie sich des erwähnten Gerichtsverfahrens bedienten; es sei ungeheuerlich, daß sich »österreichische Abgeordnete im Schutze der parlamentarischen Immunität zur Verbreitung von Lügen und Verleumdungen entwürdigen!«

Und da zitiert Borodajkewycz eben jenen Borodajkewycz, der da sagt, er sei am 7. Juni 1943 aus politischen Gründen aus der NSDAP ausgeschlossen worden, der aber verschweigt, daß Borodajkewycz dagegen berief. Aber immerhin kann er nicht umhin, den folgenden Satz zu sagen: »Ich bin nicht so feige und charakterlos, meine Vergangenheit abzuleugnen, sondern habe sie längst bewältigt!«

»Würdeloses« Jahr 1945

Wie er die Vergangenheit bewältigt hat, beweist eine Stelle aus einem Artikel in der Zeitschrift »Die Aktion« vom August 1956, die in der Anfrage der sozialistischen Abgeordneten zitiert wird. Da heißt es: »Zu den unerfreulichen Überresten des an Gesinnungs- und Würdelosigkeit reichen Jahres 1945 gehört das Geflunker von der ›österreichischen‹ Nation. Es entstammt derselben moralischen und geistigen Haltung, die die Besatzungsmächte als Befreier feierte und die dauernde Erinnerung an ihr für unser Land so segensreiches Erscheinen in der Umbenennung der Straßen und Plätze festhalten wollte, der Haltung, die den bisherigen Ehrenkodex der Menschheit umstülpte und Feigheit, Fahnenflucht und Verrat als die wahren Tugenden des österreichischen Mannes pries...«

Dieser Professor hat seine Vergangenheit bewältigt? Kann er etwa als Beweis dafür auch jene Stelle seiner Pressekonferenz zitieren, wo er den Namen des AZ-Rechtsanwaltes Dr. Rosenzweig nannte, worauf das Auditorium schallend lachte, desgleichen bei der Nennung des »Juden Kelsen«, des Schöpfers der österreichischen Verfassung? Will er etwa auch seine Prüfungen zum Beweis anführen, in denen er stereotyp die Frage nach der Nationalität von Karl Marx stellt? (Die nach Borodajkewycz richtige Antwort hat nicht zu lauten: »Deutscher«, sondern »Marx war Jude«.)

Der Pakt von Oberweis

Warum die Zeitungen der ÖVP über den Fall Borodajkewycz nur wenig und an versteckter Stelle berichten, erklärt Borodajkewycz indirekt in dem Schreiben an die SPÖ-Abgeordneten: »... 1949 nahm ich, einer Einladung der ÖVP folgend, in Oberweis an einer Besprechung ehemaliger Nationalsozialisten mit Politikern der ÖVP (Julius Raab, Dr. Alfred Maleta, Theodor Hornbostel etc.) teil. Ich habe seither aus meiner Sympathie für die ÖVP, der ich auch als gläubiger Katholik und päpstlicher Ordensträger verbunden bin, kein Hehl gemacht, wie etwa die Nationalräte Dr. Gorbach, Dr. Maleta, Leopold Weinmayer, Vizebürgermeister Dr. Drimmel, die Landeshauptleute Krainer und Dr. Lechner wie auch Bundeskanzler Dr. Klaus selbst bezeugen können. Sie alle kennen mich und wissen, daß ich von jedem Verdacht des Neonazismus völlig frei bin.«

Rechtsopposition gegen die FPÖ

Der Sinn der Besprechungen in Oberweis war, einen ansehnlichen Teil der »Ehemaligen«, die 1949 zum erstenmal wieder wählen durften, ins ÖVP-Lager zu ziehen. Das gelang damals nur zum geringen Teil, da die meisten Exnazi den VdU wählten. Borodajkewycz aber ist seiner Aufgabe treu geblieben, Wähler vom VdU und ihrer Nachfolgeorganisation, der FPÖ, zur ÖVP hinüberzuziehen.

Daß er dabei allerdings von rechts her gegen die FPÖ auftritt, ist das Bedenkliche. Borodajkewycz ist keineswegs nur ein harmloser, zerstreuter Professor, der so in seiner Geschichtswissenschaft aufgeht, daß er nicht weiß, was er redet. Er ist daneben ein sehr begabter Organisator der äußersten Rechten Österreichs.

Mit Timmel für Südtirol

Gemeinsam mit einem anderen Ultranationalen, dem Zahnarzt Dr. Roland Timmel, wirkt Borodajkewycz in der Österreichischen Landsmannschaft, im Freiheitlichen Akademikerverband und in der erst im vergangenen Jahr gegründeten Neuen Gemeinschaft. Die meisten dieser Organisationen haben den Charakter kämpferischer »Notringe«. Ihr Lieblingsthema war, bevor sich Borodajkewycz unglücklicherweise auf den »Juden Kelsen« konzentrierte, der sogenannte bewaffnete Befreiungskampf in Südtirol. Es ist wahrscheinlich kein Zufall, daß sowohl der Dozent Burger wie der größte Teil der studentischen Bombenwerfer der Olympia und der jetzt in München verurteilten Sprengstoffattentäter von der Hochschule für Welthandel in Wien kommen.

National-Zeitung, Basel, 31. März 1965

Schwächliche Haltung der Wiener Regierung

Daß in Österreich noch erhebliche Reste jenes Rassenfanatismus übrig sind, aus denen sich einst der Österreicher Adolf Hitler seine kärgliche geistige Nahrung holte, ist in den letzten Jahren wieder deutlicher geworden.

Eine gewisse Mitschuld daran tragen zweifellos die beiden großen österreichischen Regierungsparteien, die zwar beide solchen Ideen fernstehen, aber ihre kritische Einstellung dazu mit Rücksicht auf die Umwerbung der Stimmen früherer Nationalsozialisten nicht immer klar genug zur Anwendung brachten. Gegen Kriegsverbrecher aus der Zeit des Dritten Reiches, die in Österreich leben, sind allerdings in letzter Zeit wieder Strafverfolgungen in Gang gebracht worden, die auch zu einer Reihe von langjährigen Freiheitsstrafen führten. Die eigentliche Brutstätte der Rassenhetze aber, die an den Hochschulen lokalisiert war, ist offenbar noch nicht ausgekehrt worden.

Nur so ist es zu erklären, daß ein unverhohlener Antisemit übelsten Schlages, der Wirtschaftshistoriker Taras Borodajkewycz an der Wiener Welthandelsakademie nach wie vor sein Unwesen treibt, und zwar nicht nur als akademischer Lehrer, sondern auch als politischer Agitator. Erst einige skandalöse Zwischenfälle vermochten endlich die Aufmerksamkeit der zuständigen Aufsichtsbehörden auf sein Auftreten zu lenken.

Der Professor, der darauf hinweisen kann, daß er auch zur Zeit des Hitler-Regimes einige Schwierigkeiten hatte — aber gewiß nicht wegen seiner Gesinnung —, ergeht sich in seinen Vorlesungen und öffentlichen Kundgebungen nicht nur in antisemitischen Pöbeleien, sondern er wendet sich auch offen gegen den Bestand des österreichischen Staates und versucht von neuem, den Gedanken eines Anschlusses an ein künftiges Großdeutschland zu predigen. Der österreichische Unterrichtsminister Piffl-Perčevic hat ihm zwar öffentlich seine Mißbilligung solcher Äußerungen ausgesprochen. Auch gab es in der letzten Woche mehrfach Gegenkundgebungen sozialistischer und katholischer Studenten, die indes nur zu Schlägereien mit den deutschnationalen Anhängern des Agitators führten. Im Parlament ist eine Debatte über den Skandal angekündigt worden, der immer noch andauert.

Die Tat, Zürich, 31. März 1965

Die unbewältigte Vergangenheit Österreichs

In einem Artikel aus der Feder von Paul Lendvai unter obigem Titel heißt es:»Einige Wochen vor den großen Staatsfeiern fanden hier die leidenschaftlichsten politischen Demonstrationen der Nachkriegszeit im Zusammenhang mit dem Skandal um den antisemitischen und großdeutschen Propagandisten des nationalsozialistischen ›Gedankengutes‹, den berüchtigten Professor Borodajkewycz, statt. Alles, was sich bisher um den Fall, dieses zur Stunde noch immer ordentlichen Professor der Wiener Hochschule für Welthandel abgespielt hat, wirft die Frage auf: Wie lange kann die Zweite Republik mit einer unbewältigten Vergangenheit leben, die, wie es der Leitartikel des ›Neuen Österreichs‹ treffend formulierte, ›sich vielmehr unverfroren anschickt, unsere Gegenwart zu überwältigen?‹

Was wollen eigentlich die zwei großen Parteien, die die Geschicke dieses Landes seit zwanzig Jahren verwalten, feiern?

Den Triumph der Konsumgesellschaft und des Wohlfahrtsstaates, die Stabilität des Koalitionssystems und die erfolgreichen Bewährungsproben des neutralen und unabhängigen Österreichs? Dies können sie aber zweifellos mit Recht tun. Aber es ziehen drohende braune Schatten über das ›von Gleichgültigkeit und Annehmlichkeit betäubte‹ öffentliche Leben, über die das 600jährige Jubiläum feiernden hohen Schulen des Landes, über weite Bereiche der öffentlichen Meinung herauf. Das hektische Werben um die 600.000 ›Ehemaligen‹ seit 1949, wobei die beiden Großparteien mit der kleinen FPÖ, die Partei der Deutschnationalen und ›Ehemaligen‹ erfolgreich aber auch bedenkenlos um die Gunst der ›Kameraden‹ wetteiferten hat das politische Gleichgewicht gefestigt. Aber um welchen Preis? — Nazi aller Grade wurden entnazifiziert, durften das Volk, das sie meinten, im Nationalrat vertreten, durften Lehrstühle besetzen und die Jugend verderben. Hauptsache, sie wählten — vielleicht, wer weiß — eine Regierungspartei.

Es geht um eine Justiz in der heute noch auf hohen Posten Anwälte jenes NS-Sondergerichts sitzen, das vor zwanzig Jahren Bluturteile fällte. Es geht um Professoren, die sich auf eine auch uns heilige Autonomie der Hochschulen berufen, aber keinen Finger rühren, um diese Hochschulen vom Ungeist eines Taras Borodajkewycz reinzuhalten. Es geht um die Jugend.

Wenn man aber wähnt, daß der zitierte Leitartikel dieser unabhängigen Zeitung etwa die einheitliche Meinung der österreichischen Presse, der Faktoren der Meinungsbildung und gar der politischen Führungsgremien repräsentiere, irrt man sich gewaltig. Außer diesem konsequent antifaschistischen Blatt und der kommunistischen ›Volksstimme‹ findet der Beobachter keine einzige österreichische Zeitung, einschließlich der sozialistischen ›Arbeiter-Zeitung‹, die den politischen Mut und die moralische Kraft hätte, über den konkreten Fall hinaus die Wurzeln und Tragweite der letzten Ereignisse schonungslos aufzudecken.

Gewiß, die sozialistischen Abgeordneten haben bereits am 20. Jänner eine Anfrage im Parlament eingebracht, um den ehemaligen Nazi Borodajkewycz, der während der letzten fünfzehn Jahre in einer Vielzahl von Artikeln, Vorlesungen und Äußerungen den Antisemitismus schürte, den Begriff der österreichischen Nation als ›Geflunker‹ abtut, durch eine Disziplinaruntersuchung von der weiteren Lehrtätigkeit zu suspendieren.

Aber waren es nicht seit Kriegsende die sozialistischen Justizminister, die eine Lage geschaffen haben, in der mit Hilfe veralteter und unzulänglicher Gesetze Zeitungen, die gegen zwielichtige Personen vom Schlage Borodajkewycz schreiben, beschlagnahmt werden können, während man sich unverschämt und provokatorisch als Nazi gebärden darf. Sozialistische und katholische Studenten, junge Gewerkschaftler und Widerstandskämpfer haben in der Wiener Innenstadt eine machtvolle Demonstration veranstaltet. Einige hundert Studenten demonstrierten aber für den Hochschulprofessor Borodajkewycz und gerieten mit den antifaschistischen Demonstranten ins Handgemenge ...

Es geht nicht um den Professor und den kleinen Prozentsatz der inskribierten Studenten der Hochschule für Welthandel. Ich habe die Möglichkeit gehabt, während der Demonstration die Reaktion der Passanten, Taxichauffeure und Geschäftsleute zu registrieren. Nur sehr wenige von den zwei Dutzend Menschen, mit denen ich sprach, haben leidenschaftlich oder überzeugt gegen Borodajkewycz Stellung genommen. Die meisten waren irritiert nur durch die Behinderung des Spitzenverkehrs und ihre Bemerkungen spiegelten nicht den Ton der vielen Protesttelegramme von verschiedenen Organisationen, sondern eher Gleichgültigkeit und eine leichte Sympathie für den Mann, der wegen seiner ›Meinungsäußerungen‹ nun so scharf angeprangert wird.

Die Affäre geht weiter. Nach monatelangem Warten ist endlich die Disziplinaruntersuchung im Gange und das Professorenkollegium der Hochschule, das sich während einer ganzen Woche zu keiner eindeutigen Distanzierung von seinem Mitglied aufraffen konnte, befaßt sich endlich mit der Angelegenheit. Wer wird sich aber mit den Versäumnissen der zwei letzten Jahrzehnte, der nun so offenkundig gewordenen unbewältigten Vergangenheit dieses Landes und den verheerenden Folgen des politischen Opportunismus der staatstragenden Parteien kritisch auseinanderzusetzen? Wieder nur einige mutige katholische und kommunistische, sozialistische und bürgerliche Journalisten in den Spalten von Monatszeitschriften? Vielleicht werden die in Kürze zu haltenden großen Jubiläumsreden der Regierungsmitglieder und führenden demokratischen Parteien auf die bangen Fragen vieler aufrichtiger österreichischer Patrioten und Demokraten eine eindeutige Antwort geben.«

Die Tat, Zürich, 1. April 1965

Traurige Bilanz für Österreich

Die wildesten Straßendemonstrationen in der österreichischen Hauptstadt seit dem Oktober-Streik von 1950, als die Kommunisten einen Putsch inszenieren wollten, waren hauptsächlich die Folge der Untätigkeit des Unterrichtsministers, der trotz der antisemitischen und die österreichische Nation verunglimpfenden Erklärungen von Borodajkewycz, den Professor weder suspendiert, ja nicht einmal außer Dienst stellte, noch sich von ihm eindeutig distanziert hat.

Es muß offen gesagt werden, daß die Versuche, eine antifaschistische und unparteiische Demonstration nur auf das Konto jener kommunistischen Partei zuzuschreiben, die in Österreich von Jahr zu Jahr weniger Stimmen bekommt und im Parlament nicht einmal vertreten ist, eine billige und der größten bürgerlichen Partei, die diesem Land hervorragende Staatsmänner schenkte, unwürdige Methode ist. Daß Kommunisten auch dabei waren, steht außer Zweifel.

Dies ändert aber nichts an der Tatsache, daß die gestrigen Demonstrationen ein Zeugnis dafür waren, daß es auch nach zwanzig Jahren in diesem Land noch aufrechte Demokraten und Antifaschisten gibt. Man sucht vergeblich eine Erklärung vom Bundeskanzler, von den Führern der ÖVP, die ja mit Recht darauf hinweisen können, daß die Sozialisten, die nun tatsächlich gegen neofaschistische Ausschreitungen auftreten, noch vor einem Jahr mit der Partei der »Ehemaligen«, FPÖ, bereit waren, eine »kleine Koalition« zu bilden...

Man dürfte in der Annahme kaum fehlgehen, daß in der Bundesrepublik, in der Professoren wegen viel harmloseren Äußerungen wie jene, die Prof. Borodajkewycz gemacht hat, und die sich im Gegensatz zu den österreichischen Kollegen von ihrer braunen Vergangenheit distanziert haben, suspendiert werden, solche Parolen, wie sie gestern auf den Straßen der Wiener Innenstadt erklangen »Weg mit der Judenpresse«, »Hoch Auschwitz« — nicht vorkommen könnten.

Vielleicht täte es gut, wenn hierzulande die deutsche Gründlichkeit nicht nur im bösen, sondern auch im guten, d. h. in der Auseinandersetzung mit der braunen Vergangenheit als Beispiel aufgefaßt werden würde. Die bisherige Bilanz deutet leider nicht darauf hin, daß diese Hoffnung bereits berechtigt ist.

Arbeiter-Zeitung, Wien, 1. April 1965

Piffl: »Ich würde Borodajkewycz nicht suspendieren, auch wenn ich könnte!«

Um Hochschulprofessor Dr. Borodajkewycz kam es Mittwoch im Parlament mehrmals zu teilweise recht stürmischen Auseinandersetzungen. Den ersten heftigen Zusammenstoß gab es zwischen Unterrichtsminister Dr. Piffl und den sozialistischen Abgeordneten in der Fragestunde, als der Minister erklärte, auch wenn er das Recht hätte, Borodajkewycz zu suspendieren, würde er dies nicht tun. In der darauffolgenden Sitzung distanzierte sich jedoch der Nationalrat — nachdem die FPÖ den Saal verlassen hatte — durch die Annahme einer Entschließung einstimmig von der Aktivität Borodajkewycz'.

Der Antrag auf Aufhebung der Immunität der Abgeordneten

Dr. Stella Klein-Löw und Mark, die von Borodajkewycz wegen Ehrenbeleidigung geklagt worden sind, wurde auch mit den Stimmen der FPÖ abgelehnt.

In der Fragestunde hielt Abgeordneter Dr. Neugebauer dem Unterrichtsminister eine Reihe von Rechtsgutachten vor, die ergeben haben, daß dem Unterrichtsminister die vorläufige Suspendierung eines Hochschullehrers möglich ist, und fragte den Minister, ob er eine solche Suspendierung veranlassen würde, wenn er dieser Rechtsmeinung beiträte. Piffl antwortete, auch wenn er dieses Recht besäße, würde er es nicht ausüben, ohne konkrete amtliche Berichte über die Vorkommnisse vorliegen zu haben, da er der Meinung sei, daß die Rechtslosigkeit, die wir im nationalsozialistischen Staat so furchtbar erleben mußten, nicht wiederholt werden darf. Doktor Neugebauer wies darauf hin, daß diese Auffassung zumindest eine lange Verzögerung in der Bereinigung des Falles Borodajkewycz zur Folge haben muß, da die Disziplinarkommission erst nach dem Abschluß der gerichtlichen Untersuchungen ihre Arbeit beginnen wird. Unter lebhaften Zwischenrufen der Sozialisten bestätigte Dr. Piffl dies mit der Erklärung, daß die Frage, was von seiten der Unterrichtsverwaltung zu geschehen hat, vom Ergebnis der Untersuchung abhängen wird ...

Helmut Pfitzner

Die Zeit, Hamburg, 2. April 1965

Skandal um einen Historiker

Unter obigem Titel und dem Untertitel »Der Wiener Professor Borodajkewycz erzeugt einen Strudel aus Protest und Beifall« verfaßte Claus Gatterer einen sehr ausführlichen Artikel, in dem er unter anderem folgendes schreibt: »Taras Borodajkewycz ist — wie ihm österreichische Gerichte bescheinigt haben — kein Neo-Nazi. Daß er Alt-Nazi gewesen ist, und zwar ein illegaler und freiwilliger, bestreitet er nicht. Im Gegenteil: Er brüstet sich damit, zu den gar nicht so wenigen und zu der sogar recht guten Gesellschaft von damals gehört zu haben.

Was dieser Historiker schreibt und lehrt, hat schon häufig unliebsames Aufsehen erregt. Solange sich indessen nur Zeitschriften und Zeitungen an den seltsamen Doktrinen Borodajkewycz' stießen, ließ sich alles entweder nach dem bewährten Rezept des ›gar nicht ignorieren‹ oder, im Fall besonders aufsässiger Schreiber, per Gericht erledigen. Oben blieb man ›Boro‹ gewogen. Zu einer Affäre kam es erst, als der Kabarettist Gerhard Bronner in seiner Fernsehsendung ›Zeitventil‹ den Professor in einem fiktiven Interview mit Originalzitaten zu Wort kommen ließ.

Der Interviewte arrangierte daraufhin auf Hochschulboden eine als ›Diskussion‹ und ›Pressekonferenz‹ angekündigte Veranstaltung: Zur ›Diskussion‹ erschienen über 150 Studenten, Anhänger des Professors, zur ›Pressekonferenz‹ einige Journalisten und ein Fernsehteam, das das Geschehen in Bild und Ton festhielt. Erst diese zweite Fernsehsendung machte die Affäre dann zum Skandal, der Gemeinderat, Minister und Staatsanwälte in Bewegung brachte. Denn was sich auf dieser Veranstaltung zutrug, hätte kein Kabarettist auf die Bühne zu bringen gewagt.«

Der Verfasser berichtet aus dem Leben des Professors, über die Protestkundgebungen und Pressekommentare. Abschließend bemerkt Gatterer folgendes: »Diese Affäre Borodajkewycz trug sich zu, als Bundeskanzler Klaus zu einem Staatsbesuch in Belgrad weilte, Unterrichtsminister Piffl-Perčevic auf einer Reise durch Polen das ehemalige KZ Auschwitz besuchte, in Graz der Prozeß gegen den Judenmörder Friedrich Lex lief, der Nationalrat jene Gesetzesnovelle vorbereitet, mit der die Verjährung für alle Kapitalverbrechen aufgehoben werden soll.

Wie aber wird die Affäre enden? Wahrscheinlich wird, da es sich um eine österreichische Affäre handelt, einfach das Gras darüber wachsen; man wird — streng rechtlich und streng wissenschaftlich gesehen — an Borodajkewycz nichts auszusetzen finden. Und man wird sich damit trösten, daß der Historiker in vier Jahren ohnehin pensioniert und daß man bei Neuberufungen vielleicht etwas vorsichtiger sein wird.«

Volksblatt, Wien, 2. April 1965

Neue Demonstration auf dem Ring

Appell der österreichischen Hochschülerschaft an die Studenten
Gestern mittag demonstrierte abermals eine Gruppe von 150 Studenten, die von der Universität über die Ringstraße und die Kärntner Straße zur Technischen Hochschule marschierten, wo sie nach 13 Uhr von der Polizei zerstreut wurden.

Die Demonstranten trugen Tafeln mit sich (Aufschrift: »Gegen die roten Demonstranten«), die von der Polizei beschlagnahmt wurden. Vor der Universität wurden Flugzettel verteilt, die das Impressum des Ringes Freiheitlicher Studenten trugen. Der Rektor der Technischen Hochschule ließ die Tore des Gebäudes sperren.

Wie die Polizei mitteilte, wurden bei den Demonstrationen vom Mittwoch zehn Personen verletzt. Die Polizei ersucht Personen, die Zeugen der Gewalttaten waren, sich beim Informationsdienst der Bundespolizeidirektion, Wien I., Parkring 8, einzufinden oder sich telephonisch dort zu melden (57 76 11, Klappe 135). Ein Zeuge hat sich bereits gemeldet. Von den übrigen Verletzten sind sechs Studenten. Nach den Demonstrationen wurde das Gerücht verbreitet, es habe ein oder zwei Tote gegeben. Die Polizei stellte dazu fest, daß es sich dabei nur um Zweckgerüchte handelte, welche die Spannung verschärfen sollten.

Ein Vertreter der sozialistischen Studenten hatte während der Demonstration erklärt: Wir sozialistischen Studenten werden ebenso wie die demokratischen Studenten (offensichtlich sind damit die kommunistischen gemeint) dafür sorgen, daß die Hochschulen von morgen anders aussehen als die Hochschulen von heute. Dazu genügt die Forderung, daß Borodajkewycz weg muß, allein nicht mehr. Die Angelegenheit der Hochschule für Welthandel ist auch nicht mehr die Sache der Hochschüler allein. (Damit sind zweifellos die Hintergründe der Kampagne gegen Borodajkewycz aufgedeckt worden. Anm. d. Red.)

Die Österreichische Hochschülerschaft forderte die Studenten gestern zu einem ruhigen Verhalten auf. Demonstrationen jedweder Art seien kein geeignetes Mittel, solange staatsanwaltschaftliche Erhebungen laufen. Die Österreichische Hochschülerschaft sei über die zum Teil schweren Zusammenstöße der Demonstranten bestürzt.

Stellungnahme des ÖCV

Die Verbandsführung des Cartellverbandes der katholischen Studentenverbindungen erinnert in einer Stellungnahme daran, daß die Besten des Verbandes durch ihr Bekenntnis zu Österreich schwere politische Verfolgungen erlitten. CVer hätten am Wiederaufbau und an der demokratischen Ordnung Österreichs in vorderster Reihe mitgearbeitet, sie fühlten sich daher berufen, jede Gefährdung der Demokratie und des Rechtsstaates durch Diskriminierungen jeder Art öffentlich abzulehnen. Der CV verurteilt jede Provokation durch neonazistische Äußerungen. Er distanziert sich von den beschämenden Vorfällen an der Welt-

handelshochschule und fordert eine rasche, eingehende Untersuchung und eine sachliche Bereinigung durch die Behörden.

Die Österreichische Widerstandsbewegung stellte fest, es sei
nur ihrem Ordnungsdienst zu verdanken, daß es nicht zu noch är-
geren Ausschreitungen gekommen sei. Das Verhalten der Polizei
gebe zu ernster Kritik Anlaß.

Der Volksbote, Innsbruck, 3. April 1965

Ein Professor auf Irrwegen

Wegbereiter des Rassenhasses
statt Führer zu Toleranz und Achtung

Professor Taras Borodajkewycz, Lehrer an der Hochschule für
Welthandel in Wien, hat in der vergangenen Woche einen Skandal ausgelöst, dessen weitreichende Folgen noch gar nicht abzusehen sind. Der für seine antijüdischen und antidemokratischen
Äußerungen bekannte Professor hatte eine »Pressekonferenz«
veranstaltet, in der er sich stolz dazu bekannte, seinerzeit freiwillig der Nazi-Partei beigetreten zu sein, in der er das österreichische Volk beleidigte und laufend antisemitische Demonstrationen unter den zuhörenden Studenten provozierte.

Gegen Doktor Borodajkewycz sind bereits von einigen sozialistischen Nationalratsabgeordneten gerichtliche Schritte eingeleitet worden. Unterrichtsminister Dr. Piffl-Perčevic hat die Provokation, die der Professor ausgelöst hat, schärfstens verurteilt. Man
wird also noch hören, wie die Gerichte befinden und die Unter-
richtsbehörden reagieren werden.

An dieser Stelle sollen jedoch einige Vorfälle rund um den Fall
Borodajkewycz untersucht werden. Als der Herr Professor in
seiner »Pressekonferenz« den Namen »Rosenzweig« nannte, johl-
ten die anwesenden Studenten auf, als Borodajkewycz am folgenden Tag die Hochschule betrat, wurde er wiederum von einer
johlenden und heil-rufenden Menge stürmisch begrüßt. Anti-De-
monstranten, die gegen die neonazistische Kundgebung protestie-
ren wollten, wurden von Polizisten angezeigt, weil sie ihre Anti-
Demonstration nicht gemeldet hatten. Haben die Neonazi ihre Demonstration angemeldet? Wenn ja: wer hat sie zugelassen — und
wenn nein: warum wurde die Demonstration nicht aufgelöst?

Zwei Zeitungen, die über die »Pressekonferenz« berichteten,

ließ der Herr Professor beschlagnahmen. Gegen die sozialistischen Abgeordneten, die in der Sache Borodajkewycz eine parlamentarische Anfrage richteten, ging er mit einer gerichtlichen Anzeige vor. So entschieden Tätlichkeiten gegenüber dem Professor, die bedauerlicherweise vorgekommen sind, zu verurteilen sind und nach dem Schutz des Staatsbürgers durch den Staat rufen, soll es wirklich möglich sein, daß ein einzelner, heute noch aus dem tausendjährigen Traum nicht aufgewachter Professor sich mit seinen Ausfällen hinter die Rechtsordnung des Staates verstecken kann?

Und wie konnte der Lehrkörper an der Hochschule für Welthandel vor einigen Jahren sich entrüstet zur Wehr setzen, als eine Studentin das ehrwürdige Institut scherzhaft »Greißlerakademie« nannte und gegen die Studentin mit schärfsten Sanktionen vorgehen, wenn er es heute zuläßt, daß Professor Borodajkewycz seine Stellung dazu benützt, antisemitisches und antiösterreichisches Gedankengut unter den Hochschülern zu verbreiten?

Den Herrn Professor als eine »Gefahr« zu bezeichnen, wäre allerdings zuviel der Ehre. Gefährlich wäre aber, wenn gegenüber einem solchen Einzelgänger auf akademischem Boden seitens der offiziellen bzw. offiziösen Stellen nicht die fälligen Konsequenzen gezogen würden.

W.

Die Furche, Wien, 3. April 1965

Die Bombe im Hörsaal

In der vergangenen Woche wurde auf der Hochschule für Welthandel in Wien zweimal Bombenalarm gegeben. Die daraufhin sofort durchgeführten Untersuchungen ergaben, daß es sich in beiden Fällen um eine Mystifikation gehandelt hatte. Dabei befindet sich in der Hochschule für Welthandel in der Tat seit Jahren ein Zeitzünder. Ihn brauchte man freilich nicht im Keller suchen. Man mußte nur die Tür zu jenem Hörsaal öffnen, in dem Professor Taras Borodajkewycz gerade seine Vorlesung hielt.

In der vergangenen Woche aber überschritt der Professor mit dem slawischen Namen und dem teutonischen Herzen die an sich weitgespannten Grenzen der Duldsamkeit unserer Demokratie. In einer »Pressekonferenz«, die sich sehr bald als Kundgebung herausstellte, bekannte sich Professor Borodajkewycz nicht nur zu seiner illegalen nationalsozialistischen Tätigkeit vor 1938. Mehr noch: Es kam zu Szenen, die deutlich erwiesen, daß der alte Ungeist nicht zuletzt dank der erzieherischen Tätigkeit von Professor Borodajkewycz auf junge Gehirne überzuspringen droht. Seit diesem Tag ist der Fall Borodajkewycz ein öffentliches Ärgernis geworden.

Die Affäre hat lange Wurzeln. Sie reichen zurück in die bewegten dreißiger Jahre. Genaugenommen ist der Fall Borodajkewycz und seine Bewältigung ein Stück österreichischer Zeit- und Geistesgeschichte.

Der in Baden aufgewachsene, aus einer ukrainischen Familie stammende junge Assistent von Universitätsprofessor Srbik, Taras Borodajkewycz, wäre prädestiniert gewesen, ein »Großösterreicher« in des Wortes bester Bedeutung zu werden. Aber nein: Er mußte »überkompensieren« und Großdeutscher werden. So gesellte er sich der in jenen Jahren nicht einflußlosen nationalen Richtung im österreichischen Katholizismus zu. Der Katholikentag 1933 sieht ihn noch als dessen Sekretär. Doch sehr bald zerreißt der katholische Farbstudent das Band der Loyalität zu seinen Bundesbrüdern. Schon 1934 stößt er zur illegalen NSDAP. Hier war er, wie er später selbst freimütig bekannte, hoch aktiv an der Unterminierung des um seine Unabhängigkeit schwer ringenden österreichischen Staates beteiligt. An den Dozenten im Braunhemd erinnern sich noch heute die Studenten des Jahres 1938. 1945 ist auch für Taras Borodajkewycz ein Jahr Null, nachdem er sich bereits 1943 organisatorisch von der NSDAP gelöst haben soll. Wurde ihm dieses Jahr ein Jahr der Besinnung? Eine Zeitlang schien es so.

Doch der Schein trog. Auch schien es bald politisch nicht mehr unbedingt notwendig, an die Brust zu klopfen. Viel angenehmer und erfolgversprechender war es da schon, alte persönliche Verbindungen zu reaktivieren und sich dem oder jenen führenden Politiker, mit dem man einmal in der Jugend ein Stück Weges gemeinsam gegangen war, persönlich zur Verfügung zu stellen. Bald konnte man hören, daß für Borodajkewycz etwas getan werden müsse, »weil er sonst in schlechte Hände falle«. Wie diese schlechten Hände aussahen, davon hatte man eine Vorstellung, wenn man wußte, daß Borodajkewycz in den Jahren nach 1945 sein Brot durch archivarische Arbeiten für die sowjetische Besatzungsmacht verdiente. So wurde der Weg allmählich zur Rückkehr ins österreichische akademische Leben frei.

Dankte Borodajkewycz die ihm zuteil gewordene Generosität durch Loyalität? Keineswegs. Bald zeigte sich, daß er einer von jenen war, die die Toleranz der Demokratie mit Schwäche zu verwechseln bereit sind. Und wo immer dem neuen Österreich, der Selbstbesinnung der Österreicher, mit anderen Worten, der politischen Nationwerdung unseres Volkes am Zeug geflickt wurde, war der Name Taras Borodajkewycz zu vernehmen.

Darüber hinaus aber verband er sich mit einer kleinen Gruppe von Akademikern, die kein anderes Ziel kennt als einen »Brükkenschlag von Konservativen und Nationalen«. Von ihr führen auch Fäden in den süddeutschen Raum.

Widerstand dagegen, die österreichischen Katholiken auf eine neue »Papen-Linie« zu bringen, wird aber heute im österreichischen Katholizismus auf breiter Front geleistet. Das zeigen die erfreulich klaren Stellungnahmen, angefangen vom Seniorenkonvent des CV über den Hauptverband der katholischen Elternvereine bis zu dem kraftvollen Auftreten von Katholiken, die ein Mandat der Volkspartei besitzen. Das christlich-demokratische Erbe, in der Tagespolitik mitunter überdeckt, lebt ungebrochen. Das zeigt sich in Stunden der Krise. Das ist eine der erfreulichsten Zwischenbilanzen des Falles Borodajkewycz. Unverständlich hingegen ist die Einstellung des Vorsitzenden des Hauptausschusses der österreichischen Hochschülerschaft auf der Hochschule für Welthandel und des Vorsitzenden des Zentralausschusses der ÖH. Beide gehören der Union österreichischer Akademiker an. Gerade die in der Union vereinigten christlichen Studenten- und Akademikerverbände zeichneten sich in den letzten zwei Jahrzehnten durch die profilierte österreichische Linie aus, derzuliebe sie niemals Abstriche von dem Konzept ihrer Gründer machten. Und diesmal im geistigen Schlepptau des Ringes Freiheitlicher Studenten? Nicht wenige, die einmal ein Mandat in der Hochschülerschaft ausgeübt haben, sind beunruhigt. Sie erwarten, daß der Senat der Union österreichischer Akademiker in die in Unordnung geratene geistige Front wieder Klarheit bringt.

Die Demonstranten gegen Professor Borodajkewycz sangen die Bundeshymne. Seine Anhänger antworteten mit dem Gaudeamus. Es ist dafür Sorge zu tragen, daß die Hymne des Staates und der Hymnus der jungen akademischen Generation von denselben Lippen mit derselben Überzeugung gesungen werden.

Kurt Skalnik

Arbeiter-Zeitung, Wien, 3. April 1965

Opfer des Ungeistes

Die Ereignisse vom Mittwoch haben ein Menschenleben gefordert. Ein Antifaschist, der wahrscheinlich nur zufällig zu den Demonstrationen kam, der aber den Borodajkewycz-Freunden in einer Diskussion mit Argumenten entgegentreten wollte, wurde von faschistischen Rowdies totgeschlagen. Der Augenblick, in dem der alte Mann unter den Fäusten der Schläger zusammenbrach, ist einer der finstersten Augenblicke, die wir in der Zweiten Republik bisher erlebt haben.

Ernst Kirchweger ist das erste Todesopfer, das es bei Demonstrationen seit dem Ende des Krieges gegeben hat. Jene, die ihn getötet haben, bekennen sich als gläubige Anhänger des Professors Borodajkewycz, der die unfaßbare Kühnheit besessen hat, zur selben Stunde, als Kirchweger starb, von seinem Anwalt eine Erklärung abgeben zu lassen, in der es heißt: »Die Studenten werden gebeten, von Kundgebungen abzusehen und sich nicht provozieren zu lassen, um nicht dazu beizutragen, eine rechtliche Lösung unter den Druck der Straße zu stellen, wie dies von hochschulfremder Seite sichtlich beabsichtigt ist.«

Das also ist die Meinung des Professors Borodajkewycz und seiner Freunde: Die friedlichen Demonstranten, die — wie es einer Demokratie nur zur Ehre gereichen kann — die Absetzung eines Professors fordern, der antisemitisches und nationalsozialistisches Gedankengut an den Hochschulen verbreitet und verteidigt — »üben den Druck der Straße aus«. Die Mörder eines friedlichen Demonstranten haben sich aber nur »provozieren« lassen! Und noch etwas: Borodajkewycz bittet »die Studenten« — also alle Studenten —, und dazu hat er keinerlei Anlaß. An der Spitze der Demonstrationen gegen Borodajkewycz standen nämlich Studenten. Und die Studenten, die auf dieser Seite standen, waren viel mehr als die Studenten, die auf der Seite der Totschläger waren.

Professor Borodajkewycz hat es nicht dem Vertrauen oder der Liebe der Studenten zu danken, daß er nicht suspendiert worden ist. Denn es besteht kein Zweifel: Hätte die Studentenschaft zu entscheiden — Borodajkewycz wäre längst weg.

Borodajkewycz hat seinen Rückhalt in hohen Funktionären der ÖVP gefunden. Er hat der ÖVP seine Dienste geleistet — wie er nie sehr wählerisch war, wenn ihm daraus Vorteile entstanden —, und die ÖVP hat ihm ihre Dienste geleistet. Und man soll nicht vergessen, welche Dienste das auf beiden Seiten waren: Borodajkewycz hat die FPÖ von rechts attackiert. Solche Attacken waren gewissen Kreisen in der Volkspartei schon deswegen nie unwillkommen, weil sie ihre Konkurrenz im bürgerlichen Lager schwächen. Dr. Piffl hat in der letzten Sitzung des Nationalrates gleichsam den Dank der ÖVP abgestattet: »Ich würde Borodajkewycz nicht suspendieren, selbst wenn ich könnte!«

Und es mutet sonderbar an, daß sich der Bundeskanzler am

Donnerstag, als im Nationalrat über den Fall Borodajkewycz diskutiert werden sollte, vom Vizekanzler im Parlament vertreten ließ, weil er krank war, am Abend aber gesund genug war, in einer Wählerversammlung in Wiener Neustadt eine Erklärung abzugeben, in der man — soviel man auch sucht — keine Distanzierung von Borodajkewycz finden kann. Und soll es ein Zufall sein, daß auch die ÖVP-Abgeordneten am Mittwoch zwar allgemeine Versicherungen abgaben, sie seien Gegner des Antisemitismus und der antiösterreichischen Bestrebungen, sich aber hüteten, den Namen Borodajkewycz auszusprechen?

Diese Fragen sind im Zusammenhang mit der Frage nach der Schuld an den Ereignissen des Mittwochs von größter Bedeutung. Die bürgerliche Presse hat es sich sehr leicht gemacht, einen Sündenbock zu finden: Die Polizei ist schuld, sie hat nicht eingegriffen! Daß das Eingreifen der Polizei — und das konnte man aus den Erfahrungen der Ersten Republik lernen — mit Sicherheit zu noch schwereren Opfern geführt hätte, übersieht man. Und was hätten diese Kritiker dann gesagt, wenn die Polizei rücksichtslos niedergeknüppelt hätte, und — weil in einem solchen Tumult keine Unterscheidungen zwischen Gut und Böse möglich sind — noch mehr unschuldige Opfer zu beklagen gewesen wären?

Nein, die Verantwortung liegt bei jenen, die es geduldet haben, und die es anscheinend noch immer dulden wollen, daß Studenten an unseren Hochschulen von antidemokratischen, antiösterreichischen und antisemitischen Elementen unterrichtet werden. Diese Geisteshaltung, die eine solche Entwicklung ermöglichte, trägt die letzte Schuld am Tode Kirchwegers. Und es gibt gar manchen, der — wenn er noch einen Funken Gewissen hat — nicht schlafen können dürfte, dächte er an den Moment, da Kirchweger unter den Fäusten der Freunde Borodajkewycz' zusammenbrach.

Die Ereignisse in dieser Woche sind nicht die erste Warnung. Wir selber haben oft und oft vor dem Ungeist an den Hochschulen und in anderen Einrichtungen gewarnt — und oft und oft wurden diese Warnungen von anderen mit einer Handbewegung abgetan. Die letzte Warnung ist aber so ernst, daß sie niemand, der an die Demokratie und an Österreich glaubt, übersehen darf. Die Sozialisten sind bereit, jedem aufrechten Demokraten und Österreicher als Kampfgenossen für die Sicherung der Demokratie in unserer Republik die Hand zu reichen.

Josef Riedler

Münchner Merkur, München, 5. April 1965

Fall Borodajkewycz zieht Kreise

Der Österreichische Gewerkschaftsbund hat, um die leidenschaftliche Erregung in kontrollierte Bahnen zu lenken, die Bevölkerung aufgerufen, Montag von 8 bis 8.05 Uhr zum Zeichen der Trauer und des Protestes die Arbeit niederzulegen. Unter die demonstrierenden Widerstandskämpfer hatten sich, wie sich jetzt herausstellte, auch kommunistische und rechtsradikale Schlägerkommandos gemischt. Die Wiener Öffentlichkeit ist über das Verhalten der Polizei empört, die ihrer Meinung nach nicht energisch genug gegen die Demonstranten eingeschritten ist.

Vizekanzler Pittermann, der in einer Rundfunkrede forderte, das Leben in Österreich wieder auf den Weg der demokratischen Ordnung und der Achtung von Menschenleben zurückzuführen, wobei er mit Seitenhieben auf die ÖVP nicht sparte, bekam von Bundeskanzler Klaus prompt eine scharfe Antwort: Pittermann hätte diese Aufforderung schon drei Tage vorher an den sozialistischen Innenminister Czettel richten sollen. ›Ein rechtzeitiges Eingreifen der Polizei und eine energische Trennung der beiden streitenden Gruppen hätte die Zweite Republik vor ihrem ersten politischen Todesopfer bewahren können‹, stellte Klaus fest.

Das Hauptblatt der ÖVP stellt an den Innenminister die Frage, ob bei diesem Verhalten bestimmte politische Interessen mit im Spiel gewesen seien. Mit anderen Worten, die ÖVP erwartet, daß die SPÖ zu einem neuen Kampf um den marxistischen Einfluß auf den österreichischen Hochschulen ansetzen wird, wofür sie jetzt gewisse Regierungsmaßnahmen durchsetzen möchte, nachdem es ihr nicht gelungen ist, in 20jährigem Bemühen in der Hochschülerschaft einen stärkeren Anhang zu gewinnen.

Salzburger Volkszeitung, Salzburg, 6. April 1965

Schärfste Verurteilung antisemitischer Tendenzen

Wien (Kathpress). Im Zusammenhang mit den um den sogenannten »Fall Borodajkewycz« entstandenen Ereignissen verurteilen die katholischen und evangelischen Vertreter im Koordinierungsausschuß für christlich-jüdische Zusammenarbeit in einer gestern veröffentlichten Erklärung »auf das schärfste die antisemitischen Tendenzen, die in den Äußerungen und Vorgängen der letzten Tage unverkennbar zutage getreten sind.«

In der Erklärung, die von katholischer Seite von Msgr. Otto Mauer, Univ.-Prof. Dr. Kurt Schubert und Kaplan P. Isfried Vielmetti O.Präm., von evangelischer Seite von Universitätsprofessor Dr. Wilhelm Dantine, Kirchenrat Dr. Franz Fischer und Univ.-Prof. Dr. Karl Lüthi unterzeichnet ist, wird an die zuständigen Behörden das nachdrückliche Ersuchen gerichtet, den geistigen Vorgängen in Österreichs Bevölkerung und Jugend, vor allem an den Hochschulen, größeres Augenmerk zuzuwenden. An die Verantwortlichen im Staat wird darin der Appell gerichtet, die Grundsätze der Humanität und der Demokratie nicht um tagespolitischer Vorteile willen zu gefährden. Abschließend heißt es in der Erklärung wörtlich: »Wir schämen uns, daß in unserem österreichischen Vaterland wieder jüdische Mitbürger, die wir Christen durch eine neue Besinnung als Brüder erkennen, verunglimpft und in ihrer Würde verletzt werden.«

Die Presse, Wien, 6. April 1965

Piffl verteidigt Hochschulautonomie

Minister lehnt Eingriffe ohne Rechtsgrundlage als Willkürakte ab

»Die Sozialisten werfen mir vor, ich hätte in dem Fall Borodajkewycz, ein dem Unterrichtsminister zustehendes Recht nicht wahrgenommen«, erklärte Unterrichtsminister Piffl-Percevic am Montag im ÖVP-Pressedienst. »Sie wollen damit über die besorgniserweckende Tatsache hinwegtäuschen, daß in den von ihnen betreuten Amtsbereichen gesetzliche Pflichten nicht wahrgenommen worden sind.«

Unterrichtsminister Piffl stellt weiter fest, er habe den Rektor der Hochschule für Welthandel schon um einen Untersuchungsbericht gebeten, bevor er noch erfahren habe, daß die Staatsanwaltschaft die strafrechtliche Voruntersuchung eingeleitet habe. Er habe der Staatsanwaltschaft nicht verwehrt, ihm raschest das Ergebnis mitzuteilen. Er sei aber auf gerichtsbehördliche Unterlagen angewiesen, da sich die akademischen Behörden nicht berechtigt fühlten, nach Einleitung der gerichtsbehördlichen Untersuchungen selbst die Untersuchung zu führen. Presseberichte konnten ihm in diesem Fall nicht genügen, betonte Unterrichtsminister Piffl, da er in diesem Zusammenhang feststellen mußte, daß bestimmten Zeitungen die Erfüllung dieser Aufgabe nicht immer so überzeugend gelungen sei, um das amtliche Ermittlungsverfahren zu ersparen. »Ohne Ermittlungsverfahren aber zu handeln bedeute undemokratische Willkür, wie wir sie in den Tagen der nationalsozialistischen Herrschaft zur Genüge kennengelernt haben.«

Die Autonomie der Hochschulen gehöre zu den größten und wertvollsten Errungenschaften der Demokratie. Sie sei kein verschwenderischer Gunsterweis an die Professoren, sondern der Garant der geistigen Freiheit, weswegen sie auch von allen Verfechtern der Staatsallmacht abgelehnt werde. Die demokratische Staatsgewalt solle nur dort in den autonomen Bereich eingreifen, wo die autonomen Behörden nicht in der Lage oder nicht willens sind, selbst die Ordnung herzustellen. Die Hochschulbehörden und Prof. Borodajkewycz haben jedoch selbst die Konsequenzen gezogen.

Dieser Fall könne jedoch nicht isoliert betrachtet werden, fuhr Minister Piffl fort. Erst kürzlich haben die Sozialisten in Mißachtung der Hochschulautonomie die Berufung eines hervorragenden Gelehrten auf eine medizinische Lehrkanzel verhindert, um damit den Minister zu zwingen, einen den Sozialisten genehmen Dozenten zu berufen. In der Medizin sei jeweils der Beste gerade gut genug. Der vorgeschlagene Gelehrte hat auf Grund des sozialistischen Willküraktes eine Berufung nach Deutschland angenommen. Die Autonomie der Hochschulen zu schmälern, würde die Freiheit des geistigen Lebens, der Forschung und Lehre schwer gefährden.

Auch ÖVP-Generalsekretär Withalm wies die Angriffe auf den Rektor der Hochschule für Welthandel, Prof. Heinrich, zurück. Heinrich habe nie an seiner österreichischen Gesinnung die geringsten Zweifel aufkommen lassen. Die traurigen Vorfälle der Vorwoche dürften nicht zur Munition für die KP-Propaganda gegen die Demokratie in Österreich werden.

Der Zweite Nationalratspräsident Waldbrunner griff am Sonntag Unterrichtsminister Piffl schwer an und betonte, der »Fall Borodajkewycz« unterstreiche die Berechtigung der hochschulpolitischen Forderungen der SPÖ. Nicht die Polizei sei am Tod des Demonstranten schuld, sondern die Unterrichtsverwaltung, die es zugelassen habe, daß sich der Neonazismus an den Hochschulen einniste.

Der Ministerrat verurteilt einmütig die Gewalttaten gegen die Antifaschisten

Nach einer langen Sitzung des Ministerrates beschloß die Bundesregierung Dienstag in den frühen Abendstunden einstimmig eine Erklärung, in der die Gewalttaten gegen die Demonstranten der Widerstandsbewegung, die auch zum Tod eines Demonstranten geführt haben, einmütig verurteilt werden. In der Erklärung wird das Bedauern der Bundesregierung über die Vorfälle und das Beileid an die Hinterbliebenen Kirchwegers zum Ausdruck gebracht. Die Trauerfeier für Kirchweger wird Donnerstag um 14 Uhr, verbunden mit einem Schweigemarsch der Widerstandsbewegung über den Ring, stattfinden. An dem Schweigemarsch werden auch die sozialistischen Mitglieder der Bundesregierung teilnehmen. Auch die ÖVP wird eine Delegation entsenden.

In dem Kommuniqué über die Ministerratssitzung heißt es: »Im Ministerrat teilte der Unterrichtsminister mit, daß er den Urlaubsantrag des Professors Dr. Taras Borodajkewycz zur Kenntnis genommen habe. Weiter berichtete er, daß er im Sinne der Entschließung des Nationalrates vom 31. März 1965 (die sich gegen antiösterreichische und antisemitische Tendenzen richtet — Red.) bereits entsprechende Maßnahmen getroffen habe. Der Unterrichtsminister berichtete über die bedauerlichen Vorfälle während der Demonstrationen am 31. März 1965 und erklärte, daß er im Sinne der Nationalratsentschließung in seinem Dienstbereich entsprechende Maßnahmen angeordnet habe. Die Bundesregierung verurteilt einmütig die Gewaltakte gegen Teilnehmer an den Demonstrationen am 31. März 1965, die den Tod eines Mitbürgers zur Folge hatten und drückt dessen Hinterbliebenen ihr tiefempfundenes Beileid aus.«

Wie verlautet, ist zu erwarten, daß Minister Piffl in nächster Zeit auch der Öffentlichkeit einen detaillierten Bericht vorlegen wird, in dem endgültige Aufklärung über die Maßnahmen gegen Professor Borodajkewycz gegeben wird.

Opfer für Österreich

Der heutige Tag ist ein Tag der Trauer: Nach zwanzig Jahren friedlicher und demokratischer Entwicklung unseres Landes wird das erste Todesopfer politischer Auseinandersetzungen zu Grabe getragen. So schmerzlich das ist; heute ist aber auch ein Tag der Hoffnung: Dieses erste Todesopfer soll das letzte bleiben.

Unsere Hoffnung begründet sich auf festen Tatsachen. Hinter dem Sarg Kirchwegers werden heute Politiker aus allen demokratischen Lagern im Schweigemarsch gehen. Das ist eine Demonstration der Trauer, wie sie in den dreißiger Jahren, die in den letzten Tagen so oft zitiert wurden, nicht möglich gewesen wäre. Die heutigen Trauerfeierlichkeiten zeigen, daß der allergrößte Teil des österreichischen Volkes fest entschlossen ist, jedem Angriff auf die Demokratie unseres Landes entgegenzutreten. Die Hand, die die Sozialisten allen angeboten haben, die mit ihnen für die Sicherung des inneren Friedens und der Demokratie Österreichs kämpfen wollen, wurde nicht vergebens ausgestreckt.

Es mag Kreise und Personen gegeben haben, die in den letzten Tagen hofften, die Ereignisse in der vergangenen Woche würden zum Anlaß einer Uneinigkeit zwischen den Koalitionsparteien über eine der ernstesten Grundsatzfragen, die in der Geschichte der Zweiten Republik aufgetaucht sind, uneins bleiben — über die Frage, ob Gewalttaten gegen eine antifaschistische Demonstration öffentlich zu verurteilen sind oder nicht. Es war — wir wollen das offen sagen — eine große Sorge für die Sozialisten, ob diese einmütige Verurteilung aufkeimenden nazistischen Gedankengutes zustande kommen würde.

Die Bundesregierung hat nun diese Verurteilung nach einer der längsten Sitzungen, die in letzter Zeit gehalten wurden, ausgesprochen. Die staatspolitische Haltung der Sozialisten, ihr Argument, daß in dieser Situation jeder, dem Österreich am Herzen liegt, tagespolitische Erwägungen hintanstellen müsse, haben die Oberhand behalten. Die Erklärung der Bundesregierung hat uns die Gewähr gegeben, daß sich die unglückliche Entwicklung der dreißiger Jahre nicht wiederholen wird.

Das kann freilich nicht heißen, daß die Sozialistische Partei in Zukunft weniger wachsam sein dürfte. Auf unserer Partei lastet eine Verantwortung, die sich aus ihrer Tradition ergibt: Noch nie haben Sozialisten Andersdenkende unterdrückt, noch nie ist, wenn die Sozialisten ihren Einfluß geltend machen konnten, die Demokratie in Gefahr gewesen. Die Sozialistische Partei kann für sich in Anspruch nehmen, daß sie die Partei der Freiheit und Demokratie in diesem Land ist und immer war. Es ist ihr großes Verdienst, daß ihre führenden Funktionäre in der Lage sind, die demokratischen Kräfte in anderen politischen Lagern zu stärken und zu mobilisieren. Die Sozialistische Partei wird nie aufhören, über Demokratie und inneren Frieden dieses Landes zu wachen.

Und das soll eine ernste Warnung an alle jene sein, die versuchen wollen, überholtes Gedankengut in Österreich wieder zu installieren. Es soll aber auch eine Mahnung an alle sein, die sich ihrer Pflichten im Kampf um die Demokratie und um den inneren Frieden nicht immer bewußt sind.

Ernst Kirchweger hat sein Leben durch die Hand eines irregeleiteten jungen Menschen verloren. Es ist jetzt unsere größte Pflicht, ernsthaft dafür zu sorgen, daß möglichst viele von denen, die vom Gedankengut des Nationalsozialismus angekränkelt sind, wieder auf den Weg der Demokratie zurückfinden und daß kein junger Mensch mehr einen anderen Weg gehen wird — weder auf unseren Hochschulen noch sonst irgendwo. Wenn wir diese Pflicht erfüllen, dann war das Opfer Kirchwegers nicht vergebens, dann danken wir ihm viel: die Festigung der Demokratie in Österreich.

Josef Riedler

Arbeiter-Zeitung, Wien, 9. April 1965

25.000 trauerten um Kirchweger

Sozialistische Regierungsmitglieder und eine starke ÖVP-Delegation im Schweigemarsch

Unter Beteiligung großer Abordnungen von Regierung, Nationalrat, Bundesrat, Gemeinde, Gewerkschaftsbund, Studentenschaft und mehr als 25.000 Österreichern fand Donnerstag in Wien das Begräbnis des von Borodajkewycz-Anhängern getöteten Antifaschisten Ernst Kirchweger statt. Der Trauerakt, der mit einer ergreifenden Feier auf dem Heldenplatz begann und nach einem gewaltigen Zug über die Ringstraße im Zentralfriedhof endete, wurde zu einer der bedeutendsten Kundgebungen des Österreichertums seit dem Jahre 1945.

Bereits kurz nach 13 Uhr hatten sich auf dem Heldenplatz Tausende Delegierte aus Wiener Betrieben, Jugendliche und Mitglieder antifaschistischer Vereinigungen eingefunden. Die Polizei, von Polizeipräsident Holaubek persönlich geführt, hatte rings um das Prinz-Eugen-Denkmal ein weites Viereck freigehalten.

Zwischen dem Denkmal und jenem Balkon, auf dem einst Hitler die unselige Naziokkupation Österreichs eingeleitet hatte, stand das schwarze Galaauto mit dem von einer rotweißroten Fahne bedeckten Sarg Kirchwegers. Auf den Stufen vor der

Neuen Burg lagen zwischen zwei brennenden Pylonen vor dem Rednerpult an die fünfzig Kränze, hauptsächlich von antifaschistischen Widerstandsgruppen Österreichs und ganz Europas.

Politiker ohne Parteischranken

Linker Hand saßen vor dem Sarg die trauernden Verwandten Kirchwegers; rechts hatten sich die sozialistischen Regierungsmitglieder mit Vizekanzler Dr. Pittermann, die Delegation der Österreichischen Volkspartei, zahlreiche Mitglieder des Parlaments und Stadt- und Gemeinderäte unter der Führung von Präsidentschaftskandidat Franz Jonas und Landtagspräsident Marek eingefunden.

So wie vor zwanzig Jahren unmittelbar nach der Befreiung vom Nazijoch gab es keine trennenden Schranken: Minister Probst stand neben Staatssekretär Dr. Hetzenauer, Dr. Hurdes sprach mit Minister Czettel, Nationalratspräsident Maleta mit Minister Proksch und Minister Bock mit Minister Broda. Gewerkschaftspräsident Benya und Arbeiterkammerpräsident Hrdlitschka waren gemeinsam mit Vizepräsident Altenburger und Stadtschulratspräsident Neugebauer erschienen. Es war eine Stunde, in der das ganze demokratische Österreich angesichts der Schatten der Vergangenheit enger zusammenrückte. Ein Wald von rotweißroten Fahnen mit Trauerflor umgab den Platz; ein Flor schien auch die Sonne zu verhüllen.

Die Hochschulen — Sache des ganzen Volkes

Als erster Trauerredner sprach der sozialistische Hochschulmandatar Albrecht Konecny. Zum erstenmal in der Geschichte der Zweiten Republik, sagte er, stehen wir heute an der Bahre eines Mannes, der sein Eintreten für seine Überzeugung und die Demokratie mit dem Leben bezahlen mußte. Es wäre ein schönes Zeichen des Neubeginns, der an den österreichischen Hochschulen so dringend notwendig ist, hätten sich zu uns heute mehr Vertreter des akademischen Lebens, Professoren und Studenten, gesellt. Kirchweger hat den Studenten mit seinem Opfertod bewiesen, daß er die Geschicke der Hochschulen als seine, als die Sache des ganzen Volkes betrachtete. Österreich ist mit ihm einer Meinung. Und das ist gut, denn schon einmal wurden Österreichs Hochschulen zum Sammelpunkt der Feinde der Demokratie. Kirchwegers Opfer mahnt uns, eine solche Entwicklung kein zweitesmal zuzulassen.

Voreilige Versöhnung mit den Nazi

Der katholische Student Reinhold Knoll bedauerte in seiner Rede, daß Kirchweger sterben mußte, weil er sich seinem demokratischen Gewissen verpflichtet gefühlt hatte und Gegner der Demokratie zu überzeugen versucht hatte. Kirchwegers Tod ist ein blutiger Beweis dafür, daß man in Österreich voreilig mit jenen Frieden geschlossen hat, die dieses Österreich gar nicht wollen. Man ist den Nazi nach dem Krieg entgegengekommen und hat Brücken gebaut; sie aber haben das nur als Zeichen der Schwäche ausgelegt.

Hindels: Alle müssen fest zusammenstehen

Josef Hindels, der Vizepräsident der Österreichischen Widerstandsbewegung, sagte abschließend: Ernst Kirchweger war der erste Märtyrer im Kampf gegen die neue nazistische Gefahr. Es ist von tiefer symbolischer Bedeutung, daß er nur wenige Wochen vor seinem Tod im Gespräch mit dem Präsidenten der Widerstandsbewegung, Dr. Sobek, seine Besorgnis über die neue Hitlerjugend ausdrückte, aus der seine Mörder kommen sollten. Er gehörte nicht zu jenen, die die neonazistische Gefahr leugnen oder verniedlichen.

Als ihn die jungen Neonazi niederschlugen, fragten sie nicht, welches Parteibuch er in der Tasche hatte. Sie droschen auf ihn los, weil er sich als aufrechter Österreicher und Antifaschist zu erkennen gab. Damit haben die neonazistischen Totschläger zweierlei erreicht: Sie löschten ein wertvolles, unersetzliches Menschenleben aus, und sie erteilten uns allen eine wichtige Lehre:

Im Kampf gegen den Neonazismus müssen alle aufrechten Österreicher fest zusammenstehen und alles Trennende zurückstellen, wenn es um Österreich und um die Demokratie geht. Kirchweger mußte sterben, weil in Österreich jahrelang die neofaschistische Gefahr unterschätzt wurde. Möge sich an seiner Bahre jeder fragen: Habe ich alles getan, um diese Gefahr rechtzeitig zu bekämpfen, oder habe ich mich durch mein Schweigen mitschuldig gemacht?

Schweigemarsch über den Ring

Kurz nach 14 Uhr traf der Trauerzug, der mehr als 20.000 Menschen umfaßte, durch das Burgtor auf den Ring, wo ein dichtes Spalier bis zum Schwarzenbergplatz stand. Der gesamte Verkehr in der Umgebung war umgeleitet worden. Zahlreiche Zuschauer

aus dem Spalier reihten sich in den schweigenden Zug ein, der —
von Kirchwegers Verwandten und den Regierungsmitgliedern
geführt — dem Fahnenblock, dem von Straßenbahnern und Studenten flankierten Sarg und den zwei Blumenwagen folgte. Vom
Schwarzenbergplatz an fuhren die Trauergäste in Autos und
Autobussen zum Zentralfriedhof.

Kurz vor 15.45 Uhr traf der Trauerzug auf dem Zentralfriedhof ein. Der Himmel hatte sich bewölkt, düster hingen die Wolken
über der Gräberstätte. Aus den beiden Feuerschalen vor dem
Krematorium flackerten die Flammen.

Jochmann: Wir werden wachsam sein

Abgeordnete Rosa Jochmann, der Präsident der Widerstandsbewegung Dr. Sobek und Gemeinderat Lauscher sprachen am
Katafalk letzte Abschiedsworte für Ernst Kirchweger. Tränen
glänzten in vielen Augen auf, manche Hand tastete zum Taschen-
tuch — aber niemand war da, der sich dieser Rührung geschämt
hätte.

Wir wollten, sagte Rosa Jochmann mit erschütterter Stimme,
als wir damals nach diesem schrecklichen Krieg und den Jahren
der Barbarei gemeinsam darangingen, für die Jugend zu arbeiten,
dafür kämpfen, daß ihr dieser Weg erspart bleibe, der unsere
Generation ins Verderben führte. Voll Leid müssen wir heute
feststellen, daß wir nicht imstande waren, dem Arm zu wehren,
der Ernst Kirchweger erschlug — jenem verlängerten Arm, der
bis dahin reicht, wo jener lehren kann, dessen Namen auszusprechen mir die Ehrfurcht vor dem Toten verbietet.

Der Tod Ernst Kirchwegers hat uns wachgerüttelt und die
furchtbare Erinnerung an jene Zeit in uns geweckt, da Jugendliche mit der Peitsche Wissenschafter von Rang und weltbe-
rühmte Professoren über die Straße trieben. Aber wir wollen
hier, an dieser Bahre, geloben, daß wir künftig wachsam sein
werden.

»Der jugendliche Angestellte«, Wien, April 1965

Der Professor und der Tote

1. Die Juden sind unser Verderb. Sie haben diesen Krieg ange-
zettelt und herbeigeführt ...

2. Es gibt keinen Unterschied zwischen Juden und Juden. Jeder Jude ist ein geschworener Feind des deutschen Volkes ...

3. Jeder gefallene Soldat geht auf das Schuldkonto der Juden ...

4. Wenn einer den Judenstern trägt, so ist er damit als Volksfeind gekennzeichnet. Wer mit ihm noch privaten Umgang pflegt, gehört zu ihm und muß gleich wie ein Jude gewertet und behandelt werden ...

5. Die Juden genießen den Schutz des feindlichen Auslandes ...

6. Die Juden sind Sendboten des Feindes unter uns ...

7. Die Juden haben kein Recht, sich unter uns als gleichberechtigt aufzuspielen ...

8. Wenn die Juden Dir sentimental kommen, so wisse, daß dies eine Spekulation auf Deine Vergeßlichkeit ist, zeige ihnen sofort, daß Du sie durchschaust, und strafe sie mit Verachtung.

9. Dem anständigen Feind gebührt nach der Niederlage unser Großmut(!). Aber der Jude ist kein anständiger Feind, er tut nur so ...

10. Die Juden sind schuld am Kriege. Sie erleiden durch die Behandlung, die wir ihnen angedeihen lassen, kein Unrecht. Sie haben sie mehr als verdient ...

All das hat der österreichische Hochschullehrer Dr. Taras Borodajkewycz nicht gesagt. So hat es Dr. Goebbels gesagt. Dessen Ausfall gegen die Nichtdeutschen war von einem deutschen Namen gedeckt. Die Ausfälle eines österreichischen Hochschullehrers im Namen des Deutschtums erfolgten unter der Marke Borodajkewycz. Aber das wundert niemand in einem Lande, dessen Deutschnationale und Großdeutsche Suchanek (vulgo Suchenwirth!), Reschny, Planetta, Jury, Tavs Globocnik, Skorženy, Novak, Novotny, Rajakovic, Soucek oder Windisch (!) und dergleichen heißen.

Man muß heute nicht wie damals Goebbels, Göring oder Hitler reden, man kann sich an solche Vorbeter anlehnen und etwa schlicht sagen: »Dr. Kelsen, der die österreichische Verfassung geschaffen hat, war ein Jude, der eigentlich Kohn hieß.« Es ist bemerkenswert, daß man immer auf Zuhörer rechnen kann, die solche lichtvolle Feststellungen mit beziehungsvollem Freudengeheul quittieren. Das sind Leute, die im Burgtheater applaudieren, wenn auf der Bühne der Satz fällt: »Der Jude wird verbrannt!« Ihr Applaus gilt nicht dem Verfasser, sondern der Verbrennung. Der Applaus solidarisiert sich mit dem Verbrechen des Völkermords, das der Hitlerismus organisiert hat. Der Geist solcher Galeriebesucher — man ist versucht, sie Galeristen zu nennen — ist würdiges Gegenstück zum Geist eines Hochschullehrers, der vom weltberühmten Schöpfer der reinen Rechtslehre, vom Autor der Verfassung der Republik vor allem zu berichten weiß, er sei Jude gewesen.

Die Borodajkewycz' jedenfalls sind deutscher Art. Ihr kleines Ja gilt Österreich, ihr großes der »deutschen Kulturgemeinschaft«. Das Maß solcher Kultur ist das kleinste gemeinsame Vielfache: die heroische Waffenbrüderschaft der Vergangenheit. Die politische Großmannssucht des kaiserlichen Deutschland, die brutal-unmenschliche Anmaßung des Hitlerismus bleiben dabei außer Betracht. Die Perspektive verlogenen Heldentums, soldatischer Sentimentalität wird zum Maß aller Dinge, aller Umwertung: Landesverrat an Österreich wird zu deutschem Heldentum, der erzwungene Eid auf Hitler ist die Grundlage deutscher Pflichterfüllung. Und wo diese Einäugigkeit nicht hilft, schließt man die Augen: Man hat nichts von KZ und Völkermord gehört, die SS ist eine Truppe von unbefleckter Ehre, und den deutschen Soldaten läßt man hochleben, ohne kritisch festzustellen, daß man ihn gezwungen hat, einer inhumanen, mörderischen Sache zu dienen. Die Phrase vom Heldentum hat einen doppelten Boden.

Die Bemerkungen des Dr. Borodajkewycz erfolgen mit der gleichen Logik, liegen auf der gleichen Ebene. Hier muß alles herhalten, um den Schindanger einer blutigen historischen Vergangenheit zu schmücken: die abendländische Kultur und Gesittung, die europäische »Sendung«, die Abwehr der »Asiaten«. Das alles ist nicht von heute. Dieser Ungeist stammt aus der dumpfen Kleinbürgerstube des ausklingenden 19.Jahrhunderts. Die hohen Ziele der bürgerlichen Revolution hatte man vergessen und klammerte sich mit historischer Verspätung im Zeitalter des Internationalismus an das nationale Ideal.

Der deutschsprechende Mittelstand der alten Monarchie in all seiner mitmenschlichen Beziehungslosigkeit sah sich durch andere Nationalitäten gefährdet und stand unter dem Druck der mitunter auch jüdischen Geldkapitalisten. Politische Beschränktheit brachte die Verwechslung von sozialer Klasse und angeblicher Rasse mit sich. Und es ist bemerkenswert, daß sich der feige Zorn der Nationalen vor allem an den proletarischen kleinen jüdischen Leuten abreagierte. Auch der Nationalsozialismus — eine radikalbürgerliche Bewegung — mordete die Kleinen und erpreßte die Großen, die meist überlebten.

Das alles unterrichtete der Historiker Borodajkewycz nicht. Er gehört offenbar zu jenen Österreichern aus dem slawischen Teil der Monarchie Österreich-Ungarn, die ihre Abkunft nicht ertragen konnten und sich als hundertzehnprozentige Deutsche zu fühlen begannen, weil sie ihrer Nation nichts zutrauten. Dieser aus der Monarchie geerbte Typus hat sein Gegenstück in jenen geistig-provinziellen Nachbetern „großdeutscher" Gesinnung, die der österreichischen Nation die Existenzberechtigung bestreiten und ihr Land lieber als deutsche Provinz sähen. Die historischen Erfahrungen des »Anschlusses« 1938 haben sie entweder verdrängt oder nicht gemacht. Wenn sie dazu zu jung waren, sind sie das intellektuelle Produkt ihrer Eltern und ihrer Lehrer.

Vor solchem Hintergrund ist der Totschlag an einem Bürger der Republik, begangen von einem jungen Deutschnationalen, zu sehen. Der ehemalige KZ-Häftling des Hitlerismus, der Österreicher Kirchweger, ist von einem fanatisierten jungen Rechtsextremisten erschlagen worden. Der Extremismus des Totschlägers hat bereits Vergangenheit: Produktion von Sprengkörpern, Organisation radikaler Jugendgruppen, Kontakte mit rechtsradikalen Studentenorganisationen, mit dem RFS und mit der FPÖ, ein Anschlag auf das Parlament...

Der Totschlag erfolgte im Rahmen einer Sympathiebezeigung für den von der öffentlichen Meinung angegriffenen Dr. Borodajkewycz, der seinen Hörern die große Vergangenheit, das hitlerische Soldatentum schmackhaft macht und bei Fernsehdiskussionen und in Vorlesungen den Widerstand gegen Hitler diffamiert. Sympathiebezeigung und Totschlag gingen eine organische Verbindung ein.

Der Hochschulprofessor ist auf Rat seiner Rechtsfreunde auf Urlaub gegangen, der Unterrichtsminister hat eine Erklärung abgegeben, die keine Sofortmaßnahme erwarten läßt, und der Bundeskanzler wendet sich gegen die Totschläger und gegen jene, die für Österreich und gegen Borodajkewycz Stellung nahmen, in gleicher Weise. Man wartet auf das Urteil der Gerichte.

Der Totschläger Kümel und der Hochschullehrer Borodajkewycz haben zum Jubiläum des zwanzigjährigen Bestehens der Republik Österreich in bemerkenswerter Weise beigetragen. In den Augen aller österreichischen Patrioten sind sie bereits gerichtet — und mit ihnen alle jene Politiker, die, aus welchen Gründen immer, die Hände über ihre Parteisuppe halten, statt sich zur Republik Österreich und zur Demokratie zu bekennen.

Der Gewerkschaftsbund hat klar zu verstehen gegeben: Österreichs Arbeitnehmer stehen zur Republik und werden jedem Faschismus entgegentreten.

Hugo Pepper

Für radikale Strömungen ist in Österreich kein Platz!

Bundesregierung entspricht den Entschließungen des National-
rates vom 31. März und des Bundesrates vom 9. April —
Prof. Kelsen als Ehrengast zur 600-Jahr-Feier der Wiener
Universität eingeladen

In der Sitzung des Ministerrates brachte gestern, wie amtlich bekanntgegeben wurde, Bundeskanzler Dr. Klaus die Entschließung
des Nationalrates vom 31. März und des Bundesrates vom 9. April
d. J. zur Kenntnis, die folgenden Wortlaut hat:

»Anläßlich der Beschlußfassung über das Strafrechtsänderungsgesetz 1965 fordert der Nationalrat die Bundesregierung
auf, alle radikalen Strömungen in der österreichischen Innenpolitik, die zu einer Gefährdung der Eigenstaatlichkeit Österreichs führen könnten, insbesondere aber antiösterreichische
oder antisemitische Tendenzen genau zu beobachten und im
Rahmen der bestehenden Rechtsordnung alle Schritte zu unternehmen, die zur Abwendung solcher Gefahren sowie zur Wahrung des Ansehens der Republik Österreich erforderlich sind.«

Der Ministerrat beschloß, dieser Entschließung des National-
rates und des Bundesrates zu entsprechen.
Der Ministerrat beschloß weiters, den Schöpfer der österrei-
chischen Bundesverfassung, Univ.-Prof. Dr. Hans Kelsen, als
Ehrengast der Bundesregierung zur Teilnahme an der 600-Jahr-
Feier der Wiener Universität einzuladen ...

Professor Kelsen kommt

Zu der gestern vom Ministerrat beschlossenen offiziellen Einladung, die an Universitätsprofessor Dr. Hans Kelsen zur Teilnahme an der 600-Jahr-Feier der Wiener Universität erging, erfahren wir folgende Einzelheiten:
Universitätsprofessor Dr. Hans Kelsen war von der Wiener
Universität, deren Ehrendoktor er ist, zur Teilnahme an der
600-Jahr-Feier eingeladen worden und hatte ursprünglich seine
Teilnahme auch zugesagt. Nunmehr teilte er in einem an den
Bundesminister für Justiz gerichteten Brief mit, daß er infolge
der antisemitischen gegen seine Person gerichteten Äußerungen
des Professors der Hochschule für Welthandel, Borodajkewycz,

und der dadurch veranlaßten Demonstrationen, die sogar ein Todesopfer forderten, sich gezwungen sehe, auf eine Reise nach Wien zu verzichten.

Im Ministerrat wurde nunmehr beschlossen, Professor Dr. Kelsen, den Schöpfer der österreichischen Bundesverfassung, offiziell als Gast der Bundesregierung zur Teilnahme an der 600-Jahr-Feier einzuladen. In dem Brief wird der Professor gebeten, die Kundgebung einer kleinen Gruppe, deren Aktivität sowohl von der Bundesregierung als auch vom überwiegenden Teil der österreichischen Bevölkerung schärfstens verurteilt wird, nicht zum Anlaß einer Absage zu nehmen.

Weiters wird bekannt, daß sich Justizminister Dr. Broda gestern nachmittag telephonisch mit Univ.-Prof. Dr. Kelsen ins Einvernehmen gesetzt und ihm von der offiziellen Einladung der Bundesregierung Mitteilung gemacht hat. Prof. Dr. Kelsen bat den Justizminister, der Bundesregierung seinen Dank für diese Einladung zum Ausdruck zu bringen, die er gerne annehme.

Univ.-Prof. Dr. Kelsen wird daher an der 600-Jahr-Feier der Wiener Uinversität teilnehmen.

Kurier, Wien, 23. Juni 1965

Prof. Borodajkewycz verlor ersten Prozeß

Unabhängiges Gericht bestätigte: Die Äußerungen des Welthandel-Professors waren antisemitisch

Im Fall Borodajkewycz hat gestern zum erstenmal ein unabhängiges Gericht die Erklärungen und Handlungen des umstrittenen Professors beurteilt. Dieses Urteil fiel klar aus: Oberlandesgerichtsrat Dr. Nekula, der Vorsteher des Wiener Strafbezirksgerichtes, stellte in seiner Entscheidung fest, daß der Vorwurf des Antisemitismus gegen den Professor zu Recht erhoben werde.

Es handelt sich um ein bereits seit langem laufendes Verfahren, das der Professor gegen die »Arbeiter-Zeitung« und die »Zukunft« wegen Verletzung seiner Ehre angestrengt hatte. Nach den Vorfällen während der Pressekonferenz an der Hochschule für Welthandel wurde dieses Verfahren neuerlich aufgenommen und endete gestern mit dem Freispruch der beklagten Redakteure.

»Das Gericht muß feststellen«, sagte Dr. Nekula in seiner mündlichen Urteilsbegründung wörtlich, »daß eindeutig bewiesen wurde, daß eine Reihe von Äußerungen des Privatklägers (also Prof. Borodajkewycz') einwandfrei antisemitischen Charakter haben und antisemitische Tendenzen zeigen.«

Nicht was vor 1945 war

Wichtig sei nicht gewesen, betonte der Richter, daß Prof. Borodajkewycz vor 1945 Nationalsozialist gewesen sei; hingegen spiele es eine Rolle, »daß er Nationalsozialist geblieben ist, daß er es heute ist.« Es hieße mit Blindheit geschlagen zu sein, wenn man die mehrfachen Äußerungen des Professors als nichtantisemitisch beurteile. »Und in diesem Sinn wurden die Äußerungen auch von den Hörern aufgefaßt«, setzte Dr. Nekula hinzu.

Besonderes Gewicht legte der Richter auf folgenden Satz seiner Urteilsbegründung: »Professor Borodajkewycz ist nicht irgendeiner, er hat die Bemerkungen nicht am Stammtisch, sondern vor Studenten gemacht, die er zu demokratischen Staatsbürgern zu erzielen hatte.«

Lachsalven »Kundgebung«

Für den mehrfach vom Professor vorgebrachten Einwand, er fühle sich wissenschaftlich verpflichtet, die Abstammung einer Persönlichkeit — etwa eines Juden — besonders anzumerken, zeigte der Richter kein Verständnis. »Es ist nicht erkennbar«, meinte Dr. Nekula, »welchen wissenschaftlichen Qualifikationswert der Hinweis haben soll, daß eine historische Persönlichkeit Jude gewesen ist«. Die sogenannte »Pressekonferenz« des Professors — so hieß es in der Urteilsbegründung weiter — mußte vom Gericht ebenfalls besonders berücksichtigt werden. Denn Prof. Borodajkewycz habe es unterlassen, gegen die Lachsalven des Auditoriums bei der Nennung von jüdischen Namen Stellung zu nehmen. »Diese Lachsalven wurden von Journalisten, etwa von Arnold Klima, als antisemitische Kundgebung empfunden«, stellte OLGR Dr. Nekula fest.

»Der Hauptakzent ist auf den beim Privatankläger tief eingewurzelten Antisemitismus zu legen«, betonte der Richter nochmals. Aber Prof. Borodajkewycz habe nicht nur seine antisemitische, sondern auch seine antidemokratische Einstellung bewiesen, nämlich: »Wer gegen Teile der Bevölkerung eine feindselige Haltung einnimmt, wer gegen andersrassische Gruppen ist, kann nicht als Demokrat angesehen werden.« Darüber hinaus — erinnerte Dr. Nekula — habe der Privatankläger bei einer Staatsprüfung eine Bemerkung gemacht, die darauf schließen lasse, daß er gegen das gleiche Wahlrecht eintrete.

Am Ende seiner Urteilsbegründung machte der Richter auch Gesichtspunkte geltend, die für Prof. Borodajkewycz sprechen: Dieser sei eine zwiespältige Natur; es sei für ihn anscheinend charakteristisch, »daß er den Mund nicht halten kann«. Aber er habe den Mund auch in der NS-Zeit nicht halten können. So habe er mit dem NS-Regime Schwierigkeiten gehabt, als er sich immer wieder zum Katholizismus bekannt habe. Und darüber hinaus sei nicht zu bestreiten, daß Prof. Borodajkewycz seiner Abscheu vor den NS-Greueln Ausdruck verliehen habe.

Länger als fünf Stunden

Die gesamte gestrige Verhandlung dauerte länger als fünf Stunden. Zunächst waren drei Zeugen geladen, die gegen Prof. Borodajkewycz aussagten. So verteidigte Dipl.-Kfm. Lacina (unter Eid) seine Mitschrift aus Vorlesungen des Professors. Die Mitschrift erhärtete zahlreiche Vorwürfe, wurde aber auch in einigen Punkten von Prof. Borodajkewycz bestritten.

Das Gericht maß dem Zeugen jedoch unbedingte Glaubwürdigkeit bei, um so mehr, als die Mitschrift zu einem Zeitpunkt angefertigt wurde, in dem Borodajkewycz noch nicht das Ziel von schweren Angriffen in der Öffentlichkeit war.

Auch der zweite Zeuge, Dipl.-Kfm. Alfred Stirnemann, wußte interessante Einzelheiten über gewisse Vorfälle auf der Hochschule für Welthandel und über Äußerungen Prof. Borodajkewycz'. So bezeugte er, daß der Professor, als er über die Verbrechen des Zweiten Weltkriegs sprach, nur die Atombombenabwürfe auf Hiroshima und Nagasaki sowie das Bombardement von Dresden erwähnt hatte.

Im Zeugenstand

Als dritter Zeuge berichtete Kurier-Redakteur Arnold Klima über die Pressekonferenz des Hochschulprofessors.

Auch Prof. Borodajkewycz selbst trat in den Zeugenstand. Zwischen ihm und dem Anwalt der Beklagten, Dr. Rosenzweig, entspann sich eine hitzige Debatte. In ihrem Verlauf hielt Dr. Rosenzweig dem Privatankläger vor, er habe in der »Pressekonferenz« fälschlich behauptet, daß er im April 1945 nicht mehr NSDAP-Mitglied gewesen sei.

Tatsächlich — zitierte Rechtsanwalt Dr. Rosenzweig aus dem

Gauakt des Professors — habe Dr. Borodajkewycz gegen seinen Parteiausschluß im Jahre 1943 protestiert, worauf der Ausschluß in einen Verweis umgewandelt worden sei. Also wäre er auch 1945 noch Mitglied der NSDAP gewesen.

Darauf eine verblüffende Antwort des Professors: »Aber am 17. April 1945 war ich wirklich, wie ich in der Pressekonferenz sagte, nicht mehr Mitglied der NSDAP, denn zu diesem Zeitpunkt hatten die alliierten Besatzungstruppen in Österreich bereits die Herrschaft übernommen.«

Diese Erklärung löste Heiterkeit aus.

Der Anwalt von Prof. Borodajkewycz, Dr. Tassilo Broesigke, meldete gegen das Urteil, also gegen den Freispruch der Prozeßgegner seines Mandanten, Berufung an.

Neues Österreich, Wien, 24. Juni 1965

Quo usque tandem?

»Boros« Enthebung ist überfällig

Das unabhängige Gericht hat Wiener Publizisten, die von Taras Borodajkewycz wegen Ehrenbeleidigung geklagt worden waren, freigesprochen. Dieser Freispruch, noch mehr aber seine Begründung, stellen ein vernichtendes Urteil über einen Mann dar, der heute noch seine Tätigkeit als Lehrer wiederaufnehmen könnte, obwohl ihm nun schon das zweitemal Eigenschaften attestiert wurden, die mit einer derart verantwortungsvollen Aufgabe in der demokratischen Republik unvereinbar sind.

Das Gericht hat nicht nur erklärt, es sei erwiesen, daß mehrere Äußerungen Borodajkewycz' antisemitischen Charakter trugen, sondern es hat sich auch ausdrücklich die Feststellungen der Wiener Staatsanwaltschaft und Oberstaatsanwaltschaft zu eigen gemacht, daß bei Borodajkewycz eine eingewurzelte Abneigung gegen die Demokratie und die selbständige Entwicklung Österreichs vorliege.

Der Unterrichtsminister hat die Forderung nach der Suspendierung Borodajkewycz' von seinem Lehramt an der Hochschule für Welthandel zunächst mit der Erklärung abgelehnt, daß das Ergebnis der gerichtlichen Untersuchung abgewartet werden müsse, und als dieses Ergebnis vorlag, wurde sie mit der

Begründung hinausgeschoben, daß noch kein Beschluß der Disziplinarkommission vorliege.

Nun aber wurde lange genug gewartet. Wenn man den bereits
im Umlauf befindlichen Gerüchten, gewisse Stellen wollten Borodajkewycz für den Fall seines freiwilligen Scheidens von der
Hochschule eine goldene Brücke bauen, den Boden entziehen
will, sollte so schnell gehandelt werden, wie man es angesichts der
Qualifizierung Borodajkewycz' durch das Gericht verlangen kann.

Disziplinarverfahren sind für solche Fälle da, in denen zwar
kein formal kriminelles Delikt vorliegt, wohl aber ein Tatbestand,
der den Betreffenden für die weitere Ausübung seiner Tätigkeit
untragbar macht. Unter den gegebenen Umständen sollte man
meinen, daß das Disziplinarverfahren, wenn es eines solchen
überhaupt bedarf, in einer Viertelstunde erledigt sein könnte.

Arbeiter-Zeitung, Sonntag, 15. Mai 1966

Sieg der Demokraten

Mehr als ein Jahr ist seit den blutigen Unruhen um den Welt-
handelsprofessor Dr. Borodajkewycz vergangen, zwei Wochen
hat sich die Beratung des Disziplinarsenats hingezogen. Nun ist
Borodajkewycz in Pension geschickt. Wir wollen nicht darüber
rechten, ob die verhängte Strafe zu streng oder zu mild erscheint.
Unsere Absicht ist es nicht, zu rächen, wir wollten ja nur verhindert wissen, daß weiterhin junge Menschen dem Einfluß eines
Geistes aus unseliger Vergangenheit ausgesetzt und durch ihn
verhetzt werden. Darum haben sozialistische Abgeordnete und
hat die Arbeiter-Zeitung gekämpft, noch lange bevor der Fall des
Professors die großen Wogen in der Öffentlichkeit schlug.

Diesem Kampf war nun Erfolg beschieden. Ein Erfolg, der nicht
nur für uns, sondern für alle Beteiligten, überhaupt für alle aufrechten Österreicher, eine Genugtuung ist. Die Hochschule für
Welthandel und ihre Professorenschaft haben sich von dem Mann
distanziert, der sie und in den weiteren Auswirkungen zum Teil
auch das gesamte österreichische Hochschulwesen in weiten Kreisen der österreichischen Öffentlichkeit in Verruf gebracht hat.
Es ist ein Sieg für Österreich: Jene Kräfte haben sich durchge-
setzt, denen ihr Heimatland seine Selbständigkeit, der Begriff
der österreichischen Nation und die Achtung vor dem Mitbürger,
welcher Rasse, Religion oder Herkunft er auch immer sei, eine
Herzenssache ist.

Es muß uns dabei mit besonderer Genugtuung erfüllen, zu erkennen, daß gerade jetzt, wo die politischen Fronten in unserem Land sich stärker als in den Jahren vorher profilieren, das Gemeinsame nicht völlig verlorengegangen ist. Daß es offenbar doch noch in allen Lagern eine breite Basis von bewußten Demokraten und Antifaschisten gibt, was uns auch für die Zukunft hoffnungsvoll sein läßt, weil dies, wie sich eben zeigte, auch imstande ist, Auswüchse der großen Politik zu korrigieren.

Wir können und wollen auch nicht daran vorbeisehen, daß das Verfahren gegen Borodajkewycz sehr schleppend vonstatten gegangen ist, sowohl seine Vorbereitung als auch die 14tägigen Beratungen selbst. Wir haben dies oft genug angeprangert. Wir stehen nicht an, die Dinge nun so zu erkennen, wie sie sich nach der Klärung präsentieren: Es war offensichtlich nicht so, daß man das Disziplinargericht völlig unbeeinflußt arbeiten lassen wollte, wie dies als Ausrede oft betont wurde. Die Meldungen von zahlreichen gewichtigen Interventionen zugunsten des Professors in den letzten Tagen zeigen uns, daß man dem Disziplinargericht seine Arbeit nicht leicht gemacht hat. Nicht die Straße, sondern irgendwelche Hintermänner im Dunkeln versuchten offensichtlich, auf dieses Gericht Druck auszuüben. Wir anerkennen den Mut der Mitglieder der Kommission, daß sie sich trotzdem ihrer Verantwortung gegenüber Österreich bewußt waren, zumal sie begründeterweise auch über die Reaktion ihres zuständigen Ressortministers im Zweifel sein konnten.

Und damit kommen wir zu einem springenden Punkt: Trifft nicht den Unterrichtsminister ein Gutteil der Schuld, daß es zu solchen Verzögerungen kommen konnte? Heute erklärt Piffl, daß er seine Einstellung zu antisemitischem Verhalten unmißverständlich zum Ausdruck gebracht habe, daß aber für das Disziplinarverfahren ausschließlich die Disziplinarkammer zuständig war. Niemand hat von Piffl je verlangt, daß er selbst das Disziplinarurteil sprechen soll. Was von ihm gefordert wurde, war die vorläufige und keine sachliche Beurteilung vorwegnehmende Suspendierung vom Dienst, wie dies bei jedem anderen Lehrer, der im Verdacht steht, etwas Gesetzwidriges getan zu haben, eine Selbstverständlichkeit ist.

Wir erinnern uns aber auch noch der Parlamentssitzung, in der der Unterrichtsminister eindeutig erklärte, er würde Borodajkewycz nicht suspendieren, selbst wenn er sich dazu berechtigt fühlte. Dr. Piffl kann es nicht ungeschehen machen, daß er sich damals schützend vor den Professor stellte. Er hat damit entscheidend zur Verwirrung der Geister beigetragen.

Borodajkewycz geht in Pension. Aber wir müssen uns darüber im klaren sein, daß mit diesem Akt allein nicht die Wunden beseitigt werden können, die geschlagen wurden. Das Opfer des Ungeistes, Ernst Kirchweger, kann nicht mehr zum Leben erweckt werden, und die Vorlesungen, in denen Borodajkewycz Dutzende, vielleicht sogar Hunderte aufstrebende junge Menschen mit seinem gefährlichen antisemitischen und antiösterreichischen Gedankengut infizierte, können nicht mehr ungeschehen gemacht werden.

Der Geist hat sich inzwischen von der Person selbständig gemacht. Dort, wo Borodajkewycz einst Wahlaufrufe schrieb, nämlich in Niederösterreichs ÖVP, mußten wir im letzten Wahlkampf vereinzelt wieder antisemitische Parolen vernehmen; Antisemitismus ist in Österreich in den letzten Monaten überhaupt wieder zu einer aktuellen Sorge geworden.

Darum darf unsere Genugtuung über den Spruch des Hochschuldisziplinargerichtes kein Triumphgeschrei sein, das in Untätigkeit endet. Das Urteil darf nur ein Anfang sein. Startschuß für einen Feldzug gegen den Ungeist, der auch nach diesem Urteil noch bestehen bleibt. Niemand, dem der Friede und die Menschlichkeit in Österreich am Herzen liegen, darf sich davon ausnehmen, die Gefahr der ideologischen Verirrung ist zu groß.

Die Entwicklung der letzten Zeit hat das Ansehen Österreichs im Ausland bereits stark beeinträchtigt, und man blickt vielfach mit Sorge auf unser Land. Das Urteil in der vielleicht schmerzlichsten Affäre dieser Art mag uns einen Pluspunkt geben. Es hat gezeigt, daß die demokratischen Kräfte in Österreich noch in der Mehrzahl sind, Borodajkewycz' Pensionierung darf aber nicht nur der Endpunkt in einer bisherigen Entwicklung sein, es muß ein Punkt der Umkehr werden.

Helmut Pfitzner

Volksblatt, Sonntag, 15. Mai 1966

Der Disziplinarsenat hat entschieden:
Borodajkewycz muß in Pension gehen

Nach zweiwöchigem Beweisverfahren hat gestern der Disziplinarsenat der Hochschule für Welthandel in Wien im Disziplinarverfahren gegen den außerordentlichen Professor Taras Borodajkewycz die Strafe einer dauernden Versetzung in den Ruhestand verhängt. Damit wurde auf rechtsstaatlichem Weg, unter voller Wahrung der Verfassungsbestimmungen, ein Fall abgeschlossen, der vor einem Jahr in Wien zu Demonstrationen geführt hatte, in deren Verlauf ein Todesopfer zu beklagen war. Professor Borodajkewycz waren vor allem nationalsozialistische und antisemitische Äußerungen vorgeworfen worden. Unmittelbar nach der Bekanntgabe des Urteils gab Unterrichtsminister Dr. Piffl-Perčevic dem ÖVP-Pressedienst eine Erklärung ab, in der er betont, seine Einstellung zu antisemitischem Verhalten habe er unmittelbar nach den Meldungen über die Pressekonferenz von Professor Borodajkewycz unmißverständlich vor dem Fernsehschirm zum Ausdruck gebracht. Er, Dr. Piffl, habe sich jedoch in der Folge ebenso unmißverständlich dazu bekannt, daß für die Feststellung, ob ein Hochschullehrer Äußerungen getan hat, die ihn zur Fortsetzung seiner Lehrtätigkeit nicht befähigen, ausschließlich die Disziplinarkammer zuständig ist.

Von der zuständigen Instanz beurteilt zu werden, erklärte Dr. Piffl-Perčevic weiter, sei ein Grund- und Freiheitsrecht und im Artikel 83 der österreichischen Bundesverfassung verankert. Wer an diesem Anspruch aus Unmut darüber rüttle, daß dieser Schutz einem ihm Mißliebigen zukommt, der rüttle an der Kuppel des Rechtsstaates, die über allen Österreichern einzustürzen droht, wenn auch nur ein Stein aus ihr herausgebrochen wird. Nunmehr sei in Form eines Disziplinarerkenntnisses der Spruch der allein zuständigen Disziplinarkammer gefällt worden, betonte der Unterrichtsminister abschließend.

Die Anfänge des ganzen Falles liegen mehr als ein Jahr zurück, als in Presseveröffentlichungen dem Prof. Borodajkewycz vorgeworfen wurde, in seinen Vorlesungen nationalsozialistische Auffassungen und vor allem antiösterreichische und antisemitische Tendenzen entwickelt zu haben. Es folgten Interpellationen im Parlament, in denen eingehend die nationalsozialistische Vergangenheit des Prof. Borodajkewycz dargestellt wurde, es kam am 23. März 1965 zu einer Pressekonferenz, bei der sich Borodajkewycz gegenüber verschiedenen Angriffen rechtfertigen sollte. In dieser Pressekonferenz hatte sich Borodajkewycz zu einer Reihe gegen ihn erhobener Vorwürfe bekannt, insbesondere zu den Äußerungen, man solle einmal »mit dem Unfug der Gauakten« aufhören, und zu der Tatsache, daß er vom Schöpfer der österreichischen Verfassung als vom »Juden Kelsen« gesprochen habe. Dies und eine Reihe weiterer Äußerungen, die von seinen Gegnern als Provokation bezeichnet wurden, veranlaßten insbesondere die Österreichische Widerstandsbewegung zu einer öffentlichen Kundgebung, bei der es zu tätlichen Auseinandersetzungen mit

Gegendemonstranten kam, in deren Verlauf ein Rentner tödliche Verletzungen erlitt.

Gegen Borodajkewycz wurden von der Staatsanwaltschaft Wien Vorerhebungen wegen § 3, Verbotsgesetz (Wiederbetätigung), eingeleitet, über deren Ergebnis die Oberstaatsanwaltschaft am 3. Juni 1965 eine Erklärung veröffentlichte, in der es heißt, daß das Verhalten des Professors »hart an der Grenze des Verbotsgesetzes« liege.

Schon im April 1965 hatte Borodajkewycz selbst an den Rektor der Hochschule für Welthandel das Ansuchen gerichtet, »unabhängig von den staatsanwaltschaftlichen Vorerhebungen gegen ihn ein Disziplinarverfahren einzuleiten und ihn bis auf weiteres zu beurlauben«.

Die Furche, Wien, 21. Mai 1966

Das Ende einer Affäre

Die über Prof. *Taras Borodajkewycz* verhängte Strafe der Versetzung in den Ruhestand ist (hoffentlich) der Schlußpunkt zu einer traurigen und beschämenden Affäre. Wer befürchtet hatte, die Professorenschaft würde von sich aus nicht imstande sein, das Problem zu bereinigen, und damit die Hochschulautonomie ad absurdum führen, konnte aufatmen: ein klarer Spruch, eine klare Strafe. Wer gehofft hatte, der Disziplinarsenat würde noch deutlicher und strenger urteilen, wird wohl einsehen müssen, daß die verhängte Strafe des Optimalste ist, was im derzeitigen geistig-politischen Klima Österreichs zu erreichen war.

Es ging in letzter Konsequenz gar nicht um Borodajkewycz — er ist nur ein Symptom; es ging schon gar nicht darum, ihn in seiner Existenz zu treffen. Es ging darum, manche Leute wissen zu lassen, daß es Grenzen gibt, die zu überschreiten auch in Österreich nicht lohnend ist; es ging darum, in Zukunft zu verhindern, daß ein Borodajkewycz als Professor an eine österreichische Hochschule berufen wird, daß er dort ein Jahrzehnt, trotz ständiger Entgleisungen und schärfster Proteste gegen ihn, gehalten wird, daß er erst nach größeren Unruhen, die das erste Opfer innenpolitischer Auseinandersetzungen in der Zweiten Republik forderten, und nach einem schleppenden Verfahren von dort entfernt wird, wo er nie hätte hinkommen dürfen. Und es ging letztlich darum, Österreichs Ansehen wiederherzustellen und zu verhindern, daß an unseren Hochschulen ein Professor unterrichten darf, von dem ein unabhängiges Gericht festgestellt hat, in seiner Geisteshaltung treffe sich »der Antisemitismus mit anderen Teilen der nationalsozialistischen Weltanschauung«.

Ein Symptom wäre bereinigt. Wer wagt sich an die Ursachen?

Erkenntnis

Die Disziplinaroberkommission für Hochschullehrer beim Bundesministerium für Wissenschaft und Forschung hat durch den Sektionschef Dr. jur. et Dr. rer. pol. Walter BRUNNER als Vorsitzenden und die Ministerialräte Dr. jur. Wilhelm DRÖSSLER und Dr. jur. Ludwig OTRUBA und die Ordentlichen Hochschulprofessoren Dipl. Ing. Dr. techn. Werner KRESSER und Dipl. Ing. Dr. Franz HAFNER als Beisitzer im Beisein des Schriftführers Oberkommissar Dr. jur. Leopoldine STUMPF über die Berufung des Außerordentlichen Hochschulprofessors Dr. phil. Taras BORODAJKEWYCZ gegen das Erkenntnis des Senates der Disziplinarkammer für Hochschullehrer an der Hochschule für Welthandel in Wien vom 1. Juli 1971 in Gegenwart des Beschuldigten und des Verteidigers Rechtsanwalt Dr. Olaf BORODAJKEWYCZ sowie des Disziplinaranwaltes Sektionsrat Dr. jur. Walter OTTMANN nach der am 29. November 1971 durchgeführten mündlichen Verhandlung zurecht erkannt:

1.) Der Berufung des Beschuldigten wird hinsichtlich des Ausspruches über die Schuld keine Folge gegeben und das erstinstanzliche Erkenntnis hinsichtlich des Schuldspruches des Punktes I dieses Erkenntnisses, wonach Dr. Taras BORODAJKEWYCZ seit 1955 wiederholt in seinen Lehrveranstaltungen und bei öffentlichen Prüfungen Personen der Geschichte und der Gegenwart als Juden gekennzeichnet habe, ohne daß hierfür ein begründeter Anlaß bestanden habe, dies in grobfahrlässiger Weise getan habe, um diese Personen verächtlich zu machen, und damit den Tatbestand eines Dienstvergehens gemäß § 1 des Bundesgesetzes vom 26. Oktober 1934, BGBl. Nr. II 334, betreffend die Handhabung der Disziplinargewalt über die Bundeslehrer an den Hochschulen, gesetzt habe, vollinhaltlich bestätigt.

2.) Der Berufung des Beschuldigten hinsichtlich des Ausspruches über die Strafe wird teilweise Folge gegeben, das Erkenntnis der I. Instanz hinsichtlich des Ausspruches über die Strafe aufgehoben und über den Außerordentlichen Hochschulprofessor Dr. Taras BORODAJKEWYCZ gemäß § 3 Abs. 1 lit. d des Bundesgesetzes vom 26. Oktober 1934, BGBl. Nr. II 334, im Zusammenhalt mit § 93 Abs. 1 lit. d und § 97 der Dienstpragmatik die Disziplinarstrafe der Versetzung in den Ruhestand bis 30. September 1972 mit um 1 % gemindertem Ruhegenuß verhängt. Der Ersatz allfälliger Kosten des Verfahrens wird gemäß § 128 der Dienstpragmatik dem Beschuldigten auferlegt.

Entscheidungsgründe

Der Außerordentliche Hochschulprofessor Dr. Taras BORODAJKE-WYCZ wurde mit Erkenntnis des Disziplinarsenates der Disziplinarkammer für Hochschullehrer an der Hochschule für Welthandel in Wien vom 1. Juli 1971 für schuldig befunden, seit 1955 wiederholt in seinen Lehrveranstaltungen und bei öffentlichen Prüfungen Personen der Geschichte und der Gegenwart als Juden gekennzeichnet zu haben, ohne daß hierfür eine begründeter Anlaß bestanden habe; dies habe er in grobfahrlässiger Weise getan, um diese Personen verächtlich zu machen.

Die Tat wurde als Dienstvergehen gemäß § 1 des Bundesgesetzes vom 26. Oktober 1934, BGBl. II Nr. 334, betreffend die Handhabung der Disziplinargewalt über die Bundeslehrer an Hochschulen, qualifiziert und gemäß § 3 Abs. 1 lit. d dieses Gesetzes wurde über ihn die Disziplinarstrafe der Versetzung in den Ruhestand bis 30. Juni 1973 mit um 1% gemindertem Ruhegenuß verhängt.

Für die I. Instanz waren im wesentlichen folgende Erwägungen maßgebend:

Der Disziplinarkammer für Hochschullehrer an der Hochschule für Welthandel in Wien wurde mit Beschluß der Disziplinaroberkommission beim Bundesministerium für Unterreicht vom 4. Dezember 1969 aufgetragen, das Disziplinarverfahren gegen Dr. Taras BORODAJ-KEWYCZ gemäß § 127 Abs. 1 der Dienstpragmatik zur Gänze unter Zugrundelegung des Verweisungsbeschlusses vom 26. Jänner 1966 erneut durchzuführen.

Nach eingehender und gewissenhafter Abwägung aller Umstände, die für und gegen den beschuldigten Beamten sprechen, kam die erste Instanz zur Ansicht, daß der im Punkt I des Verweisungsbeschlusses vom 26. Jänner 1966 gegen den beschuldigten Beamten erhobene Vorwurf ein Disziplinarvergehen darstelle. Bei Beurteilung des im Punkt I des Verweisungsbeschlusses vom 26. Jänner 1966 gegen den beschuldigten Beamten erhobenen Vorwurf war auf folgende Tatbestände Bedacht zu nehmen:
1. Die Kennzeichnung von Personen der Geschichte und der Gegenwart als Juden;
2. Überprüfung der objektiven Notwendigkeit für die Bezeichnung von Personen der Geschichte und Gegenwart als Juden;
3. das Moment der Öffentlichkeit;

4. die Frage, ob den beschuldigten Beamten an den gegenständlichen Vorfällen ein Verschulden trifft;
5. das wiederholte Vorkommen der in Rede stehenden Äußerungen;
6. der Umstand der Rücksichtnahme auf mögliche Schädigungen oder Gefährdungen von Interessen des Staates, der Hochschule, der Forschung oder Lehre.

Zu Punkt 1:

Der beschuldigte Beamte hat bei seiner Vernehmung durch den Senat der ersten Instanz mehrmals ausdrücklich selbst ausgesagt, daß er Personen der Geschichte und der Gegenwart als Juden bezeichnet habe. Er gab ferner an, bei Prüfungen Prüfungskandidaten immer wieder nach Abstammung gewisser Personen gefragt zu haben, die jüdischer Herkunft sind.

Zu Punkt 2:

Zur Frage der objektiven Notwendigkeit, Personen der Geschichte und der Gegenwart als Juden zu bezeichnen, sagte der beschuldigte Beamte aus, daß er sich hierzu verpflichtet fühlte. Er vermochte jedoch für diese Verpflichtung keine glaubwürdige Begründung zu geben. So erschien dem erkennenden Senat der ersten Instanz etwa auch dieser immer wieder gemachte Hinweis des beschuldigten Beamten, daß Karl Marx seine Lehre von Ricardo ableitet und daß, um diesen Umstand verstehen zu können, die Kenntnis der jüdischen Abstammung beider Persönlichkeiten notwendig ist, als objektiv nicht gerechtfertigt. Auch die Bezeichnung Kelsens als Israeli, wie dies in der sogenannten Pressekonferenz in der Hochschule für Welthandel erfolgt ist, zieht die Behauptung der objektiven Notwendigkeit des beschuldigten Beamten, die jüdische Abstammung einer Person zu nennen, aufs schärfste in Zweifel. Der Senat der ersten Instanz hat daher als erwiesen angenommen, daß die vom Beschuldigten behauptete objektive Notwendigkeit der Anführung der jüdischen Abstammung von Personen der Geschichte und Gegenwart nicht gegeben ist.

Zu Punkt 3:

Das Moment der Öffentlichkeit ist bei den vom beschuldigten Beamten gemachten Äußerungen über die jüdische Abstammung von Personen der Geschichte und Gegenwart von keiner Seite jemals in Zweifel gezogen worden. Es wurde im Gegenteil sowohl vom beschuldigten Beamten als auch von den Zeugen immer wieder davon gesprochen, daß derartige Äußerungen in Vorlesungen und bei Prüfungen gemacht worden sind. Auch die internationale Presse hat von den Vorgängen rund um den beschuldigten Beamten Kenntnis erlangt.

Zu Punkt 4:

Der beschuldigte Beamte sagte im Verlauf der mündlichen Verhandlungen selbst mehrmals aus, er würde rückblickend in mancher Hinsicht jetzt anders handeln und in der Wahl des Ausdruckes vorsichtiger sein. Diese Aussagen machte der beschuldigte Beamte, als er unter anderem auch vom Disziplinaranwalt darüber befragt wurde, ob er die Form, in der er gewisse Äußerungen im Zusammenhang mit der Nennung von Personen jüdischer Herkunft machte, für richtig halte. Der Senat der ersten Instanz hat daher in diesem Punkt die Schuldform der groben Fahrlässigkeit als gegeben und erwiesen angenommen.

Zu Punkt 5:
Der beschuldigte Beamte hat zugegebenermaßen seit 1955 wiederholt in seinen Lehrveranstaltungen und bei öffentlichen Prüfungen Personen der Geschichte und der Gegenwart als Juden bezeichnet, ohne daß hiefür ein begründeter Anlaß bestanden hätte.

Zu Punkt 6:
Auf Grund der Aussagen mehrerer Zeugen geht hervor, daß der beschuldigte Beamte ohne begründeten Anlaß wiederholt Persönlichkeiten der Geschichte und der Gegenwart als Juden gekennzeichnet hat. Das Verhalten des Beschuldigten stellt eine Verletzung der Pflichten eines Hochschulprofessors dar, da durch seine Handlungsweise die Möglichkeit der Schädigung und Gefährdung der Interessen des Staates, der Hochschule, der Forschung oder der Lehrer gegeben war.

Gegen diesen Schuldspruch wurde vom Verteidiger namens des Beschuldigten in offener Frist berufen.

In der Berufung, die den Ausspruch über die Schuld und die Strafe bekämpft, wird ausgeführt:
Mit Erkenntnis der ersten Instanz vom 14. Mai 1966 sei Dr. BORODAJKEWYCZ in vier Punkten schuldig befunden worden, seine Amtspflichten verletzt zu haben, in sieben weiteren Punkten sei er jedoch freigesprochen worden. Gegen dieses Erkenntnis habe der Beschuldigte, jedoch nicht der Disziplinaranwalt, am 3. Juni 1966 Berufung eingebracht. Mit Beschluß vom 29. November 1967 habe die Disziplinaroberkommission für Hochschullehrer beim Bundesministerium für Unterricht der Berufung Folge gegeben und das Erkenntnis der ersten Instanz unter gleichzeitiger Zurückverweisung der Disziplinarsache an die Disziplinarkammer bei der Hochschule für Welthandel aufgehoben. Nach Neudurchführung der Verhandlung sei der Beschuldigte vom Senat der Disziplinarkammer für Hochschullehrer an der Hochschule für Welthandel in Wien mit Erkenntnis vom 1. Juli 1971 nur mehr in einem einzigen Punkt eines Dienstvergehens für schuldig erkannt worden, wogegen sich nunmehr seine gegenständliche Berufung richte.

a) Zur unrichtigen Beweiswürdigung wurde seitens des Verteidigers ausgeführt, das angefochtene Erkenntnis habe großes Gewicht auf die

Feststellung gelegt, daß dem Zeugen Dkfm. STIRNEMANN volle Glaubwürdigkeit zukomme. Der Grund dafür könne darin gelegen sein, daß es sich bei dem Genannten um den einzigen Zeugen handle, der belastend und auch das mit Einschränkung ausgesagt hätte. Dkfm. STIRNENMANN hätte erklärt, der Beschuldigte habe die Nennung der jüdischen Abstammung der Personen der Geschichte und der Gegenwart ohne begründeten Anlaß vorgenommen. Diese Aussage allein sei für das verurteilende Erkenntnis der ersten Instanz maßgebend gewesen. Die Aussage von acht Entlastungszeugen, die erklärten, der Vortrag des Beschuldigten sei objektiv und sachlich gewesen, wäre von der ersten Instanz nicht berücksichtigt worden.

b) Zur unrichtigen rechtlichen Beurteilung führte der Verteidiger aus, zur Verwirklichung des Tatbestandes nach Punkt I des Erkenntnisses habe die vom Gesetz geforderte Schuldform des dolus gefehlt, da im Erkenntnis selbst nur von grobfahrlässiger Verächtlichmachung gesprochen werde. Mit diesem Schuldspruch habe sich der Senat auf den Standpunkt gestellt, daß bei Ehrenbeleidigung Fahrlässigkeit als Schuldform genüge. Nach herrschender Lehre und Rechtssprechung werde bei der Beleidigung als Schuldform der Vorsatz verlangt. Der Beschuldigte habe es jedoch als seine Pflicht angesehen, bei Personen der Geschichte und Gegenwart auf ihre jüdische Abstammung hinzuweisen, wenn es zum Verständnis der Lehre notwendig gewesen sei.

c) Hinsichtlich der Verjährung wurde vom Verteidiger ausgeführt, daß mit der Dienstpragmatik-Novelle 1956 der § 87 a in die Dienstpragmatik eingeführt worden sei, nach welcher Gesetzesstelle die Verfolgung von Beamten wegen Verletzung der Standes- oder Amtspflichten ausgeschlossen sei, wenn die Pflichtverletzung bei Dienstvergehen mehr als fünf Jahre zurückliege. Eine Nichtanwendung dieser Bestimmung gerade auf Hochschullehrer innerhalb des Personenkreises der Bundesbeamten wäre sachlich nicht gerechtfertigt und würde in verfassungswidriger Weise den Gleichstellungsgrundsatz verletzen. Da der Zeuge Dkfm. STIRNEMANN seine belasteten Wahrnehmungen in den Jahren 1957 und 1958 gemacht habe, und die erste Verfolgungshandlung erst im Frühjahr 1965 gesetzt worden sei, stehe die Verjährungsbestimmung der Dienstpragmatik der Verfolgung des Beschuldigten entgegen.

d) Hinsichtlich der Verletzung des Rechtsgrundsatzes „ne bis in idem" und des Verbotes der reformatio in peius führte der Verteidiger aus:

Der Anschuldigungspunkt I des Verweisungsbeschlusses vom 26. 1. 1966, der dem ersten Rechtsgang zugrunde gelegen sei, habe gelautet: „Der beschuldigte Beamte hat seit 1955 wiederholt in seinen Lehrveranstaltungen und bei öffentlichen Prüfungen Personen der Geschichte und der Gegenwart als Juden gekennzeichnet, ohne daß hierfür ein begründeter Anlaß bestand; er tat dies in der Absicht, diese Personen verächtlich zu machen."

Punkt III/1 des Erkenntnisses der ersten Instanz vom 14. Mai 1966 habe gelautet: „Dagegen wird der beschuldigte Beamte, soweit ihm vorgeworfen wird, er habe Persönlichkeiten jüdischer Herkunft absichtlich verächtlich machen wollen oder durch die Art und Weise der Nennung den Eindruck der verächtlichen Benennung leichtfertig hervorgerufen, freigesprochen."

Punkt I des Schuldspruches des Erkenntnisses der ersten Instanz vom 1. Juli 1971 habe gelautet: „Der beschuldigte Besamte wird im Sinne des Punktes I des Verweisungsbeschlusses vom 26. Jänner 1966 für schuldig erkannt: „Er hat seit 1955 wiederholt bei Lehrveranstaltungen und bei öffentlichen Prüfungen Personen der Geschichte und der Gegenwart als Juden gekennzeichnet, ohne daß hiefür ein begründeter Anlaß bestand; er tat dies in grobfahrlässiger Weise, um die Personen verächtlich zu machen."

Aus der Gegenüberstellung des Wortlautes des Punkte I des Verweisungsbeschlusses vom 26. Jänner 1966 mit dem Punkt III/1 des Erkenntnisses vom 20. Mai 1966 gehe nach Auffassung des Verteidigers unzweifelhaft hervor, daß der beschuldigte Beamte von der ihm im Punkt I des Verweisungsbeschlusses angelasteten Tat freigesprochen sei. Da dieser Freispruch vom Disziplinaranwalt nicht angefochten worden sei, sei er in Rechtskraft erwachsen.

Der in jedem Strafverfahren gültige Grundsatz ne bis idem äußere sich darin, daß dieselbe Sache nicht noch einmal Gegenstand einer Aburteilung werden und ein allfälliges zweites Verfahren nur mit einem Freispruch enden dürfe. Die materielle Rechtskraft einer Entscheidung sei von Amtswegen in der Lage des Verfahrens wahrzunehmen. Laut herrschender Rechtsauffassung könne ein Freispruch nur zum Nachteil des Angeklagten angefochten werden, da der Grundsatz des Verbotes der reformatio in peius gelte. In diesem Zusammenhang verwies der Verteidiger auf die einschlägige juristische Literatur.

e) Nach Auffassung des Verteidigers wäre ferner auch der Rücktritt des Disziplinaranwaltes von der Anklage zu beachten. Im ersten Rechtsgang habe der Disziplinaranwalt erklärt, er werfe dem Beschuldigten keine antiösterreichische, neo-nazistische und antisemitische Gesinnung vor. Um einen solchen Anschuldigungspunkt handle es sich aber bei Punkt I des Verweisungsbeschlusses vom 26. Jänner 1966. Da aber im Disziplinarverfahren ebenso wie in Strafverfahren der Anklagegrundsatz gelte, wäre in diesem Punkt nach Rücktritt des Anklägers von der Anklage mit Freispruch vorzugehen gewesen.

Die Berufung schließt mit dem Antrag, den Außerordentlichen Hochschulprofessor Dr. phil. Taras BORODAJKEWYCZ von der Anschuldigung des Punktes I im Erkenntnis des Senates der Disziplinarkammer für Hochschullehrer an der Hochschule für Welthandel in Wien vom 1. Juli 1971 freizusprechen.

Dazu hat der erkennende Senat nach eingehender Prüfung der Aktenlage und nach durchgeführter mündlicher Verhandlung folgendes erwogen:

In Übereinstimmung mit der ersten Instanz ist die Disziplinaroberkommission der Auffassung, daß die Tathandlung des Beschuldigten als Dienstvergehen zu werten ist. Die Berufungsinstanz pflichtet den vorstehenden Entscheidungsgründen der Disziplinarkammer der Hochschule für Welthandel vollinhaltlich bei.

Der beschuldigte Beamte hat auch vor dem erkennenden Senat zugegeben, Personen der Geschichte und der Gegenwart als Juden bezeichnet zu haben, er behauptet jedoch, daß dies zum besseren Verständnis der Lehren, die von Personen jüdischer Abstammung aufgestellt worden sind, notwendig gewesen sei.

Der erkennende Senat ist wie die I. Instanz zur Überzeugung gelangt, daß für den Beschuldigten kein begründeter Anlaß bestanden hat, Personen der Geschichte und der Gegenwart mit einem negativen Wertakzent als Juden zu kennzeichnen. Einem Hochschulprofessor kommt bei Ausübung seines Berufes eine erhöhte Verantwortung zu, welche darin zum Ausdruck kommt, alles zu vermeiden, was in irgendeiner Hinsicht die Interessen des Staates, der Hochschule, der Forschung oder der Lehre schädigen oder gefährden könnte. Es ist unter allen Umständen zu berücksichtigen, daß gerade einem Hochschullehrer bei der Ausübung seines Berufes in Vorlesungen und Seminaren und bei Prüfungen Personen anvertraut sind, die auf Grund ihres Alters in der Regel noch keine ausreichend gefestigte Ansicht über die Interessen des Staates, der Hochschule, der Forschung und Lehre haben. Gerade von einem Hochschullehrer, der fast immer im Blickfeld der Öffentlichkeit steht, muß gefordert werden, daß er sich seiner Vertrauensstellung bewußt ist und niemals den Anschein einer nicht objektiven oder gar gehässigen Haltung erwecken darf. Allen Beteuerungen des Beschuldigten, die jüdische Abstammung von Personen nur aus begründetem Anlaß genannt zu haben, muß entgegengehalten werden, daß sich das Wort „Jude" wie ein roter Faden durch seine Lehrveranstaltungen und Prüfungen gezogen hat, eine Tatsache, die von Belastungszeugen und Entlastungszeugen bestätigt wird.

Aus den obenangeführten Gründen konnte das Verhalten des Beschuldigten vom erkennenden Senat nur als Dienstvergehen gewertet werden.

Hinsichtlich der von der Verteidigung geltend gemachten Verfahrensmängel hat der erkennende Senat erwogen:

a) Zum Mangel der vom Gesetz geforderten Schuldform:
Das Disziplinarrecht kennt im Gegensatz zum Strafrecht keine genau umschriebenen Tatbestände, sondern nur Tatbestände allgemein gehaltenen Inhalts und zwar in diesem Zusammenhang die Verletzung der Pflichten eines Hochschullehrers. Dieser Tatbestand ist dann als Dienstvergehen zu werten, wenn die Interessen des Staates, der Hochschule, der Forschung oder Lehre geschädigt oder gefährdet sind. Zum Unterschied vom Strafrecht wird im Disziplinarrecht die besondere Schuldform des dolus nicht gefordert.

b) Zur Verjährung:
Nach § 87 a der Dienstpragmatik verjähren Pflichtverletzungen, die als Dienstvergehen zu werten sind, wenn innerhalb von fünf Jahren nach Beendigung des pflichtwidrigen Verhaltens kein Disziplinarverfahren eingeleitet worden ist. Der Hinweis in der Berufungsschrift, daß Verjährung eingetreten sei, geht ins Leere, da der Beschuldigte sein pflichtenwidriges Verhalten nicht nur in den Jahren ab 1955 gesetzt hat, sondern die Art der Abhaltung seiner Lehrveranstaltungen und Prüfungen bis zur Einleitung des Disziplinarverfahrens im Jahre 1965 beibehalten hat. Nach seiner eigenen Aussage hat es der Beschuldigte für notwendig befunden, Personen der Geschichte und der Gegenwart als Juden zu bezeichnen. Vor Einleitung des Disziplinarverfahrens gab es für ihn keinen Anlaß, seine Lehr- und Vortragsmethode zu ändern.

c) Zur Verletzung der Grundsätze ne bis in idem und des Verbotes der reformatio in peius:
Grundsätzlich ist festzustellen, daß das Disziplinarverfahren nicht analog zum Strafverfahren durchzuführen ist, sondern in der Dienstpragmatik ein eigenes Verfahren vorgesehen ist. Die Strafprozeßordung ist nur subsidiär heranzuziehen insbesondere dann, wenn in der Dienstpragmatik ausdrücklich darauf verwiesen wird. Das Erkenntnis der ersten Instanz vom 20. Mai 1966 wurde mit Beschluß der Disziplinaroberkommission gemäß § 134 Abs. 1 lit. b der Dienstpragmatik aufgehoben, und die Disziplinarsache an die Disziplinarkammer für Hochschullehrer an der Hochschule für Welthandel zurückverwiesen, weil die neuen Anschuldigungspunkte des Verweisungsbeschlusses nicht zur Grundlage des Disziplinarerkenntnisses genommen worden sind. Als weiterer wesentlicher Mangel wurde insbesondere die Nichtanführung der angewandten Rechtsvorschriften und die mangelnde Konkretisierung jener Anschuldigungspunkte, bezüglich derer der Hochschullehrer schuldig gesprochen worden ist, bezeichnet.

Der erkennende Senat ist jedoch der Auffassung, daß das Erkenntnis vom 20. Mai 1966 dem gesamten Inhalt nach aufgehoben, und die

Disziplinarsache zur neuerlichen Durchführung einer mündlichen Verhandlung an die erste Instanz zurückverwiesen wurde.

Der Grundsatz des Verbotes der reformatio in peius kann nach Ansicht der Disziplinaroberkommission nur auf das Erkenntnis dem <u>gesamten Inhalt nach</u> bezogen werden. Daher stellt die mit Erkenntnis vom 1. Juli 1971 verhängte Disziplinarstrafe keine Strafverschärfung gegenüber der mit Erkenntnis vom 14. Mai 1966 ausgesprochenen Disziplinarstrafe dar.

Hinsichtlich des Ausspruches über die Strafe hat die Disziplinaroberkommission erwogen:
Im Hinblick auf die amtsbekannte Erkrankung des Beschuldigten, sein vorgeschrittenes Lebensalter (geboren am 1. Oktober 1902) sowie auf die durch Suspendierung unter Kürzung der Bezüge auf 75 % erheblichen, jahrelangen finanziellen Einbußen gelangte die Disziplinaroberkommission zur Überzeugung, daß eine Herabsetzung der Disziplinarstrafe gerechtfertigt ist und mit einem geringeren Strafausmaß das Auslangen gefunden werden kann, zumal im Verfahren keine erschwerenden Umstände festgestellt werden konnten.

Gegen dieses Disziplinarerkenntnis ist ein ordentliches Rechtsmittel nicht mehr zulässig.

Wien, am 12. Dezember 1971

Sektionschef und Vorsitzender der
Disziplinaroberkommission für Hochschullehrer
beim Bundesministerium für Wissenschaft und Forschung.

DDr. Walter Brunner, eh.

Für die Richtigkeit
der Ausfertigung: Seif

Disziplinaroberkommission beim
Bundesministerium für Wissenschaft u. Forschung

IRENE HARAND
Sein Kampf – Antwort an Hitler

Irene Harand (1900, Wien – 1975, New York) publizierte dieses Werk 1935: Antworten auf Aussagen Hitlers und anderer Nazis – einfach, luzid, überzeugend, damals wie heute gültig und aufklärend. Das Buch wurde in Deutschland bald verboten. Mit dieser Neuauflage ist es nach 70 Jahren wieder verfügbar.

Am 12. März 2005 erklang Irene Harands Werk und damit zum ersten Mal ein von den Nazis verbotenes und verbranntes Buch auf dem prominentesten Platz Österreichs: dem Wiener Stephansplatz. 100 Persönlichkeiten lasen 14 Stunden das gesamte Buch und erhoben ihre Stimme mit Irene Harand gegen Hitler, Rassenhass und Menschennot. Die ganze Lesung war auf einer großen Videowall auf dem Platz und zwei Monate lang im Internet zu sehen.

„Der Nationalsozialismus wirkt wie Gift, wenn er der Jugend eingepflanzt wird, um ihren Hass gegen andere Menschengruppen zu entfachen. Ohne einen solchen Nationalismus gäbe es keinen Krieg."

„Es ist kein Zweifel, dass die Welt krank ist. Wenn in unserer Menschengemeinschaft möglich ist, dass man Weizen verbrennt, Baumwolle vernichtet, Kaffee und sonstige Herrlichkeiten in das Meer wirft, die Anbauflächen verringert, Betriebe sperrt, während Hunderte Millionen von Menschen hungern, so ist es zweifelos, dass irgendein Fehler in dem Mechanismus der Weltwirtschaft besteht, der entdeckt und beseitigt werden müsste. ... Ich habe viel über die Sache nachgedacht und bin zur Überzeugung gekommen, dass das Problem der gerechten und vernüftigen Verteilung der Güter dieser Erde nicht unlösbar ist, wenn man den guten Willen aufbringt, auch denjenigen Menschen das Recht auf Leben zuzubilligen, die nicht mit Glücksgütern gesegnet sind."

Irene Harand

EPHELANT VERLAG – 20,5x13,2, Br., 320 S.; € 22,00; Sfr 39,00
ISBN3-900766-16-9

HUNDERT OSTERREICHERINNEN
UND ÖSTERREICHER
100 Vorschläge für ein besseres Österreich

Die hundert Stimmen, die sich mit Irene Harand gegen Hitler, Rassenhass und Menschennot im Jahre 2005 erhoben (s. o.), bilden jetzt einen hundertstimmigen Chor für ein besseres Österreich.

Davon ausgehend, dass sich Irene Harand vor 70 Jahren gegen und für etwas damals Aktuelles eingesetzt hatte, ersuchte Franz Richard Reiter die Leserinnen und Leser, Vorschläge für ein besseres Österreich zu ersinnen und zu Papier zu bringen.

Das Ergebnis: eine Fülle von überraschenden und interessanten Vorstellungen, die – wegweisend für ein lebenswertes Österreich – sich an Verantwortliche wie an jeden einzelnen von uns richten.

Die Autorinnen und Autoren:
Ludwig Adamovich + Bernhard Bachovsky + Heidi Baratta + Roland Batik + Siegfried Beer + Anne Bennent + Christian Berger + Maria Bill + Joachim Bißmeier + Gerhard Botz + Ernesto Cardenal + Tamar Citak + Michel Cullin + Daniela Dadieu-Ebenbauer + Joe Deph + Dusan Djurdjevic + Elisabeth Ebner + Paul Chaim Eisenberg + Marianne Enigl + Robert Eiter + Adrian Eröd + Agnes Essl + Europäische Mittelschule, Wien, Klasse 2 d + Otto Friedrich + Winfried R.Garscha + Rudolf Gelbard + Elfriede Gerstl + Christine Gleixner + Primavera Gruber + Karlheinz Hackl + Elfriede Hammerl + Barbara Helige + André Heller + Michael Heltau + Friedrich Hoess + Maresa Hörbiger + Aneta Hristova + Lakis (Eleftherios) Iordanopoulos + Konstantin Kaiser + Irmtraut Karlsson + Stefan Karner + Michael Kernstock + Michael Klima + Gerda Klingenböck + Max Koch + Wolfgang Kos + Peter Kreisky + Adalbert Krims + Franz Küberl + Topsy Küppers + Michael Landau + Peter Landesmann + Lisa Langbein + Otto Lechner + Herbert Lederer + Silvio Lehmann + Erich Leitenberger + Maximilian Liebmann + Rosa Logar + Helmut Lohner + Sylvia Löw + Peter Marboe + Peter Matic + Wolfgang Mayr + Friederike Mayröcker + Leo Mazakarini + Karl Merkatz + Conny Hannes Meyer + Kristine Morina + Alfred Noll + Heinz Nußbaumer + Elfriede Ott + Peter Patzak + Peter Pelinka + Hugo Pepper + Rotraud A. Perner + Eva Petrik + Franz-Leo Popp

+ Linde Prelog + Wolfgang Quatember + Doron Rabinovici + Hans Rauscher + Werner Reiss + Anna Roitter + Gerhard Ruiss + Julian Salbaba + Robert Salmeyer + Rudolf Sarközi + Aviella Schächter + Jamila Schamanek + Hans Henning Scharsach + Robert Schmidt + Matthias Schneider + Werner Schneyder + Christoph Schönborn + Dietmar Schönherr + Elisabeth Schrattenholzer + Daniel Schreiber + Fabian Schreiber + Kurt Schubert + Gabriele Schuchter + Maria Schwarz-Schlöglmann + Hubert Sielecki + Mosa Sisic + Robert Sperl + Ruth Steiner + Otto Strasser + Alfred Ströer + Elena Strubakis + Natascha Strubakis + Irma Trksak +Peter Turrini + Eduard Vass + Valentin Waechter + Ernst Florian Winter + Alfred Worm + Martina Zuber

EPHELANT VERLAG – 20,5x13,2, Br., 300S.; € 22,00; Sfr 39,00
ISBN3-900766-19-3

F. R. REITER (Hg.)

Wer war Leopold Ungar?

Die erste, authentische Antwort gibt Prälat Leopold Ungar selbst – in seinem hier zum ersten Mal gedruckten Vortrag „Der neue Mensch".

Vierzig Autoren legen Zeugnis ab, berichten und analysieren:
Alexander Abrahamowicz • Dolores M. Bauer • Michael Benedikt Helmut Blasche • Franc Bole • Erwin Chargaff • Herberth Czermak Johannes Dantine • Peter Devereaux • Clare Deveson • Bernhard Dolna • Hubert Feichtlbauer • Gregory Felling • Eva-Maria Geiblinger • James Gillcrist • Michael Guttenbrunner • Wini Guttenbrunner • Adolf Holl • Georg Hüssler • Peter Jünnemann • Egon Kapellari • Ali Kielmansegg • Eric Kirkby • Franz König • Uta Krammer • Adalbert Krims • Fred Mayer • Erika Mitterer • Walter Joseph Palham • Zsolt Nikolaus Patka • Werner Reiss • Erwin Rennert • Erwin Ringel • Rainer Rosenberg • Dietmar Schönherr • Friedrich Schuhmayer • Helmut Schüller • Wolfgang Sonnleitner • Reinhold Stecher • Gordon F. van der Veen • Peter Weck

EPHELANT VERLAG – 20,5x13,2, Br., 224S.; € 22,00; Sfr 39,00
ISBN3-900766-08-8

F. R. REITER (Hg.)

Wer war Bruno Kreisky?

Vierzig Autoren legen Zeugnis ab, berichten und analysieren:
Uri Avnery • Egon Bahr • Ahmed Ben Salah • Anton Benya • Paul
Blau • Trautl Brandstaller • Johanna Dohnal • Heinz Fischer
Rupert Gmoser • Alfred Gusenbauer • Michael Guttenbrunner
Otmar Höll • Hans Igler • Peter Jankowitsch • Rosa Jochmann
Rudolf Kirchschläger • Henry Kissinger • Reinhold Knoll • Teddy
Kollek • Helmut Kramer • Peter Kreisky • Herbert Krejci • Erwin
Lanc • Paavo Lipponen • Peter Marboe • Egon Matzner • Ewald
Nowotny • Heinz Nußbaumer • Gustav Peichl • Erika Pluhar
Margit Schmid • Werner Schneyder • Dietmar Schönherr • Gernot
Sonneck • Hans J. Thalberg • Reinhard Tramontana • Alexander
Van der Bellen • Kurt Vorhofer • Erika Weinzierl • Jean Ziegler

EPHELANT VERLAG – 20,5x13,2, Br., 304S.; € 22,00; Sfr 39,00
ISBN3-900766-14-2

FRANZ DANIMANN (Hg.)

Flüsterwitze und Spottgedichte unterm Hakenkreuz

Was heute als guter Witz erscheint, war unterm Hakenkreuz zugleich
Humor als Waffe. Der „Galgenhumor" von „Volksschädlingen" und
„Miesmachern" führte nach dem Heimtückegesetz und dem Sonder-
strafrecht ins Gefängnis, in ein KZ oder zur Hinrichtung.
Die Sammlung von Flüsterwitzen und Spottgedichten dokumentiert
die Unterdrückung im Alltag und den Widerstandswillen breiter
Schichten gegen die nationalsozialistische Herrschaft.
Neben der Witze- und Gedichtesammlung beinhaltet das Buch ein-
schlägige Gesetze und faksimilierte Gerichtsurteile.

EPHELANT VERLAG – 20,5 x 13,2, Br., 208 S.; € 22,00; Sfr 39,00
ISBN 3-900766-13-4

IAKOVOS KAMBANELLIS
Die Freiheit kam im Mai
erstmals aus dem Griechischen ins Deutsche übertragen von
ELENA STRUBAKIS

mit der CD

Mauthausen Cantata
TEXT: **IAKOVOS KAMBANELLIS**
MUSIK: **MIKIS THEODORAKIS**
SCHLUSSWORT: **SIMON WIESENTHAL**

Iakovos Kambanellis zählt zu den bekanntesten Bühnen- und Film-autoren Griechenlands. Seine Popularität gründet sich ebenso auf die oft gespielten und gesungenen Vertonungen seiner Gedichte, besonders auf die weltweit bekannte „Mauthausen Cantata", die von Mikis Theodorakis vertont wurde.

Iakovos Kambanellis war Häftling im Konzentrationslager Maut-hausen. Er schildert die Zeit der Gefangenschaft, den Tag der Be-freiung, den 5. Mai 1945, das Leben im Lager in den folgenden Monaten und die Kontakte mit der Bevölkerung in den nahen Dör-fern und Bauernhöfen, das Leben des Aufbruchs in die Freiheit, die ersten Schritte in eine neue Epoche.

Mikis Theodorakis sagt zu dieser ersten Übersetzung des Wer-kes ins Deutsche, das in Griechenland mehr als 30 Mal aufgelegt wurde:
„Der Dichter beweist in seinem Buch, dass er stärker als seine Kerkermeister ist, weil er uns überzeugend zeigt, dass sich sogar in der Hölle die Liebe letztendlich als das Stärkere erweist."

EPHELANT VERLAG – 28,6x14,2, Br., 336S.; € 22,00; Sfr 39,00
ISBN978-3-900766-17-7

mit der CD „Mauthausen Cantata" € 39,00; Sfr 62,00
ISBN978-3-900766-18-4

Von der CD ist die Live-Aufnahme vom 7. Mai 1995 des Konzerts zu hören, das Maria Farantouri im ehemaligen KZ sang. Mikis Theodorakis dirigierte, Iakovos Kambanellis sprach. Auf hebräisch singt die Cantata Elinoar Moav Veniadis, aufgenommen 1995 in Tel Aviv und dirigiert von Jossi Ben-Nun. Auf englisch wird sie von Nadia Weinberg gesungen und dirigiert von Alexandros Karozas, aufgenommen 1995 und 1999 in Frankfurt am Main. Das Schluss-wort spricht Simon Wiesenthal.